JACKIE EDITORA

GREG LAWRENCE

JACKIE EDITORA

Tradução de
CLÓVIS MARQUES

1ª edição

EDITORA RECORD
RIO DE JANEIRO • SÃO PAULO
2014

CIP-BRASIL. CATALOGAÇÃO NA FONTE
SINDICATO NACIONAL DOS EDITORES DE LIVROS, RJ

Lawrence, Greg, 1966-
L447j Jackie editora: a vida literária de Jacqueline Kennedy Onassis / Greg Lawrence; tradução de Clóvis Marques. – Rio de Janeiro: Record, 2014.

Tradução de: Jackie as editor: the literary life of Jacqueline Kennedy Onassis
Inclui bibliografia e índice
ISBN 978-85-01-09577-0

1. Onassis, Jacqueline Kennedy, 1929-1994. 2. Editores e edição – Estados Unidos – Biografia. 3. Cônjuges de presidentes – Estados Unidos – Biografia. I. Título.

13-0899 CDD: 920.4
CDU: 929:655

Título original em inglês:
JACKIE AS EDITOR

Tradução do Índice e das legendas do encarte:
Clóvis Marques

Texto revisado segundo o novo Acordo Ortográfico da Língua Portuguesa.

Direitos exclusivos de publicação em língua portuguesa para o Brasil adquiridos pela
EDITORA RECORD LTDA.
Rua Argentina 171 – 20921-380 – Rio de Janeiro, RJ – Tel.: 2585-2000
que se reserva a propriedade literária desta tradução

Impresso no Brasil

ISBN 978-85-01- 09577-0

Seja um leitor preferencial Record.
Cadastre-se e receba informações sobre nossos lançamentos e nossas promoções.

Atendimento direto ao leitor:
mdireto@record.com.br ou (21) 2585-2002.

Para Karen Chase, minha âncora no céu

Sumário

Introdução

O jardim secreto de Jackie

Se você editar somente um livro, já terá feito algo maravilhoso na vida.

— JKO

Norman Mailer chamou-a certa vez de "Prisioneira da Celebridade", acertadamente caracterizando Jacqueline Kennedy Onassis como supremo objeto da fabricação de mitos nos meios de comunicação; mas, na época em que escreveu estas palavras, em 1983, Mailer desconhecia que a mulher mais famosa do mundo já havia arquitetado um plano para se libertar das restrições da fama. Depois de ter dois capítulos de sua vida definidos por dois homens extraordinários, depois de ter sido venerada no mundo todo como a primeira-dama viúva, para, em seguida, ser difamada por causa do casamento com o grego indigno, depois de ser apresentada como uma mulher perdulária e interesseira que pensava apenas em joias e alta-costura, Jackie acabaria se realizando à sua própria maneira, e o faria, quase sempre, confortavelmente instalada longe da agitação dos meios de comunicação e da atenção do público.

O que quer que tenha sido ao longo da vida — heroína trágica, misteriosa esfinge, ícone relutante —, Jackie também se destacou como uma profissional intensamente dedicada que deixou um impressionante legado de livros. Ao descrevê-la como "uma princesa iluminada por um milhão de flashes", Mailer subestimava o talento com que Jackie organizara sua vida privada e pública, numa instintiva estratégia de sobrevivência que foi aperfeiçoando com o tempo e que acabaria por lhe facultar a própria libertação. Jackie encontrou no mundo da edição de livros um santuário profissional praticamente inexpugnável, mesmo para os paparazzi que montavam guarda em frente ao seu escritório e se deliciavam com a grosseria de persegui-la.

Seu legado literário tem passado praticamente despercebido desde a sua morte, apesar do sensacional leilão da Sotheby's que incluiu boa parte de sua enorme biblioteca pessoal, pois Jackie raramente permitia que seu nome fosse creditado em seu trabalho como editora. Seu nome aparece na capa de poucos títulos por ela publicados, e em alguns deles só é mencionando lá no meio dos agradecimentos pelos autores. Mas o fato é que os livros de Jackie, assim como seus escritos, constituem talvez o melhor portal que jamais teremos para o seu coração e sua mente incansavelmente curiosa.

Após a morte de Aristóteles Onassis, não obstante os obstáculos e afrontas invasivas da celebridade, Jackie conseguiu mudar sua imagem pública — aquilo a que certa vez se referiu desdenhosamente como "uma pequena caricatura que vai acompanhando a linha da nossa vida [...], mas que não tem muito a ver com a nossa vida". Dedicando-se à carreira e ao papel de mãe, ao mesmo tempo que cumpria seus compromissos com as artes, a preservação de monumentos históricos e a memória de JFK, ela se reinventou, adotando um estilo mais reservado, ao mesmo tempo que ostentava eventualmente o brilho de uma anfitriã pós-moderna.

Contrariando a mística de Greta Garbo à qual era associada, Jackie nunca foi uma reclusa. Tinha um grande espírito de aventura e uma visão irônica da vida que funcionavam como uma espécie de armadura, estivesse correndo em seu querido Central Park, circulando pela alta sociedade, ou levando a cabo quixotescos projetos editoriais que a conduziam a todos os cantos do mundo. Decidida a se definir pelos próprios atos, ela tinha perfeita consciência de que seria examinada a cada passo. Nas duas últimas décadas de vida, fotos suas em montaria durante eventos hípicos na Virgínia e em Nova Jersey começaram a tomar o lugar das reportagens sobre tardes de consumismo em shoppings e almoços no Orsini's ou no La Côte Basque. Quando era vista em público, às vezes era porque estava entrando ou saindo das editoras em que trabalhava. Era mais fácil vê-la visitando a Biblioteca Pública de Nova York do que frequentando festas glamourosas ou acontecimentos tradicionais da sociedade. Muitas vezes, ela jantava em casa com os filhos, aos quais costumava se referir como a responsabilidade mais importante de sua vida, para, em seguida, passar o resto da noite trabalhando em sua biblioteca.

Testemunha esclarecida da era de ouro da edição de livros no século passado, no momento em que esta dava lugar, durante sua carreira, aos megaconglomerados e ao comercialismo desenfreado, Jackie deixou um lastro impressionante, assumindo a responsabilidade por mais de cem títulos, apesar dos obstáculos gerados pela cultura corporativa de pelo menos uma das duas editoras para as quais trabalhou. À medida que as exigências do marketing iam cada vez mais triunfando na esfera de ação tradicional do critério e do poder editoriais, ela defendeu livros que lhe falavam ao coração, e lutou bravamente para que fossem publicados. Recrutou seu próprio exército particular, alinhando seus autores e colaboradores como guardiães de Camelot — o orgulhoso conceito referente ao rei Artur e aos cavaleiros da Távola Redonda por ela sugerido ao historiador Theodore H. White quando este fez o elogio fúnebre de JFK para publicação na revista *Life*, após a tragédia de Dallas. Embora estivesse recorrendo a uma licença poética nessa sua leitura da história, Jackie continuou discretamente cultivando o conceito de Camelot nos livros para cuja publicação contribuiu, muitos dos quais remontavam em sua temática aos seus próprios anos na Casa Branca.

Jackie tomou a decisão de manter anônimo o seu trabalho editorial. Independentemente do esforço investido num manuscrito, ela era uma profissional da velha guarda, que partilhava de corpo e alma da opção por discrição feita pelo lendário editor Maxwell Perkins: "O livro pertence ao autor." Fazia parte de uma tradição de editores que estabeleciam com os autores relações que não se limitavam às formalidades da colaboração e do comércio. Num mundo editorial que já deixou de existir, esses gerentes literários da velha geração interessavam-se pela vida dos escritores e estabeleciam com eles amizades de uma vida inteira, o que ia muito além da eventual comensalidade ou do empréstimo de algum dinheiro quando precisavam. Como Perkins, Jackie acreditava profundamente que não havia nada mais importante do que os livros, e reverenciava seus criadores.

Antigo editor das revistas *Rolling Stone*, *New York* e *New West*, Joe Armstrong foi um amigo de confiança de Jackie em seus últimos anos, e relatou um momento marcante com ela. "Lembro que estava com ela em Martha's Vineyard, no último verão que passou lá. Ela acabara de completar 64 anos. Lembro que na sala de estar ela tinha uma quantidade enorme de livros, e disse: 'Estes são os meus outros melhores amigos.'"

Uma extrema modéstia, além de uma timidez natural, contribuíram para sua muito comentada insistência em preservar a própria privacidade. Como editora, Jackie ostentava fluida mestria na arena editorial, ao mesmo tempo que atuava como defensora dos seus autores. Os escritores e os livros eram os meios pelos quais ela expressava seus ideais no mundo literário, ideais forjados na realidade pessoal e histórica do seu passado, no exato momento em que este se transformava em mito diante dos seus próprios olhos.

Como a maioria de nós, Jackie tinha lá suas idiossincrasias, seus fracos e suas falhas de caráter, e não faltariam na sua trajetória disputas com alguns dos autores e colegas. Mas depois de cometer uma afronta pessoal ou uma gafe, ela tinha humildade suficiente para pedir desculpas, não raro com flores e bilhetes manuscritos. Não surpreende, assim, que, sendo uma figura tão cobiçada no mundo social, as pessoas tentassem tirar vantagem dela, e, às vezes, Jackie se via obrigada a alijar certos amigos e colaboradores do seu mundo. Qualquer um que traísse sua confiança e revelasse algo à imprensa seria "atirado para fora do palácio", como diria ela mesma a um colega. Não era tanto poi uma questão de ego que ela cortava esses laços, mas em virtude das inseguranças e da carga emocional que trazia consigo. Ter de se acostumar a um passado devorado pela primeira geração televisiva não era nada fácil. Louis Auchincloss, primo por afinidade de Jackie e escritor respeitado, colocou a questão em termos simples: "É muito difícil ser a mulher mais famosa do mundo."

Comentando o início da carreira de Jackie como editora, Gloria Steinem perguntava na capa da edição de março de 1979 da revista *Ms.*: "Por que esta mulher trabalha?" Jackie daria algumas indicações naquela que seria, com a exceção de algumas poucas e enigmáticas declarações públicas, a sua última entrevista em quase quinze anos. Recordaria ela: "Lembro-me de um motorista de táxi que me perguntou: 'Minha senhora, a senhora trabalha sem precisar trabalhar?' E eu respondi: 'Sim.' Ele, então, se virou para trás e disse: 'Acho genial!'" Com tocante eloquência, ela passava, então, a reproduzir o raciocínio que a levara a retomar uma carreira na meia-idade, quando tinha 46 anos. "O mais triste para tantas mulheres da minha geração era o fato de que não se esperava que trabalhassem quando tinham uma família. Lá estavam elas, com um diploma de educação superior, e que mais poderiam fazer depois que as crianças estivessem criadas: ficar olhando as gotas de chuva escorrendo pela vidraça? Deixar suas mentes tão preparadas sem qualquer atividade? É claro que as mulheres devem trabalhar se quiserem. É preciso fazer alguma coisa de que se goste. Esta é a definição de felicidade: 'o uso completo das próprias faculdades, em termos que levem à excelência, numa vida em que se tenha liberdade de ação'. Isto se aplica tanto às mulheres quanto aos homens."

A citação de Jackie também costumava ser feita por JFK, com diferentes traduções de formulações atribuídas a Aristóteles e a Epíteto (sem maiores especificações, Edith Hamilton identificou o trecho simplesmente como "uma antiga definição grega de felicidade"). Steinem aplaudia o rompimento de Jackie com seu passado e com os homens dominadores que tivera de suportar. "Diante da alternativa de usar o poderio dos Kennedy ou de desfrutar do estilo de vida internacional de uma Onassis, quantas de nós teríamos optado por retornar a nossos próprios talentos, a nossas carreiras menos espetaculares?" A própria Jackie confidenciou a um amigo na época: "Eu sempre vivi através dos homens. Agora me dou conta de que não posso continuar fazendo isto."

Os livros e a capacidade visionária de Jackie constituiriam para ela a maneira perfeita de atingir um discreto e requintado grau de excelência no campo por ela escolhido. Steinem me diria: "Quanto ao motivo que a levou a se tornar uma editora, em vez de optar por alguma outra profissão, acho que é muito simples: ela amava os livros. Eles representavam janelas para os corações, as mentes, as ideias e o mundo. Os livros eram algo poderoso. Se minha memória não me trai, seu filho, John, comentou numa entrevista que ela morreu cercada dos livros e das pessoas que amava."

Os pontos de vista expressos neste livro, isto deve ficar claro desde logo, necessariamente refletirão o afeto daqueles que compartilharam suas lembranças sobre uma parte da vida de Jackie que tem sido relegada. Alguns de seus amigos decidiram pela primeira vez falar sobre ela por acharem que seu empenho profissional não fora devidamente registrado ou apreciado, ao passo que outros se sentiram compelidos ao silêncio, levando em consideração questões de confidencialidade e de privacidade, mesmo nos locais de trabalho que, em algum momento, compartilharam com ela. Com sua perene discrição, Jackie jamais teria permitido que estas páginas fossem escritas enquanto era viva. Entretanto, na esperança de homenagear sua memória, 15 anos após sua morte, mais de 125 de seus antigos colaboradores no mundo editorial se prontificaram a contar suas histórias a respeito de Jackie, configurando um *Rashomon* que só poderia ter sido inspirado por uma protagonista única e enigmática.

Uma de suas aliadas na imprensa, a colunista de celebridades Liz Smith, que noticiou durante muitos anos a vida de Jackie em Manhattan, comentaria comigo: "Eu nunca a subestimei. Simples e discretamente a admirava, e muito. Ela vivia lutando em Nova York contra grandes dificuldades, as grandes dificuldades da fama e da notoriedade. Onassis fora uma mancha em sua reputação."

Durante muito tempo curadora do Costume Institute do Metropolitan Museum, de Nova York, Katell Le Bourhis recordaria o dia em que Jackie a visitou no museu e revelou algumas das qualidades que, por natureza e *pedigree*, buscava cultivar na vida e nos livros: "Lembro muito bem que um dia eu estava meio triste, zangada, com muito trabalho e pouca ajuda; estava de mau humor, o mundo me parecia muito hostil. Nesse dia, ela me disse: 'Mas Katell, você é privilegiada, tem os seus livros. Veja só, você está aqui no Metropolitan Museum; tem todos os seus lindos objetos.' E foi, então, que me dei conta de que todo aquele mundo de literatura, história, cultura francesa, cultura humanista provavelmente era um jardim secreto em sua vida, mas também algo que lhe permitia seguir na vida num registro muito íntimo e particular. Por meio de comentários como esse, dava para sentir que ela falava de si mesma. Fiquei muito comovida quando ela disse isso."

Naturalmente, Jackie esteve presente em muitas vidas, seu destino a conduziu às páginas da história, sua persona pública ganhou dimensões de quase grotesca caricatura, na era Andy Warhol, para ser, em seguida, distorcida por nossa imaginação coletiva. O terceiro ato da saga de Jackie, iniciado após a representação de seus dois casamentos no palco do mundo, foi quase sempre minimizado pelos biógrafos, muito embora tenha se estendido por mais de 19 anos — ela dedicou quase um terço de sua vida a uma vocação que se transformou em fervorosa missão. Jackie considerava os livros um caminho para a iluminação, uma jornada de encantamento intelectual que lhe dava a oportunidade de interagir com pessoas que compartilhavam seu amor pela literatura e sua paixão pelo conhecimento.

Uma mulher erudita solidamente assentada no empenho profissional e apoiada nos laços de família — foi esta a Jackie que eu vim a conhecer. Como um de seus autores, tive a sorte de trabalhar com ela ao longo de sua última década de vida. Fiquei também com algumas impressões duradouras, uma delas em particular compartilhada pela maioria dos autores, amigos e colegas que generosamente contribuíram com suas recordações para este livro. Embora sempre carregasse consigo o fardo de sua história, Jackie não era mulher de ficar apontando ou ostentando as feridas de sua vida. No trabalho, comportava-se simplesmente como uma profissional. Os inevitáveis fantasmas do passado estavam presentes quando começamos a nos relacionar, mas rapidamente se esvaíram, sobrepujados por sua boa vontade e seu encanto pessoal, que se traduziam em cada gesto, e, como notaram muitos observadores, fluíam com uma graça aparentemente distraída. Ela era capaz de conquistar qualquer um simplesmente com um aceno de despedida e aquele sorriso luminoso e sedutor, mesmo tendo os olhos encobertos pelos óculos escuros que eram uma verdadeira marca registrada.

Como observaria o senador Ted Kennedy em seu elogio fúnebre, em 23 de maio de 1994, "Jackie teria preferido ser apenas ela mesma, mas o mundo fez questão de transformá-la também numa lenda".

No jardim secreto de Jackie, guiada pelo coração ao longo de uma vida inteira e por seu caso de amor com os livros, o legado faz jus à lenda.

1

Um destino especial

No verão de 1975, viúva pela segunda vez, Jackie recomeçou a vida em Manhattan com os filhos, na esperança de restabelecer, de alguma forma, a normalidade em suas vidas. Na época, alguns amigos notaram que ela não parecia bem, com fases intermitentes de tédio e inquietação. O colunista social Stephen Birmingham tivera um breve namoro com Jackie quando ela era estudante universitária em Vasaar, e manteve contato com ela em anos posteriores. Comentando esse período de desalento em que ela dava sinais de estar meio sem rumo, Birmingham diria: "Quando telefonava aos amigos para conversar, não parecia ter muita coisa a dizer." Mais do que um simples episódio de tédio na meia-idade, seria na verdade um prolongado período de luto, no qual, muitas vezes, Jackie mostrava-se apática, prolongando por horas o café da manhã e a leitura matinal dos jornais em seu apartamento no número 1.040 da Quinta Avenida. Certa vez, ela reconheceria: "Tenho uma tendência a entrar numa espiral de depressão ou isolamento quando estou triste."

Mas o mundo não estava disposto a deixá-la em paz. Durante uma visita ao anfiteatro de Epidauro, em agosto, ela foi insultada por uma multidão de gregos hostis que lhe gritavam "Você abandonou seu marido morto." Os agressores provavelmente não tinham conhecimento do caráter súbito e inesperado da morte de Ari, e culparam Jackie por não ter estado com ele quando ele morreu. No dia 15 de março de 1975, em Neuilly-sur-Seine, na França, Onassis sucumbira a uma broncopneumonia, complicação de uma miastenia grave de que vinha sofrendo nos últimos anos. Na época, Jackie estava em Manhattan. Embora o casamento já estivesse chegando ao fim, ela fizera questão de permanecer em Paris para estar ao lado de Ari no momento de sua cirurgia no início daquele mês, até que recebeu dos médicos garantias de que seu estado era estável. Voltou, então, a Nova York para assistir com Caroline à transmissão de um documentário da NBC em cuja equipe de produção a filha trabalhara, sob orientação da produtora Karen Lerner. Ex-mulher de Alan Jay Lerner, autor das letras do musical *Camelot*, Karen fora amiga de JFK desde os tempos de escola em Choate.

Karen estava hospedada no suntuoso apartamento de Jackie, e dormia na cama de Onassis, que ficava num quarto ao lado do de Jackie. "Na manhã do dia 15 de março", recordaria Lerner, "ela apareceu e disse: 'Ari morreu.' Como você sabe, ela foi muito criticada por estar em Nova York, por ter dado uma festa para Caroline no dia da transmissão do documentário." Com o jantar de comemoração marcado para a noite seguinte, Jackie disse a Karen: "Vou para Paris, e você, portanto, fique aqui e receba as pessoas. [...] Não quero que nada atrapalhe esta festa — ela é para a Caroline, e quero que tudo siga normalmente."

Lerner, que convivera com Jackie durante a era Kennedy e ao longo do casamento com Onassis, observaria mais tarde: "Jackie mudou mais no ano que se seguiu à morte de Ari do que em qualquer outra época em que convivi com ela." Pelo menos até certo ponto, Jackie estava simplesmente reagindo, ao longo desse ano, a acontecimentos que lhe fugiam ao controle, mas esse intervalo angustiante haveria de conduzi-la a outro mundo. Depois de suportar a verdadeira provação do funeral de Ari na Grécia, os conflitos de Jackie com a filha dele, Christina, e suas tentativas de chegar a um acordo financeiro com o espólio de Onassis tornaram-se objeto de muita especulação nos tabloides. Em abril, o *New York Times* informava que Ari planejara divorciar-se de Jackie nos meses que antecederam a morte, e que Christina nutria muito ressentimento em relação à antiga madrasta, história que circulou muito, mas seria posteriormente negada por Christina no próprio *Times*, a pedido de Jackie.

O suposto conflito entre Christina e Jackie aparentemente era exagerado, embora certamente não houvesse grande afeto entre as duas enquanto os advogados negociavam um acordo a respeito da herança de Onassis. O fotógrafo Marc Riboud, amigo de Jackie, descreveria mais tarde uma ocasião em que não pôde distinguir qualquer sinal de hostilidade entre elas. "Certa vez, eu estava visitando Jackie em seu apartamento em Nova York, depois da morte de Ari Onassis, quando os jornais estavam cheios de histórias sobre uma suposta briga entre Jackie e Christina Onassis. Christina chegou inesperadamente e eu tentei pedir licença e ir embora, mas Jackie disse: 'Oh, não, fique, e vamos nos divertir.' Ela e Christina começaram a contar histórias sobre Ari e a rir juntas. Certamente não estavam brigando."

Mas, em público, Jackie manteve silêncio a respeito do assunto. Uma amiga íntima da época, Cheray Duchin (atualmente conhecida como Cheray Zauderer Duchin Hodyes), primeira mulher do diretor de orquestra de jazz Peter Duchin, responsabilizou a família Onassis pelos problemas enfrentados por Jackie, afirmando: "Ninguém lhe deu oportunidade de realmente sentir o luto e o pesar, pois era maldade o tempo todo."

Enquanto juntava os pedacinhos e evitava os meios de comunicação o máximo possível, Jackie logo retomaria suas habituais rotinas em Manhattan. Caroline, então com 17 anos, pretendia ir a Londres fazer cursos de arte na Sotheby's, enquanto John, que tinha 14, o último membro da família Kennedy a receber proteção do Serviço Secreto, frequentava a escola Collegiate, no Upper West Side. Como os filhos já demandavam menos atenção, Jackie dispunha de tempo.

Certa manhã, correndo no Central Park com seu habitual conjunto de jogging e os tênis brancos, ela foi abordada por um repórter, que lhe pediu uma entrevista. Ela se deteve por momento breve o bastante para afastá-lo, explicando: "Minha vida atualmente está muito chata. Estou fazendo coisas muito comuns do cotidiano. Verdade, minha vida no momento não seria uma leitura nada interessante. Você acha que seria de algum interesse para alguém saber que eu vou fazer compras no A&P* do meu bairro?" E acrescentou: "Estou ciente de que serei acompanhada bem de perto no próximo ano mais ou menos. Talvez as pessoas descubram como Jackie é realmente e escrevam algo diferente, para variar."

Jackie tinha lá os seus detratores, que se prodigalizavam em insultos gratuitos, entre eles Truman Capote, com quem ela se desentendera depois que ele publicou sua série de contos "Ladies Who Lunch" [Senhoras que almoçam juntas] na *Esquire*, os quais viriam a constituir trechos de seu livro *Answered Prayers: The Unfinished Novel* [Orações atendidas: O romance inacabado] (publicado postumamente em 1987). Capote gostava de ridicularizar Jackie: "E, na vida, foi assim que ela me pareceu: não uma mulher autêntica, mas uma astuciosa atriz interpretando a sra. Kennedy." Capote também criticava Jackie por tratar os amigos "como bolas de borracha vermelha, brincando com eles, lançando-os ao limbo, e se espantando seis meses depois: 'Oh, como senti sua falta!'"

O eminente escritor e advogado Louis Auchincloss, contando com a vantagem de conhecer a prima por afinidade desde a juventude, explicaria: "Tenho motivos para desconfiar de que Jackie era uma pessoa de memória particularmente visual. Acho que, no caso dela, o que não era visto era esquecido. Se se encontrasse por acaso comigo em Washington, ela poderia perfeitamente exclamar: 'Onde é que você tem andado? [...] Por que não aparece?' Ouvi outras pessoas se queixarem de terem sido esquecidas ou abandonadas por Jackie, e acho que o motivo pode perfeitamente ser este."

Nesse período de moral baixo, tentando absorver as perdas, enlutada não só por Ari, mas também, novamente, por Jack, ela se consultava com uma acupunturista de shiatsu, Lillian Biko, e uma psicanalista, Nadine Eisman. Biko diria mais tarde à revista *Cosmopolitan*: "A tensão de Jackie é decorrência da ansiedade. Ela tem problemas por ser muito reservada. E é por isto que me procura." Embora a reserva e a discrição compulsória certamente fizessem parte de sua armadura

*Rede de supermercados americana. [*N. do T.*]

defensiva, Jackie estava se reavaliando como nunca antes e estudando suas alternativas de olho no futuro.

Dois anos antes, ainda casada com Onassis, ela estudara a possibilidade de se envolver num projeto de televisão para a NBC, quando a rede ofereceu-lhe meio milhão de dólares para apresentar um programa sobre os tesouros artísticos ameaçados de Veneza e Angkor Wat. Jackie ficou tentada, mas Onassis a teria dissuadido com a sentença imperiosa: "Mulher de grego não trabalha." Depois de uma acalorada discussão, sensível aos problemas de saúde de Onassis e não querendo agravar os ressentimentos que já existiam entre eles, ela desistiu da ideia. Mas o desejo de encontrar escoadouros para sua criatividade resistiria, embora ficasse essencialmente sufocado até a partida de Ari.

Sabendo que Jackie enfrentava dificuldades naquele verão, Letitia (Tish) Baldrige, que trabalhara como secretária da antiga primeira-dama, deu-lhe a ideia de encetar uma carreira profissional, para se sacudir e melhorar o ânimo. Baldridge, que na época dirigia uma empresa de relações públicas em Manhattan, declarou ao *New York Times*: "Eu realmente cheguei à conclusão de que ela precisava de algo para botar o pé no mundo e se envolver com pessoas ocupadas com coisas interessantes, para usar sua energia e seu cérebro privilegiado. Sugeri, então, a edição de livros. Minha editora era a Viking, e eu lhe perguntei: 'Ouça, você conhece o Tommy Guinzburg, por que não conversa com ele?'"

Numa tarde de chá com Baldrige, Jackie inicialmente reagiu à ideia de entrar para o mercado de trabalho com espirituoso ceticismo: "Quem, eu, trabalhando?" Mas, no outono de 1975, já contemplava seriamente a perspectiva de embarcar numa carreira. Baldrige comentaria mais tarde: "Jackie chegou àquele momento a que toda mulher chega, quando é preciso se ocupar, pôr a mente para trabalhar." O calejado jornalista Jimmy Breslin não se eximiu de lhe dar sua opinião franca: "Você deveria trabalhar como editora. Que está pensando, que vai passar o resto da vida comparecendo a estreias?"

Jackie conhecia o editor Thomas Guinzburg havia pelo menos 20 anos. Em Yale, ele dividia o quarto com o irmão de criação de Jackie, Hugh D. Auchincloss. Guinzburg integrara, na década de

1950, o círculo da *Paris Review*, grupo do qual faziam parte George Plimpton e Peter Matthiessen, e viria a herdar a Viking Press do pai, Harold K. Guinzburg. Embora Tom Guinzburg ficasse inicialmente "estupefato" com a ideia da entrada de Jackie para sua editora, veio a discutir a proposta de contratá-la como editora num almoço no Le Périgord, em Manhattan. No fim do encontro, decidiram que voltariam a tratar do tema.

A Viking não foi a única editora abordada por Jackie. Jason Epstein, ex-diretor editorial da Random House, escreveria em suas memórias, intituladas *Eating* [Comendo]: "Certo dia, Jackie Onassis me telefonou para perguntar se queria almoçar com ela no Lutèce. Nos encontramos mais ou menos uma semana depois. [...] Meu amigo Pete Hamill, que certa vez saíra com Jackie, disse que era como 'levar King Kong à praia'. [...] Reservamos uma mesa no andar superior, numa das salas menores, e pedimos ova de sável, que começava a entrar em época. Ela perguntou se haveria trabalho para ela na Random House. Queria ser editora. [...] Mas havia um problema. Os trabalhos editoriais para recém-contratados eram poucos e muito procurados. [...] Eu disse a Jackie que acreditava que ela levaria o trabalho a sério, que seria uma boa colega e aprenderia com facilidade os segredos do *métier*. Mas também disse que teríamos de criar uma vaga para ela, o que talvez não fosse justo com os assistentes. Antes que eu tivesse tempo de lhe pedir que me deixasse examinar a questão com os colegas, ela disse que entendia meu problema e não queria dar a impressão de estar se impondo."

Remexendo com saudade nas lembranças, Tom Guinzburg disse-me: "Tem uma anedota de que eu gosto muito. Naquele verão, um belo dia antes de ela começar a trabalhar conosco, eu estava conversando com Jackie em seu apartamento na Quinta Avenida. Caroline estava chegando de algum curso, e Jackie foi atender o telefone. Caroline me perguntou: 'É verdade que minha mãe vai trabalhar com você nessa coisa de edição?' Respondi: 'Acho que sim, espero que sim. Pergunte a ela.' Ela se limitou a me olhar com desprezo, aquele desdém de adolescente, e fez: 'Mas o que é que ela vai *fazer*?'"

Era uma boa pergunta, e Jackie ficou longamente ruminando sobre ela com sentimentos ambivalentes. Disse-lhe Guinzburg: "Você não está preparada realmente para ser uma editora. Não que não tenha talento para a coisa, nem a capacidade, mas não tem certos requisitos de formação e experiência, e acho que sofreria numa editora, pois surgiria um clima de competição com os outros editores. Mas o que pode fazer é trabalhar como editora consultiva [...] um profissional que não fica na linha de frente, como costumamos dizer, não assume a responsabilidade direta por um livro, nem precisa necessariamente trabalhar fora do escritório. Sua função primordial é adquirir os direitos dos livros." E prosseguiu Guinzburg: "Expliquei-lhe então que, à medida que se familiarizasse mais com as práticas editoriais, ela poderia trabalhar nos livros e com os escritores até a fase da produção que ela quisesse. Poderia gerar novos livros, e assim por diante."

Caracterizando a ingenuidade de Jackie a respeito do mundo empresarial, então dominado pelos homens, Tish Baldrige diria à revista *People*: "Jackie não era feminista. Mas podia ter certas inclinações feministas sem realmente saber. [...] Ela nunca teve de lutar por nada neste mundo de homens. Jamais lhe teria ocorrido perguntar por que não havia nenhuma mulher numa diretoria de empresa."

Betty Friedan considerava Jackie uma "feminista fechada no armário". Da mesma forma, Gloria Steinem considerava que suas simpatias estavam do lado do emergente movimento das mulheres, ainda que em caráter privado. "Não é preciso atuar publicamente para ser feminista. Onde quer que estivesse, Jackie decididamente falava com voz própria. Era calorosa, divertida, leal e uma grande amiga, no melhor sentido da expressão. Acho que ela simplesmente achava a vida pública muito superficial, simplista, intrusiva, muito tendente a transformá-la — e os outros — em símbolos, em vez de pessoas reais e complexas.

Não creio que ela usasse os homens como fachada ou para superar obstáculos, e sim que os achava divertidos como companheiros — mais ou menos da mesma maneira como os homens experientes encaram as mulheres. Uma das chaves da questão é provavelmente o seu pai, 'Black Jack' Bouvier. A maioria das testemunhas dá conta de que ela o adorava, e ele também a adorava, e lhe confidenciava com quais mães de colegas suas tinha casos. Talvez isso lhe tenha dado uma visão da sexualidade que não dependia tanto de lealdade e singularidade, no sentido, por exemplo, em que uma amizade precisa ser leal. Eu sempre alimentei secretamente a esperança e sempre presumi — sem qualquer indicação concreta neste sentido — que ela teve casos amorosos antes e depois do casamento também, e possivelmente durante (embora não certamente na mesma quantidade que Jack). Seja como for, não creio que ela encarasse os casos de Jack como uma ameaça pessoal para ela ou para a continuidade da vida em comum.

Duvido que tivesse sido essa a atitude de sua mãe a respeito dos casos do pai, mas temos de levar em consideração que sua mãe era uma mulher muito mais convencional. Isto era simbolizado, para mim, pelo fato de ela ter dito, certa vez, segundo Jackie: 'Seu problema, Jackie, é que nunca joga bridge com suas damas de honra.'"

E Steinem acrescentava: "Como exemplo bem corriqueiro e nada sexual da atitude de Jackie, ela certa vez me pôs sentada ao lado de Onassis num jantar em Nova York, pois, segundo disse: 'Você vai discordar dele, o que vai diverti-lo e mantê-lo interessado.'"

Uma das antigas colegas de Jackie no mundo editorial, a escritora Harriet Rubin, ofereceu outro ângulo, ponderando que "ela encontrou, em minha opinião, uma estratégia melhor do que a atitude de desafio e insistência do feminismo na necessidade de as mulheres terem sua voz ouvida. Jackie não era dada ao desafio e à resistência, preferia aperfeiçoar o estado das coisas. Não confrontava os homens e a injustiça. Era uma discípula das *salonistes* francesas do século XVIII, que promoviam princípios revolucionários por meio da conversa e da inteligência. Ela não se isolava, aliando-se aos homens poderosos e fazendo ouvir sua voz através deles, como uma espécie de ventríloquo. Na década de 1980, nós, feministas, considerávamos Gloria Steinem brilhante por falar com voz própria. Jackie não falava com voz própria, pelo menos não em público. Parecia estar sempre falando através de um Kennedy, um Onassis ou um Tempelsman. O feminismo não entendia que, considerando-se a maneira como o mundo está organizado, uma mulher inteligente demais precisa da cobertura de um homem, de uma barba".

No mundo editorial, Jackie agiria por conta própria e contaria com seus próprios recursos, não raro precisando impor-se a colegas tanto do sexo masculino quanto do feminino para conseguir o que queria. Contratada por Guinzburg, no fim do verão de 1975, para exercer as funções de editora consultiva na Viking, ela receberia 200 dólares semanais para trabalhar meio expediente quatro dias por semana. Naturalmente, Jackie não precisava do dinheiro: ela herdara uma quantia substancial de JFK e acabara chegando a um acordo de 26 milhões de dólares com Christina Onassis. Excluindo considerações de ordem financeira, a decisão de Jackie de começar a trabalhar não fora tomada de maneira leviana. Ela se apaixonou pela ideia de encontrar um chamado, e logo estaria em condições de desfrutar de uma independência que nunca conhecera antes.

Jackie disse a um repórter da *Newsweek* o que esperava do novo emprego: "Espero, antes de tudo, aprender o funcionamento da coisa. A gente participa de reuniões editoriais, debate questões gerais e talvez até seja incumbido de um projeto especial." Antes mesmo que a imprensa e o público tivessem aceitado a súbita mudança em seu status laboral, Jackie sentiu-se compelida a defender essa iniciativa de encetar uma carreira, e o fato de ela, logo ela, ter sido contratada. Explicou: "Não é que eu nunca tenha feito nada de interessante. Já fui repórter também e participei de momentos importantes da história americana. Não sou exatamente a pior escolha para este cargo."

Jackie não tinha um emprego remunerado desde 1953, quando trabalhara como repórter fotográfica para o *Washington Times-Herald* a 42,50 dólares por semana. Mas já tivera experiências em edição e consultoria de várias biografias de JFK publicadas não muito tempo depois de sua morte. A primeira delas, *John F. Kennedy, President*, do veterano jornalista Hugh Sidey, da revista *Time*, foi lançada em 1964. O editor de Sidey na Atheneum, Simon Michael Bessie, recordaria, mais tarde, que Jackie lera a primeira prova e redigira a respeito numerosas e detalhadas anotações, embora o próprio Sidey não reconhecesse a contribuição de Jackie no livro.

Um ano depois, Jackie prestou o mesmo serviço a Theodore (Ted) Sorensen, antigo assessor presidencial e autor de discursos de JFK, no momento da publicação de seu livro *Kennedy*. Sorensen declarou-me: "Depois de concluir a primeira redação do meu primeiro grande livro, eu entreguei o manuscrito a Jackie e pedi que desse uma olhada, pois achava que ela poderia ajudar, e ela foi mesmo de *enorme* ajuda, e ofereceu-me comentários e mais comentários manuscritos em longos cadernos de anotação de linhas amarelas."

Em suas memórias, *Counselor* [Consultor], Sorensen elogia a ajuda de Jackie: "Jackie revelou-se uma esplêndida editora, pois corrigia erros tipográficos, contestava afirmações equivocadas, defendia certas decisões da equipe de seu marido, sugeria esclarecimentos úteis e, reiteradamente, esclarecia questões que não eram do meu conhecimento, especificamente com observações sobre as pessoas que JFK admirava ou não em caráter privado. [...] Além de pedir que eu diminuísse um pouco o tom de minhas referências aos elogios a LBJ feitos por JFK, ela também fez uma série de sugestões específicas."

Sorensen deu alguns exemplos das correções editoriais sugeridas por Jackie. Ele reproduziu literalmente em seu livro as observações que ela fez a respeito da sensibilidade de JFK às críticas da imprensa, afirmando que Jack "aprendeu a dar a volta por cima, e elas já tendiam mais a desconcertá-lo do que a irritá-lo. Ele se tornou tão tolerante quanto o cavalo solto no pasto no verão — as moscas inicialmente o perturbam, mas levará muitos meses para que elas se afastem, e, então, ele faz o que tem de fazer, que é comer grama, e se limita a sacudir o rabo. Sempre que eu ficava chateada com alguma coisa nos jornais, ele me consolava e dizia que fosse mais tolerante — se você quiser um exemplo disto, tenho muitos para lhe dar. Eles dizem respeito até às relações internacionais."

Externando suas preocupações maternais, Jackie também tentou corrigir informações a respeito dos filhos, escrevendo: "O pai nunca o chamou de John-John — apenas de John. Esse apelido agora está perseguindo o menino — que poderá ter de viver com ele pelo resto da vida. Sei que o seu livro trata de coisas mais importantes — mas seria ótimo se você pudesse deixar para trás esse apelido."

Sorensen incluiu no manuscrito uma referência ao episódio em que Caroline "ordenou firmemente a um fotógrafo num aeroporto: 'Nada de fotos.'" Jackie escreveu-lhe: "Por favor, corte isto — não seria justo com ela. Ela é uma menina tão doce, e foi de mim que tirou esse horror à imprensa." Referindo-se a Caroline e a John, ela explicava: "Eu tive de lhes explicar tudo de novo — que os fotógrafos não têm nada de errado, são uma parte da vida do pai deles, e precisam comportar-se na frente desses profissionais de um modo que deixe claro que têm as mesmas boas maneiras que o pai tinha."

O envolvimento de Jackie com os autores de dois livros subsequentes sobre JFK revelou-se mais problemático e desalentador para ela e também para Robert Kennedy. Os dois foram inicialmente consultados por William Manchester, para seu livro sobre o assassinato de JFK, *The Death of a President* [Morte de um presidente], e mais adiante por Paul B. Fay Jr., conhecido como Red, para seu livro de memórias, *The Pleasure of His Company* [O prazer de sua companhia]. A respeito de Manchester e de seu livro, Ted Sorensen recordaria: "Bill fizera comigo longas entrevistas para seu livro, quando eu escrevia o meu sobre Cape Cod. Eu tinha dificuldade de falar sobre o assassinato, e, de vez em quando, interrompia a entrevista simplesmente para recompor as ideias e o meu equilíbrio emocional. Ao ser finalmente publicado, seu livro causou enorme hostilidade, e a família Kennedy chegou, inclusive, a mover uma ação judicial contra ele."

Jackie dera entrevistas a Manchester, e mais tarde manifestaria reservas a respeito da maneira como ele relatou o assassinato e reproduziu suas declarações. Quando o livro estava para ser publicado em capítulos pela revista *Look*, que pagou a Manchester 665.000 dólares pelos direitos (um recorde na época), Jackie manifestou sua desaprovação e se envolveu em malsucedidas tentativas legais de impedir a publicação. Retrospectivamente, ela veio a sentir que havia fornecido excesso de detalhes íntimos e recordações privadas a Manchester. Na maioria dos casos, seus pedidos para que certas referências fossem eliminadas não foram levados em consideração por Manchester. John Seigenthaler, assessor de Robert Kennedy, comentaria: "Bill era um excelente jornalista, mas fiquei com a sensação de que, sob certos aspectos, ele tinha se aproveitado da vulnerabilidade dela."

Mesmo depois de conseguir algumas concessões e concordar no último momento com um acerto judicial, Jackie viria a lamentar a tentativa de controlar nos mínimos detalhes a memória de JFK e de defender os interesses da família Kennedy. Ironicamente, nos primeiros anos após a publicação do livro, em 1967, a Biblioteca John F. Kennedy recebeu uma generosa dotação financeira de mais de 1 milhão de dólares em direitos autorais, mas não pôs à disposição do público nem o livro, nem os documentos do autor. Apesar de os direitos autorais do livro terem ajudado a construir a biblioteca, o fato é que ele foi efetivamente eliminado da história.

Jackie e Robert Kennedy também foram convidados a rever o manuscrito do livro de Fay sobre sua relação com JFK, que remontava à época em que ambos serviram como capitães de torpedeiros na Segunda Guerra Mundial. Apelidado de "Red" [Vermelho] por causa da impressionante cabeleira ruiva, Fay fora um dos padrinhos no casamento dos Kennedy. Sorensen o considerava "um dos dois ou três melhores amigos do presidente". Mas Jackie e Bobby não gostaram do livro, pois o consideraram excessivamente franco e, segundo Jackie, cheio de vulgaridades. Num comentário crítico, ela não resistiu à tentação de provocar Fay, perguntando, em relação a uma passagem questionável: "Corte isto. Não está vendo que passa uma imagem terrível de Red?" De sua parte, Fay rejeitou a maioria das mudanças propostas pela família Kennedy, mas dessa vez eles decidiram evitar um confronto e as armadilhas de qualquer tentativa de tomar providências legais para impedir a publicação do livro.

Essas primeiras experiências de trabalho editorial, em que Jackie trabalhou em livros sobre o presidente assassinado, podem ter sido antecedidas de alguma colaboração sua no livro de JFK *Profiles in Courage* [Perfis de coragem], vencedor do Prêmio Pulitzer. O envolvimento de Ted Sorensen na redação deste livro foi, por certo tempo, motivo de controvérsia para Kennedy, pois comprometia a sua imagem de único autor, mas a questão seria resolvida posteriormente, quando Sorensen declarou que havia desempenhado apenas um papel auxiliar, exatamente da mesma maneira como trabalhara na redação dos discursos de JFK. No prefácio de *Profiles in Courage*, JFK reconheceu: "Este livro não teria sido possível sem o estímulo, a ajuda e as críticas com que pude contar, desde o início, da parte de minha mulher, Jacqueline."

Em conversa recente, Sorensen diria, referindo-se a Jackie: "Não creio que ela tenha tido qualquer envolvimento em *Profiles in Courage*." Mas, ao mesmo tempo, ele reconhecia a possibilidade de que Jackie tenha oferecido sugestões editoriais ao marido durante a redação do livro. "Ele estava sendo escrito bem ali na sua frente, por assim dizer, tanto na Flórida quanto em Washington. E não tenho a menor dúvida, conhecendo as inclinações de JFK, de que ele lia os capítulos para ela. E como ela era uma editora nata, é muito possível que fizesse sugestões aqui e ali; mas, se isso aconteceu, nunca foi relatado a mim, de modo que não posso afirmá-lo. Como dizia, é algo que posso presumir, mas não disponho de informações concretas. Eu não estava lá."

Além dos livros para os quais contribuiu com assessoria editorial, Jackie organizou a publicação de dois outros livros quando era primeira-dama, o que lhe permitiu adquirir experiência em outros aspectos do negócio editorial. O primeiro deles foi uma decorrência de sua campanha para a reforma da Casa Branca. Dando-se conta de que precisaria de muito dinheiro para as peças de mobília histórica e para as obras de arte que teriam de ser adquiridas, ela instigou a publicação de um guia oficial da Casa Branca para ajudar a financiar o projeto. *The White House: An Historic Guide* [A Casa Branca: Um guia histórico] foi uma ideia inteiramente sua, executada com a ajuda da Sociedade Geográfica Nacional. Jackie também tomou a iniciativa de criar a Associação Histórica da Casa Branca para supervisionar uma série de publicações, entre elas um livro intitulado *The Presidents of the United States* [Os presidentes dos Estados Unidos], que só viria a ser concluído após o assassinato de JFK.

Incumbido de supervisionar o guia da Casa Branca proposto por Jackie, Robert Breeden integrava, na época, a equipe da revista *National Geographic*. Ele se lembra de que ela escolheu todas as peças de mobília e as obras de arte reproduzidas no livro, chegando até a selecionar a fonte tipográfica. Segundo Don Crump, assistente de Breeden, "ela era muito franca e muito precisa naquilo de que gostava ou não gostava. E suas ideias eram realmente muito boas. Ela examinou cuidadosamente a versão final, página por página". Já em seu período como primeira-dama, Jackie exibia a penetrante sensibilidade literária e a influência que, no futuro, lhe seriam bastante vantajosas no mundo editorial.

Como candidata a editora, Jackie possuía muitos trunfos, como a sua militância em favor das artes e os exclusivos círculos sociais a que tinha acesso. Também podia valer-se de todo um universo de experiências, para não falar de suas modestas realizações no terreno da escrita, que remontavam à época de internato e do colegial. No início de 1974, Jackie e sua irmã, Lee, publicaram um diário escrito a quatro mãos intitulado *One Special Summer* [Um verão especial], sobre a viagem que fizeram à Europa em 1951, com ilustrações de Jackie evidenciando o que seria elogiado pela crítica como um humor deliciosamente malicioso.

Jackie estivera mergulhada na literatura e nas artes a vida inteira. Aos 6 anos, foi surpreendida pela mãe lendo peças de Tchekov. Criança precoce, além de estudar balé e competir em eventos hípicos, ela escrevia poesia e enchia cadernos com desenhos e trabalhos artísticos. Entrevistado em 1999 para um documentário da televisão PBS, seu primo, o escritor John Davis, declarou: "Lembro que sua personalidade mudava daquela menininha delicada e sonhadora, de 7 ou 8 anos, digamos, para uma destemida amazona no perfeito controle do cavalo, sempre ganhando o primeiro prêmio. Mas, logo depois, ela se retirava para ler poesia, história, Shakespeare — ainda menininha —, de modo que estava sempre combinando sensibilidade com certa agressividade."

No colegial, ela se interessou tanto por jornalismo quanto por ficção. Mais tarde, reconheceria: "Como tanta gente, eu sonhava em escrever o Grande Romance Americano." Antes de se formar, em 1951, pela George Washington University (para onde se transferiu no último ano, depois de passar o penúltimo na Sorbonne), Jackie decidira dedicar-se profissionalmente a escrever, tendo redigido uma série de ensaios pela qual ganhou o Prix de Paris da revista *Vogue*. O prêmio foi uma oportunidade de trabalhar na redação da revista em Paris e Nova York, mas a mãe de Jackie a pressionou a abrir mão, pois queria mantê-la perto de casa. Retrospectivamente, Jackie reconheceria ter ficado muito ansiosa com a perspectiva de aceitar o prêmio e mudar-se para a França. "Acho que eu estava muito assustada com a ideia de partir. Na época, achei que, se eu viajasse, ficaria vivendo lá para sempre, pois amava tanto Paris."

Num de seus ensaios para a *Vogue*, ela já pensava como editora, e conjeturava sobre a maneira como a revista deveria apresentar perfumes aos leitores. "O perfume já era perfeitamente capaz de provocar as glândulas olfativas dos homens antes da nossa era de publicidade cheia de adjetivos. Por que não citar certas poesias inspiradas por ele? Isso é também análogo ao vinho. Ambos são líquidos que agem sobre os sentidos do paladar e do olfato para gerar um efeito embriagador. O vinho tem exercido um atrativo ainda mais forte na literatura, de Omar Khayam ao coronel Cantwell e Renata. Por que não capitalizar algo desse seu poder de atração e incorporá-lo num artigo sobre o perfume?"

No fim de 1974, com a aprovação tácita de Ari, Jackie procurou o temido editor da revista *New Yorker*, William Shawn, e o convenceu, num almoço no La Caravelle, a permitir que escrevesse um artigo anônimo para a seção "Talk of the Town" [O que corre pela cidade]. O resultado foi um saboroso e inteligente misto de entrevista e ensaio intitulado "Marcando presença", sobre a inauguração do International Center of Photography (ICP). Ela explicava que o novo museu seria dedicado ao fotojornalismo e à fotografia documental, na tradição de três grandes pioneiros do gênero, "mortos na década de 1950 no cumprimento de sua missão fotográfica: David Seymour (Chim), Werner Bischof e Robert Capa". O ICP haveria de se tornar um dos principais centros mundiais de preservação e ensino da fotografia, e Jackie desempenhou um papel fundamental em sua gestação.

Jackie fora estimulada a apoiar a iniciativa por Karl Katz, diretor da divisão de projetos especiais do Metropolitan Museum. Os dois tornaram-se membros fundadores da diretoria do ICP, apoiando o renomado fotógrafo Cornell Capa (irmão menor de Robert) e seu empenho de criação de um museu fotográfico na antiga mansão Audubon, na Quinta Avenida. Companhia frequente de Jackie, Katz ficou conhecido na imprensa como "o namorado intelectual de Jackie". Nos anos subsequentes, graças a suas relações e a sua posição no Met, ele viria a promover uma série de autores e projetos de livros, e lealmente trataria de direcioná-los para ela.

O trabalho do fotógrafo francês Marc Riboud foi apresentado em uma das primeiras mostras do ICP, em 1975, e mais tarde Jackie viria a promover seu trabalho nos Estados Unidos. Riboud rememoraria a primeira vez em que a encontrou. "Fui convidado a jantar com ela no Maxim's, em Paris. Lá estavam Jackie, Aristóteles Onassis e um casal de amigos de Jackie que, na época, eu não conhecia. Minha mulher [a pintora, escritora e poeta Barbara Chase-Riboud] também fora convidada, mas não estava na cidade. Jackie voltava de uma viagem a uma ilha grega com Onassis, e ficaria em Paris por dois dias.

Na época, eu estava cobrindo a guerra entre gregos e turcos no Chipre. [...] Não pude encontrá-los em Atenas, de onde acabava de voltar da guerra. Mas, depois eles me encontraram em Paris. Jackie telefonou para minha casa [...] e eu tinha saído [...] mas a *femme de ménage*, a arrumadeira, ouviu que era uma mensagem da senhora Onassis. E me disse: 'A senhora Onassis telefonou e disse que o senhor tem de ir jantar.'

Nesse jantar, dei-me conta de que estava sentado em frente à mulher mais importante do mundo, e conversávamos. E Aristóteles Onassis não estava lá no melhor dos humores, falava de uma maneira não muito elegante. Sempre que passava uma garota bonita no restaurante, ele começava a falar de garotas bonitas, e Jackie ficava meio embaraçada. Conversamos sobre fotografia. [...] Cornell Capa estava para inaugurar o International Center of Photography, e conversamos a respeito. E também falamos de política, rimos muito. Ela adorava rir, gostava muito de fazer piadas e de fofocas sem muita maldade.

Lembro perfeitamente da multidão de fotógrafos que a esperavam quando saímos do Maxim's naquela noite. Ela me perguntou se queria que me dessem uma carona até em casa. Não sei por que eu respondi: 'Não precisa, tudo bem. Muito obrigado.' Decidimos, então, voltar a nos encontrar em Nova York." Sem saber ainda que haveria de se tornar em breve uma editora, Jackie acabara de fazer amizade com um de seus futuros autores.

Outro amigo fotógrafo que se envolveu com Jackie e o International Center of Photography foi Peter Beard, famoso não só por suas fotografias de espécies africanas ameaçadas, como também por retratos de supermodelos e estrelas do rock, como Mick Jagger, David Bowie, Iman e Veruschka. Em plena ascensão aos 37 anos, Beard era carismático e iconoclasta, e parecia uma estrela de cinema. De seu círculo faziam parte a irmã de Jackie, Lee Radziwill (com quem teve um relacionamento amoroso), Andy Warhol, Truman Capote, Andrew Wyeth, Terry Southern e Francis Bacon. Jackie escreveu um posfácio para seu livro luxuosamente ilustrado *Longing for Darkness: Kamante's Tales from Out of Africa* [Ansiando pela escuridão: Histórias de *Entre dois amores* por Kamante], publicado em novembro de 1975. Esta obra de maravilhoso poder de evocação foi inspirada pelas aventuras africanas da baronesa dinamarquesa Karen von Blixen (mais conhecida como Isak Dinesen, seu pseudônimo literário) e seu clássico livro de memórias, *Out of Africa* [*Entre dois amores*]. O livro relatava muitas das experiências pessoais de Blixen no Quênia, onde ela manteve uma plantação de café entre 1914 e 1931.

Beard recordaria: "Jackie adorou *Longing for Darkness* e escreveu um ensaio sobre Kamante Gatura, o cozinheiro e criado de etnia kikuyu de Blixen, personagem central de *Out of Africa*." Beard disse-me que foi a participação de Jackie que permitiu a publicação do livro. "Ela estava muito irritada. A editora Holt, Rinehart and Winston recusou o livro, e acho também que a Doubleday [...] e ela se saiu com sugestões bem divertidas sobre o que poderíamos fazer, como, por exemplo, conseguir alguns nativos para dançar em Newport [Rhode Island] [...] Basicamente, ela escreveu o posfácio, e foi exclusivamente por este motivo que o livro veio a ser publicado."

No posfácio, em sua elegante caligrafia, Jackie escrevia: "Que maravilhoso e surpreendente presente foi quando Peter Beard demonstrou as fábulas e desenhos do querido Kamante de Isak Dinesen. Eu não sabia que ele ainda estava vivo. Ter nas mãos seus desenhos foi como tocar um talismã capaz de nos levar de volta a um mundo que julgávamos para sempre desaparecido. Talvez eu tenha me sentido tão tocada porque *Out of Africa* sempre significou mais para mim do que qualquer outro livro. [...] A mim parece que muitos dos movimentos de hoje, ecologia, antimaterialismo, vida comunitária, já estavam todos em *Out of Africa*."

Jackie citava um de seus trechos favoritos no livro de Dinesen: "Se eu conheço uma canção da África, da girafa e da lua nova africana deitada em suas costas, do arado na terra e dos rostos suados dos colhedores de café, será que a África conhece uma canção a meu respeito?" Jackie concluía: "Sim, a África também tinha uma canção para ela. Foram Peter Beard e Kamante que a compuseram. Os desenhos de Kamante e as fotografias de Peter Beard têm a pureza de um animal selvagem olhando para a câmera com olhos livres e vulneráveis."

As narrativas do livro foram recolhidas por Beard e manuscritas na tradução inglesa pelos filhos de Kamante, acompanhadas de desenhos e fotos de paisagens e costumes do Quênia da época de Dinesen. Jackie, muito acertadamente, apresentava Dinesen como uma das primeiras pessoas da raça branca a se dar conta de que "o negro é belo", reproduzindo um conceito de Dinesen com o qual se identificava, a redefinição da "autêntica aristocracia" como nobreza de espírito. É uma nobreza que reluz nas histórias dos kikuyu, dos maasai e dos ngong. Jackie também reconhecia que o modo de vida retratado naquele livro e no relato de Dinesen estava ameaçado pelas forças do desenvolvimento.

Não surpreende, assim, que o livro de Beard tenha capturado a imaginação de Jackie. As narrativas propriamente não se assemelham a fábulas animais convencionais, nas quais os animais antropomorfizados extraem lições de seus atos e, finalmente, chegam a alguma conclusão moral, à maneira de Esopo. Trata-se, na verdade, de relatos autobiográficos de episódios da vida de Kamante: seu trabalho como cozinheiro, sua relação com os chefes kikuyu, e a mistura de africanos e europeus que sempre povoou a fazenda de Dinesen. Sob certos aspectos, essas histórias constituem um complemento da extraordinária vida da própria baronesa von Blixen, pois relatam a maneira como ela aconselhava Kamante a não temer a morte, e seu jeito de resvalar da vida cotidiana para o mundo da imaginação fabulosa com a mera visão de um pássaro no bosque. O livro é um desses objetos raros, como a anterior obra-prima de Peter Beard, *Eyelids of Morning* [Pestanas da manhã], que associam esplendor visual e texto penetrante num volume irresistível.

Embora o livro certamente tivesse um apelo especial para Jackie, ela chegou a hesitar quanto a sua contribuição antes da publicação, segundo relata o editor William Jovanovich. Em suas memórias, *The Temper of the West* [O temperamento do Ocidente], Jovanovich revela que um dos advogados de Jackie telefonou-lhe para dizer que ela queria retirar seu ensaio quando o livro "já estava na boneca". Jackie pode ter hesitado por uma questão de insegurança literária, ou talvez estivesse cedendo ao despeito da irmã, pois seu romance com Beard azedara nesse verão. Quando se preparava para começar a trabalhar na Viking, Jackie concordou com a publicação do livro com seu posfácio, e manteria a amizade com Beard nos anos posteriores. Ele representava exatamente o tipo de talento artístico de ponta que Jackie tinha à disposição e levaria consigo para o novo emprego.

No início de 1975, Jackie voltou à arena pública, juntando-se à Municipal Art Society na luta pela salvação do histórico Grand Central Terminal de Nova York, para impedir que o prédio fosse demolido e substituído por um arranha-céu. Na época, Ed Koch, então deputado, declarou: "Ela se revelou extremamente corajosa e decidida — uma autêntica lutadora. Mesmo se tratando da Grand Central Station, Jackie deu a esse combate uma visibilidade e uma legitimidade que talvez não tivesse em outras circunstâncias."

Membro do conselho de administração da Municipal Art Society, Fred Papert referiu-se ao envolvimento de Jackie com o grupo como uma militância realmente empenhada em pôr a mão na massa, e não uma mera postura simbólica, declarando a Dominick Dunne, da *Vanity Fair*: "Seria fácil ficar com a impressão de que ela só contribuiu para a causa com sua imagem. Mas, antes mesmo disto, ela estava participando de reuniões estratégicas. Participar de comícios, concertos e viagens de trem foi a parte mais fácil."

O trabalho de Jackie com o grupo levaria a vários livros, e anos depois ela escreveu um prefácio para o livro comemorativo *Grand Central Terminal*, publicado pela Municipal Art Society. A autora e editora do livro, Daborah Nevins, afirmou que Jackie não desempenhou qualquer papel direto na publicação: "Jackie não se envolveu no projeto, muito embora, naturalmente, lhe fosse muito querido." O interesse de Jackie pela causa remontava à década de 1960, quando ela e Jack se empenharam em salvar Lafayette Park e preservar monumentos históricos de Washington. Em seu ensaio introdutório, Jackie fazia um elogio do movimento de preservação: "A cidade de Nova York é o centro da civilização em nossa época, como Atenas, Roma ou Persépolis em suas respectivas eras. Seus cidadãos reconheceram que, unidos, podem salvar da destruição suas construções mais queridas."

Com sua mentalidade de cidadã do mundo, Jackie mostrava-se cuidadosa e seletiva a respeito das causas que decidia apoiar, e esse mesmo criterioso discernimento haveria de acompanhá-la no terreno editorial desde o primeiro dia. Uma vez abraçado um projeto, ela o tocava com entusiasmo irrestrito. O ideal quixotesco de preservação de obras literárias e enriquecimento do discurso cultural seria uma pedra de toque em seu empenho de aquisição e edição de títulos e na composição das prateleiras de sua cultivada estante pessoal.

Na segunda-feira, 22 de setembro de 1975, depois de levantar da cama pontualmente às 8h da manhã, em seu apartamento de 15 cômodos dando para o Central Park e o Metropolitan Museum of Art, Jackie preparou um ovo cozido, vestiu um discreto *chémisier* cinza e, em frente ao seu prédio, tomou um táxi que a levaria ao escritório da Viking Press, no número 625 da Avenida Madison. Aquela viagem de táxi haveria de conduzi-la a uma decisiva virada, o que ninguém, nem mesmo Jackie, tinha como saber naquele momento. Ela estava entrando num capítulo extremamente rico da história editorial, pois a Viking era uma casa de legado prestigioso que contava com um brilhante plantel de editores e que, ao longo dos anos, publicara autores como James Joyce, D. H. Lawrence, John Steinbeck, Sherwood Anderson, Dorothy Parker, Arthur Miller, Saul Bellow e Thomas Pynchon. Na época, os empregados se referiam à empresa como "The Viking Press".

O novo emprego de Jackie fora noticiado na semana anterior pelo *New York Times*, e uma multidão se juntara na calçada da Avenida

Madison em frente à Rua 58 esperando sua chegada, que fora adiada por vários dias. Os curiosos mal tiveram um vislumbre de sua figura, pois ela manteve uma atitude discreta ao sair do táxi, escapando da multidão por uma entrada lateral do prédio. A cena lá fora lembrava uma estreia hollywoodiana, e a elegante serenidade por ela ostentada em tais circunstâncias era, por si só, um feito. Qualquer aparição de Jackie em público nesses anos era anunciada como um "acontecimento". Tom Guinzburg descreveria a cena: "Era um verdadeiro circo, é claro, pelo fato de ela ser quem era, e pela maneira como haveria de se adaptar à vida normal. Havia ameaças de bomba, guarda-costas e jornalistas disfarçados de mensageiros."

Naquela manhã, Guinzburg apresentou Jackie aos outros empregados, levou-a para almoçar salada de frango no Edwardian Room do Plaza Hotel e, em seguida, a acompanhou a uma sessão de fotos com o famoso fotógrafo Alfred Eisenstaedt, da revista *Life*. Ele tirara o retrato presidencial oficial de JFK e também fotografara Jackie em ocasiões anteriores. Eisenstaedt a fotografou no espartano escritório que lhe foi destinado, com sua pequena e prática mesa, a cadeira giratória, os arquivos e uma janela dando para a Avenida Madison. Mais tarde, o fotógrafo comentaria: "Naquele pequeno escritório da Viking, com todos os livros e papéis empilhados em sua volta, ela parecia uma garota recém-saída da faculdade, toda animada com seu primeiro emprego."

Quando Jackie chegou à Viking, Gael Towey era um artista mecânico que trabalhava em muitos dos livros ilustrados publicados pelo selo Studio Books. Atualmente diretor de criação da Martha Stewart Living Omnimedia, Towey observou a rotina de Jackie quando defrontada com os eternos paparazzi: "Ela gostava de comer hambúrgueres do outro lado da rua, e havia, no prédio, uma porta lateral que dava para a Rua 58, com uma lanchonete bem em frente — aquele tipo de *deli* bem simples, com um balcão. Nós sabíamos que havia sempre fotógrafos rondando por ali, e ela se postava do lado de dentro da porta, bem empertigada, jogava os ombros para trás, levantava os olhos e dizia: 'Sorria!' E, então, saía, sorrindo. E, assim que a porta se abria, a gente já ficava esperando aquele clarão dos flashes."

Jackie seria infindavelmente fotografada em frente ao escritório, não obstante suas tentativas de se disfarçar e as muitas entradas alternativas às quais recorria. No escritório, Guinzburg estimulou os empregados a ajudá-la em suas responsabilidades. Uma de suas colegas editoras, Barbara Burn, contaria: "Tom Guinzburg veio me dizer: 'Será que você não pode almoçar com ela e explicar o que faz um editor consultivo? Vocês duas têm tanto em comum.' A filha dela havia frequentado a Concord Academy, que foi onde eu estudei, nós duas éramos amazonas e tínhamos especial interesse em artes e história da arte.

De modo que a convidei para almoçar, e ela respondeu: 'Oh, claro, seria ótimo.' Fiz, então, uma reserva no Carlyle Hotel, pois achei que seria próximo ao apartamento dela. Quando chegamos ao restaurante, eu disse: 'Burn, dois lugares', mas eles não prestaram a menor atenção *em mim*, e imediatamente liberaram uma mesa para oito e nos fizeram sentar ali.

O almoço foi sensacional. Ela disse: 'Como você sabe, o único outro editor consultivo na Viking é Malcolm Cowley. Eu nem de longe seria capaz de fazer o que ele faz.' Ele era um escritor muito importante, nós havíamos publicado alguns livros seus, e, na época, sua função na Viking era editar a Portable Library, a coleção de bolso, e uma série de textos críticos para estudantes. E Jackie disse: 'Bem, não sei exatamente o que se espera de mim.' Conversamos, então, sobre o que ela gostaria de fazer e debatemos as possibilidades disponíveis. No fim, ela pagou a conta e eu disse: 'Não esqueça de guardar a nota.' E ela respondeu: 'Não se preocupe, eu paguei em dinheiro.' E eu: 'Não, não, você tem de guardar a nota e pedir reembolso.'

Voltamos ao escritório. Caminhar pela rua ao lado dela era como estar na proa de um navio. Quando nos viam, as pessoas simplesmente abriam passagem e ficavam olhando fixo para ela. Ela nunca era indelicada. Nunca olhava ninguém nos olhos, mas nunca se queixava. Sentia-se perfeitamente à vontade. Estava decidida na época a se tornar uma editora, e, portanto, fazia o mesmo que todos: aprendia. Nessa época, a gente aprendia seguindo os passos daqueles que sabiam o que estavam fazendo, e então podíamos fazer o mesmo por nossa própria conta. Os jovens mais ambiciosos vão para os cursos da Radcliffe e da NYU, mas não conseguem aprender muito sobre edição. Qualquer um pode decorar o manual de estilo de Chicago, mas isto não faz de ninguém um editor. A gente aprende fazendo, e Jackie estava disposta a começar do começo, lendo manuscritos, escrevendo relatórios e assim por diante."

Rich Barber, que trabalhara em edição de livros durante alguns anos e, na época, estava empregado como diretor de relações públicas da Viking, lembra-se de ter sido incumbido por Tom Guinzburg de familiarizar Jackie com os elementos básicos do negócio editorial e a lógica sazonal da demanda. "Tom me disse: 'Quero que você ensine a Jackie o que é edição, como é a questão dos prazos.' Essa foi a minha missão. Ele sabia que editores como Alan Williams e Cork Smith cuidariam do aspecto editorial. Não há nada realmente difícil de aprender na indústria editorial; a coisa geralmente vem com a repetição e a prática no negócio, descobrindo-se por que as coisas são feitas de determinada maneira, e não de outra.

Nós tínhamos uma agenda de produção bastante complexa para todos os livros, que praticamente entrava em funcionamento no exato instante em que o livro era contratado. Normalmente, entre o momento em que um livro entrava em produção e sua publicação, podia transcorrer algo entre nove meses e um ano. Cada uma das pequenas etapas desse percurso era devidamente enquadrada e agendada — todos os diferentes passos que acompanhavam cada livro. Passei algumas horas com Jackie usando as etapas como padrão para cada tipo de livro que fazíamos e expondo-lhe os problemas que haveríamos de enfrentar. Ela aprendia com muita rapidez [...] e tomava notas [...], fazia perguntas muito inteligentes, o que era uma mão na roda para que ela pelo menos conhecesse os mecanismos do que estava acontecendo."

O escritório ao lado de Jackie era ocupado por outra talentosa editora da Viking, Elisabeth Sifton, atualmente vice-presidente sênior da Farrar, Straus and Giroux, e editora geral da Hill & Wang. Filha do eminente teólogo Reinhold Niebuhr, Sifton comentaria: "Jackie nunca se integrou completamente ao departamento editorial. Todos nós estávamos o tempo todo entrando e saindo dos escritórios uns dos outros, discutindo e negociando quanto pagar por este ou aquele projeto, tratando de questões práticas sobre a finalização dos livros, do preparo de manuscritos para a composição e assim por diante. E ela não se envolvia muito em nada disso, como esperávamos. Afinal, nunca trabalhara como editora de livros e, com toda certeza, era um tipo muito especial de editora. Jackie era cordial, agradável, eu gostava dela, mas, considerando-se sua história e sua fama, naturalmente não podia ser como todos nós."

Jackie se empenhou a fundo para se adequar, demonstrando em seu trabalho uma atitude de modesto profissionalismo, preparando o seu café, dando ela própria a maioria dos telefonemas, e incumbindo-se pessoalmente das fotocópias de que precisava. Trabalhando em tempo parcial, não esquecia de telefonar nos dias de folga. Os memorandos internos na Viking eram endereçados pelas iniciais, e Jackie adotou "JBO" no lugar de "JKO", talvez num gesto de autoafirmação de sua independência, indicando o "B" o seu nome de solteira, Bouvier.

Outro editor em ascensão na Viking, Daniel Okrent, que mais tarde viria a ser nomeado o primeiro ombudsman do *New York Times*, relata que sua relação com Jackie era de positivo coleguismo. "Lembro-me de que, bem no início, eu estava envolvido com um projeto — não me recordo exatamente qual —, mas precisava do apoio dela. E ela realmente não entendia ainda a política da editora. Acho que ficou meio alarmada e surpresa com minha insistência algo rude na necessidade de contar com o seu apoio para o tal projeto, qualquer que fosse. Lembro que ela esbugalhou os olhos. 'É mesmo? É isto que eu preciso fazer?'"

Segundo Okrent, em seus projetos, Jackie até certo ponto atuava à margem das reuniões editoriais da empresa, com acesso direto a Tom Guinzburg, pois eram velhos amigos e frequentavam os mesmos círculos sociais. "Quando queria fazer alguma coisa", explica Okrent, "ela procurava Tom, e ele assentia, embora na maioria das editoras seja necessário passar por um processo muito mais prolongado." Okrent também recordaria o ceticismo inicial dos colegas a respeito de Jackie e de sua função de editora consultiva: "Ficamos todos muito excitados com a notícia de que ela seria contratada, e um pouco desconcertados. Afinal de contas, era a maior celebridade do mundo, e vinha trabalhar com a gente. Tom conhecia muita gente famosa — lembro quando a princesa Grace foi ao escritório, o que causou um enorme burburinho. [...] Quando Jackie chegou, ficamos felizes de tê-la ao nosso lado. Mas houve quem, não direi que chegava propriamente ao nível da indignação, revirasse os olhos: que diabos sabe ela de edição de livros ou editoração? Ela nunca fez nada disso antes; está aqui por causa do nome, por sua ligação social com Tom, e tal e coisa, e coisa e tal. Mas, ao chegar, ela não assumia ares que refletissem nada disso, e acho, portanto, que mesmo aqueles que podiam mostrar-se meio céticos [...] acabaram convencidos."

Guinzburg lembra-se de conversas com Jackie a respeito de livros possivelmente destinados a publicação. "Jackie e eu costumávamos sair para conversar, e ela tinha ideias maravilhosas. E, às vezes, trabalhávamos em dupla em algum plano futuro. Lembro que estávamos para fazer um livro sobre os interiores de iates, e pretendíamos fazê-lo antes que alguém tivesse a mesma iniciativa. Era uma ideia óbvia, mas ela tinha acesso a esses iates. Quase conseguimos Frank Sinatra, ele também era amigo meu, adorava Jackie, e, além disso, queria fazer um livro. Passamos todos uma noite juntos, mas o advogado dele acabou puxando o tapete."

Guinzburg também comentou o trabalho com um dos primeiros mentores de Jackie, Bryan Holme, que dirigia o Studio Books. "Jackie adorava livros ilustrados, e estava sendo treinada sob o olhar benevolente de Bryan Holme, especializado no assunto. Ele era um verdadeiro fidalgo, além de um gênio, e ninguém conseguia entender como fazia para ser assim. Só sei que, teoricamente, ele trabalhava de trás para frente. Partia do preço no varejo e, então, ia recuando com os números de cada elemento do orçamento, até que, chegando ao fim, o agente dizia: 'Muito bem, desse jeito ficamos com apenas 12 centavos para o meu autor.' E Bryan dizia: 'Humm, não precisamos usar esta cola. Podemos usar outra e economizar. E, na verdade, tampouco precisamos ir buscar o papel no interior do Japão.' Ele ia jogando assim com os diversos fatores até que todo mundo ficasse feliz, e Jackie trabalhou com ele em vários projetos.

"Acho que Jackie se entendeu bem com os que demonstravam boa vontade. Quer dizer, nas primeiras semanas, as coisas foram difíceis, pois a rapaziada tratou de vestir as melhores roupas, e Jackie botava apenas calça preta e uma camiseta. Era sua maneira de ir na direção deles. Jackie não estava ali para assumir ares. Estava realmente desejosa de aprender e trabalhar em equipe. [...] O clima, no início, era muito intenso, pois todo mundo ficava achando que aquilo era [...] um golpe publicitário, que eu estava tentando passar a perna em alguém — que estava fazendo aquilo porque a conhecia havia muito tempo e também a seus filhos —, e as pessoas partiam do princípio de que não havia ali nada de duradouro."

Barbara Burn descreve o clima ímpar que reinava na empresa pouco antes da chegada de Jackie. "Uma das boas coisas na Viking, nessa época, antes de sermos comprados pela Penguin, era o fato de sermos uma editora de cavalheiros, o que acontecia desde a década de 1920. Quando comecei — em 1965 — e Bem Huebsch havia acabado de morrer, Pascal Covici também acabara de se ir, e os dois eram grandes editores. O pai de Tom Guinzburg, que havia fundado a Viking com Bem Huebsch, também morrera, e nessa época Tom era, de certa forma, um playboy. Ele participara da fundação de *The Paris Review* com George Plimpton, e não era um sujeito irresponsável; mas de repente se viu no comando, e foi uma mudança e tanto. Era um enorme prazer trabalhar com ele, pois ele foi sempre melhorando mais e mais e mais. E não era sempre horrivelmente sério, o que dava um toque de leveza ao ambiente de trabalho. Serviu-nos aquavita certa manhã, quando um de nossos autores ganhou o Prêmio Nobel, e sempre que chegávamos à lista dos mais vendidos, sinos eram tocados. As pessoas realmente se dedicavam a ele e à empresa."

Prossegue Burn: "Jackie tinha um senso inato do que era preciso para um bom livro ilustrado, e sei que ela aprendeu muita coisa com Bryan Holme, que dirigia a Studio Books desde a década de 1930; antes dele, seu pai dirigira a revista *Studio* em Londres e a Studio Book na Inglaterra. E ela aprendeu muito com ele sobre diagramação e o casamento do texto com as imagens. Bryan, além disso, era uma dessas pessoas que você tinha de ficar observando para entender como trabalhavam; ele não explicava muita coisa, de modo que o negócio era ficar ali observando e ver o que ele fazia. Jackie meio que se tornou aprendiz dele e aprendeu como montar um livro. Era um prazer observá-los."

O filho de Bryan Holme, Christopher, trabalhou com o pai e descreveu a relação especial que Bryan desenvolveu com Jackie: "Sei que Jackie e meu pai muitas vezes se encontravam para discutir isto ou aquilo [...] e também trabalhavam em seus próprios projetos. [...] Ele descia com ela no elevador e, às vezes, a acompanhava até a saída do prédio à noite, e ela dizia que o pior momento do seu dia era caminhar do saguão do prédio até um táxi, tendo de evitar todas aquelas pessoas na rua. Ela trabalhava ali na Viking como uma funcionária comum, e ninguém devia prestar atenção especial a ela ou incomodá-la. Meu pai era uma pessoa muito boa, e todo mundo gostava dele. Ele se dava bem com todo mundo; mas não teria se entendido com ela se achasse que não passava de uma diletante incapaz de encarar o trabalho realmente com seriedade. Eles tinham gostos parecidos e algo mais do que uma simples relação de trabalho. Acho que era mais o caso de uma amizade mesmo."

Gale Towey relataria uma conversa entre Jackie e Bryan Holme a respeito de um livro de fotografias de Alfred Eisenstaedt que trazia à baila uma das tristemente célebres infidelidades de JFK. "Bryan estava estudando o projeto de capa, fazendo uma colagem de fotografias, e elas estavam expostas numa mesa. Jackie entrou, deu uma olhada e procurou um jeito de perguntar discretamente a Bryan se podia falar com ele. Ela observara que, na capa, havia uma foto do presidente Kennedy bem ao lado de uma fotografia de Marilyn Monroe. Bryan pretendia apenas dispor todas as fotos mais famosas na capa para vender o livro, não estava preocupado em combinar isto ou aquilo. Depois que eles saíram do escritório, Bryan pediu-me que mudasse a posição das fotos, levando Marilyn Monroe para a contracapa. Acho que ela simplesmente não quis o presidente Kennedy ao lado de Marilyn Monroe. Simples assim."

A principal assistente de Jackie, Becky Singleton, recordaria numa série de e-mails: "Eu entrei para a Viking em 1973, pouco depois de me formar na faculdade. A partir dali, tinha percorrido todos os departamentos, e posso afirmar com conhecimento de causa: a informalidade da Viking e o nível de talento em todos os departamentos faziam da empresa um paraíso para o iniciante. A notícia de que Jackie decidira começar uma carreira na edição de livros, que o faria na Viking e que Tom Guinzburg queria que eu trabalhasse para ela me foi dada pelo próprio Tom — tudo no espaço de um único e interessantíssimo minuto. Embora eu não fosse particularmente fascinada por toda aquela mística dos Kennedy e nunca tivesse desejado trabalhar para uma celebridade, imediatamente concordei, simplesmente porque era um pedido de Tom. [...]

Achei que ia gostar de Jackie. Eu tendo a gostar das pessoas, a menos que me acertem a cabeça com uma marreta ou algo parecido. Mas eu não tinha nenhuma predisposição a ficar maravilhada ou encantada. Neste sentido, começaríamos ambas do zero quando ela chegasse. No primeiro dia de Jackie na empresa, eu desci ao saguão para recebê-la. O lugar estava cheio de fotógrafos e *flashes* espocando, o que não me surpreendeu. Lá em cima, na minha saleta, dezenas de manuscritos — muitos enviados por agentes famosos — aguardavam empilhados, juntamente com vários sacos de lona que continham as mais variadas 'correspondências para Jackie'. Nos dias anteriores, os telefones haviam tocado constantemente, e, como assistente de Jackie, eu já recebera a primeira de uma série de ofertas de generosa compensação financeira de tabloides de supermercados se eu concordasse em contar 'a verdadeira história' a seus leitores.

"O que me surpreendeu no saguão naquela manhã foi a própria Jackie. Esperava que ela se mostrasse elegante e reservada. Pelo contrário, ela logo se revelou muito comunicativa. Ignorando a presença dos fotógrafos, conversava animadamente enquanto entrávamos no elevador, e, ao chegarmos ao décimo sexto andar, já abordara uma incrível variedade de assuntos — sua paixão pelos livros, suas expectativas de carreira, a maneira como os filhos haviam reagido à decisão de aceitar um emprego, o que os amigos pensavam, suas preocupações [...] etc. (Não, o elevador não estava particularmente lento nesse dia, e eu não estou exagerando.) Quando saímos do elevador, eu estava completamente cativada por seu senso de humor e sua aparente sinceridade. [...]

Acompanhei Jackie até seu escritório, algo pequeno mas de tamanho perfeitamente viável e com uma bela vista. Levei-a então à minha saleta, a cerca de dez metros da sua porta. Ao dar pela primeira vez com a pilha de manuscritos e correspondência à sua espera, Jackie olhou para mim e começou a rir. Quando eu acabei de explicar meu sistema improvisado de triagem de telefonemas — nossos telefones não tinham extensão, de modo que eu pretendia transferir os telefonemas que se justificassem para ela e correr até sua porta para informar quem estava chamando antes que ela atendesse —, as duas estávamos rindo. Lembro que senti uma incrível sensação de alívio. Pensei: *Ela sabe que as coisas aqui vão ser meio loucas, mas não se importa.*

A essa altura, Tom apareceu para levá-la. Eu a veria muito pouco no restante daquele dia. O curso intensivo de edição começou para Jackie no primeiro dia. Tom percorreu com ela todos os departamentos. No segundo dia, ela participou de uma longa reunião editorial com outros editores. Logo depois, redigiu algumas cartas de contato e consulta e começou a dar telefonemas, "sondando o terreno", como costumava dizer, em busca de livros. Até o fim da semana, tinha redigido um longo memorando com mais de vinte possíveis projetos de livros que ela considerava viáveis, e mandou-os para os demais editores para que o comentassem.

Jackie percebeu a importância dessas cartas de contato e consulta, e as mandava com frequência. Logo me vem à lembrança a que mandou para John Kenneth Galbraith. Não me lembro do que dizia na carta, mas a resposta dele a divertiu muito. Ela entrou na minha saleta, atirou-se na cadeira e disse, rindo: 'Ele está dizendo que quer ser cortejado!' Na verdade, acho que ficou encantada com a resposta dele. Ela realmente não queria nenhum tratamento especial. Embora ele tivesse deixado claro que ela não o teria mesmo, pelo menos não da parte dele, também transmitira a ideia de que gostava de ser cortejado por ela, achando que poderia revelar-se maravilhosa nesse aspecto específico do seu trabalho. Acho que a resposta dele significou muito para ela. Era exatamente o que precisava ouvir na época."

Singleton também se recorda das eventuais visitas do fotógrafo Peter Beard ao escritório para fofocar e discutir projetos com Jackie. Seu livro *The End of the Game* fora publicado pelo selo Studio Books, da Viking, em 1965. Singleton comentaria, a respeito de Beard: "Ele curtia seu próprio lado exótico, o que significava que ela podia rir com ele, e não dele. Ela achou muita graça do material que ele apresentara para um livro detalhando a situação dos elefantes africanos. Ela sempre se referia ao projeto como '101 Elefantes mortos', o que era uma descrição perfeitamente adequada do tema das fotografias."

Em seguida, Singleton detalhou a rotina de Jackie no escritório. "Para dar a partida no seu treinamento, o plano de Jackie consistia em estar no escritório às 9h30, ler o resumo da correspondência dos editores e dar alguns telefonemas bebericando café para, em seguida, passar o resto do dia mergulhada no 'aprendizado'. Pôr em prática essa agenda deveria ser fácil. Infelizmente, para muitas pessoas, tanto os fãs mais ardorosos quanto muitas outras pessoas de motivações nem tão sintonizadas, a entrada de Jackie para o mundo editorial a tornara sedutoramente próxima. Para abrir caminho para que ela conseguisse chegar à sua sala, Rich Barber geralmente tinha de descer ao saguão pela manhã para dissuadir pessoas que lá ficavam esperando, pois o fato é que, por este ou aquele motivo, estavam decididas a interceptá-la quando entrasse no prédio. Lá em cima, Rich, eu e Patti Rizzo, nossa recepcionista de estrelas, uníamos esforços para lidar com as pessoas que conseguiam chegar ao décimo sexto andar, acampando na sala de espera para abordá-la quando ela saísse do elevador.

Para dar uma ideia do frenético nível de curiosidade pública pelo qual Jackie teve de navegar para dar início a sua carreira editorial, vou descrever alguns fatos que ocorreram numa manhã absolutamente típica: por volta das 10h, Patti Rizzo chamou pelo interfone para me convocar à sala de espera, onde uma pessoa que queria se encontrar com Jackie provocava certa agitação. Fui até a recepção e lá dei com um enorme cavalheiro que conseguira atrair a atenção de todo mundo anunciando que tinha bastões de dinamite presos ao peito. Depois de uma interessante discussão, eu consegui convencê-lo a deixar comigo o manuscrito que trouxera para Jackie, certifiquei-me de que não tinha na realidade explosivos presos ao corpo e comecei a empurrá-lo na direção de um dos elevadores.

Enquanto eu o despachava num dos elevadores, uma figura conhecida saía de outro. Este cavalheiro, sempre trajando roupas clericais, tinha um comportamento tranquilo, mas era decididamente muito estranho. Aparecera por ali várias vezes antes, sempre com a mesma solicitação: conhecer Jackie antes de morrer. Depois de mais uma discussão das mais interessantes, consegui fazê-lo dar meia-volta e mandá-lo de volta para casa, para em seguida rapidamente voltar à minha baia, onde todas as linhas telefônicas tocavam simultaneamente.

Numa rápida sequência, recebi telefonemas de (1) Mike Wallace, que estava decidido a convencer Jackie a dar uma entrevista para o programa *60 Minutes*, e que se dizia perplexo com o fato de eu não me mostrar interessada em ajudá-lo; (2) uma mulher que telefonava diariamente para pedir para falar com Jackie, e, informada de que não seria possível, solicitava uma descrição detalhada do que ela estava vestindo naquele dia (e recebia outro não); (3) outra mulher que telefonava regularmente, mas era de trato muito mais fácil, pois simplesmente queria que Jackie ficasse sabendo que Clive Barnes, na época um conhecido crítico teatral, havia estacionado uma van em frente ao prédio onde ela morava e estava roubando sua mobília, peça por peça."

Prossegue Singleton: "Nas primeiras semanas, as idas e vindas de Jackie eram cercadas de um discreto pandemônio. A maior parte da confusão era gerada pelos meios de comunicação e por excêntricos fanáticos que eram, porém, inofensivos. Mas, às vezes, a coisa ficava muito mais séria. Certo dia, a pedido de Jackie, retirei a pilha de manuscritos da cadeira na minha baia para dar lugar a um agente do FBI que passou o dia inteiro comigo. Ele estava ali para gravar a conversa se houvesse um segundo telefonema de um sujeito que, em chamada anterior, fizera uma ameaça alarmante, que, aparentemente deveria ser levada a sério. Felizmente, o segundo telefonema não aconteceu, e o primeiro passou a ser considerado um mero trote. Jackie não era uma pessoa desligada, especialmente quando se tratava de ameaças à sua família. Mas, nessa época, sua atitude parecia indicar que a única coisa que a preocupava era ouvir, cheia de admiração, Bryan Holme explicar o processo de preparação para o envio de fotografias e imagens para a gráfica.

Ela estava perfeitamente consciente de que sua ambição de assumir um cargo de editora de livros em tempo integral provocaria uma nova onda de interesse do público, e de que muitos nos meios de comunicação estavam ansiosos para publicar trivialidades suculentas que dariam a entender que ela estava quebrando a cara. A persistência que ela demonstrou nesses primeiros e tumultuados meses convenceu-me de que sua paixão pelos livros, da qual falava de maneira tão eloquente, era genuína. Ela não estava apenas buscando algo para fazer, como especulavam alguns. Havia pressentido uma vocação."

Barbara Burn também ficou impressionada com a seriedade de Jackie nesse período de aprendizado. "Ela realmente pôs mãos à obra. Comparecia às reuniões editoriais. Às vezes, fazia o projeto dos seus livros dispondo as imagens no chão do corredor e se curvando para separá-las e organizá-las. Todo mundo se acostumou bem depressa com ela, devo reconhecer. Acho que todos ficaram meio chocados com o fato de ela fumar. Havia, no início, certo ressentimento, mas não muito, porque ela ia ganhar 200 dólares por semana, o que, na época, não era insignificante. Na verdade, era o que estavam ganhando vários empregados que trabalhavam em tempo integral, e, portanto, eles não achavam justo. Afinal, ela só tivera experiência como repórter e fotógrafa. Seja como for, todo mundo superou isso rapidamente. [...]

Lembro que, certa vez, o escritor irlandês J. P. Donleavey telefonou para dizer que queria conversar com Jackie sobre um projeto de livro: pretendia entrevistá-la sobre a questão da caça à raposa. Ela se mostrou extremamente polida, e, na saída, o acompanhou até os elevadores; voltou-se, então, para mim e comentou: 'Na verdade, ele queria apenas me encontrar.'

Eu lhe dava manuscritos para ler, o que faziam também outros editores. Ela redigia relatórios manuscritos. [...] O primeiro relatório que me entregou era sobre um livro a respeito de Baudelaire, escrito em francês e enviado pela Gallimard ou alguma outra editora francesa. Ela logo tratou de lê-lo e escreveu um relatório absolutamente objetivo, descrevendo o conteúdo e explicando por que não seria adequado para o público americano — exatamente como estava na receita. E sempre aceitava que se fizessem alterações nos seus próprios textos, nos prefácios e coisas assim. Não tinha nenhum problema em relação a isso."

A respeito da avalanche de publicidade e de pedidos de entrevistas na época em que ela entrou para a empresa, Guinzburg disse-me: "Em vez de marcar entrevistas, decidimos promover uma reunião e convidamos algumas pessoas para se sentar ao redor de uma mesa no hotel Carlyle. Havia uma repórter do *Washington Post* que mais ou menos deu a entender que a contratação de Jackie não passava de um golpe publicitário. Disse ela: 'Ela não tem experiência no ramo', e eu respondi: 'Não, não tem. Mas fico aqui pensando com quem a senhora almoçou hoje ou com quem vai jantar amanhã. E posso lhe garantir que, a qualquer momento, a sra. Onassis estará jantando com alguém ou com pessoas que nos ajudarão a produzir alguns dos livros mais interessantes da próxima década. Como poderíamos pensar de outra maneira?'"

Em janeiro de 1976, Jackie deu em seu apartamento um jantar em que dispôs três mesas redondas, cada uma com seis convidados, entre eles Peter e Cheray Duchin, Arthur e Alexandra Emmet Schlesinger, Roger e Emma Jeanne Mudd, Barbara Walters e Candice Bergen. Jackie ficou radiante nessa noite quando os convidados se levantaram para brindar à sua entrada no mundo do trabalho.

O primeiro livro de Jackie, *Remember the Ladies: Women in America, 1750-1815* [Rememorando as senhoras: As mulheres na América, 1750-1815], confirmou em Guinzburg a convicção de que ela daria conta do recado, pelo menos no terreno das aquisições de direitos. O projeto combinava suas paixões pela arte e pela história, e refletia a sua percepção da emergência de um mercado feminino. Jackie logo demonstraria que era capaz de agarrar oportunidades que jamais se teriam materializado para outros editores que não tinham a mesma penetração que ela em certas áreas da sociedade. Referindo-se a *Remember the Ladies*, Guinzburg comentou que o projeto "não teria chegado à Viking se ela não estivesse envolvida".

No bicentenário da Independência americana, um comitê de preservação de monumentos em Plymouth, Massachusetts, estava preparando uma exibição sobre o papel da mulher no século XVIII. Desse comitê fazia parte Mabel H. "Muffie" Brandon, autora da iniciativa, e que mais tarde trabalharia no governo Reagan como secretária de questões sociais na Casa Branca. Na época, ela era casada com Henry Brandon, chefe da sucursal do *Sunday Times* londrino em Washington (atualmente, ela se chama Muffie Brandon Cabot e é sogra de George Stephanopoulos). Entre os demais membros do comitê, estavam figuras da sociedade como Joan Kennedy, Nancy Kissinger, Susan Mary Alsop, Barbara Howar e Constance Mellon.

A ideia de Brandon era publicar um livro referente à mostra. Declarou ela ao *New York Times*: "Meu encontro na Viking era com Tom Guinzburg, e, quando entrei na sala de reunião, fiquei surpresa de ver Jackie — ela estava na Viking havia poucos dias. À medida que eu explicava a ideia, vi que seus olhos começavam a brilhar. [...] Ela imediatamente entendeu do que se tratava, e durante duas horas fez perguntas extremamente perspicazes. Queria saber que proporção do texto seria dedicada às mulheres negras, às trabalhadoras, às indígenas. [...] Finalmente, Tom Guinzburg virou-se para ela e perguntou: 'Que acha?' E ela: 'Oh, vamos fazer.' Mais tarde, ela me levou para dar uma volta pela Viking: mostrou-me o departamento de arte, o departamento de marketing, a divisão de livros em brochura. Parecia tão orgulhosa, tão profissional. Era evidente que se havia encontrado, que nascera para aquilo. Quanto ao que havia vivido no passado, bem, a vida é um rio, e cada um busca o seu caminho. Agora, ela daria a volta por cima."

Referindo-se a Jackie como "uma mistura de ferro e seda", Brandon recorda ter examinado com ela vários elementos retirados de fontes históricas para inclusão no livro. "Descobrimos que havia uma raiz que as mulheres mascavam para induzir abortos. Jackie disse: 'Ponha isso no livro — queremos que ele seja factual e também simples, natural.'" Segundo Brandon, quando deram com uma carta de Martha Washington referindo-se a Georgetown, onde Jackie vivera, como "um buraco sujo", a ex-primeira-dama caiu na risada. Elas também descobriram que Martha Washington havia escrito: "Minha vida é um tédio — sou uma prisioneira do Estado." Jackie de novo se divertiu muito.

As descobertas da raiz indutora de abortos e da carta de Martha Washington foram feitas, na verdade, pelas duas autoras do livro, originalmente intitulado *A Special Destiny* [Um destino especial]. As autoras e pesquisadoras, Linda Grant De Pauw e Conover Hunt, eram autoridades acadêmicas sobre esse período da história americana. Relembrando aquele momento, apresentaram pontos de vista que contrastam com o relato feito na época por Brandon.

De Pauw, da Universidade George Washington, que havia recebido o título de "consultora", lembra como veio a se envolver no projeto. "Foi no dia 18 de abril de 1975. Eu estava apresentando uma dissertação numa conferência de história em Boston — acho que era da Organização de Historadores Americanos. E o tema eram as mulheres na Guerra Revolucionária, o campo que eu estava pesquisando. Depois da palestra, uma mulher se aproximou de mim e disse que se chamava Muffie Brandon. Eu nunca ouvira falar antes de alguém que se chamasse Muffie, mas não ia criar caso por isto... Ela estava muito empenhada em fazer alguma coisa na casa de Mercy Otis Warren para o bicentenário. Trata-se de um monumento histórico em Plymouth, Massachusetts, e Mercy Otis Warren certamente era uma mulher importante no período da Guerra Revolucionária Americana.

Nessa época, eu tinha consciência de que os únicos nomes conhecidos no que dizia respeito às mulheres na Revolução Americana eram Betsy Ross e Molly Pitcher. Respondi, então, a Muffie: 'Mercy Otis Warren foi uma pessoa importante, e sua casa é importante; mas eu tenho um ponto de vista mais amplo, que gostaria de expor. [...]' Eu disse a Muffie que, se ela quisesse fazer alguma coisa de escopo um pouco mais amplo, eu adoraria participar. E foi assim que tudo começou. Eu era muito jovem; tinha 35 anos. Não sabia nada das 'senhoras elegantes' — assim era como Conover Hunt e eu nos referíamos a elas: Muffie, as Kennedy e assim por diante; elas estavam completamente fora da minha realidade."

Conover Hunt atualmente é vice-diretora da Administração para o Desenvolvimento da Área Federal de Fort Monroe, Virgínia. Recorda ela: "Muffie Brandon conhecia todo mundo no condado — era uma grande democrata de Boston. Seu pai fora professor de chinês em Harvard e tinha casas em Plymouth, e por aí vai. Portanto, ela conhecia Ted, conhecia Jackie, conhecia a mulher de Ted, Joan, e praticamente todo mundo. [...] O que ela pediu a Jackie foi que publicasse um livro. Eu fui contratada como curadora de uma exposição itinerante nacional, e a professora De Pauw foi contratada como a historiadora acadêmica do projeto. Nós duas juntas escrevemos o livro."

Hunt descreve o momento divisor de águas na história que deu origem ao livro e que iniciou essa colaboração. "Cabe lembrar que estávamos em 1976: a emenda constitucional pelos direitos iguais entre os dois sexos, toda aquela luta, Betty Ford, a conferência em Houston pela aprovação do texto e tudo mais. Era, portanto, um movimento que ganhava impulso. [...] Todo o projeto de *Remember the Ladies* foi montado em nove meses, como a gestação de um bebê. E depois viajou durante dois anos. Foi uma das exposições oficiais da Comissão do Bicentenário da Revolução Americana. E Muffie arrecadou 1 milhão de dólares. Ela conseguiu reunir o grupo mais incrivelmente diversificado possível. Se todos fossem reunidos na mesma sala, haveriam de se matar uns aos outros. Ela reuniu a Associação de Mulheres de Mount Vernon, a Organização Nacional de Mulheres, o clã Kennedy e republicanos da direita radical como patrocinadores — era algo impressionante. E foi o maior sucesso.

Nós tivemos uma reunião editorial em Nova York. [...] Trabalhamos basicamente com uma editora chamada Barbara Burn, que fez a maior parte do trabalho. E Jackie apareceu nessa reunião. Estávamos ocupadas com a diagramação, todas sentadas no chão. De repente, ela chega. Era muito mais baixa do que eu imaginava. Claro que a gente sempre imagina que Jackie O. deve ter 1,80 m de altura. E tinha aquela vozinha engraçada, um maravilhoso senso de humor, e mostrou-se muito, muito interessada no que estávamos fazendo. [...] O diagramador queria as legendas alinhadas à esquerda. E Jackie disse: 'Então me explique o que está querendo dizer com essa nomenclatura de diagramação.' Ela queria saber sobre a fonte que seria usada e assim por diante."

Lançados depois de estrondosas vitórias dos defensores dos direitos civis e dos direitos das mulheres, não deixava de ser um sinal dos tempos que o livro e a exposição celebrassem não só as mulheres pioneiras da era colonial, mas também as mulheres negras escravizadas e as indígenas. Apesar de contar com um texto sucinto, o livro teve considerável impacto graças aos artefatos que mostrava, com extenso detalhamento nas legendas.

Remember the Ladies é um dos primeiros exemplos da maneira como a história estava sendo transformada pelos avanços na erudição alternativa, e Jackie haveria de desempenhar um papel de liderança nesse revisionismo esclarecido. A proliferação de narrativas de escravos, praticamente desconhecidas por gerações anteriores, haveria de se tornar um tema recorrente de vários trabalhos que ela mais tarde desenvolveu e publicou. Ela sabia perfeitamente que a história só pode ser considerada exata quando todos os povos são incluídos. Com as lições acumuladas em seu próprio passado, Jackie estava em condições de levar esse tipo de consciência crítica aos sucessivos livros em que trabalhava, não obstante a arraigada resistência com que às vezes tinha de se defrontar.

2

Ao estilo russo, passando por Paris

Enquanto se adaptava à sua agenda de trabalho no outono e no inverno de 1975, Jackie podia ser encontrada, num típico dia em que não estivesse no escritório, fazendo compras na Bloomingdale's, escarafunchando as prateleiras da Gotham Book Mart, fazendo o cabelo no Kenneth Salon ou simplesmente saboreando sozinha um hambúrguer no café Leo's na Avenida Madison, com todos os olhos voltados para ela. Também podia ser vista apreciando uma omelete no P. J. Clarke's ou se entregando ao prazer dos doces na Serendipity. Nas tardes de sexta-feira, Jackie muitas vezes sentava ao volante de seu pequeno BMW verde ("verde-jujuba", como dizia aos amigos) e seguia em direção à sua casa-refúgio no condado de Somerset, Nova Jersey, para um fim de semana prolongado com os filhos e os cavalos, embora frequentemente levasse manuscritos para examinar.

Becky Singleton mapeou os avanços de Jackie depois de seu mergulho na Viking. "No fim do ano, as coisas haviam se acalmado, e chegaram perto de algo parecido com normalidade. Jackie tornara-se uma figura conhecida nos corredores. Sua relação com Bryan Holme havia progredido de tal maneira que ele já parecia considerá-la uma colega. Muitas vezes, ele telefonava ou vinha ao meu escritório perguntar onde ela estava, pois este ou aquele projeto tinha chegado à sua mesa, e ele queria a opinião dela. Ela também trabalhava como coeditora em livros de alguns dos principais editores da Viking — Elisabeth Sifton, Barbara Burn e Cork Smith.

A facilidade com que ela se integrou ao clima informal e amigável da Viking aparentemente conquistara aqueles que, inicialmente, tinham lá suas dúvidas sobre o impacto que sua presença diária pudesse ter no ambiente de trabalho. No Natal daquele ano, dei-lhe uma das tradicionais camisetas da Viking Press, que era quase uniforme obrigatório em jogos de *softball* e piqueniques da empresa, junto com um bilhete que dizia mais ou menos: agora é oficial: tem sido um prazer trabalhar com você, e é ótimo tê-la por aqui."

Uma das obras para as quais Jackie recordaria mais tarde ter contribuído, no início de seu trabalho na Viking, foi uma produção de luxo de Bryan Holme (que acabaria sendo publicado em 1979) com daguerreótipos de Abraham Lincoln. Esse livro, *The Face of Lincoln* [O rosto de Lincoln], foi compilado e editado por James Mellon com base nas imagens de arquivo deixadas pelo pioneiro fotógrafo Mathew Brady. Dá para imaginar por que a figura frágil mas imponente de Lincoln atraiu a atenção de Jackie, mesmo deixando de lado o paralelo óbvio com JFK por causa do assassinato. Ela entendeu que uma personalidade singular era capaz de definir uma era.

Cabeça pensante do livro, James Mellon (descendente de Andrew W. Mellon, o industrial e banqueiro de Pittsburgh) escreveu: "No rosto de Lincoln, como na história de sua vida, todo americano pode ver algo das dificuldades de seu país, alguma coisa atávica, pois Lincoln é um exemplo único do caráter americano se formando e procurando se definir." O livro capturava visualmente a essência do personagem, e Jackie guardava com desvelo a lembrança do pequeno papel por ela desempenhado. Embora duas das editoras do livro, Barbara Burn e Elisabeth Sifton, não tivessem lembrança do seu envolvimento no projeto, Becky Singleton informou-me: "Jackie frequentemente mencionava esse livro em conversa comigo. Era evidente que tinha por ele especial interesse [...] Jackie provavelmente contribuiu para o livro informalmente, mas sua contribuição deve ter sido suficiente para que se sentisse 'parte da equipe'."

Em seu primeiro ano na Viking, a amizade de Jackie com Tom Guinzburg floresceu, e muitas vezes eles se encontravam socialmente. Ela lhe deu apoio moral durante seu divórcio. Os dois se entendiam sob muitos aspectos e transitavam pelos mesmos círculos sociais, que tinham editores e escritores como centro. Guinzburg recordaria o desafio que foi despistar os paparazzi num período de férias que passara com Jackie, Caroline e John Jr. "Estávamos na Jamaica, e o *National Enquirer* destacou um sujeito para segui-la. Nós sabíamos de quem se tratava. Era um homem de boa aparência. E o problema não era tanto Jackie e eu, pois podíamos evitá-lo — ou ela podia evitá-lo sozinha —, mas havia as crianças.

Nossos filhos tinham mais ou menos a mesma idade, e até onde sabíamos podiam perfeitamente estar no mato fumando *ganja*, de modo que eu ficava apavorado com a ideia de o *National Enquirer* publicar uma foto. Mas foi divertido, pois estávamos na Jamaica, claro, e tínhamos lá nossos pequenos estratagemas: o carro em que supostamente Jackie estaria ia embora sem ela, ou então eu partia em determinada direção e ela podia ficar relaxando em algum outro lugar. [...] Era o tempo todo esse tipo de coisa, mas ela nunca parecia chateada."

Nesse mesmo ano, Guinzburg, mesmo preservando seu papel como editor, vendeu a Viking ao conglomerado britânico Pearson Longman Ltd., promovendo a fusão da empresa com a Penguin, e o negócio familiar começou a adquirir uma identidade corporativa. Um candidato a editor na Penguin, David Zinsser, conhecia Jackie pelo filho de Jessie Wood, companheira de quarto dela em Vassar e há muito tempo sua melhor amiga, filha da escritora e anfitriã parisiense Louise de Vilmorin. Por meio da mãe de Wood é que Jackie conhecera André Malraux em 1961, e, juntos, os dois haviam planejado o empréstimo da *Mona Lisa* de Da Vinci do Louvre para a National Gallery de Londres e o Met de Nova York. Depois da concretização dessa proeza da diplomacia franco-americana, Malraux brincou: "De quem era o melhor sorriso, o de Jackie ou o da *Gioconda*?"

David Zinsser e seu amigo Cabell Bruce, o filho de Jessie Wood, hospedaram-se certa vez no apartamento de Jackie e foram ver o filme *Nashville* com ela e Caroline após a estreia, em setembro de

1975. Dirigido por Robert Altman, o filme representou um exemplo da impossibilidade de Jackie de evitar um confronto com o passado. Contou-me Zinsser: "Não creio que Jackie soubesse, e eu certamente não sabia, que o filme podia ser visto como uma espécie de parábola do assassinato de Kennedy. E quando a personagem do filme diz 'E *ela* com seu conjuntinho cor-de-rosa', eu praticamente saltei da poltrona. Voltamos depois para casa, e lembro que tomamos chá, e ela não falou realmente sobre essa parte. Acho que estava preocupada naquele momento porque Caroline também estava presente. [...] Era muito pesado, pois estávamos vivenciando aquilo da mesma maneira [que Jackie e Caroline]."

Nos anos seguintes, como previra Tom Guinzburg, Jackie usaria seu talento para cultivar relações sociais com o objetivo de atrair certos autores para a editora. Elisabeth Sifton comentaria: "Meu palpite era o de que seu principal método de aquisição de direitos autorais, a maneira como conseguia um livro, além dos agentes influentes que lhe apresentavam projetos pensando que ela era o veículo adequado dentro da editora, consistia em frequentar jantares com pessoas muito interessantes que lhe contavam coisas fantásticas, e então ela dizia: 'Mas que interessante! Você tem de escrever um livro sobre isto.'"

Outra assistente editorial de Jackie, Delfina Rattazzi, era uma das herdeiras da fortuna dos Agnelli e da Fiat e acabara de se formar pela Faculdade de Jornalismo da Columbia University. Com idade em torno dos 25 anos, ela agarrou a oportunidade de ter a sra. Onassis como chefe e "veio a amá-la e respeitá-la". Rattazzi contou-me que, nessa época, Jackie eventualmente "frequentava reuniões da alta-roda, nas quais sua privacidade era protegida". Uma dessas ocasiões foi uma festa para a escritora Jean Stein, registrada por Andy Warhol em seu diário, numa entrada com data de quarta-feira, 13 de abril de 1977.

Escreveu Warhol: "Eu saí para uns coquetéis e depois um jantar em homenagem a Jean Stein no apartamento de sua irmã, Susan Shiva, no Dakota. [...] A primeira pessoa com que me deparei ao entrar foi Jackie O., linda. E, logo, Norman Mailer. Jackie estava conversando com o namorado de Jean, que trabalha no Smithsonian. Delfina Rattazzi, que ainda trabalha para Jackie na Viking, estava presente, e parecia tão completamente diferente que eu não a reconheci — tinha o cabelo encaracolado e usava um vestido sexy. [...] tive, pela primeira vez, uma conversa realmente boa com Jackie O., mas não lembro muito bem do que falamos, a magia das pessoas no cinema, ou algo assim".

Rattazzi também recordaria: "As pessoas estavam sempre tentando usá-la. Peter Beard passava no escritório, e, como o conhecia, eu ia cumprimentá-lo. Mas, certa vez, ela disse: 'Eu amo Peter, mas ele está sempre tentando me usar.' [...] Uma vez, ela me contou que seu filho John estava criando um píton na banheira, o que a deixava enfurecida, mas, ainda assim, a gente riu um bocado. Lembro que ela me convidou para um jantar informal em seu apartamento na Quinta Avenida: Warren Beatty e Diane Keaton, Jim Wolfensohn, muita gente de talento, ainda que ele fosse dedicado às finanças. Ela era muito reservada. O que mais me espantava nela era a capacidade de escolher amigos nos quais podia realmente confiar, que não diriam uma palavra a seu respeito."

John Jr. passou um verão trabalhando na ala de répteis do Zoológico do Bronx, graças a John Pierrepont, amigo de Jackie, que fazia parte da diretoria. Becky Singleton apresentou uma versão ligeiramente diferente da temporada de John com as cobras, à luz do original senso de humor de Jackie. "Como eu já ouvira Jackie contar muitas histórias sobre John, eu não descartava a ideia de que o píton realmente existisse. Acho até que John chegou a falar disso a um repórter. Mas ele gostava de provocar a mãe e ela o sabia, embora sempre fingisse levá-lo a sério. Jackie também fingia estar decidida a fazer com que John namorasse minha irmã de 12 anos, que era um gênio na matemática e nada sofisticada. O que ela queria dizer era: Sua irmã é o tipo de influência que eu desejo na vida de John. Ele está com 16 anos e eu estou quase ficando maluca com essas garotas com quem ele sai."

Enquanto Jackie continuava transitando por círculos os mais variados e sofisticados, uma amizade em particular haveria de conduzi-la a vários projetos promissores de livros. Em 1972, ela contribuíra para um fundo destinado a ajudar a pagar o salário de Diana Vreeland como consultora do Costume Institute do Metropolitan Museum, o que permitiu à maga da moda encontrar novo porto depois de ter sido demitida do cargo de editora-chefe da *Vogue*. Jackie e Vreeland tinham uma história em comum ainda mais antiga, que remontava a 1960, quando Jackie escreveu de próprio punho uma carta de dez páginas pedindo conselhos a Vreeland em questões de moda, pois achava que sua preferência pessoal pela alta-costura francesa não seria adequada para uma primeira-dama.

A 28 de maio de 1975, Jackie escreveu uma carta a Vreeland expressando seus sentimentos depois de receber uma braçada de flores. Escreveu ela: "Suas tuberosas são lindas — quando passo pela sala, fecho os olhos, sinto o seu perfume, e fico achando que estou ao lado de Proust. *Sei* que você é minha amiga, pois me sinto tão profundamente próxima, e sei o que você me ensinou mais do que jamais poderia saber: o seu espírito."

Na Viking, Jackie colaboraria em dois livros com Vreeland, ambos ligados a exposições organizadas por ela no Costume Institute: *In the Russian Style* [Ao estilo russo], publicado no fim de 1976, e, no ano seguinte, *Inventive Paris Clothes, 1909-1939* [Roupas parisienses inventivas, 1909-1939], com fotografias de Irving Penn que mostravam criações de Poiret, Vionnet, Callot, Molyneaux, Paquin, Chanel, Schiaparelli e Alix. Penn se apaixonou pelos manequins e pelos costumes, e produziu uma série de imagens requintadas que complementavam a mostra com perfeição.

O filho de Diana, Frederick (Frecky) Vreeland, ex-diplomata que fora embaixador americano no Marrocos, referiu-se à mãe e a Jackie nessa época como duas "profissionais viúvas no turbilhão de Nova York". Frecky, que também fora companheiro de quarto de Tom Guinzburg em Yale, encontrou Jackie pelo menos dez vezes antes que ela e sua mãe acabassem tendo seus caminhos cruzados. Explicou-me ele num e-mail enviado de sua atual residência em Roma: "Foi mais tarde e por conta própria que mamãe se aproximou de JO, que era minha amiga desde que nos conhecemos na adolescência. Ela frequentava o Vassar College ao mesmo tempo que minha noiva, e, juntos, nós muitas vezes visitamos Jackie na Virgínia do Norte, na casa de sua mãe e de seu padrasto. Foi lá que ela me apresentou a um jovem e desajeitado deputado de muletas que mais tarde seria eleito senador e se tornaria seu marido."

Frecky Vreeland ponderou que sua mãe e Jackie "certamente tinham um enorme respeito recíproco pelos seus respectivos talentos e se viam como iguais em matéria social e intelectual, cada uma delas empenhada em preservar a própria identidade num mundo altamente competitivo. Sem precisar dizer com todas as letras, cada uma intuitivamente entendia as sutilezas da psicologia da outra. Jackie tendia a distinguir bem cada uma de suas amizades, de modo que não havia nenhum tipo de cruzamento entre mamãe e eu em nosso constante relacionamento com ela. Acabei de me lembrar de uma conversa com JO em que comentei (de maneira absolutamente estúpida) seu hábito de roer as unhas. Ela concordou, dizendo que passou a vida suportando uma mãe autoritária — e acrescentou que isso era provavelmente algo que tínhamos em comum".

Tom Guinzburg refere-se a Diana Vreeland como uma força da natureza. "Acho que ninguém no mundo jamais seria capaz de levar Diana a exercer alguma função, a menos que ela quisesse. Ela era uma amiga da família, e eu a conhecia muito bem. Na verdade, da primeira vez que fui brincar com seu filho, Frecky, em Brewster, Nova York, e voltei para casa, lembro que mamãe estava fazendo jardinagem e perguntou: 'E como vai o filho dos Vreeland?' E eu respondi: 'Vai bem, mamãe, mas quer saber de uma coisa?' E ela: 'OK, conte-me sobre ele.' E eu: 'Ele é legal. Nós nos damos bem. Mamãe, veja só...' E ela diz: 'Mas o que é que você quer?' E eu finalmente disse: 'Mamãe, a sra. Vreeland tem um telefone no banheiro!'"

Ferle Bramson era assistente de Diana Vreeland na década de 1970, e também se refere à relação entre sua exuberante chefe e Jackie como uma amizade íntima. Jackie era uma das pessoas às quais Vreeland telefonava de manhã, falando do banheiro. "Elas conversavam o tempo todo quando estava rolando essa exposição russa", conta Branson, "e trabalharam muito estreitamente no livro. A sra. Vreeland sempre trabalhava em casa pela manhã. [...] Elas conversavam no telefone porque Jackie morava em frente ao museu."

No Met, Vreeland contava com o pleno apoio de Jackie, e a integrou informalmente à equipe de curadoria que montava as exposições do Costume Institute. A maior parte da equipe empregada por Vreeland trabalhava em regime de voluntariado, e ela também desfrutava do apoio do diretor do Met, Thomas Hoving, e de seu protegido, Philippe de Montebello, que nesse mesmo ano viria a assumir a direção. Como Hoving, um erudito com a perspicácia de um homem do mundo do espetáculo, Vreeland considerava que o museu precisava atrair as pessoas com grandes gestos teatrais, e ao mesmo tempo preservar e celebrar os esplendores da história. Hoving foi o carismático inovador da museologia que popularizou as mostras de grande apelo e sucesso de público, e que teve um turbulento reinado à frente do Met de 1967 a 1977.

O neto de Vreeland, Nicholas, dirige atualmente o Tibet Center, em Manhattan, mas na juventude trabalhou com Diana e Jackie em alguns projetos de livros e exposições. Comentando o vínculo entre Jackie e Diana, Nicholas Vreeland disse-me: "Elas eram amigas muito, muito próximas. Eu realmente pude presenciar isto quando morei com minha avó em Nova York, no início da década de 1970. Elas tinham essa confiança mútua, amor e respeito. Quando minha avó promovia as exposições, Jackie sempre colaborava. Essas mostras, que aconteciam uma vez por ano, eram o momento em que os mais variados amigos de todos os setores se reuniam para fazê-las acontecer. E o clima era muito parecido com o que antecede uma estreia no teatro, com as pessoas contribuindo cada uma à sua maneira. Jackie era decididamente uma das pessoas que realmente contribuíam como podiam, e no seu caso eram os livros."

Rosamond Bernier, a glamourosa conferencista de alta-cultura cujas apresentações durante muitos anos eram aguardadas com ansiedade no Met, conheceu Vreeland no fim da década de 1940, graças aos amigos em comum que tinham na *Vogue* e no mundo da moda. Bernier rememora: "Nós nos dávamos sempre muito bem, e acho que, quando ela foi demitida da *Vogue*, eu estava me divorciando, e nos encontrávamos com frequência — ela morava perto de mim — para tomar uns tragos de vodca e comentar como o mundo se havia comportado mal conosco." Bernier considera que a educação formal de Jackie dotou-a de mais "cultura", no sentido francês, do que Vreeland, mesmo considerando-se o instinto e o talento pessoal desta. "Elas vinham de direções diferentes. Na verdade, creio que provavelmente cada uma delas tinha, em certa medida, o que a outra não tinha." Frecky Vreeland pondera que o temperamento extraordinário e os dotes intelectuais de sua mãe mais do que compensavam qualquer eventual deficiência em sua educação formal.

Outro voluntário que colaborava nos grandes espetáculos montados no Met era André Leon Talley, que viria a tornar-se diretor de criação da *Vogue*. Em suas memórias, intituladas *A.L.T.*, Talley comentava uma das paixões culturais compartilhadas por Jackie e Diana:

> A sra. Vreeland gostava de praticamente tudo o que viesse da Rússia, e era obcecada com a extravagância daquele país. [...] Creio que todo o seu interesse pela Rússia decorria do fato de ter ouvido certa vez que a imperatriz Catarina, a Grande, tinha 5 mil vestidos. A sra. Vreeland teve a oportunidade de examinar toda uma coleção deles em pessoa, quando foi aos arquivos do Museu Russo, em Moscou, com a finalidade de pesquisar para a mostra "Russian Style", Costume Institute.

Enquanto Vreeland e outros do Met montavam essa exposição dedicada aos artefatos da Rússia tsarista, Jackie esquadrinhava fontes privadas e públicas para organizar um volume associado à mostra. Ela reuniu joias, objetos artísticos, litografias, fotos antigas e, sobretudo, roupas; das longas botas de couro, que chegavam quase à cintura, do gargantuesco Pedro, o Grande, aos vestidos bordados a ouro e prata, os favoritos de Catarina, a Grande. Alguns dos trajes mais elegantes seriam apresentados em fotos em cores tiradas no mesmo Palácio de Inverno onde eram orgulhosamente envergados e legados de geração a geração.

Judith Straeten era curadora assistente do Met e trabalhou na catalogação das aquisições para a mostra. Lembrada de que Jackie fora convidada a colaborar no acerto das contribuições russas no verão de 1976, após a primeira visita de Vreeland a Moscou, no ano anterior, para programar a mostra, Straeten comentou: "Os russos não gostaram muito da sra. Vreeland. Foi um pesadelo desde o início. Muitas coisas que ela desejava, os russos não queriam oferecer, até que a sra. Onassis entrou em cena. Eles nos enviaram esses itens por causa dela. Quando a sra. Vreeland fez sua lista final de pedidos e os russos disseram não, Thomas Hoving estava com Jackie, e Jackie os convenceu."

Vreeland providenciou para que Jackie e Hoving se encontrassem em Paris e seguissem juntos para Moscou, para negociar com os soviéticos. Ao ter início a viagem, Hoving e Jackie jantaram certa noite em Paris, no fim de julho, na Rive Gauche. Os fotógrafos estavam informados da chegada de Jackie e cercaram o restaurante, investindo contra o táxi no qual ela vinha e gritando para atrair sua atenção: "Jackie! Jackie!" Hoving descreveu à biógrafa de Diana Vreeland, Eleanor Dwight, o que aconteceu naquela noite depois da entrada no restaurante: "Achei que Jackie ia começar a engatinhar debaixo da mesa. Ela estava trêmula." Jackie manifestou, então, sua preocupação com a viagem à Rússia, e ameaçou cancelá-la se tivesse de enfrentar aquele tipo de tumulto em Moscou. Hover conseguiu acalmá-la, explicando: "A única coisa boa do comunismo era que a imprensa, controlada pelo Estado, tiraria uma foto na chegada e outra na partida — em ambos os casos, com a autorização dela."

Não surpreende, assim, que logo os tabloides estivessem proclamando que Hoving era o novo amor secreto de Jackie. Os dois viajaram para Moscou e Leningrado, e visitaram os palácios de Inverno e de Verão. Hoving relataria mais tarde os ásperos encontros de Jackie com os burocratas soviéticos da cultura e o grande feito que ela conseguiu na *détente* das relações russo-americanas: "Ela realmente estava empenhada em conseguir tudo para a mostra e o livro. [...] Quando se envolvia em alguma coisa, ela era inexorável. Queria os trajes do tsar Nicolau e da tsarina Alexandra, e simplesmente atacava frontalmente ou recuava para dar umas cutucadas. Ainda era uma enorme questão política o assassinato do tsar. [...] Finalmente, eles lhe deram um trenó de Nicolau e Alexandra, e a conduziram a um enorme baú com os trajes de Alexandra. Não permitiram que o levasse, mas ela conseguiu experimentar a capa branca da tsarina!"

Jackie também conseguiu um traje de veludo verde usado nos passeios de trenó pela princesa Elizabeth, filha de Pedro, o Grande, e Catarina I. Entrevistado em 1994 pela *Newsweek*, Hoving recordaria: "Estávamos num banquete promovido pelo cônsul americano em Leningrado, um sujeito rígido que não gostava dos russos. Ele encarava as pessoas que eu tinha convidado — artistas e curadores — como um bando de tártaros. Um dos convidados russos fez um brinde, dizendo que os russos tinham o costume de atirar os copos vazios nas pinturas na parede. O cônsul congelou, horrorizado, achando que uma de suas pinturas estava seriamente ameaçada. Jackie virou-se para mim e sussurrou: 'Se você não me tirar daqui em cinco minutos, terei a maior hemorragia nasal da história soviética.'"

Jackie comentaria mais tarde seu trabalho no livro, dizendo: "Foi um exemplo de trabalho editorial que literalmente leva você a percorrer o mundo." Becky Singleton disse-me que não poderia repetir o que Jackie lhe havia confidenciado sobre a viagem à Rússia, pois suas observações "provavelmente reiniciariam a Guerra Fria se viessem a público!".

O livro publicado paralelamente à exposição foi produzido por Bryan Holme com a colaboração de seu filho, Christopher, que declarou: "Jackie ficou muito interessada e envolvida na diagramação e na escolha da fonte para combinar com 'Russian Style'." Gael Towey comentou o trabalho com Jackie no livro. "Eu toda hora sumia para fazer cópias fotostáticas, e ela perguntava: 'Gael, aonde está indo?' E eu respondia: 'Até a máquina que está fazendo todas essas imagens.' E ela: 'Pois quero ver como é que funciona.' Eu lhe disse então: 'Acho que é melhor não ir. Os produtos químicos são terríveis, o cheiro é muito forte.' E ela: 'Não, não, não! Quero saber de tudo que se passa.' Devo dizer que essa breve conversa foi suficiente para me mostrar como ela era curiosa com relação a tudo. [...] Quando estávamos trabalhando intensamente em tudo isso, ela ia providenciar pedidos de almoço. E perguntava: 'Gael, quer um sanduíche de atum?' Com aquela sua voz sussurrada, ela fazia um sanduíche de atum ficar parecendo a coisa mais exótica do mundo."

Para contribuir ainda mais, Jackie consultou dois expatriados russos que haviam servido na corte do último tsar: Serge Obolenski, descendente do principal general de Catarina, a Grande, e Vava Adelberg, filho do governador-geral de São Petersburgo. Jackie também convidou uma de suas velhas amigas da época de Vassar, Suzanne Massie, para fazer uma conferência no Met sobre arte e história cultural da Rússia. O marido de Suzanne, Robert K. Massie, era autor do respeitado *Nicholas and Alexandra*, biografia do último tsar da Rússia, Nicolau II, e de sua mulher, Alexandra de Hesse. Suzanne trabalharia mais tarde como consultora de assuntos russos do presidente Reagan. Jackie apresentou Suzanne a Vreeland e, enquanto *In the Russian Style* era preparado, explorou com pertinácia seu conhecimento do assunto.

Massie descreveria uma reunião de trabalho com Jackie em sua casa: "Fui visitá-la e repassei muitas coisas com Jackie — fotos, legendas —, e ela ficava me dando Dom Pérignon; e toda vez que eu me levantava para ir embora, ela dizia: 'Um momentinho, aqui, só mais esta foto. Vamos ver esta aqui.' Fiquei pensando, então, que ela era a pessoa mais decidida que eu jamais conhecera. Todo mundo diz que ela é meio tímida; mas não era não, nem um pouco! E, no fim, eu estava completamente arrasada — só saí de lá por volta das duas da manhã."

A noite de inauguração da mostra no Met foi um verdadeiro desfile de figuras da sociedade trajando modelos originais, de nomes como Oscar de la Renta e Yves Saint-Laurent, que ostentavam variações modernas dos temas imperiais e camponeses russos em exibição. Muitos convidados compareceram trajados como membros da corte russa. Nessa noite, contudo, Jackie e Diana vestiram-se com elegante simplicidade, postando-se no comitê de recepção ao lado de dignitários russos e dos potentados do Met. Foi um espetáculo grandioso orquestrado num cenário monumental, muito mais substancial sem o brilho hollywoodiano no qual têm se baseado, nos últimos anos, as montagens anuais do Costume Institute sob a direção da editora da *Vogue* Anna Wintour.

Sob a orientação de Jackie e Diana, o livro e a exposição evocavam o reinado de Pedro e Catarina, a Grande, ao mesmo tempo que mostravam os trajes menos luxuosos do campesinato russo "rico". Segundo todos os relatos, a inauguração foi de fato um acontecimento digno dos paparazzi, mas com maior ênfase na cultura e na arte do que na badalação. Em cada um dos salões, todos descortinando a história de maneira única, podia-se sentir no ar o perfume Cuir de Russie ("Couro da Rússia", especialmente recriado por Chanel para o acontecimento). O piso recoberto de peles ("para dar uma ideia de selvageria", disse Vreeland ao

New York Times); a música de Tchaikovski, Rimski-Korsakov, Borodin, Mussorgski e Glazunov era tocada em fitas. Tocadores de balalaica se apresentavam no salão principal, e o baile entrou pela madrugada. Vreeland postou-se diante da livraria, folheando o livro inspirado em "Russian Style" e apregoando para os passantes: "Comprem um livro. Comprem um lindo livro!"

In the Russian Style era mais do que um catálogo de exposição, apresentando ilustrações e contextualizando as legendas, e Jackie teve o bom senso editorial de coletar citações de relatos contemporâneos da vida na era tsarista, conduzindo o leitor por uma espécie de história do ponto de vista russo. O livro contrastava a influência eslava da arte folclórica russa com a influência francófila que vigorava na burguesia e no *entourage* real. Leques bordados, samovares de prata, caixinhas de música cravejadas de joias, faqueiros imperiais, vasos de malaquita, caixinhas de rapé de ouro e esmalte opalescente, candelabros reluzentes e móveis requintadamente ornamentados completavam a coleção, e traçavam um opulento retrato de uma era distante.

In the Russian Style foi um dos dois únicos livros publicados na carreira editorial de Jackie que ostentavam o crédito "Editado por Jacqueline Onassis". Ela muitas vezes manifestou sua aversão à ideia de usar seu nome para vender livros. Certa vez, ela observou: "Uma das coisas que me agradam no trabalho editorial é que o editor não é promovido — o objetivo é promover o livro e o autor." Numa entrevista coletiva convocada para promover a exposição e o livro, improvisando e talvez um pouco à vontade com seu papel de garota-propaganda, Jackie fez pouco dos costumes, dizendo: "É maravilhoso vê-los, como é maravilhoso assistir a *E o vento levou*. Mas tenho certeza de que todas vocês preferem usar suas calças jeans do que saias armadas."

Falou também de outro projeto russo no qual estava trabalhando na época, um livro intitulado *The Firebird and Other Russian Fairy Tales* [O pássaro de fogo e outros contos de fadas russos], para o qual escreveria uma introdução. Ele foi publicado em 1978. Com seu típico entusiasmo, Jackie disse que esse projeto "significava ter de trabalhar com um tradutor russo e pesquisar no departamento eslavo da Biblioteca Pública de Nova York. Eu adoro fazer livros ilustrados — um belo livro de arte pode revelar ao leitor todo um mundo. Trata-se da redescoberta do trabalho de Boris Zvorykin, integrante do círculo de Diaghilev. Ele era um mestre da arte decorativa, mas ficou praticamente esquecido".

Boris Zvorykin (1872-1935) foi um ilustrador russo que produziu imagens extraordinariamente belas para livros infantis, num sofisticado estilo russo caracterizado por uma paleta amplamente variada e complexos contornos fractais. O dono da livraria Gotham Book Mart, Andreas Brown, mostrou uma reprodução francesa em fólio dessas ilustrações a Jackie, na Feira Internacional de Livros Antigos realizada no Plaza Hotel, entre março e abril de 1977. Ela imediatamente percebeu o caráter ímpar da arte de Zvorykin e encomendou um livro que a pudesse reproduzir, acompanhando versões inglesas de quatro contos de fadas russos dos mais conhecidos. A mais conhecida dessas histórias era "O pássaro de fogo", imortalizado em música de Igor Stravinski e no balé de George Balanchine, um relato mítico reminiscente de várias histórias ligadas ao mito da fênix. A própria Jackie se incumbiu da tradução da fonte francesa, e a Viking teria pago a Brown, pelo livro, uma soma na casa dos cinco dígitos. Foi este o outro livro pelo qual ela recebeu crédito na capa como editora.

Durante muitos anos, Jackie foi uma fervorosa colecionadora de livros de arte. Ela costumava ir à Gotham Book Mart e pedir ajuda a Brown para encontrar livros para ela mesma e para os filhos. Ao longo dos anos, a ilustre clientela da Gotham incluiria Arthur Miller, John Updike, Tennessee Williams, Ezra Pound, J. D. Salinger e Katharine Hepburn. Brown recordaria que, no início da década de 1970, Jackie comprava livros "quase todo dia, centenas por ano. [...] Seu gosto é eclético — ficção, não ficção, história, arte —, e ela é fascinada por questões sociais contemporâneas". Comentando sua atuação na Viking, Brown acrescentaria: "Ela não está lá propriamente servindo de enfeite."

Christopher Holme trabalhou com Jackie no livro de Zvorykin e me disse: "Na época de *The Firebird*, ela vinha examinar as provas da gráfica, e suponho que, antes disso, trabalhara na diagramação. E quando o livro estava pronto, ela queria ir à gráfica acompanhar a operação, que se dava em Nova Jersey. Foi assim que a levei de carro a Nova Jersey no Chevrolet Vega dos meus pais, que não era propriamente o tipo de automóvel no qual se esperaria vê-la. Nós chegamos lá, e a impressão transcorreu como sempre, sem maiores surpresas, mas é claro que estava todo mundo informado e instruído de que ela estava lá como qualquer um, e que ninguém devia fazer estardalhaço."

Jackie escreveu um ensaio para o catálogo da exposição seguinte de Vreeland, "*Vanity Fair*: Four Seasons of Fashion from the Costume Institute" [*Vanity Fair*: Quatro temporadas de moda do Costume Institute], inaugurada em 11 de dezembro de 1977. A mostra constava de roupas e acessórios escolhidos na coleção do Costume Institute, e abarcava mais de 30 mil itens de vestuário e diferentes ornamentos. O título foi extraído do *Pilgrim's Progress*, de John Bunyan, e Jackie dedicou seu ensaio, "Uma visita à suma sacerdotisa da *Vanity Fair*", a "Diana Vreeland, ágil, cabelo negro laqueado, que parece uma sacerdotisa, o que de certa forma é, e seu templo fica no andar térreo do Metropolitan Museum of Art." Nos anos subsequentes, Jackie daria prosseguimento à sua colaboração literária com Vreeland de maneira grandiosa.

No dia 28 de outubro de 1976, Jackie escreveu um memorando a Alan Williams para recomendar um manuscrito de Lawrence Durrell que lera para um livro intitulado *Sicilian Carousel* [Carrossel siciliano], e que era um relato algo enfeitado do passeio de ônibus do escritor pela ilha. Williams, por sua vez, escreveu a Durrell, tentando atraí-lo para a Viking com a citação de trechos do memorando de Jackie, no qual se podia ler:

> Trata-se de um livro cuja espera até ser publicado simplesmente não posso suportar. Durrell é capaz de nos transportar a um lugar de maneira melhor do que qualquer escritor que eu conheça. [...] Adorei [...] [*Marina Venus* e *Prospero's Call*] antes mesmo de pôr os pés numa ilha grega — quando as conhecemos, cada seixo branco, cada oliveira, cada personagem e todas as histórias que ele entretece. Claro que hoje em dia todo mundo vai às ilhas gregas — de modo que seria o livro

que todo mundo compraria ao tomar o avião com o protetor solar e as câmeras instamáticas — para falar de uma maneira grosseira e comercial. Estou querendo dizer que ele teria um público que talvez os livros de Durrell nem sempre alcancem. Para os que amam Durrell, que prazer sentar com um livro assim e simplesmente saboreá-lo.

Jackie considerava Durrell um dos mestres da arte dos relatos de viagem, e comparava-o a Kazantzakis, Patrick Leigh Fermor e Flaubert. Seus elogios foram bem, recebidos por Durrell, e seu livro seria publicado pela Viking em setembro de 1977.

Rememorando numa coluna publicada nacionalmente em 2002, Jimmy Breslin, autor da Viking, escreveu que se encontrara com Jackie no corredor em frente a seu escritório logo depois que ela começou a trabalhar como editora. Apresentou-lhe, então, a ideia de um novo livro, em nome de um amigo. "Eu estava chegando de Chicago, onde estivera com Eugene Kennedy, um padre que ensinava na Universidade Loyola, em Chicago. Ele queria escrever e me falou de um livro sobre o prefeito Richard J. Daley; eu contei isto a Onassis e ela entrou em seu escritório e deu a partida. Era mesmo uma mulher ativa. Ele era padre e professor atuante, e, com essa oportunidade, transformou-se também em escritor."

Breslin disse-me que esse relacionamento com Jackie remontava aos primeiros dias de Kennedy na Casa Branca, assim como ao pesadelo do seu assassinato. "Havia uma cena com ela de que eu me recordava. Ela estava no saguão do Hospital Parkland. Kennedy morto lá dentro, no quarto, e ela conversando com o padre. O padre era... eu o vi, que diabos, eu fui à sua paróquia e conversei com ele. Ele aparece nos filmes. Ele estava dando a extrema-unção a Kennedy, e ela, no fim, perguntou-lhe: 'É um último sacramento válido?' E ele lhe garantiu que sim. Pois, segundo a fé católica, há um período em que a alma ainda não deixou o corpo, e se pode fazer uma oração por ela antes que se vá. Era com coisas assim que ela estava envolvida no fim, e é disso que trata a fé católica no que é essencial. Foi desse jeito que ela viveu o resto da vida: *no essencial*. Levantar e ir para o trabalho."

Aceitando a sugestão de Breslin, Jackie entrou em contato com Eugene Kennedy, manifestando interesse em que escrevesse um livro sobre Daley, o rechonchudo e maquiavélico prefeito de Nova York. Kennedy, sem relação de parentesco com o clã Kennedy de Massachusetts, disse-me: "Eu tinha escrito um texto, 'Ao lado do prefeito Daley no dia de São Patrício', pois, em 1975, tinha passado o dia de São Patrício* na tribuna com ele. Fiquei então remoendo a ideia de que ninguém nunca tinha escrito um livro sobre ele. É verdade, Jimmy Breslin e eu nos conhecemos há muito tempo, e foi Jimmy que nos botou em contato."

Jackie viria a cultivar um relacionamento muito próximo com Gene, como o chamava. Contou ele: "Lembro que Jackie e eu tivemos uma longa conversa, certa tarde, em seu apartamento no 1.040 da Quinta Avenida — era um apartamento e tanto; estive lá muitas vezes. Ela serviu sanduíches de pepino no almoço e depois se sentou num sofá na biblioteca. Por trás dela, havia uma estante de volumes encadernados, todos com a inscrição JBK & JFK, e todos com recordações e lembranças relativas a seus anos com Jack. E dava para sentir realmente — sem qualquer sombra de dúvida — que seu amor por ele nunca acabara. Conversamos muito sobre isto e sobre perda. Ela não era mulher de deixar passar nada."

Kennedy lembrou que Jackie trabalhara na biografia de Daley com o renomado editor Corlies (Cork) Smith, editor de Breslin. Becky Singleton recordaria: "Jackie foi destacada como coeditora no livro de Eugene Kennedy. Ela me contou histórias incríveis sobre um luxuoso mosteiro católico para retiros localizado numa ilha nos Grandes Lagos, perto de Chicago. Lembro que especulou, com senso de humor, que o padre Kennedy talvez tivesse passado um bom tempo lá, o que era um elogio, pois ambas o considerávamos extremamente cortês e elegante."

Eugene Kennedy concluiu um Ph.D. em psicologia e ensinou na Universidade Loyola por muitos anos, até se aposentar. Escreveu muitos livros sobre as relações entre psicologia e religião, e há muito vem preconizando uma reforma do corpo sacerdotal católico, sempre em diminuição. Jackie dava-se conta de que, apesar de nascido em Nova

*Dia do padroeiro da Irlanda, 17 de março. [*N. do T.*]

York, Kennedy, tendo passado a maior parte da vida adulta em Chicago, tinha uma visão especial, como sacerdote e, mais tarde, como militante católico, a respeito da maneira como os americanos de origem irlandesa, italiana e da Europa Oriental foram aproximados em uma frágil coalizão pelo prefeito Daley e seus colaboradores. Intitulado *Himself! The Life and Times of Mayor Richard J. Daley* [Em pessoa! Vida e época do prefeito Richard Jackie Daley] e publicado em 1978, o livro de Kennedy ganhou o Prêmio Literário Carl Sandburg e a Medalha Thomas More.

O perfil traçado por Kennedy mostrava que Daley nem sempre fora o homem de Neandertal pintado nos meios de comunicação depois que seu lado mais repugnante veio à tona na Convenção Democrata de 1968, com a concomitante batalha nas ruas da cidade entre manifestantes e a polícia de Chicago. O livro continha uma importante revelação sobre a relação de JFK com Daley. Muitos ainda hoje, mais de cinquenta anos depois, acreditam que JFK não teria vencido em Illinois (estado que foi decisivo em sua apertada margem de vitória na eleição) sem a força da máquina política de Daley, um rolo compressor eleitoral tão poderoso que era capaz de tirar os mortos do túmulo para que fossem às zonas eleitorais. Eugene Kennedy pôde constatar que a verdade não era bem assim.

"Jackie conhecia Daley, naturalmente", diz Kennedy. "Disse-me que ele tinha muito a ver com a eleição de Jack. Não chegou a fazer nada realmente ilegal; é isto o que há de estranho, e que as pessoas não entendem. O roubo de votos se deu na verdade no sul do estado, por obra dos republicanos. Ele fez algo muito inusitado naquela noite da eleição. O que os republicanos sempre faziam no nosso estado era esperar os últimos resultados de Chicago. Na época, ainda eram usadas urnas de papelão e cédulas de papel, e no Sul eles forjavam votos suficientes para compensar os últimos votos de Chicago." Kennedy lembrou que, em suas pesquisas para o livro, descobriu que Jackie estava certa em sua especulação, que "uma semana antes da eleição Daley pedira a Joe Kennedy 1 milhão de dólares para espalhar fiscais em todas as sessões do sul do estado e impedir que os republicanos roubassem a eleição. Não eram, portanto, votos plantados por ele;

eram os que efetivamente tinham sido dados. Ele foi acusado de ter tirado votos do nada; mas não foi o que fez. [...]

Certa vez, Jackie quis vir a Chicago. Disse ela: 'Não vou querer nenhum tratamento especial, você sabe muito bem. [...] O que vamos fazer', prosseguiu ela, 'é andar depressa; caso contrário, seremos cercados.' E disse também: 'Quero sair para almoçar com você quando chegar a Chicago.' E eu: 'Quer ir a um restaurante elegante?' 'Não', respondeu ela, 'quero que me leve a um lugar sujo e decadente.' O que ela queria ver era um restaurante frequentado pela verdadeira fauna de Chicago. Embora, no fim das contas, acabasse não vindo a Chicago, ficou muito interessada em tudo aquilo, o que mostra como se envolvia com os livros que fazia. [...]

Eu a acompanhei na Convenção Democrata de 1976. Saem muitos relatos sobre essa convenção, e muita gente fica dizendo que a acompanhou. Mas tenho uma foto nossa que foi tirada naquela noite. Ela tinha conversado comigo sobre ir em minha companhia e várias outras coisas, e foi uma experiência e tanto. Eu estava viajando com Mike Royko e um grupo de jornalistas de Chicago. O que aconteceu naquela noite, em primeiro lugar, claro, é que entramos no saguão e foi aquele pandemônio assim que ela apareceu. Ela estava extremamente calma, eu caminhava ao seu lado, e nos dirigimos para os assentos que tinham sido reservados para ela. E lá estava sua irmã. De repente, apareceu aquela gente toda vindo na sua direção para cumprimentá-la — o ator Lorne Greene e a família Carter foram chegando. Todo mundo queria ser visto com ela. Era muito divertido, de certa maneira, pois dava para entender por que ela estava sempre preocupada em andar depressa. [...]

Lá estávamos nós, no coração da Convenção Democrata, e ela tinha pedido para se encontrar com Daley, que era um dos delegados. Conversamos com o sujeito que era presidente do partido na época, Robert Strauss, do Texas. Ele providenciou o encontro, num andar inferior do Madison Square Garden, numa espécie de câmara subterrânea. Lá estava, portanto, Dick Daley em seu terno azul, e eu sabia como ele reagiria. Ela foi falar com ele, e ele apenas ouvia, muito feliz de encontrá-la. Mas, mesmo com ela, que idolatrava, tratando-se de um livro, ele se mostrava muito cauteloso e preocupado em proteger a família. Ela queria que ele soubesse que faria um livro a seu respeito. Foi muito direta. Disse-lhe que havia encomendado um livro, e ele comentou algo do tipo "Vamos examiná-lo".

"Ele morreu no mês de dezembro seguinte. Enquanto estava vivo, ninguém dizia nada. Temiam pela própria vida, pelo emprego, e assim por diante. Era muito interessante todo aquele controle que ele exercia. Após sua morte, acabei conversando com dezenas e dezenas de pessoas, que o conheciam das mais diversas maneiras, algumas bem intimamente, e elas foram de grande ajuda. Jackie ficou fascinada com tudo isso, e nunca falhou em seu apoio. Antes da morte de Daley, ela não se importava com o fato de ele não se dispor a apoiar diretamente o empreendimento. Ela entendia. Quando estávamos empenhados em alguma coisa, se achava que estávamos no caminho certo, nos estimulava a seguir em frente. Mas se achava que estávamos saindo do rumo, era quando intervinha e dizia: 'Bem, não estou muito certa.' E o fazia com a maior gentileza."

Avaliando a sensibilidade de Jackie como editora, Kennedy escreveria mais tarde que ela "entendia que os autores, como uma boa porcelana sendo embrulhada para viagem, precisam ser embalados cuidadosamente e fortemente apoiados para a longa viagem do papel em branco até o dia da publicação. O seu estilo era encorajar os autores, como um treinador que extrai o melhor desempenho possível de um corredor de longa distância".

Kennedy casou-se com uma ex-freira e psiquiatra, Sara Charles, em setembro de 1977, quando trabalhava no livro. Disse-me ele: "Lembro que Jackie se encontrou com minha mulher e ficou muito feliz por nos termos casado. Disse ela: 'Puxa, como vocês são felizes. São tão *iguais*.' Foi realmente de uma gentileza muito grande."

Outro livro da Viking — uma obra de ficção histórica sobre a relação de Thomas Jefferson com a escrava que foi sua amante, Sally Hemmings — revelou-se, para Jackie e seus colegas, um espinhoso desafio, que acabaria levando a certo estresse com a escritora Barbara Chase-Riboud, na época mulher do fotógrafo Marc Riboud, e que logo viria a ser consagrada. Foi o primeiro romance contratado por Jackie e em cuja edição ela desempenhou um papel, e seria um verdadeiro aprendizado, no delicado equilibrismo da negociação sobre a corda bamba que se estendia entre uma autora neófita e uma editora novata.

Chase-Riboud era uma escultora, poeta e candidata a romancista afrodescendente que morava em Paris e que conhecera Jackie durante seu casamento com Ari. Natural da Filadélfia, com mestrado em belas-artes e arquitetura em Yale, ela expunha internacionalmente sua escultura desde a década de 1960, e seu primeiro livro de poemas, *From Memphis & Peking* [De Memphis e Pequim] havia sido editado por Toni Morrison na Random House. Em 1996, ela seria condecorada pelo governo francês, recebendo a comenda de Chevalier de l'Ordre des Arts et des Lettres.

Quando Chase-Riboud publicou seu livro *Sally Hemings* em 1979, antes que a ciência do DNA prometesse desencavar segredos havia muito considerados seguramente enterrados, houve uma onda de protestos e comentários de orgulhosos estudiosos jeffersonianos incapazes de admitir que o primeiro estadista da Virgínia e nosso terceiro presidente, proprietário de escravos, pudesse ter tido uma relação com uma de suas escravas — relação esta que parecia amorosa e constante, e que deu frutos. A imagem romantizada de Jefferson como um escravagista "bom" levou seus defensores a negar a probabilidade de tal relação, que já havia sido notada por John Adams e comentada ainda durante a vida de ambos.

O princípio de que polêmica vende livros não passou despercebido a Jackie, embora ela não vivesse o suficiente para ver o livro e sua autora se afirmando. Em 1998, a revista científica britânica *Nature* publicou um artigo em que uma equipe chefiada por Eugene A. Foster comparava os haplótipos cromossômicos dos descendentes masculinos de Jefferson, tanto livres quanto escravizados. Embora os testes não pudessem estabelecer definitivamente que Thomas Jefferson era o pai (lugar que poderia ser ocupado por seu irmão Randolph), as descobertas, paralelamente à preponderância das evidências históricas, parecem ter virado a maré em favor dos historiadores. Em 2000, a Sociedade Monticello publicou um relatório corroborando as descobertas feitas por meio do DNA, o que levou a reuniões de descendentes de Jefferson em Monticello. A credibilidade da ficção histórica de Chase-Riboud só veio então a aumentar, sendo o romance reeditado em 2009 pela Chicago Review Press no trigésimo aniversário da publicação original.

Como testemunha do movimento dos direitos civis e da maneira como havia afetado as carreiras políticas tanto de JFK quanto de RFK, Jackie certamente se dava conta de que Sally Hemings era uma heroína das mais improváveis. Hemings aceitara sua condição de escrava, mesmo ao se juntar a Jefferson em Paris, em 1788, como dama de companhia de sua filha e ser informada pelo irmão mais velho, também a serviço de Jefferson, de que a escravidão fora abolida pelos franceses. Ela se valeu da relação especial com o senhor de Monticello para conquistar para si mesma uma posição privilegiada, chegando a convencê-lo a construir um quarto secreto para ela no segundo andar de Monticello, para que os visitantes e hóspedes da mansão não vissem as incursões noturnas que fazia ao quarto dele como "governanta do guarda-roupa de Jefferson". Mas sua devoção a Jefferson levou à libertação de todo o clã dos Hemings após a morte dele, e foram os relatos escritos de dois de seus filhos, Eston e Madison, que propiciaram as investigações genealógicas ocorridas dois séculos depois.

Em seu livro, Chase-Riboud habilmente entretece essa história, usando flashbacks e alternando entre a voz de Hemings e a perspectiva de um narrador onisciente. Ela não hesita diante de detalhes capazes de fazer Hemings ou Jefferson parecerem menos elevados do que as imagens com que ficaram caracterizados na história, demonstrando como era impossível para um homem como ele servir a dois senhores — o chamado do coração e as posições privilegiadas que ocupava ao mesmo tempo como pai da pátria e proprietário de escravos. A relação entre os dois, tal como pintada por ela, é de paixão, inflamada pelo próprio caráter proibido.

Na época, o casamento inter-racial era considerado crime, podendo ser punido com multa, prisão e exílio da Virgínia; a libertação de um escravo, mesmo que fosse um filho, significava o banimento do estado. O convívio com Jefferson transformou Hemings, numa era em que era ilegal os negros frequentarem uma escola ou aprenderem a ler. Ela não só adquiriu domínio dessas disciplinas, com o explícito estímulo de

Jefferson, como aprendeu francês durante a permanência em Paris. A intimidade com um dos mais brilhantes estadistas da América gerou dividendos, e, ao retornar ao ambiente rural da Virgínia, Hemings preservou certas conquistas de seu estilo de vida francês. Com sua acentuada inclinação francófila, Jackie ficou encantada com Sally Hemings, assim como com Jefferson.

Em seus anos na Casa Branca, quando o famoso retrato de Jefferson por Rembrandt Peale foi doado e instalado no Salão Azul, Jackie escreveu: "Eu gostaria de ter estudado arquitetura [...] como Thomas Jefferson. Aquele sim era um homem! [...] Era capaz de tantas coisas! Jefferson é o presidente com o qual tenho maior afinidade." Sua admiração por Jefferson aparentemente não se alterou quando o perfil mais complexo do homem surgiu com o romance de Chase-Riboud, baseado em fontes históricas primárias, e também com a biografia publicada por Fawn M. Brodie em 1974, *Thomas Jefferson: An Intimate History* [Thomas Jefferson: Uma história íntima].

Em recente conversa por Skype de Paris, Barbara Chase-Riboud disse-me, com sua voz doce e cantante: "Encontrei Jacqueline pela primeira vez na Grécia, onde estávamos em férias. Acho que foi em 1974 ou 1975, quando passei o verão com amigos da Filadélfia, na casa deles numa ilha próxima. E ela telefonava para sua antiga companheira de quarto [Jessie Wood], que também era minha amiga, para que fosse vê-la na ilha, em Skorpios. E todo ano a gente dizia a mesma coisa. Era muito quente, longe demais, uma das dez crianças estava doente. E, naquele ano, não me lembro bem por que, eu disse: 'Não sei se vocês estão interessados, mas eu vou.' Eu tinha decidido perguntar à única mulher que eu conhecia que poderia me responder como era viver com um presidente americano.

Chegamos à ilha e eu comecei a conversar com Jacqueline sobre a presidência, poder, amor e sua vida na Casa Branca, e a maneira como aqueles homens agiam num tal nível de ambição e visão mundial. Parece incrível, agora que estou contando a história, mas foi assim mesmo que aconteceu. Lá estávamos nós, deitadas na praia em Skorpios, vendo os paparazzi circundarem a ilha em lanchas e tentando entender o que Thomas Jefferson e Sally Hemings diziam e faziam entre eles. Era realmente incrível, e assim foi por três dias. Eu lhe falei de minhas dúvidas sobre minha capacidade de infundir alguma vida nesses personagens emblemáticos. Conversamos a respeito, e finalmente ela disse: 'Sabe, Barbara, você tem de escrever esse livro.' E eu disse que nunca tinha escrito um romance. 'Eu sou poeta, corredora de curta distância, não sou uma romancista, atleta de longa distância, e não sei...' E ela: 'Você tem de escrevê-lo. Ninguém vai fazê-lo por você', naquela sua voz incomparável, ofegante, e assim por diante. No fim, ela meio que me convenceu de que eu tinha de escrever, e isto antes de estar envolvida com a publicação de livros.

Antes, eu já havia proposto a ideia de *Sally Hemings* à Random House, e minha editora era Toni Morrison. Disse ela: 'Com esta sua visão, não vou conseguir nenhum adiantamento. Eles querem um grande romance histórico, e você está me propondo um longo poema épico. Não vai funcionar. Eles não querem assim.' Foi então que pedi a ela que escrevesse. [Pedi] praticamente a todo escritor que eu conhecia [...] que escrevesse a história. E todo mundo estava ocupado. Ninguém comprou a ideia, e eu praticamente tinha desistido."

Chase-Riboud lembrou que, depois de entrar para a Viking, Jackie "toda semana telefonava à minha agente, Lynn Nesbit, para se informar sobre o andamento do romance. [...] Eu decidira que seria um romance, mas, sabe como é, estava absolutamente convencida de que tinha de ser baseado em documentos e pesquisa, acreditava que a história era verdadeira. Foi assim que começou. Fawn Brodie tinha ficado mais ou menos na esfera de influência do mundo acadêmico. Simplesmente levantava a questão num capítulo, o que bastava para mim; mas também era o suficiente para que os jeffersonianos voltassem suas escopetas na minha direção.

A coisa meio que combina com toda a persona de Jacqueline, sua concepção da história, sua franqueza e honestidade, sua empatia com essa mulher e o que ela representa. Jacqueline praticamente me obrigou a escrever esse livro. Ficamos muito amigas quase imediatamente. Foi mais ou menos amor à primeira vista. Eu adorava seu humor sardônico, seu jeito meio autodepreciativo... a elegância e o charme. [...] E ela estava sempre em Paris. Eu estava sempre em Nova York. Nós nos víamos, geralmente não em público, quase sempre no seu apartamento ou em algum lugar onde não houvesse ninguém tirando fotos. A coisa durou. Foi ela, na verdade, que de certa maneira me ajudou no meu divórcio. Disse-me para não voltar para Nova York divorciada. Ela estava sempre presente quando eu precisava, e ficamos amigas até a época de sua morte. [...]

Ela simplesmente não se deixava intimidar, e acho que isto acontecia porque tinha passado a primeira parte da vida — digamos assim — construindo uma espécie de rede de empatia, que também mantinha as pessoas a certa distância. Ela era capaz de ver a si mesma de um ponto de vista exterior, e quase sempre achava graça do que quer que acontecesse. Era muito corajosa, no sentido heroico, mas também no sentido doméstico. Acho que este também é o caso de Michelle Obama. Ela tem um tipo de coragem característico das grandes mulheres, mas tem igualmente um senso de praticidade. [...] Se fôssemos examinar os livros publicados para ver com que tipo de mulher ela se identificava, acho que teríamos uma impressão muito verdadeira dela. Ela publicava livros sobre o tipo de mulher que ela própria encarnava."

Em seu posfácio à edição revista do livro, Chase-Riboud escreve: "A Viking embarcou numa série de distorções que ameaçaram descarrilar o projeto do livro." Disse-me ela: "Depois da partida de Jacqueline, eu me senti órfã; a Viking foi vendida, o editor-chefe foi demitido, chegou um novo presidente, parecia que não havia mais ninguém que estava lá no início do projeto; alguém decidiu que não acontecia nada na segunda parte do livro. Foi então que eu o tomei de volta e o entreguei a outro escritor amigo, também excelente editor, e nós passamos uma semana no Algonquin Hotel, sem sair um só momento, com uma pilha de cédulas de dólar na mesinha de cabeceira. E eu disse: 'Quando elas acabarem, o livro estará terminado, pois não posso pagar-lhe mais do que isso.'

A sobrecapa do livro trazia uma imagem de Jefferson com uma camisa aberta até a cintura, uma taça de vinho numa das mãos e o outro braço enlaçando uma Sally Hemings opulenta, de cabelos ao vento, o vestido rasgado. Mary McCarthy me botou num avião para Nova York agarrada à ilustração. E aí entraram os jeffersonianos. Já não estava nada bom que Hemings tivesse escapado à academia e às suas tentativas de correção; e agora, antes mesmo de sair, o livro tinha sido vendido para o cinema, ia para Hollywood!"

O filme não chegou a ser feito, mas Chase-Riboud descreve o sucesso que o livro viria a alcançar: "O ADN não foi a única confirmação do valor da primeira aquisição de um romance que ela fez como editora. O livro vendeu um milhão e meio de exemplares nos Estados Unidos e quase tantos na França, no restante da Europa e na América do Sul. Acabou ganhando o Prêmio Janet Heidinger Kafka e foi traduzido para dez línguas, com mais de trinta edições." Chase-Riboud observou ainda: "Nas primeiras versões, Sally Hemings morria no fim do livro, mas Jacqueline disse: 'Não há motivo para que ela morra.' Assim, eu permiti que ela sobrevivesse ao romance — o que realmente aconteceu."

Na edição mais recente de *Sally Hemings*, a autora caracteriza a assistente de Jackie, não identificada, como "uma ultrapassada da Virgínia Ocidental: essa mulher dizia 'saber como lidar com essa gente', referindo-se a mim, a única autora negra da editora". Becky Singleton tem vívida lembrança dos conflitos ocorridos durante o processo de edição, que acabaram levando Jackie e Singleton a transferir as responsabilidades ao casal de editores Jeannette e Richard Seaver. Os Seaver se encarregaram da etapa final do processo de edição. Singleton, que é da Virgínia Ocidental, se ressente fortemente da maneira como Chase-Riboud aparentemente a caracteriza. "Meu Deus, que posso dizer? É claro que não fiz os comentários que Barbara me atribui."

Singleton fez uma longa rememoração desse convívio, dando a entender que as questões raciais encobriam outros conflitos editoriais. "Barbara é uma escritora extremamente talentosa. Ninguém na Viking questionava o seu talento, embora ela talvez não tivesse sentido isso. [...] Desde o início, nada foi fácil com Barbara. Tom [Guinzburg] deve ter pressentido uma situação difícil quando o manuscrito completo chegou — cerca de oitocentas páginas datilografadas —, pois pediu a Ed Kennebeck, principal revisor de texto da Viking, que desse uma olhada.

Tom foi categórico ao dizer que a Viking não poderia [...] publicar o romance daquela forma. A pergunta que todo mundo se fazia era de que maneira convencer Barbara a fazer as mudanças necessárias.

[...] Decidiu-se que Jackie e eu trataríamos da questão numa reunião editorial normal. [...] Eu fiz uma lista de nossos objetivos e conversei com Jackie sobre a maneira mais hábil de levá-los a efeito. Como o romance era longo demais, assinalamos alguns trechos que poderiam ser eliminados. Se Barbara concordasse com os cortes, a questão estaria resolvida. [...]

No dia da reunião, Jackie e eu começamos por elogiar Barbara fartamente — e, de fato, muitos dos trechos que ela escrevera eram comoventes, adoráveis e de grande força. Lentamente, então, começamos a tratar a questão das imprecisões históricas. [...] Em virtude de atividades anteriores, tanto Jackie quanto eu tínhamos bom conhecimento da história da Virgínia. Tínhamos constatado muitas imprecisões que poderiam comprometer o impacto da narrativa e que eram, no entanto, de fácil correção. O papel do 'policial mau' coube a mim, pelo fato de eu ter enunciado as alterações específicas que considerávamos necessárias. Foi então que Jackie [...] cuidou de manter o clima de encorajamento, mesmo reforçando discretamente a necessidade das revisões.

Barbara não reconheceu nosso esforço para fazer as coisas com tato. Mostrou-se hostil à ideia de efetuar quaisquer alterações, ainda que pequenas. Em suas respostas às nossas sugestões, parecia questionar o conceito de que um editor pudesse propor alterações, em vez de aceitar a totalidade da obra do artista tal como apresentada. Depois de mais ou menos uma hora [...] Barbara inclinou-se dramaticamente para a frente e anunciou que queria fazer uma declaração. E o que disse foi algo assim: 'Vocês duas talvez estejam pensando que há aqui, nesta reunião, duas pessoas contra uma. Mas não é verdade. Não estou sozinha, pois falo não só por mim mesma e por Sally Hemings, mas por toda a raça negra e pelo seu sofrimento ao longo dos tempos. [...] Eles, e não vocês, são os únicos que estão em condições de avaliar a precisão do meu retrato da vida nas plantações da velha Virgínia.'

Por algum tempo, ficamos sem ter o que dizer. [...] Em seguida, tentamos ir adiante [...] as respostas de Jackie a Barbara tinham-se tornado visivelmente mais frias. Quanto a mim, nunca tinha sido desqualificada como editora por motivo de raça, e achei isso desanimador. [...] Barbara, com toda evidência, estava aborrecida por continuarmos a falar da necessidade de revisão. [...] A reunião já durava várias horas e praticamente não tínhamos avançado.

No fim, fui obrigada a informá-la do veredito de Tom — a saber, que o romance não podia ser aceito para publicação pela Viking daquela forma. Pela sua reação, ficou claro que Barbara nem chegara a considerar essa possibilidade. No momento em que a mencionei, ela explodiu, furiosa. [...] Eu olhei para Jackie e ela imediatamente tomou a frente. Tentou acalmar Barbara, lembrando-a dos nossos rasgados elogios a muitos capítulos do livro, e então fez o que me pareceu um adorável apelo a Barbara, falando do que o mundo perderia se ela decidisse não trabalhar com um editor para criar o melhor livro possível. Mas Barbara não queria saber. [...] Foi o que nos transmitiu em termos bastante desagradáveis, levantando-se e saindo da sala. [...] Jackie e eu discutimos brevemente aquela situação catastrófica. Estávamos nos sentindo muito mal com aquele resultado, mas não víamos nada que pudéssemos ter feito de outra forma.

Algum tempo depois, Jeannette Seaver chegou ao corredor com ar muito divertido. Disse que tinha conversado com Barbara. 'Ela está muito aborrecida com vocês duas', falou jovialmente. Disse-nos então que seu marido, Dick, concordara em levar o manuscrito para casa para ver se poderia ser publicado pela Seaver Book. Jackie e eu achamos ótimo. Àquela altura, teríamos concordado com qualquer coisa [...], e também achávamos que Barbara talvez reagisse de outra maneira a um editor do sexo masculino." A respeito do conflito, Tom Guinzburg compartilhou os sentimentos de Becky, dizendo: "Todos nós achávamos que Barbara Riboud era uma das autoras mais difíceis com que jamais tínhamos lidado."

Jeannette Seaver, creditada por Chase-Riboud como sua editora, referiu-se à experiência como "um pesadelo". Disse Jeannette: "Eu herdei o livro pela desistência da Viking. Tom entrou no meu escritório e perguntou se eu podia ficar com ele, e eu fiquei. E assim foi que ele saiu com o selo Seaver. Não tinha nada a ver com Jackie. Ela se foi exatamente na época em que isto aconteceu. [...] Ela é que havia trazido o livro. Só posso dizer que, como colega, ela era irrepreensível, educada, a gente podia contar com ela. [...] Como elas tinham sido amigas, eu pedi sua ajuda na promoção [...] e ela foi de enorme ajuda. [...] Isto foi só no início, quando ela estava aprendendo o ofício. Eu trabalhei muito nesse manuscrito. Dick e eu dedicamos muitas horas a torná-lo, como direi, melhor. O fato é que Barbara me deve um bocado. Nunca me agradeceu [...] mas o fato é que ela fez uma bela carreira, e, portanto, que posso dizer?"

Chase-Riboud recorda os atritos no trabalho com Jeannette. "Certa vez, ela largou o manuscrito todo na mesa do meu agente. Houve um momento que se tornou lendário, quando todo mundo ficou achando que um de nós seria defenestrado do décimo sétimo andar pelos outros, quando eu disse que não poderia publicar um livro sobre a escravidão no qual ninguém trabalhava, pois ela havia cortado a única cena de trabalho do livro. Também houve uma discussão sobre a utilização do nome completo 'Sally Heming' em vez de 'Sally' apenas, para equiparar as duas figuras históricas. Ela insistia: 'Não faz mal se acabarem ficando algumas Sallys no texto.' [Quanto às] citações de Jefferson no início de cada capítulo, nas quais ele condenava a si mesmo com as próprias palavras [...] [Jeannette] disse [que elas] interferiam no ritmo do livro, e [ela] queria eliminá-las. Mas se tratava de um recurso que despertou o interesse tanto dos críticos quanto do público."

Barbara Burn comentou a lição aprendida por Jackie em matéria de trato com os autores: "Os melhores autores são sempre os que se dispõem a ser editados. Os piores se mostram tão defensivos com o que escrevem que lutam contra a menor mudança. E Jackie sabia disso." Quaisquer que tenham sido os desafios enfrentados por Jackie com o livro sobre Sally Hemings, ela nunca perdeu a fé nele. Seu amigo, o historiador William Howard Adams, recordaria: "Eu fazia parte do conselho de administração em Monticello, e tinha trabalhado na historiografia de Jefferson, inclusive no livro *The Paris Years of Thomas Jefferson* [Os anos de Thomas Jefferson em Paris]. Jackie ficara fascinada com a relação entre Thomas Jefferson e Sally Hemings, e estava sempre trazendo o tema à baila, inclusive o romance. Ela adorava Jefferson, e se entregava a todo tipo de fantasias românticas. Insistia em que tudo havia acontecido de acordo com a imaginação da romancista, e que a tese não podia ser mais sólida."

Jackie manteve sua amizade com Barbara Chase-Riboud ao longo dos anos. Como um favor, submeteu, em 1988, o manuscrito de outro de seus romances, *Echo of Lions* [Eco dos leões] (publicado por William Morrow em 1989), à empresa de Steven Spielberg, Amblin Productions, como possível projeto de filme. Em 1997, Barbara moveu uma ação por violação de direitos autorais e pediu indenização de 10 milhões de dólares, alegando que o filme *Amistad*, de Spielberg, aproveitara material de seu romance. Tanto o livro quanto o filme relatam acontecimentos relacionados à revolta de 1839 a bordo de um navio de escravos a caminho dos Estados Unidos.

Os advogados de Spielberg tentaram virar a mesa, argumentando que Chase-Riboud usara, em seu livro, material de um romance publicado por William A. Owens em 1953, *Slave Mutiny* [Motim de escravos] (mais tarde intitulado *Black Mutiny*). Este livro tivera seus direitos adquiridos para o cinema, em 1984, por Debbie Allen, uma das produtoras de *Amistad*. Embora o caso fosse afinal resolvido, durante o processo, Chase-Riboud foi entrevistada pelo *New York Times* e explicou seu ponto de vista, argumentando que, como ficcionista que tratava de temas históricos, tinha o direito de se apropriar de materiais de referência em domínio público. "Uso uma técnica de entrelaçamento de documentos reais e materiais de referência reais em meu romance, elaborando uma narrativa aparentemente sem costura, com uso ao mesmo tempo de documentos e de ficção."

Graças a sua rematada técnica e ao sucesso inicial de *Sally Hemings*, Chase-Riboud desenvolveu longa carreira no terreno da ficção histórica, além de levar adiante suas outras atividades artísticas. Becky Singleton considerou a experiência uma vitória. "Quando o romance sobre Sally Hemings finalmente foi publicado, fiquei satisfeita de ver que quase todas as revisões que Jackie e eu tínhamos proposto haviam sido adotadas. [...] O que importa, no fim das contas, é que se propiciou o surgimento de um bom livro. Para mim, esse episódio desgastante redunda num eloquente retrato da 'verdadeira Jackie' em ação. Ela se dispunha a aceitar o que quer que decorresse da atividade de editora, para permitir a publicação de bons livros. Desde o início, parecia perfeitamente à vontade com a ideia de que os editores não são tratados a pão de ló. Dispunha-se a descer às trincheiras e sabia como se comportar quando lá estava. Gosto de pensar que ela 'conquistou seus galardões' na Viking, e que a confiança que assim adquiriu haveria de sustê-la pelo resto da carreira."

3

Mudança de casa

Depois de quase dois anos na Viking, Jackie já se sentia mais senhora de si, pois evoluía no trabalho e estava, aparentemente, à vontade com os colegas. O estilo informal que introduziu no escritório valeu-lhe o afetuoso apelido de "Sandálias". Becky Singleton explicou na época: "Sandálias é fofo, mas não diz tudo, quando se trata dela. Ela se esforça para se afirmar como profissional independente, e está se saindo bem. Jackie se envolve desesperadamente em seus projetos. Já os comparou ao nascimento de um bebê. É como se estivesse num parto, empurrando, fazendo força, dando tudo."

A ex-editora Amanda Vaill, da Viking, recorda ter conhecido Jackie em março de 1977. "Quando eu cheguei [...] ela já estava lá havia um ou dois anos. [...] Ela realmente estava integrada ao grupo, tudo funcionava muito em equipe, e ela se mostrava absolutamente participante, comparecia às reuniões editoriais. Foi quando a conheci. Na verdade, na minha primeira reunião, cheguei cedo por ser nova e querer mostrar serviço, e ela e eu fomos as primeiras a chegar naquela sala de reuniões mal-iluminada. O prédio ficava na avenida Madison e, nos andares abaixo, havia algumas agências de publicidade."

"Jackie apareceu naquele ambiente meio sombrio, eu olhei para ela e pensei: Caramba, é ela, em pessoa! Eu nunca tinha chegado perto de uma pessoa tão famosa num espaço tão pequeno, e estava sozinha com ela. [...] Disse então: 'Olá, eu sou Amanda Vaill. Sou a nova editora.' Ela, então, estende a mão e diz: 'Ooooi, tudo bem? Eu sou Jackie Onassis.'

Havia algo tocante no jeito dela; tinha realmente lindas maneiras. Todo mundo percebia isso. Tinha certo tom de confidência na voz. Não tinha nada de *você sabe com quem está falando?* [...] Ela sabia o que era apropriado em qualquer circunstância, e não era ela que interessava, mas a outra pessoa."

Vaill ficou impressionada com o aprumo e a sensibilidade de Jackie para a moda no escritório. "Ela tinha um estilo maravilhoso. Estava sempre impecavelmente vestida. Era uma profissional das mais glamourosas. Usava calças de caxemira, camisas de seda e lindos sapatos. Se vestisse uma maravilhosa jaqueta de *tweed*, seria Gucci ou Chanel, ou algum outro do tipo. Ou seja, não dava para saber, só que era de um corte impecável. Ela estava sempre impecável, sem nada espalhafatoso. Infundia estilo ao lugar, e todo mundo meio que tentava imitá-la de algum jeito. Era como se tivéssemos de nos vestir na versão liquidação.

Acho que ela começava a se envolver com o autor na etapa do manuscrito, e não apenas no momento da exploração do produto, do marketing. A Viking, na verdade, era uma excelente escola para quem quisesse aprender. A gente lia toda a correspondência que Cork Smith, Alan Williams, Elisabeth Sifton e Jackie enviavam aos autores. Podíamos ver como as pessoas trabalhavam, como se relacionavam com os contatos de trabalho. Desse modo, ficávamos com essa visão extraordinária da maneira como um editor ou editora trabalhava. [...] Para Jackie, acho que deve ter sido de um valor inestimável."

Amigos de longa data, como Tish Baldrige e George Plimpton notavam que Jackie havia assumido as rédeas de sua vida. Baldrige diria, em 1977, à revista *People*: "Ela se recuperou ultimamente. Tornou-se mais independente. [...] O trabalho é uma excelente terapia para qualquer um." E Plimpton, que viria a trabalhar com Jackie em dois livros, concordava, dizendo: "Estou sentindo uma mudança nela. Ela está se parecendo muito mais com aquela garota que eu conhecia, com um enorme entusiasmo e uma grande vontade de se divertir.

Para ela, deve ser emocionante, extraordinário estar trilhando seu próprio caminho — de certa forma, ela sempre era algo diminuída pelos homens ao seu redor."

Jackie comentaria mais tarde: "Foi muito bom para mim ser levada a sério como editora por minha própria capacidade." Seu velho amigo Peter Duchin também constatou nela uma mudança que atribuiu aos avanços em sua carreira. "Acho que ela adquiriu uma enorme autoconfiança [...] uma espécie de paz interior, pois uma coisa é almoçar com Louis Auchincloss e outra, muito diferente, é trabalhar com ele. E acho que isto teve um enorme significado para ela. [...] Quando as pessoas a elogiavam, não era apenas por ela ser Jackie Onassis ou Kennedy. As pessoas a elogiavam seriamente porque ela tinha feito algo construtivo, e ela adorava isto. [...] Não devemos esquecer que, nesse nível — bem, são muito poucas as pessoas nesse nível —, a maioria que eu conheci daria um braço para ser levada a sério. [...] Naturalmente, como primeira-dama, ela era levada muito a sério, mas acho que fazer algo por conta própria, como ela fez, especialmente depois do período com Ari, quando estava envolvida com cruzeiros e saídas e coisas do tipo, acho que ter sido considerada uma editora realmente boa significou muito para ela."

Duchin explicou que ele e Jackie compartilhavam uma certa atitude em relação ao meio de onde vinham. "Nós éramos amigos realmente muito, muito próximos. Ela era madrinha de um dos meus filhos, esse tipo de coisa. Certa vez, Jackie me disse: 'Nós somos dois marginais.' Estava querendo dizer, no meu caso, que eu tinha sido criado por pais adotivos, os Harriman, pois minha mãe morreu quando eu nasci, e meu pai, quando tinha 13 anos. [...] Mas, na verdade, eu não era realmente desses círculos de sangue azul — era meio de sangue azul e meio judeu.

Quanto ao fato de ela se considerar marginal, acho que estava querendo dizer que sua mãe, Janet, era de Newport, mas [Jack] Bouvier era outra conversa. Hugh D. Auchincloss, o segundo marido de Janet, certamente não era o verdadeiro pai, por assim dizer. Era um meio católico. E acho que Jackie sempre quis ser uma profissional independente, e foi por isto que começou a trabalhar como repórter. [...] E, no entanto, tivera acesso àquela sociedade com Janet. Um dos estranhos motivos pelos quais éramos tão próximos estava em que Janet era colega de turma e amiga muito próxima da minha mãe na Spence, de modo que havia esse tipo de vínculo social, e Jackie também se dava conta de que ela e eu considerávamos tudo aquilo uma total besteira. Mas também era suficientemente inteligente para saber que ambos, de certa maneira, nos aproveitávamos daquilo."

Ao longo dos anos, foram muitos os escritores e artistas como Duchin com os quais Jackie se relacionou socialmente, seguindo os mesmos instintos que a levaram à edição. Retrospectivamente, ela explicaria que sua decisão de trabalhar no ramo baseara-se em "razões óbvias — eu tinha me formado em literatura, tinha muitos amigos no mundo editorial, adoro livros, convivi a vida toda com escritores". Embora Jackie aparecesse em público com uma série de acompanhantes masculinos, aparentemente saindo com vários, em 1977 ela foi muito vista na companhia do colunista Pete Hamill, do *New York Daily News*, embora ele estivesse envolvido com Shirley MacLaine e desmentisse os boatos de um romance com Jackie. A relação de Hamill com ela quase chegou ao rompimento quando o *New York Post*, de Rupert Murdoch, voltou a publicar os artigos desabonadores que ele escrevera quando Jackie se casou com Ari (com direito à frase "nenhuma cortesã jamais se vendeu tão caro").

Embora se dedicasse naquele ano a vários projetos na Viking, entre eles os livros nos quais estava trabalhando com Chase-Riboud e Eugene Kennedy, houve um projeto do qual ela se manteve distante, em obediência a um acordo que havia feito com Tom Guinzburg. Tratava-se de um romance intitulado *Shall We Tell the President?* [Devemos contar ao presidente?]. Ele fora escrito pelo ex-parlamentar britânico Jeffrey Archer, figura polêmica que viria a obter enorme sucesso comercial como autor de romances baratos. Mais tarde, depois um tombo em meio à luta de foice no escuro da política britânica, Archer cumpriria dois anos de prisão por crime de perjúrio; ainda assim, conseguiu dar continuidade a sua carreira literária.

O livro de Archer para a Viking inspirava-se, em parte, no best seller *O dia do Chacal*, publicado por Frederick Forsyth em 1971, e que relatava uma tentativa de assassinato de Charles de Gaulle. Archer arquitetou uma história igualmente fantasiosa, passada no futuro então incerto de 1983, em torno de uma trama para assassinar um fictício presidente americano, explicitamente inspirado no cunhado de Jackie, Ted Kennedy. Na versão final do livro, o papel de Kennedy fora reduzido a uma breve aparição — ele praticamente não aparecia, evoluindo a maior parte da trama em torno de um agente do FBI que objetivava frustrar a tentativa de assassinato. De qualquer maneira, a simples premissa era suficiente para deixar Kennedy de pé atrás e provocar sua ira.

Existem pelo menos duas versões contraditórias desse episódio na vida de Jackie, que foi um clássico caso de disse me disse que a poria em rota de colisão com a família Kennedy e o dono da editora para a qual trabalhava. Ao ser publicado, em outubro de 1977, o livro de Archer, a resenha do crítico John Leonard no *New York Times* terminava com uma crítica nada sutil a Jackie por seu envolvimento no projeto. "Existe uma palavra que define bem um livro assim", escreveu Leonard. "A palavra é lixo. Qualquer pessoa associada a sua publicação deveria estar envergonhada."

O crítico, que não era de tentar disfarçar a própria arrogância, diria mais tarde ao *Times* que seu ataque, de fato, visara Jackie. "Naturalmente que eu, em parte, me referia a ela. Ela devia ter-se oposto. Poderia ter impedido a publicação, se quisesse."

O que Leonard não sabia era que Jackie fora impedida por Guinzburg de ter qualquer envolvimento com o livro. Todos concordam que essa grosseira resenha é que desencadeou um verdadeiro pandemônio, dando início a uma série de acontecimentos que rapidamente levariam à decisão de Jackie de deixar a editora. Em declaração enviada ao *Times* na semana seguinte à da publicação da resenha, Jackie dizia, segundo citação de sua secretária de longa data, Nancy Tuckerman: "Na primavera, ao ser informada do livro, tentei separar minha vida como empregada da Viking e parente dos Kennedy. Mas neste outono, quando se deu a entender que eu tinha algo a ver com a aquisição dos direitos do livro, e que eu não estava contrariada, senti a necessidade de me afastar."

Tuckerman ("Tucky", como era chamada por Jackie) fora sua colega de turma em Vassar, e era sua amiga desde o secundário na Chapin School, onde se conheceram, e na Miss Porter's School, em Farmington, Connecticut. Jackie levou Tuckerman para a Casa Branca como sua secretária social, e Tuckerman, mais tarde, trabalharia na Doubleday, a futura editora de Jackie, como assistente editorial. Enquanto Jackie trabalhava na Viking, Tuckerman continuou a atendê-la como secretária em meio expediente, embora estivessem trabalhando em editoras concorrentes. Ninguém considerou que poderia haver conflito de interesses, dado o envolvimento das duas editoras, quando o episódio Archer começou a se desenrolar, levando Jackie de roldão.

Como "guardiã" oficial, Tuckerman mostrava-se muito digna e absolutamente discreta. Nunca se casou e, ao longo dos anos, dedicou sua vida a Jackie. O ex-editor da *Women's Wear Daily*, John Fairchild, falou à biógrafa Sarah Bradford (*America's Queen* [A rainha da América]) de um encontro que teve com Tucky. "Certo dia, eu lhe disse: 'Por que você não sai por aí e vai cuidar da própria vida? Por que está assim, dedicando sua vida a alguém como se fosse uma escrava? Que futuro poderá ter?' Ela não disse nada." Depois de escrever um livro em coautoria, em 1995, sobre as regras de etiqueta de Amy Vanderbilt, Tuckerman disse à *New Yorker*: "A sra. Onassis prezava muito sua privacidade, e eu tive de rejeitar muitas perguntas." Tuckerman é que seria, um dia, encarregada da monumental tarefa de organizar o funeral de Jackie.

Lisa Drew, editora da Doubleday, que, em 1976, publicou o primeiro livro de Jeffrey Archer, *Not a Penny More, Not a Penny Less* [Nem um centavo a mais, nem um centavo a menos], também era amiga de Jackie na época em que o segundo livro de Archer teve seus direitos adquiridos pela Viking. Altamente respeitada como editora da Doubleday, tendo a seu crédito títulos como *Roots* [Raízes], de Alex Haley, Drew fez ao escritor Carl Sferrazza Anthony um relato dos acontecimentos em torno da desagradável polêmica em que Jackie seria engolfada. A maior parte dos depoimentos sobre esse período específico incluídos no livro *As We Remember Her* [Tal como a lembramos], de Anthony, inclusive as recordações de Lisa, baseia-se em comentários e rumores a respeito de acontecimentos ocorridos há mais de trinta anos, com palavras atribuídas a Jackie por todos os envolvidos.

Rememorando um almoço com Jackie e Nancy Tuckerman, Drew disse a Anthony: "Dias antes de nos encontrarmos, eu ouvira dizer que, em meados de fevereiro, a Viking tinha comprado os direitos de um romance de Jeffrey Archer que eu havia recusado na Doubleday, *Shall We Tell the President* [*sic*] [*Devemos contar ao presidente?*]. O ponto de partida era uma tentativa de assassinato de Ted Kennedy. Eu tinha ficado horrorizada, e disse à agente inglesa que o livro era absolutamente de mau gosto e que eu não queria ter nada a ver com ele. Como Jackie estava na Viking, fiquei estupefata com o fato de o livro ter sido comprado. No nosso almoço, perguntei-lhe sem rodeios: 'E esse livro do Jeffrey Archer que a Viking comprou?' Ela respondeu: 'Quem é Jeffrey Archer? Não estou sabendo de nada. Sobre o que é o livro?'"

Drew explicou, então, segundo relata, que o livro era um "suspense político" que tinha Ted Kennedy como personagem. Ela decidiu não levar o assunto adiante com Jackie, pois percebeu tratar-se de tema delicado. Após o lançamento do romance e a publicação da resenha de Leonard no *Times*, relembra Drew: "Jackie telefonou para minha casa de noite e disse: 'Não sei o que fazer, mas acho que vou me demitir. Nancy disse que você ficou indignada.' Eu respondi: 'Bem, estou realmente muito indignada, pois francamente, mais ou menos uma semana depois de a Viking ter comprado o livro, eu mencionei o assunto com você naquele almoço, e você nem tinha ouvido falar a respeito.' E ela: 'Quer dizer então que era este o livro que você mencionou? [...] Eu fui falar com Tom Guinzburg depois do nosso almoço, disse que acabara de almoçar com Lisa Drew e perguntei qual era o tal livro de um sujeito chamado Archer sobre Ted Kennedy. E ele respondeu: "Não se preocupe. Não é nada que tenha a ver com você." Tudo bem, então, pensei eu. Eu conhecia Tom havia muito tempo, e achei que ele teria cuidado em relação a mim nesse caso, de modo que não prestei muita atenção. E agora lá estava ele na primeira página do *New York Times* dizendo que eu estava perfeitamente informada de tudo o que acontece nesse livro, e eu não sabia de nada!' Ela se sentiu muito mal. Cerca de duas horas depois, Nancy telefonou, dizendo: 'Ela vai se demitir, e mandará uma carta manuscrita a Tom Guinzburg por um mensageiro esta noite.'"

As recordações de Drew e a declaração de Jackie à imprensa tornaram-se a versão oficial da história. Insiste Drew: "A verdade é que ela só ficou sabendo a respeito por mim — depois que eles compraram os direitos." Mas existem várias pequenas imprecisões em seu relato, inclusive o fato de que Guinzburg não era citado na primeira página do *New York Times*. O único material a ser publicado na primeira página foi a subsequente notícia de que Jackie se demitira. Além disso, Guinzburg nunca declarou, nessa matéria ou em qualquer outra, que Jackie "estava perfeitamente informada de tudo o que acontece nesse livro"; dizia, isto sim, que ela fora informada do tema do romance, mas não participara da aquisição dos direitos ou da edição. Drew alegava ter sabido que a Viking "havia adquirido" os direitos do romance de Archer, mas não explicou como foi informada disso ou se sabia quando o contrato tinha sido assinado. Ao que parece, limitava-se a repetir rumores que ouvira depois de devolver o livro à agente de Archer.

Como a Viking, a Doubleday era um negócio de família cujo proprietário era Nelson Doubleday Jr., que assumiu o comando quando a companhia já ganhara notoriedade, por causa de seu pai e de seu avô, com a produção de livros para o público em geral e produtos afins. O presidente e editor da Doubleday na época, Samuel Vaughan, lembra-se de ter ouvido o ponto de vista de Jackie sobre o caso Archer depois do seu afastamento da Viking, em reunião com ela e o principal executivo da Doubleday, John Sargent Jr., no apartamento de Jackie: "Tom Guinzburg, quando estava para publicar o livro sobre [a conspiração para matar] Edward Kennedy que gerou problemas com ela [...] perdeu, com isso, sua amiga e editora. Agora todo mundo pensa que, como ele decidiu publicar o livro, ela estava de acordo com ele. Ele, de fato, conversou com ela a respeito, imagino. Mas o que realmente a aborreceu [...] foi o fato de Tom ter permitido que ficasse a impressão de que ela dera o OK à publicação do livro, de que havia concordado inteiramente."

A interpretação dos acontecimentos por Jackie seria posteriormente acrescentada a uma matéria de Jack Anderson e Les Witten publicada em 14 de dezembro de 1977 no *Washington Post*. Embora o subtítulo fosse "Jackie fala", os repórteres afirmavam na matéria que ela se havia manifestado apenas por meio de sua "porta-voz", provavelmente Tuckerman. Publicada dois meses depois de ela ter se demitido, a matéria parece uma tentativa de Jackie de se distanciar de uma vez por todas da Viking e assim acalmar a família Kennedy. Jackie viu-se na posição de ter de criticar o livro e seu editor para preservar sua delicada e cautelosa relação com a família.

Anderson e Witten escreviam que Guinzburg

> [...] insistiu conosco que jamais teria adquirido os direitos do romance sem o explícito consentimento dela, o que necessariamente teria ocorrido antes de 13 de fevereiro, data em que Guinzburg concordou verbalmente em comprar os direitos do suspense. Mas Onassis — que praticamente não se tem manifestado sobre a polêmica — informou-nos, por uma porta-voz, que a primeira vez em que ouviu falar do livro foi em 2 de março, quando tomou conhecimento de sua existência por meio de duas pessoas com quem almoçava. [...] Até então, relata Onassis, nunca havia perguntado sobre o livro a seu chefe, Guinzburg. Só então ficou sabendo que o romance apresentava o último dos irmãos Kennedy como alvo de um assassino. O comentário que dele ouviu então, recorda ela, foi: "Temos aqui uma grande história." Onassis nega "categoricamente" que tenha aprovado o livro, ou que Guinzburg sequer lhe tenha pedido sua aprovação. Considera simplesmente inverídica sua alegação de que houve uma "reação generosa e compreensiva".

O clã dos Kennedy dirigira muitas críticas a Jackie, motivo mais do que suficiente para que ela se sentisse compelida a repudiar o livro e desacreditar a versão de Guinzburg. Ainda assim, persistem algumas pequenas dúvidas. Jackie terá, de fato, alguma vez manifestado forte desaprovação pelo livro? Como poderiam as duas pessoas que almoçaram com ela saber se Guinzburg havia ou não abordado Jackie de alguma forma antes de tomar a decisão de publicá-lo? Poderia ela lembrar-se dos detalhes de uma conversa sem importância na qual Guinzburg lhe assegurava que ela não teria nenhum papel a desempenhar em relação ao livro?

É bem possível que Jackie tenha concordado com a publicação numa conversa inicial com o chefe, sem sequer se preocupar em tomar conhecimento dos detalhes, ou mesmo dar à conversa atenção suficiente para se lembrar do nome do autor e do seu posterior almoço com Drew e Tuckerman. Entretanto, a alegação era de que, basicamente, Guinzburg publicara o livro pelas costas de Jackie. Sua versão manteve-se a mesma ao longo dos anos, ele insiste que havia consultado Jackie a respeito do livro antes de fechar negócio. Pessoas com circulação nos bastidores da Viking na época concordam que Guinzburg adorava Jackie, e acham difícil acreditar que ele se dispusesse a incorrer em seu desagrado por causa de um livro tão questionável.

Guinzburg relatou-me a sequência de acontecimentos que começou no início de 1977. "A agente de Jeffrey Archer era uma mulher chamada Debbie Owen, casada com David Owen, promissor político britânico [Owen fundou o Partido Social-Democrata e foi secretário do Exterior de 1977 a 1979], e filha de Kyrill Schabert, que dirigia a Pantheon. [...] Ela me ofereceu o manuscrito quando eu estava em Londres. Nós éramos amigos. Disse ela: 'Temos uma excelente oferta, mas gostaria que você o lesse.' Foi o que eu fiz, em coisa de dois ou três dias, e telefonei de volta a Debbie, dizendo: 'Uma bela história, mas há alguns problemas.' E ela: 'Sim, eu sei, aquela história com Kennedy [...].' Havia, no início do livro, toda uma ambientação em torno de Hickory Hill e dos Kennedy jogando futebol americano. E eu disse: 'Para começo de conversa, tudo isso teria de sair.' Ela respondeu: 'Não vejo problema. Por que você não se encontra com Jeffrey para ver como se entendem?'

Jeffrey me levou num maravilhoso passeio noturno pelo Tâmisa, até um excelente restaurantezinho, e nós nos demos muito bem. Conversamos sobre o livro. Eu disse que adoraria publicá-lo *se* — e ele teria de entender isto — pudesse esclarecer a coisa toda com a sra. Onassis. Ele respondeu: 'Entendo perfeitamente', mas eu não achei que ele entendia realmente, de modo que voltei a falar com Debbie Owen e lhe disse: 'Veja bem, volto para casa no domingo, e Jackie costuma tirar folga nas segundas-feiras. Estarei com ela terça-feira de manhã no escritório e vou conversar a respeito. Se funcionar, telefono para você em casa nessa mesma noite, e então tocaremos o projeto.' Nós não íamos brigar por causa de dinheiro. Eram uns 200 mil dólares, o que era muita coisa na época. Ela me disse que já tinha uma oferta da Random House. Foi exatamente o que aconteceu, e, depois disso, eu voltei a Nova York, entrei no escritório de Jackie e fechei a porta."

Em nossas trocas, Guinzburg manteve a versão que deu ao biógrafo de Jeffrey Archer, Michael Crick, sobre a conversa com Jackie, repetindo-a para mim quase literalmente, como se segue: "Eu disse: 'Estou com um problema com um manuscrito.' 'Como assim?', perguntou ela. 'É um movimentado romance de suspense de um inglês chamado Jeffrey Archer.' E ela: 'Conte-me o que é.' Respondi: 'Como costuma acontecer nesses casos, o livro tem uma jogada — uma trama de assassinato.'"

Jackie perguntou-lhe então: "Aonde você quer chegar, Tom?" Guinzburg explicou: "Neste caso, trata-se de Ted Kennedy, e o ano é 1983." Recordando essa conversa, Guinzburg diria: "Foi como se eu lhe tivesse dado um murro; ela recuou. Murmurou alguma coisa do gênero 'Será que eles não vão parar nunca?' E eu não disse nada. Jackie, então, visivelmente se recompôs e disse: 'É realmente um livro muito bom?' E eu: 'Pode ser, se ele reescrever certas passagens. Tem muita coisa irrelevante a respeito dos Kennedy, e nós podemos tirá-las, mas o livro depende dessa situação; realmente depende.' Ela voltou a pensar por alguns segundos. 'Alguém mais vai publicar se nós não o fizermos?' Eu respondi: 'Certamente, mas isto não deve preocupá-la.'"

Guinzburg prosseguiu seu relato, dizendo: "Foi, então, que ela disse algo realmente maravilhoso: 'Eu sei quantos livros você teve de recusar, sempre tão preocupado em proteger a mim e ao presidente, e sei também que tem sido absolutamente incrível. Talvez já seja hora de você ganhar algum dinheiro.' [...] Ela fez, então, nova pausa e perguntou: 'Eu não precisaria me envolver em nenhum processo de edição ou publicação ou o que quer que seja?' E eu lhe respondi: 'Claro que não. Quando acabarmos esta conversa, não teremos de voltar a falar desse livro, e você não precisará ter envolvimento algum com ele.'"

Prossegue Guinzburg: "E a conversa acabou por aí. Naquela noite, telefonei a Debbie em Londres e a repeti para ela. Debbie disse: 'Então vamos em frente.'"

Em depoimento a uma história oral de que participou na Biblioteca Butler da Universidade Columbia em 1980 (disponibilizada para pesquisa e publicação somente após a morte de Jackie, em respeito a seus sentimentos), Guinzburg lembrou ter dito a Jeffrey Archer no jantar em que se encontraram na Inglaterra: "As pessoas vão dizer que você estará estimulando algum maluco a dar um tiro em Ted Kennedy, e isto é o pior de tudo, o aspecto mais baixo e perverso dessa situação toda [...] e você descreve Ted Kennedy como um sujeito gordo, referindo-se a Teddy como alguém que bebeu demais e assim por diante, e tudo isso precisa sair, pois, na verdade, é de mau gosto, e você não precisa disso. [...] Mas isso não será o suficiente para satisfazer as pessoas que não vão gostar nada de você por tê-lo usado como alvo de um assassino." Segundo Guinzburg, Archer respondeu-lhe: "Eu certamente concordaria em abrandar a coisa, para que não houvesse nada que fosse ofensivo à família ou ao próprio Ted."

Archer trabalhou com Cork Smith no livro, escoimando boa parte do material ofensivo relativo a Kennedy. Com sua conhecida cortesia e suavidade, Smith tinha editado Robertson Davies, Muriel Spark e Thomas Keneally, mas também trabalhava com ficção mais comercial. Dizia ele: "Tenho um bom faro para ficção de vanguarda, cuido de todos os livros de esportes e tenho um toque de Midas para porcaria comercial."

Confirmando o relato de Guinzburg sobre os entendimentos a respeito do livro de Archer, Deborah Owen disse-me: "Muitos livros muito piores têm sido publicados. Nesse caso, tratava-se de um livro bom, de leitura interessante, cativante. [...] E eu dissera a Tom: 'Ouça, não quero que você publique este livro se Cork não puder cuidar dele', pois eu sabia que, em Nova York, não poderia haver ninguém melhor do que Cork — ninguém. Aos meus olhos, ele era o rei.

E só Deus sabe o que se passava na cabeça de Tom, mas tenho absoluta certeza de que os dois *jamais* — repito, *jamais* — teriam ocultado a coisa de Jackie até depois de feito o acerto. Não existe a menor possibilidade de que ele não tivesse pensado primeiro nela. Acho que Jackie pode ter sido criativa a posteriori em sua versão do episódio. Realmente acho isso, e penso que Tom, com seu profundo afeto por

Jackie, tenderia a se mostrar superprotetor, isto sim. E posso apostar meus últimos tostões na versão de Tom.

Onde todos podemos ter sido ingênuos — e estou me referindo mesmo a *todos* nós, inclusive eu — é no fato de não termos entendido que isso era puro ouro para os jornais, pois qualquer coisa que envolvesse o nome de Jackie vendia. E eles exageraram a coisa toda [...] depois da resenha de John Leonard. [...] E talvez tenhamos sido ingênuos de não entender que isto poderia acontecer, e, portanto, mesmo que ela não tivesse absolutamente nada a ver com o livro, ainda assim estaria ligada a ele pelo simples fato de ser editora na Viking. Jackie passou maus bocados. A imprensa realmente pegou no pé dela."

Na qualidade de cunhado de Jackie (casado com Jean Kennedy) e sempre encarregado na família Kennedy de cuidar dessas questões, Stephen Smith declarou ao *Boston Globe* que havia dito a Guinzburg que o livro era "um ato de venalidade comercial e mau gosto". Guinzburg confirmou-me que Smith, que conhecia de longa data, havia entrado em contato com ele e manifestado sua opinião, mas acrescentou que Smith só reagiu depois da publicação do livro e da resenha de Leonard. Quanto a Jackie, tivera vários meses, antes da publicação, para se manifestar contra, mas não o fizera. Enquanto isso, Guinzburg estava desesperado por falar com ela, mas fora uma breve conversa telefônica na qual propôs um encontro, foi impedido de fazer novos contatos por Nancy Tuckerman. Rememorando o momento em que recebeu a carta de demissão de Jackie, Guinzburg comentou: "Tentei telefonar para sua casa ao recebê-la, mas ela não atendia."

Guinzburg declarou, então, ao *New York Times*: "Depois de uma amizade que se prolongou por mais de metade de nossas vidas, mais do que nunca lamento profundamente a decisão da sra. Onassis de pedir demissão da Viking Press sem uma discussão pessoal do incidente que levou a sua decisão. [...] Meu apreço pela família Kennedy e a contribuição extremamente eficaz e valiosa que a sra. Onassis deu à Viking nos dois últimos anos certamente teriam sido fatores prioritários na decisão final de publicar qualquer livro que pudesse ser, para ela, motivo de aflição."

Deborah Owen não tem lembrança de bem-intencionadas objeções da parte de Lisa Drew a respeito do livro, mas comentou: "Nós estávamos pedindo mais do que eles [a Doubleday] queriam pagar, de modo que é possível que ela tenha rejeitado [o livro em virtude da] quantia que eu estava pedindo."

Cork Smith, em 1994, dez anos antes de morrer, comentou com Michael Crick o episódio do livro de Archer, dizendo: "Achei que era um romance comercial perfeitamente viável que precisava ser melhorado. Mas a questão era: 'Como é que Jackie Onassis vai reagir?' Guinzburg disse que cuidaria disso."

Guinzburg disse a membros de sua equipe que, por questão de cortesia, discutira o livro com Jackie antes de concordar com a publicação. Amanda Vaill teve um encontro com ele em seu escritório logo depois de ele concordar com a compra dos direitos do romance de Archer. Hoje uma consagrada autora de não ficção, Vaill disse-me: "Quando fui entrevistada por Tom na Viking em fevereiro de 1977, antes de ser contratada, ele me falou desse livro chamado *Shall We Tell the President?*, que estava para sair, e explicou que tinha conversado a respeito dele com Jackie, perguntando-lhe se haveria qualquer problema se ele publicasse o livro. E ele me disse que ela havia respondido: 'Não quero saber. Não me pergunte — você não perguntaria a ninguém mais aqui se há problemas em publicar este livro ou qualquer outro. Se quisesse, você simplesmente iria em frente e o publicaria. Portanto, não me trate de maneira diferente dos outros. Não quero mais saber nada além do que você já me disse.' E foi o que ele me disse em fevereiro, antes que a coisa adquirisse qualquer importância."

Não só Jackie foi informada sobre o tema do romance, pelo menos em termos gerais, tanto por Guinzburg quanto por Drew, como houve, antes da publicação, o envio de exemplares a Ted Kennedy (cujo escritório informou ao *Times* que ele tinha "folheado o livro") e a Stephen Smith, com quem Jackie tinha uma relação cordial. Foi Smith que comunicou a Jackie a indignação da família após o lançamento do livro, e ele a teria posto na defensiva quanto ao papel que acaso tivesse desempenhado na publicação.

Naturalmente, a memória pode nos trair, especialmente quando se trata de acontecimentos de forte carga emocional ocorridos num passado distante. Jackie diria muito mais tarde, em sua última entrevista (para a *Publishers Weekly*, em 1993), que nunca tinha sido consultada por Guinzburg a respeito do romance de Archer. Como ela não era literalmente citada, mas parafraseada, é possível que tenha sido malinterpretada durante a entrevista. Mas, o que quer que tenha dito, é evidente que, pelo resto da vida, Jackie foi afligida pela lembrança das circunstâncias desagradáveis de seu desligamento da Viking.

Becky Singleton disse-me: "Na manhã em que Jackie se desligou da empresa, Tom chamou-me a seu escritório e fez um breve relato do que havia transpirado. [...] Ele parecia sinceramente surpreso, o que era compreensível. Na versão dos acontecimentos que era apresentada como fato pelos que falavam por Jackie, Tom supostamente teria agido com total indiferença, o que ia totalmente de encontro à maneira como ele de fato a tinha tratado naqueles dois anos. As outras pessoas não podiam saber quantas vezes Tom tinha tomado o cuidado de proteger os interesses dela — mas Jackie sabia. Ela e Tom tinham uma história em comum. Ela sabia que ele se esforçava constantemente para protegê-la dos meios de comunicação e resolver circunstâncias que pudessem causar-lhe embaraços do ponto de vista profissional. Se ela estivesse na empresa houvesse apenas algumas semanas, seria mais fácil entender sua reação. Mas ela estava na Viking havia quase dois anos. Sob muitos aspectos, o que estava acontecendo e sendo dito naquele momento simplesmente não fazia sentido."

Desde a publicação do livro de William Manchester sobre o assassinato de JFK, Jackie era assediada de várias maneiras em relação a seu passado com Kennedy. Em 1977, estavam em andamento audiências no Congresso sobre as constatações da Comissão Warren, e no mesmo ano a Grove Press publicava o livro de memórias de Judith Exner, relatando seu caso extraconjugal com Jack Kennedy. Duas biografias não autorizadas de Jackie (escritas por Kitty Kelley e Stephen Birmingham) seriam publicadas no ano seguinte. Guinzburg já deixara claras sua sensibilidade e sua atitude ética no sentido de distanciar a Viking de quaisquer livros que pudessem ser embaraçosos para Jackie.

Becky Singleton ficou aborrecida com as circunstâncias em que Jackie se demitiu, sem se despedir dos colegas. "Aquela inesperada descortesia em seu afastamento mexeu comigo de tal maneira que eu comecei a repensar muitas coisas sobre nossa relação. [...] Na época, interpretei a falta de consideração como indicação de uma forte insatisfação, pelo fato de muito pouco ter sido valorizado em sua permanência na Viking, e de muita coisa ser agora desconsiderada. Se eu fosse mais velha e mais experiente, talvez tivesse aventado a possibilidade de que ela simplesmente estava contrariada com a maneira como as coisas eram feitas. Retrospectivamente, faz sentido. Pena que não tivesse pensado nisso na época.

O golpe que talvez tenha sido mais duro para Tom foi o fato de ela ter-se demitido por meio da secretária. Ela não podia ignorar que, para muitos, essa ostensiva desfeita ficaria parecendo um ato de justificada retaliação, em resposta a algum comportamento repreensível da parte dele. Desse modo, sob muitos aspectos — naquilo que era dito e na maneira como as coisas eram feitas —, a saída de Jackie da Viking não era um jeito tradicional de pôr fim a uma parceria. Mais parecia uma maneira violenta de pôr fim a um relacionamento pessoal, quando a pessoa não só bate a porta como rasga os tapetes e carrega a mobília."

Singleton também considera que Jackie pode ter sido induzida em erro. "Jackie não era subserviente, mas muitas vezes se mostrava deferente. [...] O que quero dizer é que tinha um temperamento maleável. Amigas como Nancy Tuckerman e Lisa Drew certamente podiam [tirar vantagem] disso." E Singleton acrescenta: "Estou convencida de que as amigas de Jackie, Nancy e Lisa, desempenharam um papel decisivo no seu afastamento."

Quanto à alegação de que teria traído Jackie, Guinzburg comentou: "Fiquei realmente aborrecido com o fato de meus amigos simplesmente terem presumido que, por algum motivo, eu seria capaz de fazer algo assim, e eram bons amigos meus. Estou falando do casal George Plimpton. Bom, o fato é que se tratava de Jackie Onassis. Era sua palavra contra a minha, e a culpa também era minha. Mantive-me absolutamente fiel por algum tempo naquela manhã, ante todos aqueles repórteres telefonando, mas o *Boston Globe* acabou conseguindo [...]."

O *Globe*, publicado no coração do território de origem da família Kennedy, omitiu a explicação de Guinzburg de que Jackie não estivera de modo algum envolvida no processo de aquisição e publicação do livro, embora a matéria de fato citasse uma declaração do editor segundo a qual, ao primeiro informar Jackie sobre o livro, ela "não deu qualquer sinal de contrariedade ou raiva". Esta citação bastou para pôr os Kennedy em pé de guerra. A relação de Jackie com a família tornara-se tensa desde o casamento com Onassis. Preocupada em preservar sua relação com Ted e a família, Jackie aparentemente cedeu à pressão com a pura e simples negativa de que tivesse sido consultada.

Em defesa própria, disse Guinzburg: "Você realmente acha que eu me arriscaria a perder a amizade de Jackie e seu envolvimento na Viking, que era de valor inestimável [...] por causa de um livro bobo? Sempre é possível encontrar outro livro. Qualquer editor consegue."

Lembrada sobre o caso do romance de Archer e o furor que causou, Barbara Burn, a ex-editora da Viking, comentou que era "um livro horrível, mas foi John Leonard que provocou o problema todo com sua resenha, nitidamente um golpe assestado contra Jackie. E Tom cometeu um erro fatal ao decidir falar à imprensa por ela. Jackie estava em Hyannis Port naquele momento, eles não conseguiam se comunicar com ela, de modo que ele se virou para a imprensa e disse que ela se sentia assim e assado, o que ele nunca deveria ter feito. É este realmente o x do problema".

Elisabeth Sifton concorda que foi uma situação lamentável, que poderia ter sido evitada. O romance de Archer "teria sido publicado de qualquer maneira [...]. Tom queria, ao mesmo tempo, publicar Archer e ficar com Jackie. Fez o que era correto, declarado, transparente, honesto. Ela concordou. Mas os dois esqueceram de levar em consideração a ira dos Kennedy e a maneira como a imprensa distorceria os fatos".

Em sua função de diretor de publicidade e relações públicas, Rich Barber estava na linha de frente quando a Viking se viu inundada por solicitações da imprensa. Disse-me ele: "Fui encarregado de me certificar de que exemplares do livro chegassem ao escritório de Steve Smith e Ted Kennedy muito antes do lançamento. Retrospectivamente, essas coisas sempre parecem muito claras, mas tudo só veio à tona realmente com a resenha de John Leonard. Foi um daqueles dias terríveis em que eu tive de sair do meu escritório para sentar o dia inteiro na cadeira da assistente de Tom atendendo telefonemas. O ponto de vista de Tom, relativamente simples, era o seguinte: o livro vai ser publicado e vai vender muito bem; mas se o fizermos, pelo menos podemos controlar a maneira como será apresentado. Os Kennedy tinham tido tempo mais do que suficiente para botar a boca no mundo ou coisa do gênero, e não o haviam feito. [...] E acho que Nancy Tuckerman realmente perdeu as estribeiras quando viu a resenha de John Leonard. E, na minha opinião, isso influenciou tudo o que aconteceu depois."

O romance de Archer recebeu críticas positivas e negativas, e a publicidade em torno do papel desempenhado por Jackie, em certa medida, estimulou as vendas, embora o livro tenha passado apenas uma semana na lista de mais vendidos do *Times*. Archer estava em turnê de divulgação de outro livro pelos Estados Unidos quando o romance foi lançado, e ficou muito contrariado com a reação de Jackie, oferecendo-se para viajar da Costa Oeste a Nova York para tentar ajudar a resolver a situação com ela. Ele me disse que se identificava, no caso, com Tom. "Não posso acreditar que Tom teria adquirido os direitos do livro, para começo de conversa, se achasse que poderia ofender a família Kennedy. Não faria sentido. Este é o meu primeiro ponto. O segundo é que se trata de um homem tão honrado e gentil que, quando a coisa toda aconteceu, foi uma total surpresa para mim. Fiquei realmente chocado. Pensei: como é que pode acontecer uma coisa assim, quando eles são amigos tão próximos?"

Archer lembrou que, um ano depois do afastamento de Jackie, Guinzburg foi demitido da direção da Viking Penguin. "Temos aqui uma explicação muito melhor do que aconteceu por causa da decisão de Jackie Onassis [de se demitir]. Na época, Tom tinha vendido a Viking à Penguin, pouco antes de receber a oferta do meu livro seguinte. Em vista de minha admiração por ele e minha gratidão por ter me ajudado quando eu estava com problemas financeiros, ofereci meu livro seguinte, *Cain and Abel* [Caim e Abel] por 400 mil dólares, e ele agarrou a oportunidade. Quando ele foi... qualquer que seja a palavra no caso

— demitido, afastado, jogado fora (e, por sinal, tratado de maneira inominável pela Penguin) —, eles agiram como vândalos."

Na verdade, Guinzburg foi dispensado de suas funções pelo grupo Pearson sem a menor cerimônia, pouco antes de uma reunião do conselho diretor em Nova York, em setembro de 1978. Ele estava em casa se recuperando de um problema de saúde recorrente (um coágulo na perna) quando recebeu a notícia. E ficou arrasado. Trinta empregados da Viking se reuniram em seu quarto para ouvir a notícia e se solidarizar. Guinzburg disse a Al Silverman, veterano do meio editorial e ex-executivo do Clube do Livro do Mês: "Lembro que disse à governanta: 'Tire dos armários todas as garrafas de bebida da casa, pois vai ser um longo dia.'"

Jackie não esqueceu completamente os amigos da Viking, mas o episódio certamente fora traumático e, depois do acontecido, ela manteve distância em relação a Guinzburg e aos antigos colegas. Logo estaria fazendo planos de dar a volta por cima mudando de editora, com o estímulo de Tuckerman e Drew. Guinzburg lembra-se de ter tentado entrar em contato com ela meses depois de sua partida, na expectativa de algum reconhecimento, senão de uma reconciliação. "Desisti. Pensei que era melhor deixar para lá, até que, em dezembro, comecei a pensar no que seria melhor fazer na época do Natal. Eu sabia que ia escrever-lhe uma carta, e planejava mandar-lhe algo que pudesse ter algum significado. E, por acaso, eu estava na Sherry-Lehmann's [...] a loja de bebidas — e vi umas garrafas grandes de uma certa champanhe Perrier-Jouët, e, como Jackie praticamente tinha provocado sozinha a mania Perrier em Nova York, pensei: bela ideia, Tom. [...]

Primeiro, fui para casa e escrevi a carta [...] em seguida, levei-a à loja e a pus dentro de uma dessas caixas de presente, e eles a mandaram para o apartamento dela. Estávamos em meados de dezembro. Depois, não tive mais nenhuma notícia, e pensei: bom, é isso aí. Finalmente, pouco depois do Ano Novo, recebi um daqueles envelopes de Jackie — dá para identificar logo de cara, pela caligrafia inconfundível."

O bilhete de Jackie continha apenas um sucinto agradecimento, desejando-lhe feliz Ano Novo, com um "Sinceramente" para encerrar. Tom considera que foi "uma maneira muito triste de acabar com tudo".

Becky Singleton também tentou contactar Jackie depois do seu afastamento. "Um ano mais ou menos depois de ela deixar a empresa, recebi o primeiro de uma série de telefonemas de escritores supostamente idôneos que escreviam livros supostamente sérios sobre ela. Uma pessoa em especial, cujo nome não recordo, com toda certeza queria remexer em sujeira. Eu lhe disse que nunca tinha cooperado com jornalista algum, nem jamais o faria, o que praticamente encerrou a conversa. Telefonei, então, a Nancy Tuckerman, pois, quando trabalhava para Jackie, era sempre o que eu fazia quando acontecia alguma coisa assim. Mas fui recebida de uma maneira que não podia ser mais gélida! Ela registrou sumariamente o que eu tinha a dizer e praticamente desligou na minha cara. Na época, interpretei essa reação como mais um gesto que dizia: 'Não queremos nada com você.' Hoje me pergunto se Nancy estava agindo por conta própria."

Em 1990, Bryan Holme, o menino-prodígio da Studio Books, morreu, e Rich Barber lembra que Jackie foi prestar-lhe homenagem. "Lembro que sentei ao lado dela quando ela foi ao funeral numa igreja episcopal chamada Little Church Around the Corner — onde é mesmo que fica? Na rua 29? Ela parecia meio perdida, e havia aquele bando de gente da Viking sentado ali. Eu me levantei e a chamei para se juntar a nós. Lá estavam Cork Smith, Barbara Burn e um monte de gente. Jackie tinha chegado e parecia literalmente desamparada. Bryan tinha sido alguém muito especial para ela."

Jackie e Tom Guinzburg continuaram a se encontrar, pois os círculos que frequentavam convergiam. Um mês depois de ela se afastar, o *New York Times* informava sobre uma exposição na Wildenstein Gallery, evento beneficente em apoio à edição de livros, que atraiu a elite de Nova York. Mas depois do vernissage Jackie e Guinzburg foram a jantares diferentes, o que sem dúvida refletia a intenção de Jackie de evitá-lo. Segundo o *Times*, "John Sargent, presidente da Doubleday, ofereceu um jantar juntamente com Jacqueline Onassis, que recentemente se desligou de uma concorrente, a Viking Press. Eles convidaram o casal Orin Lehman, John Loeb, o pai [...], o historiador Brendan Gill, o casal Louis Auchincloss, Ahmet e Mica Ertegen, Cheray Duchin e Ted Sorensen. Peter e Ellen Paine (ela é presidente do conselho da biblioteca) convidaram o casal Douglas Dillon, Enid Haupt e Thomas Guinzburg, o antigo patrão da sra. Onassis, para o seu jantar".

John Sargent Sr. e Jackie logo seriam notícia, tornando-se ela a grande aquisição dele na Doubleday.

Em sua edição de 24 de outubro de 1977, a revista *Time* informava que Jackie estava desempregada com o seguinte título: "Procura-se colocação, referências oferecidas." No ano seguinte, ela se juntaria a Nancy Tuckerman e Lisa Drew na Doubleday como editora associada, trabalhando três dias por semana com um salário anual de aproximadamente 20 mil dólares, quase o dobro do que ganhava na Viking. Drew recorda-se de ter encontrado Jackie em mais um almoço, e estimulado-a a dar o passo. "Nós conversamos sobre a Doubleday. Ela levantou muito delicadamente a questão de trabalhar lá. Eu disse que seria perfeitamente tranquilo. Nancy trabalhava lá e ela conhecia John Sargent, o principal executivo. Ela achava que, na casa, havia gente para protegê-la, e que seria seguro arriscar-se mais uma vez a esse tipo de exposição. Perguntei-lhe, mais tarde, por que tinha levado alguns meses para decidir. Ela respondeu: 'Eu só queria ser cuidadosa. Cometi alguns erros na vida por reagir muito rapidamente, e realmente queria me convencer de que estava fazendo a coisa certa.'"

Sam Vaughan lembra que se encontrou com Jackie e John Sargent Sr. para discutir a contratação dela pela Doubleday. "John Sargent era o presidente da empresa, e eu fui visitá-la em sua companhia. Foi ideia dele, com base na amizade que tinham, depois que ela deixou a Viking, ver se ela gostaria de trabalhar conosco. Todo mundo presumiu que fora iniciativa exclusivamente de Sargent, e eu não seria capaz de atribuir percentuais no caso, mas posso garantir que tanto Nelson quanto John caminhavam juntos nisso. Certa tarde, John e eu fomos ao apartamento dela na Quinta Avenida e tivemos uma conversa agradável. Na verdade, foi uma conversa muito produtiva, pois começamos a examinar uma série de detalhes que seria mesmo melhor esclarecer antes que ela tomasse alguma decisão. Nancy Tuckerman estava em cena o tempo todo, mostrou-se muito cooperativa, e acho que ela própria estava em excelente situação na Doubleday."

Jackie começou a trabalhar em 13 de fevereiro de 1978 na sede da companhia, no número 245 da Avenida Park, a poucos quarteirões do terminal Grand Central, cuja preservação como marco arquitetônico e patrimônio da cidade ela vinha defendendo — uma bem-sucedida campanha que culminou com sua ida a Washington, em abril daquele ano, à frente de uma delegação, no famoso trem *Landmark Express*. Em sua nova editora, ela novamente se empenhou no trabalho em equipe com os colegas, acabando por se integrar de maneira fluida, ainda que não totalmente invisível, no novo trabalho. Foi-lhe atribuído um modesto escritório sem janela, e ela disse a John Sargent: "Tudo bem, John. Já tenho muitas janelas lá em casa." Mais tarde, ela comentaria com Eugene Kennedy: "Como qualquer outra pessoa, vou ter de trabalhar duro para merecer um escritório com janela."

Comentando a iniciação de Jackie na Doubleday, John Sargent Sr. diria certa vez: "No início, havia certo ressentimento — a sensação de que, talvez, Jackie não fosse realmente séria no trabalho. Ela não trabalhava em tempo integral e tinha tudo neste mundo, de modo que, naturalmente, havia entre os colegas a sensação de que, talvez, aquilo não passasse de uma diversão para ela. Mas ela era tão tranquila e natural — nada parecida com o personagem extravagante e hiperglamouroso que pintavam — que os colegas não puderam deixar de ficar encantados."

O ex-revisor de textos Glenn Rounds comenta: "Havia lá uma pessoa maravilhosa, chamada Rose, que cuidou da cantina durante alguns anos. Quando Jackie entrou pela primeira vez, claro que houve muitos comentários e, de repente, fez-se um silêncio mortal. Rose era uma pessoa muito prática e direta, e disse: 'Muito bem, o que é que vai querer, Jackie?' Foi o bastante para quebrar o gelo."

Loretta Barrett, ex-editora-chefe da Anchor Books e atualmente agente literária, também se recorda da chegada de Jackie à Doubleday: "Eu estava lá quando Jackie chegou. Lembro que, certo dia, fui ao seu escritório, tentando fazer contato com uma pessoa muito conhecida. Fiquei muito embaraçada, e ela disse: 'Vamos dar uma olhada na lista telefônica.' E encontramos a pessoa. Eu achava que Jackie Onassis devia ter um fichário com os telefones do mundo inteiro, e ela me sai com a lista telefônica! Eu não conseguia acreditar."

Valendo-se do escritório como abrigo por alguns dias da semana, Jackie entrou numa rotina que lhe facultava alguma privacidade por trás da contínua barragem de publicidade. Muitas vezes, a mídia não era confiável quando informava sobre suas atividades. No início de 1979, a NBC News anunciou que ela tomara um avião para a Austrália para negociar com o conde de Snowden, o fotógrafo real que acabara de se divorciar da princesa Margaret, um livro de memórias que prometia "arrebentar a boca do balão da família real britânica". Jackie achou muita graça da história, flagrantemente falsa, pois se revelou que, naquele momento, ela estava na realidade de férias na Jamaica com John Jr. A imprensa também informaria que, não tendo conseguido interessar a princesa Diana em escrever suas memórias, Jackie oferecera um adiantamento de 2 milhões de dólares a Camilla Parker Bowles para contar tudo sobre a família real. Segundo seus colegas na Doubleday, todavia, embora uma carta-convite pudesse ter sido enviada a Diana, a oferta a Bowles não foi feita, nem seu nome jamais foi considerado por Jackie para a publicação de um livro.

A transferência da Viking para a Doubleday representou uma importante mudança de patamar e cultura corporativa para Jackie, pois havia uma nítida diferença entre as duas políticas editoriais. Segundo Tom Guinzburg, "foi como passar de uma lancha torpedeira para um encouraçado". A Viking tinha duzentos empregados, ao passo que a Doubleday era uma das maiores e mais bem-sucedidas editoras, empregando o triplo de pessoas e tendo sob seu guarda-chuva livrarias e clubes de livros, muito embora sua divisão comercial estivesse enfrentando problemas, como acontecia com muitas outras editoras. Os livros da Doubleday eram considerados de segunda, do ponto de vista da aparência física — capa, papel, tipografia etc. —, pois a casa tratava de cortar custos na impressão. Jackie teria de enfrentar um sério desafio, pois exigia sempre os mais rigorosos cuidados de produção em seus livros.

Guinzburg lembra-se de uma reunião ao mesmo tempo agradável e constrangedora que teve com Jackie vários anos depois, sob os auspícios de sua nova editora, que o havia contratado como consultor. "Jackie foi para a Doubleday, o que era um caminho óbvio para ela, pois naquela época era muito amiga de John Sargent, que dirigia a editora. E John Sargent também era muito amigo meu; éramos amigos desde sempre, desde a nossa infância, de modo que, quando eles um dia sugeriram que eu fosse até a Doubleday, [...] eu disse: 'Só poderei fazê-lo se Jackie achar que não há problema.' Ela prontamente assentiu, e nós realmente nos encontramos. Nós não saíamos mais juntos, não tínhamos mais nenhuma intimidade — essa parte tinha acabado. Mas era inevitável que eu viesse a encontrá-la; tínhamos muitos amigos em comum, certamente haveria jantares e eu viria a encontrá-la em várias situações."

Jackie frequentemente saía em companhia de John Sargent, e havia boatos de um caso romântico entre os dois. Seu filho único, John Sargent Jr., que também foi trabalhar na Doubleday e hoje dirige a Macmillan, contou-me: "Eles eram amigos. Meu pai certamente vai levar isso para o túmulo; se os dois eram algo mais do que amigos, ninguém de nós ficou sabendo. Ele era muito popular naquela época. Saía com milhares de mulheres, estava sempre na lista dos 'Dez Grandes Solteiros de Nova York', e mais isto, e mais aquilo. Nós não conseguíamos entender o que era exatamente sua relação com Jackie. Mas tenho para mim que ela era apenas amiga e confidente; papai a contratou num momento importante para ela."

Apesar dos amigos e das boas-vindas que recebeu na Doubleday, Jackie não teve uma transição fácil para sua nova família corporativa. Patrick Filley, ex-vice-presidente e editor executivo da Doubleday, recorda: "Nos primeiros meses, eles quase conseguiram sufocar seu entusiasmo." Carolyn Blakemore, uma das primeiras colegas editoriais de Jackie, disse-me: "Quando ela chegou, eu estava em posição superior a ela. Ficava no escritório melhor, e ela em outro, ao lado. Acho que Jackie foi contratada por uns figurões que não consultaram necessariamente as pessoas cujo orçamento seria afetado. Creio que provavelmente foi John Sargent, e também Nelson. Naturalmente, Patrick Filley pertencia à classe social dessas pessoas todas, e teria talvez uma visão diferente da de alguns de nós. Mas lembro que, certa vez, Jackie me disse, referindo-se a alguma função: 'Acho que terei de fazer o que eles querem que eu faça com isso.' E eu respondi: 'De jeito algum. Não faça nada que não queira fazer.'"

Havia uma tarefa rotineira que incumbia a Jackie. Para obter aprovação para a aquisição de um livro para a editora, ela tinha agora de enfrentar reuniões semanais com um comitê editorial e de marketing. Era um modus operandi relativamente novo no mundo editorial, com os megaconglomerados que começavam a surgir. Seria uma situação cada vez mais adversa para Jackie. Betty Prashker, ex-executiva e editora sênior na Doubleday, descreveu as mudanças no mundo editorial para Al Silverman, que fez a crônica do período em seu livro *The Time of Their Lives* [O melhor momento de suas vidas]. "No início, nas décadas de 1940 e 1950, o editor ficava no alto da pirâmide, apoiado pela administração, o departamento de arte, o departamento de vendas, o departamento de promoção. Não havia, basicamente, um departamento de negócios. [...] Mas, gradualmente, com o passar dos anos, essa pirâmide acabou, e os editores foram parar lá embaixo."

Entrevistada por Silverman para seu livro, Lisa Drew descreveu o início da década de 1970 na Doubleday, antes da chegada de Jackie. "Na época, as coisas eram muito devagar para as mulheres. A Doubleday não tinha uma política de promover mulheres aos cargos editoriais. [...] Apenas três mulheres me haviam antecedido como editoras. [...] Elas chegavam a certo nível, e então se iam. Mas é claro que eles contratavam milhares de homens recém-saídos da faculdade, confiavam-lhes funções de assistentes editoriais e, seis meses depois, os promoviam a editores. Um ou dois anos depois, eles já estavam fora, pois não sabiam trabalhar como editores. Assim, quando tudo isso começou a se resolver por volta de 1970, um ou dois anos a mais ou a menos — quando toda a indústria começou a mudar, começaram a contratar também mulheres para os cargos de assistente."

A posição de Jackie como editora associada em meio expediente era exatamente esse tipo de cargo inicial, mas ela tivera algumas antecessoras, como Lisa Drew, Betty Prashker e Kate Medina, que haviam galgado as etapas da carreira editorial, inspirando outras a seguir seus passos. Tinham quebrado o telhado de vidro da editora com seu talento e pertinácia. Os homens da editora às vezes se referiam sarcasticamente a essas pioneiras como "as noivas da Doubleday". Essas "noivas" da edição serviriam de mentoras e inspiradoras a Jackie na luta por encontrar seu caminho. Ela trabalhou em estreita colaboração com Prashker e Drew. Nancy Stauffer, que, na década de 1980, chefiou a divisão de direitos subsidiários da Doubleday antes de se tornar agente literária, ressentia-se dessa expressão, dizendo: "'Noivas da Doubleday' era uma expressão evidentemente pejorativa e nada lisonjeira para essas mulheres, o que era uma injustiça. Elas eram muito inteligentes, capazes e preparadas."

Harriet Rubin, que viria a se tornar colega de Jackie na atividade editorial, comenta o impacto que ela teve na empresa: "O fato de ela se tornar editora foi uma incrível afirmação para a indústria editorial, que enfrentava dificuldades. Acho que ela considerava os livros como uma forma de magia. Templos são construídos sobre pergaminhos e textos sagrados, e ela iria produzir modernas fórmulas mágicas para abrir a mente das pessoas, revelando uma sabedoria oculta." Rubin considera Jackie "uma das Noivas da Doubleday", observando que "elas influenciaram as conversas sobre temas culturais com os livros que editaram. A função do editor é uma incrível função invisível: um editor pode lançar vinte livros por ano no meio cultural, e um escritor, talvez, um livro de anos em anos. Os blogueiros precisam ser lembrados de que os livros mudam a vida das pessoas e as sociedades. [...] Acho que Jackie descobriu que podia conversar com as elites e as classes dominantes, e, às vezes, com todos nós também, por meio dos seus livros.

Minha lembrança mais forte é a maneira como ela atuava nas reuniões semanais. Comparecia talvez a uma apenas por mês. Quando chegava sua vez de apresentar suas ideias, ela mostrava todo o seu entusiasmo com projetos que levariam qualquer outra pessoa a ser demitida, por serem ridiculamente anticomerciais: uma coletânea de Puchkin, uma coleção Pléiade americana, um livro infantil ilustrado, com base em relato de Vasari sobre Leonardo confeccionando insetos artificiais. Essas batalhas ela perdeu".

Descrevendo as reuniões semanais, outro antigo editor da Doubleday, James Fitzgerald, disse-me: "Jackie não tinha um milhão de projetos abandonados, à espera de aprovação. Mas, como editora, era uma de nós. Havia lá uma espécie de show de calouros dos comitês editoriais, e nós tínhamos de comparecer. Havia pessoas alinhadas num estrado, e às vezes Nelson aparecia, assim como outras pessoas que ficavam no topo da hierarquia, e nós nem sabíamos quem eram. Nós apresentávamos os livros, e tínhamos de reunir todos aqueles formulários — era realmente um saco —, os formulários financeiros, e fazê-los circular, pois na época não havia e-mail e tudo mais. Depois, Jackie começava a se queixar de tudo isso, e nós também. Mas ela comparecia e via certos projetos seus serem cortados. Era exatamente como todos nós. A democracia era total."

O processo editorial podia ser democrático, mas a Doubleday era de fato um clube de meninos, e nessa época havia muitas festas e comemorações sob o regime de Nelson Doubleday. Comenta Fitzgerald: "Era mesmo uma equipe muito interessante, pode crer. Você alguma vez foi tomar um drinque na casa de Tuckerman? Aquilo era gol de placa, cara. Mas todo mundo na Doubleday chegava lá. Fazia parte do esquema. Era um lugar dos mais excitantes, pois todo mundo trabalhava duro, e todo mundo jogava duro."

Comenta Les Pockell, ex-editor na Doubleday: "A Doubleday era meio que uma bolha do tempo. As mulheres ficavam para baixo e os homens dirigiam todos os departamentos importantes. Na maioria das editoras hoje em dia, as mulheres dirigem os principais departamentos. Naquela época, até a publicidade, o departamento de direitos autorais, tudo era dirigido pelos homens, que tinham suas assistentes, que eram tratadas por eles como secretárias. Mas, então, imagine só, alguém como Jackie Onassis era como uma rainha. Ela era realmente um caso muito especial. Na maioria dos casos, as editoras eram... toleradas, mas não eram, de fato, levadas muito a sério. Mas Jackie era levada a sério mais pelo que era, obviamente, do que por qualquer outro motivo."

Explicando os desafios enfrentados por Jackie para se adaptar a seu novo ambiente de trabalho, Loretta Barrett disse: "Era uma época muito difícil na Doubleday. Havia muita gente incompetente na direção, de modo que, vão me desculpar, muitos de nós quase saímos. Era uma época muito difícil naquela empresa, com pessoas que, no fim das contas, foram todas demitidas. Portanto, não era apenas o sistema, pode acreditar. Era mais do que isso. Eu não conhecia Jackie muito bem a essa altura. Só a conhecia profissionalmente, mas gostava muito dela. Eu tenho 28 primos de primeiro grau e, portanto, entendo a família Kennedy, e conheço muitos deles, os mais jovens, e assim a nossa conversa ia muito nessa direção. As pessoas pensavam em Jackie como uma super-WASP,* mas ela tinha um lado étnico que eu percebi por causa das minhas origens. Ela era católica, e havia muito preconceito contra os católicos naquela época. Vassar** não lhe abriu os braços propriamente, disse-me ela.

Mas ela disse uma coisa muito interessante, voltando à situação na Doubleday. Ela nunca antes conhecera mulheres em posição de chefia. Estava se referindo a Lisa Drew e Betty Prashker. [...] Não me lembro exatamente como era a estrutura, mas ela se reportava a Lisa e Betty. E disse que era a primeira vez na vida em que trabalhava com mulheres em posição de chefia, e que isto era maravilhoso. Não sei em que ano isso aconteceu, mas ela tinha ido ver o filme *9 to 5* [*Como eliminar seu chefe*]. A filha lhe dissera que fosse vê-lo quando o filme saísse [1980]. Nós estávamos achando graça do filme; mas ela disse que nunca conhecera mulheres em posições profissionais, nem tinha trabalhado para mulheres. [...] Lembro que, no filme, elas amarravam o sujeito e o mantinham prisioneiro. Pois acredite, nós poderíamos ter feito o mesmo com certos caras na Doubleday, e ficaríamos muito felizes.

Talvez houvesse certas frustrações na Doubleday, mas era com parte da gerência que eu me sentia muito frustrada. E, nessa época, havia uns sujeitos lá tomando uma decisão estranha atrás da outra. Jackie era uma mulher muito inteligente, acredite. E sabia muito bem quem eram e quem não eram os vencedores. Não estou falando de John Sargent, que realmente parecia um cavalheiro. Não falo sequer de Nelson, que foi meu primeiro chefe e foi maravilhoso comigo. Havia

---

*Sigla inglesa para "white, anglo-saxon, protestant" ("branco, anglo-saxão e protestante"), e que designa, quase sempre de maneira pejorativa, membros das elites econômicas, políticas e sociais dos Estados Unidos. [*N. do T.*]

**Tradicional instituição privada de ensino e artes perto da cidade de Nova York. Foi fundada na década de 1860 como faculdade exclusivamente para mulheres — a primeira fora da esfera religiosa. [*N. do T.*]

muitos problemas de bebida na empresa. Mas não era lá em cima. Era mais para baixo, e aumentou à medida que a empresa foi crescendo.

Quando cheguei, Nelson estava à frente da divisão editorial. Mas depois foi promovido, e John Sargent [Sr.] também. É bom lembrar aqui que eles eram donos dos clubes de livros. Possuíam canais de televisão, estações de rádio, eram proprietários do Mets [clube de beisebol de Nova York]. Então, esses caras não estavam envolvidos na gestão diária da divisão editorial, que foi entregue a pessoas como Patrick Filley, entre outras. [...] Portanto, eles não eram o problema. Eles eram o problema apenas por terem se transformado em chefes ausentes; não havia a necessária supervisão."

O diretor de arte da Doubleday, o afável e cortês Alex Gotfryd (que fez a concepção visual do meu primeiro livro e depois viria a morrer), disse ao biógrafo Christopher Anderson (*Jackie After Jack* [Jackie depois de Jack]): "No início, certas pessoas achavam que ela não estava à altura, mas ela era apenas tímida." O ex-editor-chefe Sandy Richardson disse que, quando Jackie começou a frequentar as reuniões editoriais, "virava-se para a pessoa ao lado e perguntava, naquele seu famoso sussurro de menininha, o que devia fazer". Segundo um ex-editor da Doubleday que não quis ser identificado, foi Sandy Richardson que estimulou uma política de total confidencialidade com empregados que tivessem algum tipo de trato profissional com Jackie, o que acabou redundando numa espécie de voto de silêncio. A viúva de Sandy, Sally Richardson, também trabalhou na Doubleday por cinco anos, no início de sua carreira na edição de livros. Hoje à frente da St. Martin's Press — que faz parte do grupo Macmillan Holtzbrinck, subordinado a John Sargent Jr. —, Sally compartilhou suas impressões a respeito de Jackie nessa época. "Lembro que Sandy e John Sargent [Sr.] entraram em cena para atraí-la, e acho que John Sargent foi um grande fator de motivação para que ela fosse para a Doubleday. Ele era um homem alto, elegante. Eu era uma garota quando trabalhei lá, e ele era o presidente, muito gentil e de horizontes muito amplos, tinha o mundo ao alcance das mãos, o que ele simplesmente adorava. E tentava compartilhar esse tipo de amor. Era uma natureza muito generosa, o tipo de gente que raramente se vê hoje em dia. Tinha poder, tinha dinheiro e não precisava ser mesquinho em coisa alguma. À medida que o tempo passa, a história de Jackie parece ir ficando numa época passada e saudosa por muitos motivos. Claro que isso se deve também à sua morte e à sua situação ímpar, mas o que quero dizer é que basta dar uma olhada na maneira como o mundo editorial mudou."

Loretta Barrett também comentou que a indústria editorial se encaminhava na direção de certo corporativismo básico, e não apenas na Doubleday. "Da maneira como vejo as coisas, a edição de livros toda mudou. Quando comecei a trabalhar na Doubleday, era a maior editora dos Estados Unidos e extremamente comercial. Nós publicávamos *Airport* [Aeroporto], *Wheels* [Rodas], *Roots* [Raízes], esse tipo de coisa. Mas todas essas empresas eram privadas, e a filosofia era pegar esse dinheiro e apostar em outros livros. E o que mudou na edição de livros foi que, em vez de fazer uma lista do tipo lucros e perdas para efeito global, eles a faziam para cada título. E não era só na Doubleday; foi uma mudança global na indústria. [...] Foi uma mudança filosófica e uma mudança empresarial, e os contadores assumiram o comando. Tudo se encaminhava em função do marketing e das vendas, e uma manifestação desse fenômeno foi a ascensão das cadeias [de livrarias]."

Barbara Burn comentaria: "Foi esta a transição. Foi um pouco depois de Jackie ter deixado a Viking, penso eu, que se tornou mais importante conseguir que o livro de Michael Jackson fosse escrito por qualquer um do que produzir realmente livros de qualidade, e tenho para mim que isto sempre foi motivo de decepção para ela. A edição de livros começou a se tornar cada vez mais difícil, e hoje em dia é ainda mais difícil, o que é uma pena."

Observando que "a indústria editorial muitas vezes é uma cultura negativa", Daniel Menaker, ex-editor executivo principal da Random House e editor de ficção da *New Yorker*, escrevendo para a *Barnes & Noble Review*, fez um relato da maneira como o papel do editor vinha mudando, realidade que Jackie teria de encarar no futuro: "O puro e simples volume de trabalho representado pela edição de um livro, mais as reduções aparentemente inexoráveis das equipes editoriais e a quantidade de propostas que a maioria dos editores recebe, para não falar do emaranhado de tarefas não editoriais que eles têm de desempenhar, entre as quais levar pelas mãos autores intensamente absortos e inseguros, atender a telefonemas não raro irados de agentes, comparecer a intermináveis, tediosas e ritualísticas reuniões, frequentar um atrás do outro almoços em grande medida vazios e cerimoniais, contribuir para o esforço publicitário, redigir ou revisar textos de orelha, assim como textos de catálogo, apartar disputas em torno da concepção da capa e assim por diante — todas essas condições reunidas tornam basicamente impossível, hoje em dia, o trabalho de um editor de aquisições de direitos de publicação. O pouco espaço que sobra para um efetivo trabalho atento e direto de edição não pode deixar de ser curto, e se torna cada vez mais curto, outra situação editorial antiga e sempre renovada, porém mais real do que nunca atualmente."

Em sua descrição do mundo habitado pelos editores, Menaker acrescenta: "É mais provável que um editor esteja 'certo' ao manifestar dúvidas quanto a uma proposta ou às perspectivas de um manuscrito do que se apoiá-lo com entusiasmo. [...] A inevitável competitividade entre os editores de aquisições tende a fazer com que encarem com descrédito os projetos dos outros. O conceito de 'trabalho em equipe' se adequa aos departamentos editoriais da indústria do livro ainda menos do que a outros negócios competitivos, embora todas as indústrias recorram a ele para encobrir a implacável dinâmica darwiniana que mantém bombando o coração do capitalismo. E este é apenas o início das negatividades que os editores têm de enfrentar. A rede de livrarias Barnes & Noble não gosta do título. A Borders não gosta da capa. O tio do autor não gosta da capa. O autor não gosta da diagramação e da concepção visual. O seu chefe vem te dizer que o texto de orelha de um livro sobre um assassino em série é 'muito pra baixo'. A edição de capa dura não vendeu o suficiente para que a editora lançasse uma brochura. [...] O *Times* não pretende resenhar o livro. E por aí vai."

Enquanto tentava se encontrar em sua nova posição, Jackie mais uma vez se viu debaixo de uma enxurrada de propostas de agentes literários, e rejeitou-as em sua maioria. A agente Mary Yost, de Manhattan, tentou fazê-la interessar-se por uma biografia de Marcel Duchamp, mas Jackie não conseguiu vender a ideia à Doubleday. Em carta datada de 3 de maio de 1978, bem característica de tantas de suas cartas de rejeição, ela escrevia: "Embora goste de ler qualquer coisa sobre Duchamp, tenho a impressão de que o sentimento aqui é o de que o texto não é suficientemente original para ser bem comercializado. O que é uma pena, pois é evidente que o autor trabalhou com afinco e realmente se aprofundou na pesquisa. [...] Mais uma vez, obrigada [...] e espero que venha a me mandar outros manuscritos no futuro."

Sam Vaughan, que vagamente se parece com Jimmy Stewart, trabalhou na Doubleday entre 1952 e 1985. Apresentou-se a mim como "o chefe de Jackie", pois era o terceiro na hierarquia depois de Nelson Doubleday e John Sargent Sr. "Na estrutura vigente, a corporação consistia em certo número de divisões — cinco, seis, sete, algo assim. Jackie e eu trabalhávamos na divisão editorial. [...] Ela foi contratada como editora, e eu era o chefe da divisão. Posso dizer que elas e outras pessoas envolvidas nesse arranjo mostravam-se de tal maneira cooperativas e compreensivas que não foi preciso muita coisa para se habituar. A Doubleday tinha um histórico de contratação de pessoas que vinham de fora e não haviam sido treinadas lá, mas que acabavam assumido posição realmente importante na empresa. [...] Jackie era um caso excepcional, é verdade, mas também se integrava nessa tradição. De certa forma, a Doubleday era um lugar aberto. Era considerada um lugar de WASPs; achava-se que não era lugar para judeus, e todas essas coisas caracterizavam essa época. Mas nós formávamos uma comunidade bem cooperativa, e acho que ela percebeu isto.

Alguém tinha de cuidar de tudo, e eu fui incumbido disso, pois fora editor durante muito tempo e também tinha outras funções. Jackie era um caso especial, e nós nunca fingimos que não era assim. Sargent e eu lhe dissemos, em nossa primeira visita, que estávamos tentando estabelecer certas regras básicas: o seu emprego do tempo é com você. Não é preciso estar fisicamente presente. Estamos interessados nos livros pelos quais você se interessa. Queremos que participe o máximo possível das iniciativas da empresa, mas não é preciso que esteja presente às 8h ou às 9h, nem precisa ir embora às 17h, pois sabíamos que ela tinha outras obrigações, com a família, as viagens e assim por diante.

A Doubleday era uma empresa familiar, e Nelson valorizava muito essa qualidade, pois se orgulhava dos antepassados, e acho que Jackie podia perfeitamente se entrosar se quisesse. Ela não deu muitos passos em falso, nem enfiou os pés pelas mãos em muitos casos. Também era cercada de certa proteção, e tenho para mim que esta é uma das chaves para entender por que a coisa funcionou por tanto tempo. Ela não queria aquele estrelato só para ela. Os livros que escolhia eram dela, como dizemos no mundo editorial — são, na verdade, do autor, mas... na casa, eram dela —, e todo mundo respeitava isso e oferecia ajuda. [...] Além disso, pessoas como Nancy Tuckerman e, especialmente, Lisa e uma assistente que ela tinha, Shaye Areheart [...] muitas vezes davam a necessária ajuda no momento certo. [...]

Jackie vinha me ver para falar de livros que tinha em vista, se ainda não tivesse falado deles em anterior reunião. Ela tinha obrigação, tal como eu, de dizer à Doubleday o que estávamos fazendo. [...] Tínhamos uma reunião editorial uma vez por semana, na qual o editor que tivesse algum projeto pronto para ser proposto apresentava o livro. [...] Mas a decisão efetiva, as decisões do dia a dia teoricamente vinham dar em mim. Mas o fato é que qualquer livro que custasse uma quantia além do normal, ou qualquer livro que apresentasse certo número de problemas práticos precisava do OK de Nelson ou de Sargent.

Sargent era, a rigor, um executivo de mão leve, e, neste sentido, muito bom. Nelson era muito mais, como direi, se apaixonava mais por alguns poucos livros, e pouco ligava para outros. Jackie raramente precisava passar por Nelson ou ir até Sargent com o projeto propriamente dito. Certa vez, eu a vi no corredor, ou ela me viu e se dirigiu a mim, dizendo: 'Estou para receber um livro maravilhoso.' Não me lembro qual era, infelizmente; mas ela disse que era um livro adorável, e começou a falar dele. Eu sorria, e, no fim da exposição, ela perguntou: 'Que acha?' E eu disse: 'Me parece maravilhoso. Acho que vai vender três exemplares.' Foi como se eu tivesse jogado uma ducha de água fria no livro, mas, em certa medida, fiz isso para brincar com ela. Não creio que ela tenha levado adiante esse projeto. Nós admirávamos editoras menores como a Viking, nas quais, segundo a lenda, era possível emplacar um livro mencionado nas escadas ou no elevador. [...] Ela realmente tinha uma força própria, no fim das contas. Mas, se quisesse publicar um dicionário de lendas populares da Transilvânia, mesmo sendo Jackie, precisava de aprovação. Também, neste sentido, podia ser considerada uma editora completa.

Nós precisávamos ter cuidado, na medida em que a Doubleday era uma empresa familiar e, ao mesmo tempo, uma empresa comercial que gostava de ganhar dinheiro, não apreciando muito se esconder por trás dos livros mais literários que publicava. Publicávamos muitos livros bons, mas não nos refugiávamos no esnobismo. [...] Assim, muitas vezes surgiam discussões para saber se isto ou aquilo ia vender, ou se ia vender muito ou pouco, e efetivamente nós recusávamos livros que não considerávamos adequados para a empresa. [...] Mas, felizmente, as preferências de Jackie, embora parecessem tender para a sofisticação da alta-roda, eram muito amplas."

Jackie diria, mais tarde, que o amplo alcance de seu gosto literário foi determinado por natural curiosidade e uma busca intelectual da vida inteira. "O que eu gosto na atividade de editora é a expansão do conhecimento e o apuro do discernimento. [...] Fico fascinada ao ouvir artistas falarem de sua arte. Para mim, um livro maravilhoso é aquele que me leva numa viagem a algum lugar que eu não conhecia." E ela acrescentava: "Sinto-me atraída por livros que fogem à nossa experiência habitual. Livros de outras culturas, de histórias antigas."

Não é incomum que um editor leve consigo alguns autores favoritos ao mudar de editora. Ao deixar a Viking, Jackie levou Diana Vreeland para a Doubleday para editar um livro de fotografias intitulado *Allure* [Sedução]. Nicholas Vreeland consideraria a colaboração entre Jackie e Diana um trabalho de amor compartilhado. "Eu vi Jackie trabalhando com minha avó no livro *Allure.* Ela vinha ao apartamento da minha avó, as duas espalhavam as coisas pelo chão e começavam a decidir como seria a paginação. Realmente fizeram as coisas juntas. [...] O incrível é que o livro não foi realmente concebido por um designer; foi concebido por elas."

Diana e Jackie deixaram claro nessa elegante coleção fotográfica, centrada em celebridades que apresentavam aspectos particularmente atraentes de seus estilos pessoais, que a atração e a beleza física não são o mesmo que "sedução". Tal como vista pelas duas autoras, a sedução pode ser até incoerente, feia e chocante, ou bela e artisticamente concebida, mas o fenômeno geralmente é desencadeado por algum fascinante detalhe visual que praticamente impede o espectador de afastar os olhos da imagem. Comentários sardônicos de Vreeland eram entremeados por fotos super-fashions tiradas por Edward Steichen, Richard Avedon, Man Ray, Irving Penn, Bert Stern, Sir Cecil Beaton, Deborah Turbeville e outros.

De Arletty a Audrey Hepburn, da duquesa de Windsor à Rainha Mãe, de Coco Chanel a Gloria Vanderbilt, Rudolf Nureyev e Martha Graham, nomes famosos da elite desfilam pelo livro em imagens que parecem mais simples e espontâneas do que formais ou posadas. As fotos tentam capturar a essência de algo quase indescritível, como a aura de mistério deixada pela presença de cada uma dessas figuras excepcionalmente carismáticas. Vreeland explicaria o conceito para o autor da introdução, Christopher Hemphill, definindo essa sedução em termos vagos: "Acho que é uma coisa que fica em volta da pessoa, como um perfume, uma fragrância. É como a memória [...] algo que *impregna*."

A inclusão de três fotos de Maria Callas no livro surpreendeu, considerando-se o escandaloso envolvimento da lendária cantora de ópera com Ari Onassis, que teve prosseguimento durante seu casamento com Jackie. Mas as fotos de Callas serviram para frisar a tese de Vreeland de que estilo e sedução são dons inerentes à pessoa, e não um complemento que os ricos podem a seu bel-prazer envergar e descartar. Numa das fotos, Maria Callas aparece deixando o palco de uma casa de ópera depois de ser surpreendida por um oficial de justiça. Ela tem o rosto distorcido numa careta de fúria, como uma caricatura de si mesma, mas, apesar disso, ostenta uma força e uma graça que transcendem o horror da situação.

A assistente de Jackie na época, Marcia Jacobs, recordaria ter examinado as fotos com ela: "De repente, apareceu uma foto de Maria Callas que meio que se destacou, e ela fez um comentário muito divertido, que nada tinha de malicioso ou coisa do gênero. Ela disse: 'Vamos deixar essa foto no livro. Ela tem que ser usada.' [...] Na minha opinião, ela era sempre tão digna, e estava acima de tudo aquilo."

Para Jackie, o livro envolvia alguns outros colaboradores da casa, entre eles o diretor de arte Alex Gotfryd e seu assistente, Peter Kruzan. Além disso, um dos novos amigos de Jackie na Doubleday, o editor Ray Roberts, contribuiu com sua considerável experiência para a qualidade do texto. Jackie viria a cultivar uma estreita amizade com Roberts. Ele legaria em testamento ao Harry Ransom Center, da Texas University, cartas e memorandos a ele dirigidos por Jackie. As cartas, como se sabe, são um revelador sangue vital que corre nas veias de uma biografia. Embora nem sempre se mostrassem impecáveis na ortografia, e sua pontuação não raro parecesse algo esdrúxula, as cartas manuscritas e datilografadas de Jackie eram sempre bem humoradas e espirituosas, e, às vezes, tinham até um clima de flerte com Ray, como no caso de um cartão vermelho em formato de coração que lhe mandou, no Dia dos Namorados, com a assinatura "Adivinhe quem?". Foi um relacionamento muito próximo que floresceu no escritório, desconhecido e invisível até para os biógrafos de Jackie.

Num memorando a Roberts, Jackie tentou dar alguns passos na redação de material promocional para o livro de Vreeland, mostrando que Flaubert bem poderia assinar seu texto, que dizia, entre outras coisas: "O mundo da realeza, da moda, da alta sociedade e das estrelas pode ser saboreado aqui como uma esplêndida caixa de chocolates."

Em outro memorando a Roberts, escreveu ela: "Ray, querido — dê uma olhada nessas magníficas citações para *Allure*. Espero que o ajudem a colocá-lo bem lá no alto!" Jackie mandava junto com o bilhete citações promocionais que havia obtido de Gloria Vanderbilt, Yves Saint-Laurent, Lauren Bacall, Truman Capote e Andy Warhol (que mandou apenas um gracejo: "Muito melhor do que o meu livro"). Ela também manifestou sua perplexidade a Ray quando George Weidenfeld, cofundador da editora britânica Weidenfeld & Nicholson, decidiu não publicar o livro em Londres, alegando que seria por demais oneroso. No dia 17 de junho de 1980, Jackie escreveu: "Que foi que deu errado? Weidenfeld estaria sendo irracional? [...] Gostaria de entender, para o futuro!"

Erudito e de maneiras elegantes, Ray Roberts trabalhava com autores como John Fowles, Ansel Adams, Greg Mortenson e Martha

Grimes. Jackie muitas vezes o acompanhava em visitas a vernissages, filmes e exposições em museus, sempre de olho em algum livro que pudesse ser adquirido. Em memorando datado de 2 de novembro de 1978, comentando uma estreia à qual tinham comparecido, Jackie escreveu: "Janet Malcolm escreveu um artigo maravilhoso [na *New Yorker*] sobre a exposição Avedon. [...] E eu fiquei pensando se ela não poderia escrever o livro sobre dança. Será que podemos fechar esse contrato antes que Bob Gottlieb chegue lá?"

Apesar de seu entusiasmo pelo tema, Jackie e Ray não conseguiram interessar a Doubleday em um livro baseado na mostra "Gestos fugazes: A história da fotografia de dança", do International Center of Photography. O amistoso concorrente de Jackie nesse pretendido livro sobre dança, Robert Gottlieb, trabalhou como editor-chefe na Simon & Schuster, na Knopf, e, mais tarde, na *New Yorker*. Se, por muitos anos, Jackie fizera parte do comitê diretor do American Ballet Theatre, Gottlieb estava na diretoria do New York City Ballet. Foi por isso que Gottlieb publicou vários livros de estrelas da dança, como Mikhail Baryshnikov e Margot Fonteyn, que tinha uma relação amistosa com Jackie, assim como seu frequente parceiro na dança, o desertor russo e ícone do balé Rudolf Nureyev, com o qual Jackie viria mais tarde a colaborar.

O livro de dança com Janet Malcolm não foi adiante, mas Jackie propôs outros projetos a Roberts. Num memorando de 4 de outubro de 1978, ela lhe sugeria um livro de fotografias indiano que havia sido proposto pela mulher do senador Patrick Moynihan, Elizabeth. Muitas vezes Jackie encaminhava a Roberts cartas de terceiros por ela recebidas e cópias de cartas que escrevera, pedindo sua opinião e apresentando sugestões. No dia 14 de novembro de 1978, ela lhe encaminhou um memorando de Gordon Hyatt, amigo e produtor na CBS, além de aliado em seu empenho preservacionista. Hyatt tentava envolver o presidente do Egito, Anuar Sadat, num documentário sobre a história antiga e moderna de seu país e sobre o "legado do Nilo", na expressão do próprio Hyatt. Jackie previu que Sadat não se disporia a cooperar, e, de fato, nem o filme, nem o livro jamais chegaram a se concretizar.

Respondendo a um memorando de Roberts, Jackie elogiou uma proposta de livro apresentada por Morrill Cody, considerado por Roberts "um dos últimos sobreviventes da Geração Perdida". Jackie e seu colega não conseguiram convencer a Doubleday quanto ao livro de Cody, intitulado *The Women of Montparnasse* [As mulheres de Montparnasse], que acabou publicado por uma pequena editora em 1983. Escreveu ela em 1º de março de 1978: "Adoro a ideia desse livro — o período tem tanta força para tanta gente — e o ângulo feminino deve dobrar seu público — se precisar de um nome para a introdução, que tal George Plimpton, que viveu em Paris na juventude, como Morrill Cody, e deu início à *Paris Review*?"

Roberts e Jackie também planejaram um livro de arte de Thomas B. Hess, que fora um dos primeiros promotores de Willem de Kooning e editor do influente jornal *Art News*. No fim das contas, não foi possível convencer nenhuma editora importante a comprar a ideia desse projeto. Na primavera de 1979, uma proposta de William Howard Adams levou Jackie e Roberts a um livro raro intitulado *Diary of a Scotch Gardener at the French Court at the End of the Eighteenth Century* [Diário de um jardineiro escocês na corte francesa no fim do século XVIII], de Thomas Blaike. O livro fora publicado em Londres em 1931 e estava esgotado. No dia 24 de abril de 1979, Jackie enviou a Roberts um exemplar acompanhado de um memorando pedindo sua opinião, mas esse livro foi mais um que não conseguiu apoio na Doubleday. Num pós-escrito ao próprio memorando, Jackie perguntava de passagem se Roberts tinha notícias dos progressos de Diana Ross e de um escritor com quem ela estava trabalhando. Diana Ross e Michael Jackson tinham estrelados juntos *O mágico inesquecível* no ano anterior, e Ross agora explorava a possibilidade de um livro com um *ghost-writer* sob a égide da Doubleday. Mas seu livro de memórias, *Secrets of a Sparrow* [Segredos de um pardal], só seria publicado em 1993, pela Villard.

Em memorando escrito no fim de maio ou no início de junho de 1979, Jackie pedia a Roberts que propusesse um valor para o adiantamento que ela pretendia oferecer a seu amigo, o crítico de arte John Russell, que esperava atrair para o projeto de um livro ilustrado sobre casas americanas históricas. Informava, então, a Roberts, que tinha um almoço marcado com Russell, durante o qual esperava convencê-lo. No fim, contudo, Russell desistiu do projeto.

Algumas semanas depois, em 21 de junho de 1979, Jackie informava Roberts sobre o livro que lhe fora proposto por Elizabeth Katz, mulher de seu amigo no Met, Karl Katz. A proposta sugeria um perfil biográfico de Giovanni Belzoni, o explorador veneziano de antiguidades egípcias. Mas este livro também ficou pelo caminho.

No ano seguinte, em 14 de maio de 1980, Jackie escreveu a Roberts sobre uma oportunidade que evoca lembranças de um escândalo envolvendo JFK. Neste sentido, a recomendação de Jackie surpreende: "MARILYN MONROE!!! Bert Stern está escrevendo um livro chamado *The Last Sitting* [A última sessão de fotos], sobre seus três dias de sessão com Marilyn, seis semanas antes da morte dela. [...] 50.000-100.000 dólares por ele. [...] Não fica empolgado?" Foi mais um livro que escapou a Jackie, apesar de seu enorme entusiasmo pelos retratos de Marilyn. As fotos de Stern foram publicadas pela Morrow dois anos depois.

Na primavera de 1980, Jackie e Roberts ficaram surpresos e consternados ao serem informados de que a Doubleday estava para demiti-lo. Jackie enviou um memorando ao veterano executivo que tomara a decisão, Robert Banker (com cópia para Sam Vaughan), defendendo a posição de Roberts. Escreveu ela: "Fiquei tão espantada quando me falou a respeito de Ray Roberts que fiquei sem palavras. Mas, durante todo o fim de semana, me vieram pensamentos que sinto precisar compartilhar com você. [...] A estreita colaboração com Ray me fez ver suas muitas qualidades, que são realmente especiais, e me inspiram o mais profundo sentimento de estima por ele. Nunca trabalhei com ninguém tão de perto, e raramente apreciei tanto a companhia de alguém."

Jackie passava, então, a relacionar os projetos nos quais trabalhava com Roberts, entre eles futuros livros para acompanhar exposições do Met e do ICP, uma retrospectiva da fotografia de Berenice Abbott, um livro ilustrado sobre o Central Park, com texto de Paul Goldberger, uma obra sobre Boris Godunov, um volume de memórias do diretor hollywoodiano George Cukor e um livro de Philippe Petit, o jovem que caminhara numa corda bamba entre as duas torres do World Trade Center.

Jackie descrevia, então, os livros ilustrados que Sam Vaughan a estimulara a produzir para a editora. "São estes os livros que mais amo. [...] Eles tomam mais tempo do que um livro de texto (e dão menos dinheiro, eu sei!) [...] estamos sempre lidando com pelo menos três divas [...] mas, quando contemplamos ao longo dos anos uma prateleira cheia deles, trata-se de livros [...] que [...] proporcionam alegria e conhecimento, e, espero, prestígio à empresa. Ray me ensinou a dizer Não a projetos sem importância. [...] É produtivo estar bem sintonizado com o seu coeditor, e é difícil imaginar a mesma relação com outra pessoa."

O apelo de Jackie não surtiu efeito. Embora sua colaboração profissional na Doubleday chegasse ao fim, e Roberts se transferisse para a Little, Brown em Boston, os dois continuariam a se corresponder e a se encontrar para almoçar nos anos subsequentes. Nesse período, Roberts presenteou Jackie com muitos livros. Num bilhete de agradecimento em que manifestava certa inveja da editora de Roberts, que acabara de publicar *Mantissa*, de John Fowles, e *The Noël Coward Diaries* [Os diários de Noël Coward], Jackie escreveu em 30 de outubro de 1982: "Que livros incrivelmente maravilhosos! Como eu gostaria de estar na editora que os produziu!".

No ano seguinte, em 15 de outubro de 1983, ela escreveu: "É o outono em Nova York e você é Papai Noel — Não posso acreditar na incrível pilha de livros que você me mandou — Julia, litoral da Nova Inglaterra, Balthus, Karsh — são todos verdadeiros tesouros. [...] Pois eu simplesmente nunca penso em mandar-lhe livros da Doubleday!"

A paixão de Jackie por jardins e a história francesa a levou a outro livro em 1978, quando Roberts ainda era seu coeditor, uma obra dedicada a Eugene Atget, o inovador fotógrafo francês (1857-1927) que seria tardiamente reconhecido como um dos mestres desta arte. Atget era um ator e pintor fracassado que só começara a usar uma câmera quando tinha cerca de 40 anos, passando, a partir de então, a trabalhar prolificamente. Utilizando equipamentos obsoletos até o fim, Atget produziu mais de 10 mil imagens. Tirou fotografias em preto e branco dos parques e jardins reais da França, muitas delas documentando o estado de abandono a que haviam sido relegados. Subestimado na época, Atget é hoje considerado um dos primeiros documentaristas sociais da fotografia. O trabalho de Jackie com William Howard Adams no livro *Atget's Gardens* [Jardins de Atget], apresentando 71 fotos suas, contribuiria para o reconhecimento devido ao fotógrafo havia muito.

Jackie mostrava-se sensível ao fato de que é possível extrair beleza dos estragos do tempo e da negligência. Escreveu uma eloquente introdução ao livro, fazendo o elogio do fotógrafo: "Não é apenas o pálido romance de algo que está para desaparecer que ele nos oferece, mas uma nova afirmação, enquadrada em sua fotografia, que transcende a beleza evocativa dos próprios jardins." Algumas das fotos de Atget, como as de Saint-Cloud e Sceaux, representavam parques reais já desprovidos dos seus castelos. Sobre este último, citando uma frase do pioneiro fotógrafo e inventor William Henry Fox Talbot, por sua vez também um cronista da ruína, Jackie escrevia: "Em 1900, as 'feridas do tempo' o haviam transformado numa miragem da história na qual mal podemos crer. Teriam de fato as intrigas da duquesa de Maine, o sorriso malicioso de Voltaire vibrado ali, nessa imagem que parece uma ilha grega selvagem, com termas e árvores dilaceradas pelo vento, ou nesta outra, que mostra um bosque de feiticeiras? O aspecto selvagem foi, em grande medida, corrigido por cuidadosa restauração cívica, de tal maneira que o registro de Sceaux em seu grande momento de decadência feito por Atget constitui documentação histórica única. Nos parques da cidade, sentimos a humanidade de Atget. Ele fotografa com ternura e melancolia."

Um dos primeiros admiradores de Atget foi Man Ray, seu vizinho em Montparnasse, que publicou em *La Révolution surréaliste* [A revolução surrealista] fotos de Atget sem identificação de autoria. Atget pode não ter sido creditado, mas a inclusão no livro e a exposição de sua arte em que resultou acabaram por introduzi-lo no movimento de belas-artes dos surrealistas. Foi uma assistente de Man Ray, a fotógrafa Berenice Abbott, que se apaixonou pelo trabalho de Atget e resgatou boa parte dele da sombra da obscuridade, introduzindo uma grande coleção de suas fotografias no Museum of Modern Art na década de 1960. Jackie seria fotografada ao lado de Berenice Abbott na inauguração da mostra londrina de fotografias de Atget no Royal Institute of British Architect (RIBA), marcada para coincidir, em novembro de 1979, com a publicação do livro dos dois lados do Atlântico.

Disse-me William Howard Adams: "Jackie e eu tínhamos sido amigos, socialmente, e tínhamos em comum certo interesse pela França. E ela era sempre muito atirada quando se tratava de novos projetos. Eu lhe disse que havia escrito um livro, quando era conferencista na Dumbarton Oaks Garden Library, sobre a história dos jardins franceses. E ela ficou muito interessada. Eu lhe contei, então, que, quando estava fazendo minha pesquisa, para minha surpresa, na Bibliothèque, quando eles traziam um arquivo sobre determinado *arrondissement* ou jardim, lá estavam aquelas fotografias originais de Atget registrando lugares da época. Ela também achou incrível. E eu disse que tinha conversado a respeito com o pessoal do RIBA em Londres — um amigo meu, John Harris, era o diretor da coleção. Era onde eles guardavam todos os manuscritos, desenhos e projetos arquitetônicos originais, todo tipo de coisa relacionada a arquitetura; é uma das grandes coleções. Eles tinham falado da ideia de talvez fazer uma pequena exposição de fotografias de Atget. Acho que eu falei a respeito com Jackie. E ela disse: 'Mas que excelente ideia! Por que não faz um livro?'

Inicialmente, eu respondi: 'Não quero fazer um livro.' Mas depois disse: 'Bem, vou pensar no assunto se você se dispuser a fazer o trabalho pesado' — a seleção da enorme quantidade de fotografias. [...] E ela: 'Mas que excelente ideia! Claro que eu farei.' Assim, no dia seguinte eu já sabia que iríamos tocar o projeto, e ela disse: 'Bem, vou falar com o International Center of Photography em Nova York, e ver se eles querem participar também.' Foi a origem da coisa toda. Nós teríamos de sair em campo e consultar outras coleções em Paris. [...] Foi o que fizemos, e ela realmente queria participar assim.

Era uma época em que ela podia circular por Paris sem ser notada — com a habitual echarpe e os óculos escuros. Ela gostava da ideia de ser uma espécie de pesquisadora frustrada. Para ela, aquilo era realmente um prêmio. Afinal, o grande diarista de Versalhes no século XVIII, o duque de Saint-Simon, era um de seus autores favoritos. Ela me disse que, durante a campanha presidencial em Winsconsin, levava consigo um exemplar [de suas memórias] para matar o tédio da interminável sucessão de eventos em shopping centers."

Prossegue Adams: "O diretor em Versalhes era uma pessoa que eu conhecia, e anteriormente ela já dissera que queria visitar Versalhes algum dia, extraoficialmente. Ela já fizera uma solene visita quando de Gaulle ofereceu ali um banquete de Estado. Eu disse então: 'Bem, quando estivermos lá, verei se o diretor pode nos dar uma chave um dia, e poderemos então dispor do palácio só para nós e dar uma olhada — sem guias, apenas um porteiro.' Foi, então, o que fizemos. Estava um frio dos demônios. Percorremos o palácio todo e, em especial, os bastidores e aposentos privados. Para ela, era uma grande aventura. [...]

Perto do Marly, o retiro privado de Luís XIV, não longe de Versalhes, o castelo há muito não existe mais —, ainda havia, na entrada da floresta, uma espécie de pavilhão setecentista, um parque com algumas construções. Não era realmente um castelo, mas basicamente um lugar para passar o fim de semana. Ela sabia da sua existência, e queria visitá-lo. Eu disse: 'Veja bem, conheço um arquiteto que esteve envolvido nisso. Sei que não é permitida a visita. É propriedade privada, eles não querem ninguém fuçando por ali. Têm até cães de guarda.' Isso, naturalmente, serviu apenas para espicaçar ainda mais seu interesse, de modo que também incluímos o pavilhão em nossa pesquisa. Fomos para lá num dia de chuva pesada e ficamos com o carro atolado na lama. E ela adorou cada minuto daquela aventura.

Certa vez, estávamos indo a algum lugar, e ela disse que tinha de passar na Doubleday. E eu perguntei: 'Por que você não lança simplesmente seu próprio selo? Assim, não teria de aguentar esse tipo de coisa.' Ela achou graça e respondeu: 'O que é que você acha que eu quero, ficar em casa o dia inteiro fumando?'

Ela pareceu satisfeita com o livro. Na verdade, nós o diagramamos literalmente no chão do seu apartamento, tiramos cópias das fotografias, xerox ou o que quer que fosse, e simplesmente enrolamos o tapete e concebemos tudo ali no chão — pois havia mais espaço. Quero aqui enfatizar o profissionalismo. Claro que a parte social também entrava, pois ela sabia como usá-la; mas quando chegava a hora de pôr mãos à obra e enfrentar o que tinha de ser feito, e resolver como as coisas deviam ser encaminhadas, ela era realmente uma profissional. Trabalhei com muitos editores, e nunca vi nada melhor.

A outra pequena nota de rodapé de toda essa aventura foi que conseguimos levar Berenice Abbott para o vernissage em Londres. Jackie adorou a ideia de contar com a presença da lendária Berenice Abbott — um fantasma das décadas de 1930 e 1940 — ao chegar a Londres para a inauguração. Foi muito divertido."

Tendo já realizado viagens a Moscou e a Versalhes, a edição de livros se havia transformado, para Jackie, num passaporte para o mundo. E sua vida continuava a se recompor de outras maneiras, à medida que ela se abria a novos desafios. Na linha de sua busca por independência, ela tinha comprado cerca de 140 hectares de terra em Martha's Vienyard, em 1978, e contratou um arquiteto de Washington, Hugh Newell Jacobsen, para projetar a casa dos seus sonhos à beira-mar. Jacobsen fora recomendado por dois amigos de Jackie, I. M. Pei e Bunny Mellon, e ela tratou de detalhar para ele o que queria. Recorda ele: "Ela traçou a casa toda com cordões na praia em Hyannis, de tal maneira que podia percorrer todos os cômodos." A construção duraria cerca de três anos, enquanto Jackie continuava a se adaptar a sua vida na Doubleday. Vineyard ficava a pouco tempo de avião do complexo dos Kennedy em Hyannis Port, mas longe o suficiente para que Jackie mantivesse certa distância da família.

Seu amigo Ashton Hawkins disse a Sarah Bradford: "Acho que ela se orgulhava muito dessa propriedade [...] ela a deixava muito feliz, pois, de certa forma, lembrava muitas coisas boas, mas sem estar de forma alguma ligada à família Kennedy. [...] Lembro-me de ter tido a sensação de que ela estava muito orgulhosa. Foi, talvez, a primeira casa que construiu por conta própria."

Jackie viria a compartilhar suas casas com um novo companheiro. Antes do fim da década, ela estabeleceu uma relação íntima com um bem-sucedido financista e comerciante de diamantes de origem belga, Maurice Tempelsman, que lhe serviria de esteio emocional pelo resto da vida, embora ele fosse casado e sua devoção religiosa judaica, compartilhada com a mulher, Lilly, impedisse o divórcio. Tempelsman conhecia

Jackie desde a época de Jack Kennedy no Senado, tendo comparecido a vários eventos na Casa Branca naqueles anos. Depois da morte de Ari, Jackie e Maurice se aproximaram, cuidando ele de suas finanças e acabando por transformar seu acordo com os Onassis numa fortuna muito mais substancial, multiplicando-a por dez ao longo dos anos.

Ted Sorensen, cuja firma de advocacia em Manhattan (Paul, Weiss, Rifkind, Wharton & Garrison) eventualmente representava Jackie, considera Tempelsman "um dos meus amigos e clientes mais próximos [...] caloroso, sábio e companheiro [...] a relação de grande afeto entre os dois me deu muitas novas oportunidades de me encontrar socialmente com Jackie". Segundo Sorensen, Tempelsman teve inicialmente de superar certas reservas que Caroline e John Jr. tinham a seu respeito. Outro amigo de Jackie disse simplesmente que ela "adorava Maurice. Acho que ele lhe deu paz de espírito". E, de fato, Tempelsman era um par perfeito para Jackie: atencioso e culto, mas ao mesmo tempo dotado de qualidades de inteligência e perspicácia necessárias para mantê-la antenada e alerta. Estive com ele uma vez apenas, quando acompanhou Jackie a Londres para assistir a um balé. Parecia tranquilo e seguro de seu papel, com certo carisma discreto e caloroso. Era evidente que ela gostava dele, e ele, dela.

Na Doubleday, Jackie continuava em busca de novos projetos e, eventualmente, trazia certas pessoas a seu círculo social, na expectativa de que pudesse surgir algum projeto literário. "Isto faz parte do trabalho de um editor", escreveu ela para a revista *Ms.* "A gente fica perguntando a todo mundo — amigos, escritores, agentes, especialistas; qualquer um que tenha acesso a um universo específico — se conhece alguém que deveria ser publicado, ou um tema que devesse ser tratado."

Outro projeto na Doubleday que Jackie apregoou para os leitores da revista de Gloria Steinem, em 1979, foi um livro intitulado *How to Save Your Own Street* [Como salvar a sua rua], de Raquel Ramati. Comentou Jackie a respeito da autora: "Ela é uma arquiteta brilhante, e também é sabra.* Fui a Israel no ano passado com ela. Seus livros mostram como combater a decadência dos bairros e ruas, preservando a qualidade

*Designação dos judeus originários de Israel. [*N. do T.*]

da vida urbana. Será de grande valor para o cidadão comum e para os planejadores profissionais. E Saul Steinberg vai ceder uma gravura para a capa, pois simpatiza muito com o projeto."

Raquel Ramati conheceu Jackie quando as duas estavam envolvidas no movimento de apoio à preservação de monumentos e renovação de áreas urbanas. Ela me relatou a circunstância fortuita que levou à publicação de seu livro e ao relacionamento com Jackie. "Eu estava trabalhando para o Departamento Municipal de Planejamento e fiz uma palestra para o Grupo de Recuperação da Rua 42. Nessa ocasião é que Jackie aparentemente teve uma boa impressão de mim. Mas eu não sabia disso. Ela estava presente, pois fazia parte do comitê diretor. No dia seguinte, recebi um telefonema dela, diretamente, não através da secretária, perguntando se eu gostaria de ir a Israel com ela — quase desmaiei. Nasci em Israel e sou, ao mesmo tempo, cidadã israelense e americana. Mal podia acreditar.

E ela disse: 'Eu adoraria que você viesse comigo a Israel. Vou à inauguração do Museu da Diáspora — e adoraria que pudesse vir. Mas tem um detalhe, você teria de conhecer Maurice, e ele terá de aprovar a ideia.' Eu sequer a conhecia, a havia encontrado apenas uma vez. Então, me encontrei com Maurice, e passamos dez dias incríveis juntos. Ficamos muito, muito amigas mesmo. Fomos a Israel [...] e eu a apresentei a muitos conhecidos. [...] Tomamos um helicóptero, fomos ao Sinai, e nos encontramos com Moshe Dayan, e também com Begin, com Golda Meir, e Jackie conheceu minha mãe, que fez um cheesecake para ela. Ela estava ali para a inauguração do museu, na verdade por iniciativa de Karl Katz. Nós estávamos presentes quando o presidente inaugurou o museu. Estávamos sentados com o presidente de Israel e sua mulher na segunda fila. Ouvimos discursos em hebraico durante 45 minutos. Eu estava morrendo de tédio. Jackie não se mexia. Quase se poderia pensar que ela estava entendendo cada palavra. Mais atenta, impossível. [...] Foi realmente uma viagem fantástica, e depois ela me convidou a ir com ela a Paris, e passamos alguns dias lá."

Karl Katz havia despertado o interesse de Jackie e Ray Roberts por um livro sobre a Diáspora, o que era parte de sua motivação para visitar Israel, mas Ramati sugeriu outra coisa a Jackie. "Nessa viagem, eu lhe falei da ideia que tivera de um livro, pois, naquela época, como hoje em dia ou pior ainda, a questão do urbanismo ia muito mal. Eu trabalhava em comunidades, o que na época não era muito bem visto. Hoje, existem comitês comunitários e todo mundo fala de comunidades. [...] Ela ficou muito interessada [...] e disse: 'Sabe, acho mesmo que daria um bom livro.'

Quando voltamos, então, começamos — eu lhe mostrei o que estava fazendo [...] e ela levou meu trabalho à Doubleday. Claro que não era nenhum livro para se transformar em best-seller; mas era um livro que poderia ser importante. Atualmente, está esgotado. Mas o interessante é que foi ela que recomendou a capa, um desenho de Steinberg. Fomos juntas ao estúdio dele e escolhemos esse desenho, que é muito bonito. Era um prazer trabalhar com Jackie, pois ela tinha uma maravilhosa sensibilidade gráfica. Do ponto de vista da editora, talvez fizesse mais sentido fazer um livro em preto e branco e vendê-lo por 4,95 dólares, pois assim teriam acesso a ele as pessoas que precisavam lê-lo realmente. Mas nós duas estávamos tão interessadas no aspecto visual que queríamos que fosse em cores e tudo o mais.

Outra coisa, por sinal, antes de irmos a Paris: não passa de fofoca, mas é realmente importante. Todo mundo achava que ela tinha casado com Onassis pelo dinheiro, mas, quando estávamos em Israel, tudo servia para lembrá-la dele. Nós fomos a Cesareia, e lá havia um bom restaurante grego, e ela disse: 'Puxa, Ari o teria adorado.' Acho que ela realmente gostava dele. Eu lhe perguntei: 'Você gostaria de visitar o momento a Jack?' E ela respondeu: 'Quem sabe mais tarde', ou algo assim. E disse: 'Estar casada com um Kennedy era estar casada com uma família.'"

Ramati esclareceu-me que Jackie não se encarregou da edição de conteúdo de seu livro, que contemplava avaliações detalhadas de várias comunidades-modelo, como Mulberry Street, em Little Italy, e Newkirk Plaza, no Brooklyn. "Acho que ela não considerava que conhecia o tema suficientemente. [...] Ela se interessava por urbanismo [...] e por sua preservação; portanto, considerava que o livro era importante. Era realmente uma época de crise econômica, e [...] ninguém construía nada. Outra pessoa cuidaria da edição de conteúdo. Mas ela realmente se envolveu nos cuidados para ver se [...] a coisa ficava bonita. Em outras palavras, ela estava voltada para as questões conceituais. E o que eu acho que as pessoas não sabem a respeito dela é que ela me mostrou, certa vez — acho que era um diário que ela mantinha. E ali havia desenhos extraordinariamente belos que ela mesma fazia. Eram realmente impressionantes."

Ramati lembrou que havia, na viagem, certas situações de desconforto em que tiveram de improvisar, inclusive usando duchas públicas. "Ficamos em situações muito íntimas durante a viagem, pela maneira como ela era feita. A gente pegava o avião para ir a algum lugar, ao Sinai, por exemplo, e eu ficava sentada muito próximo dela. Mas depois a gente passou a se encontrar muitas vezes para almoçar, e eu ia à sua casa em festas de Natal. Mas havia algo estranho — acho que duas coisas: primeiro, eu às vezes me sentia muito próxima dela, e outras vezes ela parecia completamente mudada, como se tomasse uma certa distância, sabe como é, pois talvez tivesse receio de que as pessoas se aproximassem porque precisavam de uma coisa, o que nunca foi o meu caso."

Karl Katz desfiou suas lembranças da viagem a Israel em conversa com Carl Sferrazza Anthony, dizendo: "Eu a acompanhei pela cidade velha de Jerusalém e em visita a sítios arqueológicos que eu havia escavado, como Gath e Cesareia. Ela realmente gostou muito do Museu da Diáspora [judaica] [...] e também fomos ao lugar que ajudei a construir, o Museu de Israel, onde ela se mostrou muito interessada pela arqueologia da Bíblia. Ela visitou um kibutz israelense e conversou com alunos de uma turma. [...] Estava sempre fazendo perguntas. Com Jackie, perguntas eram o que nunca faltava."

Jackie foi atraída a outro projeto histórico, que envolvia um tema pelo qual tinha profundo interesse: a Guerra Civil. O projeto assumiu a forma de uma narrativa sobre um comovente romance na época da guerra. Ele teve início depois que Jackie foi abordada por William (Bill) Walton, um jornalista gay que se tornara pintor e que era conhecido dela havia anos. Walton fora amigo de JFK na década de 1950, tendo sido nomeado por ele em 1963 para presidir a Comissão de Belas-Artes dos Estados Unidos. Mais tarde, integraria, a pedido de Jackie, o comitê diretor da John F. Kennedy Library, assumindo o cargo pouco antes da publicação de seu livro.

No início de 1979, Walton mostrou a Jackie uma relíquia de família, um maço de cartas que seu avô, Edwin Weller, escrevera quando soldado, durante a Guerra Civil, para a mãe de Walton, Antoinette (Nettie) Watkins. Jackie imediatamente viu ali o potencial de um livro, e vendeu a ideia à Doubleday, com a ajuda de um colega, Michael Ossias (que se encarregou de boa parte do trabalho de edição de conteúdo), e a assistência adicional de Lisa Drew, cuja correspondência com Walton se encontra nos arquivos da JFK Library.

Identificado na capa como editor de *A Civil War Courtship: The Letters of Edwin Weller from Antietam to Atlanta* [Fazendo a corte na Guerra Civil: Cartas de Edwin Heller de Antietam a Atlanta], Walton relata, na introdução, como as cartas chegaram ao seu poder. "As cartas de Edwin foram preservadas da maneira convencional numa família — no sótão — por seus descendentes, entre os quais me encontro. Quando Nettie morreu, em 1929, sua filha Helen Louise herdou as cartas e as guardou num cofre de ferro batido escondido debaixo da escada curva de nossa casa no Illinois. Após sua morte, minha irmã, Helen Hackett, herdou o velho cofre e seus tesouros. E eu resolvi folhear essas páginas amarelecidas para ficar sabendo um pouco sobre aquele enigmático rosto barbado que sempre era identificado como 'seu avô Weller, que combateu na Guerra Civil'."

Apresentando as cartas em que o avô fazia a corte à avó, William Walton explicava que Weller, então com 23 anos, esteve entre os primeiros a atender à convocação do presidente Lincoln em 1862 para o alistamento de 300 mil voluntários no Exército da União, para que "esta desnecessária e deletéria guerra civil" tivesse fim. As cartas cobrem o período das sangrentas batalhas de Antietam e Gettysburg, em 1862 e 1863, à marcha de Sherman pela Geórgia e o posterior retorno de Weller à vida civil, no fim de 1865. Elas representam metade da correspondência; nenhuma das cartas de Watkins a Weller foi preservada, embora fossem constantemente mencionadas por ele. A maioria de suas cartas começa com um tipo de formalidade que hoje parece artificial, mas que refletia as convenções da época: "Querida amiga Nett". A título de despedida, "Sempre seu amigo, Ed". Nas primeiras cartas, percebe-se às vezes um tom matreiro, como se Weller reconhecesse que Antoinette podia ter outros pretendentes. Durante a brutal campanha da Geórgia, sua atitude em relação a ela mudou, de tal maneira que ele escreveria: "Agora, Nett, posso dizer com verdadeira sinceridade que a amo."

Com este livro, como em outros, Jackie tentava preservar um tipo de virtuosismo literário que já pressentia em risco, muito antes da época da internet e do e-mail. É difícil imaginar uma carta tão cheia de sutilezas sobre um tema tão crucial e comovente sendo posta no papel por alguém de nossa atual geração. A arte do circunlóquio demonstrada por um simples soldado do Exército (posteriormente promovido a tenente) durante a Guerra Civil supera a capacidade de muitos formandos universitários de hoje.

Pouco antes do lançamento do livro, Jackie recolheu declarações promocionais de alguns velhos amigos, como Theodore H. White e Arthur Schlesinger Jr. Este escreveria, em 20 de janeiro de 1980: "Li o livro de Bill, e se for de alguma ajuda você pode me atribuir a seguinte declaração: 'Esta bela série de cartas da Guerra Civil nos proporciona um raro, franco e tocante retrato da guerra, da morte e do amor.'"

Na mesma carta, Schlesinger compartilhava com Jackie sua análise política daquele ano eleitoral, escrevendo sobre o desafio lançado por Ted Kennedy a Jimmy Carter, e esperando "dar uma força a Ted" nas eleições primárias. Naquele ano, Jackie entraria na campanha de Ted na eleição primária, mas ele não foi capaz, em sua tentativa de arrancada liberal independente, de derrotar o titular do cargo, Jimmy Carter, que, por sua vez, não conseguiu vencer Ronald Reagan. A lealdade de Jackie em relação a Ted e o empenho que demonstrou em sua campanha, assim como alguns dos livros por ela editados nessa área, desmentem a suposição de que não se interessava mais pela política na última parte da vida. David Halberstam acertou em cheio ao se referir a ela certa vez como um "flexível animal político", acrescentando: "Ela entrava no jogo magnificamente."

No dia 20 de outubro de 1979, Jackie e Ted se encontraram no subúrbio de Dorchester, em Boston, para a inauguração da John F.

Kennedy Library, tendo deixado para trás o breve contratempo do livro de Jeffrey Archer. Por exigência de Jackie, as altas paredes de vidro da biblioteca e seus impressionantes contornos futuristas, concebidos por I. M. Pei, dão para a baía de Dorchester. Na biblioteca, existem réplicas em pequena escala do Salão Oval e de outros salões da Casa Branca, enquanto nas coleções se encontra o mais rico arquivo de pesquisas dedicado a John Kennedy. Na cerimônia de inauguração, Ted fez o anúncio de sua candidatura presidencial. Tendo Jackie a seu lado, ele podia ser visto como o herdeiro do legado de JFK. (Segundo Jimmy Breslin, depois da inauguração, Jackie brincou com alguns dos presentes, dizendo: "Acho que, na verdade, eles queriam que Caroline aparecesse saltitando num vestido de menininha.")

Quando ainda trabalhava no livro de Walton, Jackie recrutou mais um novo autor para as fileiras da Doubleday, Stephen Appelbaum, um psiquiatra que conheceu por Peter Beard. Segundo sua viúva, Ann, e seu filho, Eric Nicholas, Appelbaum, que fazia parte do corpo docente da Menninger School of Psychiatry, em Kansas City, atuou como consultor num dos livros de Beard. Seu filho recordaria o relato de Appelbaum sobre sua colaboração com Jackie: "Ele falava bastante de Jackie. Acho que sentia uma certa satisfação, como não poderia deixar de ser, com a proximidade de uma pessoa tão famosa. E penso que, verdadeiramente, gostava muito de conversar com ela. Dava para perceber que se deliciava."

Em carta datada de 7 de novembro de 1977, escrita em nome de Jackie, Nancy Tuckerman convidara Appelbaum para um jantar beneficente em prol do International Center of Photography, informando que Jackie desejava que ele se sentasse à sua mesa. Jackie cultivou uma relação com Appelbaum durante vários anos, embora ela estivesse destinada a se esvanecer. Alguns anos antes de morrer, em 2000, Appelbaum, enveredando pelo terreno do psicologismo a posteriori, disse ao biógrafo Edward Klein (*Just Jackie*): "Jackie e eu tínhamos certa amizade, nos encontramos uma ou duas vezes em Nova York socialmente, e também nos correspondíamos e conversávamos ao telefone. Ela se interessava por praticamente tudo, mas seria difícil afirmar com que grau de profundidade. Não quero dizer exatamente que fosse uma pessoa enganosa. Era muito aberta e receptiva. Mas também era estranhamente opaca e reservada. Por mais livre que ela fosse até certo ponto, além daquele ponto você não ficava sabendo de nada."

Prosseguia Appelbaum: "Havia certamente alguma circunstância especial em sua relação com o pai que a levava a ter relacionamentos com homens poderosos. Mas parar por aí seria subestimá-la, ficar no unidimensional. Ela tinha um lado independente, gerencial, controlador. O fato de ter sido a mais velha de duas irmãs a tornava, por natureza, controladora, uma pessoa que tomava a iniciativa.

Ela era o tipo de pessoa que me dizia quando eu estava discutindo um manuscrito: 'Use minha casa como ponto', como se fosse uma mulher de bandido. Eu detectava nela uma força quase palpável. Portanto, não faria sentido considerá-la uma pessoa dependente. Não era. Ela não era nenhuma dependente emocional. Quando falta a uma mulher algo do sentido de poder, como pode acontecer, elas podem vir a consegui-lo se associando a um homem poderoso. Introjetam o poder de que se aproximam. É uma forma de se sentir forte e independente. Uma mulher pode viver através dos homens, como Jackie, e ter muita força."

A metáfora da "mulher de bandido" é fora de propósito. Usar "a casa como ponto" parece mais linguagem de espião, sugerindo uma visão algo conspiratória da colaboração, adotada por Jackie com muitos outros autores. O livro de Appelbaum, *Out in Inner Space: A Psychoanalyst Explores the Alternative Therapies* [Aventuras pelo espaço interior: Um psicanalista explora as terapias alternativas], seria publicado em 1979. Na época, surgiam os mais variados métodos e propostas de autotransformação terapêutica, e Appelbaum fornecia um apanhado geral do ponto de vista de um psicanalista de treinamento clássico, seduzindo Jackie com sua erudição num campo que a intrigava.

Depois de descartar com contundente desprezo técnicas não freudianas, como terapia primal, terapia da Gestalt, modificação behaviorista, método Silva de controle mental, Rolfing, terapia reichiana da regressão e *biofeedback*, Appelbaum recuava, no livro, admitindo seu conservadorismo. Naturalmente, Jackie eximiu-se de tentar abrandar os preconceitos de Appelbaum. Embora posteriormente ele apresentasse ideias para vários outros livros, ela o descartou com uma cordial carta de rejeição.

No fim de seu primeiro ano na Doubleday, Jackie dera início a meia dúzia de projetos que deixavam clara a variedade de seu eclético gosto. Uma de suas primeiras aquisições foi um romance de Nancy Zaroulis, que, segundo Jackie, seria "um livro extraordinário". Em entrevista à revista *Ms.*, ela explicou a Gloria Steinem: "É a história de uma moça que trabalha nos moinhos de Lowell, Massachusetts, no século XIX. O manuscrito devia pesar quase dez quilos, e eu pensei: Meu Deus, vai deixar todo mundo deprimido. Mas, quando comecei a ler, não conseguia mais parar. Percebi que a história esclareceria um período da história americana e as vidas de todo um grupo de mulheres americanas. Uma das boas coisas de trabalhar numa editora como a Doubleday é o seu tamanho: em algum ponto, entre as diferentes divisões da empresa, há sempre um lugar para quase todo tipo de assunto e de livro."

Embora não quisesse dar entrevistas, Zaroulis relatou-me, numa carta, que não colaborou efetivamente com Jackie, pois seu romance "foi publicado tal como o escrevi". Com sua sensibilidade histórica, Jackie sabia que as mulheres só se tornaram engrenagens úteis na maquinaria econômica do trabalho humano e do capitalismo depois do início da Revolução Industrial. Antes, eram a força de trabalho não remunerada que mantinha unidas as famílias e representava o elo social da família nuclear nas classes inferiores. O romance de Zaroulis celebrava a contribuição pioneira das trabalhadoras de moinho, costureiras industriais e operárias das fábricas de roupas de Lowell, que transformavam os fardos do algodão colhido pelos escravos em produtos vendáveis, usando energia hidrelétrica e a vapor. *Call the Darkness Light* [Chame a escuridão de luz] faz esse relato em forma de ficção histórica. Teve êxito porque a autora se eximiu de pegar pesado no sentimentalismo, algo que Jackie detestava e muitas vezes comunicava a seus autores.

Pouco antes de completar 50 anos, em julho de 1979, Jackie compareceu a uma festa literária para Zaroulis, com quem conversara anteriormente por telefone, sem nunca tê-la encontrado. A comemoração se deu num salão de festas no quarto andar acima da livraria da Doubleday na Quinta Avenida, com entrada pela Rua 53. O paparazzo

Ron Galella, velho perseguidor de Jackie, acampou na calçada em frente à loja, esperando sua chegada, apesar do mandado judicial que ela obtivera em 1975 para mantê-lo a distância.

No mês anterior, Galella assediara Jackie e Caroline, então com 21 anos, seguindo-as até Andover, Massachusetts, onde elas compareceram à cerimônia de graduação de John Jr., que tinha 18 anos na época, na Phillips Academy. Na noite da festa, Jackie conseguiu pegar Galella desprevenido e adentrou o salão sem ser molestada. Um repórter da *Newsday* comentou que ela "estava comemorando seu maior sucesso pessoal na profissão", acrescentando que os direitos de publicação em brochura de *Call the Darkness Light* tinham sido vendidos para a New American Library por 500 mil dólares. O romance também fora selecionado para o Clube do Livro do Mês, e o lucro da venda dos direitos no exterior aproximava a renda total do milhão de dólares. O mesmo jornalista acrescentava, num comentário grosseiro, que o único sinal da idade de Jackie era que suas mãos estavam "ligeiramente enrugadas".

No salão de festas da Doubleday, Jackie imediatamente tornou-se o centro das atenções. Acendeu um cigarro numa longa piteira e se integrou a um grupo de agentes literários e jornalistas da *Publishers Weekly*. Ao conhecer pessoalmente sua nova autora, Jackie tomou Zaroulis pela mão e sussurrou, vibrando: "Está animada?" Antes mesmo que a jovem pudesse responder, Jackie dirigiu-lhe um cumprimento: "Você está linda." Zaroulis respondeu: "Pois você também." Nesse momento, um fotógrafo aproximou-se das duas, e Jackie, cedendo a exortações de um relações-públicas da Doubleday, superou sua reserva diante das câmeras e consentiu com uma foto ao lado de Zaroulis para ajudar na promoção do livro.

Mais tarde, Zaroulis relataria o momento em que deixaram a festa, lembrando que ela e Jackie foram empurradas pela multidão que se havia reunido em frente à livraria. "Nós tivemos literalmente de dar os braços para atravessar a multidão até chegar a um táxi. Eu admiro Jackie por ter mantido seu interesse pelo trabalho apesar de coisas como essa. [...] Simplesmente sou antiquada o suficiente para achar que uma antiga primeira-dama merece certo respeito. [...] Jackie manteve-se perfeitamente calma, olhando em frente, sem absolutamente reagir."

Perguntada sobre o tipo de desafio que um autor de ficção teria de enfrentar para transformar a história da vida de Jackie num romance, Zaroulis respondeu: "Seria necessário um gênio para fazer alguém acreditar que se tratava de uma história real." Alex Gotfryd recordou certa vez que, depois de receber a visita de um autor que acabou batendo em retirada apressadamente do seu escritório, Jackie lhe perguntou: "Por que será que todos eles saem correndo como coelhinhos assustados?" Sem esperar a resposta, ela disse: "Não posso culpá-los. Quando penso na minha vida, *eu mesma* tenho dificuldade de acreditar. Parece que tudo aconteceu com outra pessoa."

4

Escritório com vista

À medida que ficava mais à vontade com as exigências de seu papel editorial e com os colegas, Jackie foi envolvendo sua função num certo clima de travessura e divertimento. Ela e os colegas editores muitas vezes trocavam bilhetes bem-humorados e afetuosos, que eram deixados por eles nos assentos das respectivas cadeiras. Era o tipo de bilhete manuscrito e cheio de charme que os colegas trocavam antes do advento do e-mail nos locais de trabalho. Com sua eloquência sem rodeios e seu amor à expressão epistolar, Jackie (que também era uma aficionada de charadas) mandava bilhetes cheios de humor aos colegas para quebrar a seca formalidade das salas de reunião. Em caráter privado, entre amigos, ela satirizava os colegas mais pomposos. Comenta Bill Barry, na época vice-diretor: "Quando recebia em seu escritório alguém que se mostrasse presunçoso e arrogante, ela era muito capaz de fazer uma imitação da pessoa depois do encontro."

Paul Bresnick, ex-editor da Doubleday, disse-me: "Eu estava sentado ao lado de Jackie numa enorme mesa em que fazíamos nossas reuniões editoriais semanais. Fiz, então, uma entusiástica apresentação de um romance de Hunter S. Thompson cujos direitos eu pretendia adquirir. Quando terminei, Jackie passou-me um bilhete: 'Eu seria capaz de abrir mão do almoço para publicar Hunter Thompson.' E entrei numa fantasia de que um dia almoçaria com os dois. Infelizmente, não consegui comprar os direitos do livro."

Bresnick lembrou-se também do dia em que Jackie apareceu na porta do seu escritório, muito antes de o hábito de fumar no local de trabalho passar à história, e lhe perguntou se ele tinha um isqueiro. Ao pegar uma caixa de fósforos na gaveta da mesa para entregá-la, ele notou ("para meu horror") que nela estava estampado o rosto de JFK. "Pude ver que passava na expressão dela, num átimo de segundo, o reconhecimento do que via na caixa de fósforos, mas apenas isto. E pensei, meu Deus, esse tipo de coisa deve acontecer com ela *o tempo todo*. Até as mais corriqueiras interações humanas ficam, assim, *carregadas*."

Bill Barry recordou um episódio que exemplifica o lado bem-humorado de Jackie, relacionado com um amigo comum, George Plimpton, que gostava de contar a anedota: "Lembro-me de que Bill Barry [...] me contou a história de que os dois tinham tomado um avião para Washington, foram os últimos a entrar, e, à medida que percorriam o corredor até os acentos que tinham reservado na parte traseira, os passageiros ficavam olhando embasbacados para eles. Na verdade, segundo Bill, alguns se voltavam e continuavam olhando por cima do encosto dos assentos enquanto o avião taxiava na pista. Jackie não resistiu. Inclinou-se e sussurrou para ele: 'Puxa, Bill, todo mundo aqui te conhece!'"

Barry trabalhou como ponta de lança administrativo para Jackie. Era encarregado de apagar qualquer incêndio que ameaçasse ser deflagrado em torno dela. Comenta John Sargent Jr.: "Sempre que surgisse alguma questão envolvendo Jackie, sabe como é, problemas de salário e coisas assim, Bill era o sujeito encarregado de cuidar de tudo. Era muito amigo dela. [...] Assim, quando surgia algo do tipo, meu Deus, temos que conversar com ela sobre essa nova orientação da casa — Bill é que entrava em campo."

Hope Marinetti, assistente de Jackie no fim da década de 1970, refere-se a si mesma como "uma garota italiana de Rochester que se mudou para a cidade grande conhecendo apenas duas pessoas e acabou trabalhando com aquela que podia ser considerada a mulher mais famosa do mundo. [...] Ela tinha uma habilidade incrível de fazer a gente se sentir confortável e incluída. Elegância não é uma palavra que eu use com frequência, mas o fato é que ela era de uma elegância discreta, mas profunda. Combinada com sua inteligência, espirituosidade e tenacidade, ela podia ser impiedosa, e certamente o era com aqueles que considerasse uma ameaça. Mas com uma simples assistente editorial, mostrava-se sempre paciente, bondosa e compassiva. Acho que ela gostava do fato de eu tratá-la como qualquer das minhas amigas, e não como se fosse uma flor de estufa. [...] Lembro que, às vezes, ficávamos folheando a revista *People* para ver se havia fotos dela, para nos divertirmos. E ela dizia: 'Olhe só para esta!' Estava sempre preocupada em manter os filhos o mais distante possível dos holofotes, mas é claro que isto não era possível. Era mesmo uma mulher adorável, incrivelmente inteligente. [...] Eu nunca fiz a menor questão de falar a respeito dela, para não aumentar ainda mais o monte de besteira que se diz a respeito".

Hoje trabalhando em design, Marinetti compartilhou aleatoriamente algumas recordações: "Quando eu tive problemas com um namorado na época, e estava chorando no banheiro, ela entrou por acaso e a gente acabou conversando muito seriamente sobre aquela enorme dificuldade de encontrar homens legais. Lembro que eu pensei que ela era muito mais bonita pessoalmente do que em qualquer foto que eu jamais tivesse visto. Na época, eu ainda não tinha conhecido muitas mulheres elegantes, e ela era a própria definição do conceito. Desde o início, ela me achou simpática. Eu era jovem, e nós nos entendemos muito bem. [...] Um belo dia, entrei no seu escritório num momento em que havia um problema sobre o pagamento de direitos autorais a um dos escritores. Ela fez um comentário do tipo 'Claro, o cheque já foi mandado', e quando eu me dei conta, já estava dizendo 'Claro, e eu prometo que não digo nada a ninguém.' Ela se recostou na cadeira e começou a rir; ria tanto que quase bateu com a cabeça na parede. Virou-se para mim e disse: 'Eu a subestimei. Você, no fim das contas, não é propriamente uma garota qualquer, não é mesmo?'

A partir dali, nós meio que botamos tudo na mesa, e eu passei a tratá-la como trataria qualquer das minhas amigas. Uma vez, ela veio jantar na minha casa. Eu morava em Chelsea, que na época não era um bairro agradável como atualmente. Eu tinha um apartamento minúsculo, praticamente sem móveis. Ela chegou e se sentou no chão comigo e minhas duas melhores amigas. Nos divertimos muito, e foi realmente muito legal da parte dela. Ela estava saindo dos seus hábitos. Eu costumava ir ao seu apartamento, e ela sempre mandava buscar comida para nós. Na época, eu ganhava 9 mil dólares [por ano] e passava fome em Manhattan."

Marinetti desempenhava o papel de guardiã para Jackie. "Na lua cheia, os maluquinhos todos saíam da floresta com seus telefonemas e começava a chegar gente no escritório dizendo que a conhecia. [...] Dá para entender por que motivo nas fotos tiradas em público Jackie sai com aquele tipo de olhar vidrado. Era porque realmente precisava, ao contrário de muitas celebridades em Nova York. Quer dizer, os nova-iorquinos sabem das coisas. Respeitam a privacidade das pessoas. Mas as pessoas simplesmente paravam e ficavam olhando para ela. E quando a gente saía do prédio juntas, eu ficava pensando: Meu Deus, se algum dia eu quis ser famosa, acabei de desistir. Eu jamais desejaria esse tipo de exposição.

Lembro que, nessa época, havia uma tendência, a gente costumava ler manuscritos que eram enviados sem terem sido solicitados, e nós, que fazíamos parte da equipe editorial mais jovem, ficávamos com os autores que a casa realmente queria publicar, e sabíamos que não seria nenhum enorme best seller, mas que era um livro bem escrito. Era muito forte a tendência para biografias de estrelas e esse tipo de porcaria, para dar dinheiro. [...] Eu achava que estaria trabalhando num ambiente de reverência pela palavra escrita, mas não era bem assim. Quem mandava ali eram os MBAs.

Jackie, na verdade, conseguiu um emprego para mim depois que eu saí da Doubleday. Depois que eu deixei o departamento editorial, passei algum tempo no de publicidade. Comecei, então, a pensar em mudar de emprego, e ela me chamou e disse que tinha um amigo que estava precisando de uma assistente e perguntou se eu estaria interessada. Eu disse: 'Claro', e fiquei sabendo que se tratava de Mike Nichols. No dia da minha entrevista, chovia canivetes, e ela me chamou e disse: 'Meu Deus, você jamais vai conseguir um táxi, e é claro que não vai querer pegar o metrô. Vamos, eu a encontro lá embaixo, e você poderá ir no meu carro.' Ela era assim. Era bem típico dela se mostrar assim, tão cuidadosa."

Tendo passado por várias provas de fogo nas reuniões editoriais da Doubleday, e aprendido com as quedas de braço políticas que ocorriam na editora, Jackie passou a assumir uma certa atitude irreverente em relação à hierarquia na empresa. Contou-me Peter Beard: "Ela foi se tornando mais cínica." Detendo-se em sua experiência com Jackie e o mundo editorial, Beard prosseguiu, com seu jeito caracteristicamente franco: "Esses editores são uns merdas! Nós levamos um dos meus melhores diários, um par dos que estavam realmente entre os melhores, e passamos uma tarde divertidíssima com o diretor de arte, que Jackie conhecia muito bem. Ele sabia perfeitamente a total catástrofe que a empresa era.

Ficamos lá fazendo piadas sobre eles, pois não havia a menor chance de que aceitassem o livro. Mas gostávamos de passar por aquilo e discutir o fato de que jamais poderia haver um livro como aquele, ou, na verdade, qualquer livro que realmente prestasse. Eles são de uma incompetência inacreditável. Eu não poderia colocar a coisa mais claramente para você. Ela sabia perfeitamente bem que todos eles ali não passavam de grandes carreiristas. [...] Não tinham o menor interesse pelos livros nos quais trabalhavam. [...] Fico hoje parecendo muito negativo, mas tenho realmente uma visão muito negativa." Beard estava, como sempre, assumindo um papel provocador com seus comentários, mas, pelo menos em certa medida, e à sua própria maneira, Jackie concordava com sua dura avaliação.

Um dos colegas de Beard na faculdade de artes em Yale, no fim da década de 1950, foi John Loring, que viria a se tornar diretor de design da Tiffany & Co. Entre 1979 e a morte de Jackie, Loring trabalhou com ela por quinze anos numa série de seis livros ilustrados sobre a Tiffany. O primeiro foi *The New Tiffany Table Settings* [Os novos serviços de mesa da Tiffany]. Loring, o autor que com maior frequência colaborou com ela, recordou que, muitas vezes, Jackie precisava enfrentar os burocratas dos departamentos editorial e de marketing. "Certas pessoas tinham convocado uma reunião para nos induzir a fazer coisas que ela e eu não queríamos fazer com o livro no qual estávamos trabalhando. E ela disse: 'Nós vamos enrolá-los nessa história. Sabe como é, simplesmente não discutimos. Vamos apenas enrolá-los.'

Ela fez direitinho o dever de casa antes da reunião, e sabia exatamente o que cada um dos presentes estava querendo, o que cada um estava armando, e quem estava do lado de quem. [...] Ela sabia como virar a situação no momento exato numa reunião. [...] Nós estávamos sentados na mesa em frente a essas pessoas que propunham essas coisas inaceitáveis, e ela se inclinou e sussurrou ao meu ouvido: 'Olhe só para eles! Que gente ruim, tão ruim! São capazes de pensar a cada minuto coisas que não passariam pela nossa cabeça numa vida inteira.'

Ela tinha uma estratégia. Jackie disse: 'Vamos sentar e escrever o script.' E a gente literalmente sentava com ela e escrevia o script daquela operação para enrolar as pessoas: 'Você diz isso, e depois eu digo isso, e antes mesmo de acabar de dizer, você diz isso e eu faço uma enorme cara de surpresa.' Ela redigia esses pequenos roteiros. [...] E depois nos instruía a mandar cartas indignadas à Doubleday [...] falando de coisas que a deixavam indignada. Em seguida, brandia as cartas, dizendo: 'Viram só!' Cabe lembrar que ela tinha casado com um político, e acho que aprendeu alguns truques no caminho."

Cavalheiro culto e discreto desfrutando atualmente de sua aposentadoria, Loring contou-me num almoço em Midtown Manhattan em 2009: "Ela era esplêndida — quase uma ventríloqua. [...] Era capaz de manter o olhar diretamente voltado para outra coisa, e nem parecia que estava falando; mas dava para ouvir perfeitamente o que ela estava dizendo [...] era esta uma das maneiras de enrolar. Ela não poupava palavras nas conversas em particular. Em público, tudo era absolutamente perfeito — sem a menor pista do que ela realmente pensava. Mas, em particular, ela se saía com aquelas tiradas históricas — esses apartes eram típicos de Jackie. Parecia que eram sussurrados no ar, mas dava para ouvir. [...] E o que a gente conversava não era necessariamente algo que pudesse ser publicado."

J. C. Suarès, designer de vários dos livros da série Tiffany, disse: "Jackie e John Loring eram muito amigos. Estavam sempre juntos e ficavam cochichando, sem que nunca soubéssemos o que diziam.

Mas ele é um ótimo sujeito, tem muito bom gosto, e suas ideias de livros eram maravilhosas [...] coisa de primeira. Não eram realmente livros. Era um produto editorial de luxo. Eram financiados pela Tiffany. Nós gastamos uma fortuna."

Explicou Loring: "Eles foram financiados pela Tiffany apenas no sentido de que tivemos de pagar pelas fotografias. Eram livros divertidos de fazer e cuja produção não teria sido possível em outras circunstâncias. Alguns foram mais bem-sucedidos comercialmente do que outros. O livro de casamentos até hoje é usado pelos organizadores de casamentos nos Estados Unidos."

Loring atribui ao carismático diretor da Tiffany, Walter Hoving, a ideia dessa série de livros, por ele levantada numa reunião em 1979. Empresário de origem sueca, Hoving tinha uma história com Jackie, sua família e a família Kennedy. Em 1960, ele conheceu o então presidente eleito John Kennedy na loja de Manhattan, e o ajudou a comprar para Jackie um broche do designer de joias Jean Schlumberger, uma peça deslumbrante, cravejada de rubis e diamantes. Hoving tinha um certo talento para relações públicas, e os livros de luxo da Tiffany seriam uma das suas grandes cartadas. Disse-me Loring: "Foi ele que montou essa operação. Na época, eu escrevia para revistas, especialmente para a *Architectural Digest* [...] e o sr. Hoving disse: 'Eu o pago para ser o diretor de design da empresa, mas também o diretor de publicidade [...] e você também vai escrever para mim.'"

Referindo-se à mãe de Jackie, Loring prosseguiu: "O sr. Hoving disse, naquele seu jeitão: 'Sabe como é, a filha de Janet é editora na Doubleday, de modo que vocês dois vão escrever livros para mim, e eu sugiro que me façam uma proposta [...].' O sr. Hoving vira Jackie nascer, e, portanto, tinha uma certa atitude paternal, e era amigo muito próximo da mãe dela, Janet Auchincloss. [...] Certa tarde, ele nos chamou ao seu escritório e nos botou sentados no sofá, como duas crianças sendo repreendidas por algum motivo. Foi a coisa mais divertida. Lá estava Jackie sentada, e o sr. Hoving com aquela presença impressionante. O que estou querendo dizer é que ele tem aquele ar de príncipe, realmente maravilhoso. E quando se estava no mesmo espaço que ele, era o espaço dele, e não o nosso. Assim, lá estávamos Jackie e eu, sentadinhos como crianças bem comportadas, e foi assim que começou.

Naturalmente, a primeira reação é que ela não iria aceitar, pois a ex-primeira-dama não ia se prestar a esse tipo de ação promocional. Mas ela logo tratou de esclarecer isto. Disse: 'Não, é claro que não se trata de emprestar meu nome a livros promovendo a Tiffany, que eu adoro, ou qualquer outra iniciativa. [...] Vejo isto como uma grande oportunidade de escrever uma série de documentos sociais, registrando a evolução da cultura americana, e não só nas artes decorativas, mas na sociedade, nos negócios, nos esportes, no governo [...] pois a Tiffany & Co., afinal, está presente, no meio dos acontecimentos, desde 1837. [...] A Tiffany não tem sido apenas testemunha, mas se posicionou bem no centro, e oferece uma perspectiva maravilhosa para documentar a evolução do país. [...] Por isto é que vou aceitar.'"

Embora os livros sobre a Tiffany estivessem entre seus favoritos ao longo dos anos, Jackie jamais permitiu que seu nome aparecesse neles, nem mesmo nos agradecimentos. Disse ela a Loring: "Não posso em absoluto permitir que meu nome apareça num empreendimento comercial."

Comentou Loring: "Creio que ela deve ter dito a mesma coisa à Doubleday — eles teriam de fazer os livros nos termos dela, ou então ela não participaria, e ponto final. E lembro que, quando fizemos o segundo livro (*Tiffany Taste* [Gosto da Tiffany]), foi necessária uma viagem ao redor do mundo para conseguir todos os objetos e fotógrafos. Ninguém pode fazer a menor ideia do quanto custou a produção desse livro. Havia dois orçamentos. Nancy Holmes, que também já não está conosco, era, na época, chefe de relações públicas da Pan American Airways. E Jackie e eu tínhamos essa ideia do livro que queríamos fazer com uma viagem ao redor do mundo. A questão era saber quem haveria de pagar. Era evidente que a Doubleday não o faria, nem tampouco a Tiffany. E, então, Deus nos mandou Nancy Holmes, que admirava Jackie incrivelmente e era muito amiga minha, além de muito talentosa nesse tipo de negociação. Assim foi que, um belo dia, almoçando no Le Cirque, eu expliquei o projeto a Nancy e ela disse: 'Vou fazer um trato com você. Você terá quatro passagens de primeira classe durante um ano para qualquer lugar do mundo para fazer este livro, desde que uma das passagens seja para mim.' E nós dissemos: 'Feito, Nancy, feito!'

Nancy permitiu que Jackie e eu fizéssemos o livro que queríamos fazer, pois, sem quatro passagens de primeira classe, como é que seria possível transportar alguém como eu, um fotógrafo, e meus equipamentos para todos esses lugares, como a fronteira do Nepal com a Índia? Jackie ficou absolutamente empolgada, e eu também. [...] Foi um gasto absurdo da Pan American. Jackie descobria o que estava para acontecer e aonde as pessoas estavam indo, e dizia: 'Bem, eu nunca estive lá. Gostaria de ir.' E a gente tentava dizer: 'Bom, então vá', e ela lançava de volta aquele olhar. [...] Não ia ser bem assim [...] mas ela decididamente sentia um enorme prazer em nossas viagens. [...] E realmente estimulou certos trechos do texto que a interessavam mais. Dizia: 'Muito bem, o que eu quero nesse texto é sentir que encontrei essas pessoas e que estive lá.'"

Prossegue Loring: "Ela tinha um incrível senso de [...] humor, mas realmente não dá para reproduzi-lo [...] pois dependia da situação. Ela captava uma situação instantaneamente e saía com aqueles comentários incrivelmente absurdos que só tinham relação com o momento. [...] Era muito tolerante, muito compreensiva, muito aberta com todo mundo. Mas se as pessoas começavam a se comportar mal, ela não deixava de notar. [...] Ela tinha uma coisa que, quando você a conhecia bem, podia perceber quando ela não gostava de algo. Ela tinha uma expressão [...] simplesmente movia o rosto um décimo de polegada para a esquerda. [...] O movimento era tão infinitesimal [...] era a reação automática de que algo não estava cheirando bem. E você logo percebia que o autor da ofensa não tinha a menor chance, pois ela tinha sentido o cheiro muito antes que ele sequer conseguisse começar a chegar perto. [...]

Com os livros, ela gostava de tudo que contasse uma história sobre coisas de que gostasse. [...] Escolhia fotografias e dizia: 'Veja só o que eles fizeram! É tão original! Pense em alguma coisa para dizer a respeito.' Na contracapa de *Tiffany Taste* há quatro canecas que eu trouxe de uma viagem ao Nepal, contendo suco de melancia. Custaram cada uma 10 dólares numa feira livre. E ela disse: 'Eu abriria mão de chá gelado para beber suco de melancia o verão todo se tivesse essas canecas.'" Loring lembra-se de ter embrulhado as canecas numa caixa de papelão e enviado para seu escritório. Jackie telefonou então para ele: "Você causou sensação aqui. A segurança achou que havia uma bomba na caixa, e que alguém estava tentando me matar."

Disse-me Loring: "No trabalho com a gente, ela realmente também prestava muita atenção a coisas alheias ao trabalho. No trabalho de edição, em meio à conversa, a edição não era apenas uma questão de editar o que estava sendo cuidado no momento. Ela às vezes parava e dizia: 'Agora quero conversar com você sobre' — e me dizia algo que me havia observado fazer em certas situações, algo de que discordava. Dizia: 'Creio que você deve pensar sobre o que fez nessa situação. Jack teria feito o seguinte.' Ela explicava, então, o que estava querendo dizer, e prosseguia: 'E creio que Jack estava certo, esta é a maneira de agir.' Ou dizia: 'Ari teria feito assim em tal situação, e acho que ele estava certo.' Ela usava exemplos assim, demonstrando todo o respeito que tinha tanto pelo presidente quanto por Aristóteles Onassis, o que muita gente não percebe. Assim, na realidade, estava editando o que a gente escrevia, o que fotografava, o comportamento pessoal, a maneira de pensar. [...]

Ela se envolvia profundamente com os amigos e com aqueles com quem trabalhava. E não vivia envolvida consigo mesma. Não tinha realmente nenhuma vaidade ou sentimento autorreferencial. [...] Ela exigia total respeito dos amigos e, em contrapartida, oferecia total respeito, o que é muito raro em nossa época. Não havia a menor pretensão. Não era uma tática; era o jeito de ser dela. Mas servia para despertar o melhor em todos. De cada um ela fazia um parceiro, e as pessoas ofereciam um melhor desempenho. E havia também aqueles telefonemas às duas da manhã, quando ela dizia: 'Só queria checar se você ainda está trabalhando.'"

Loring lembrou que, em dado momento, Jackie alterou a rotina dos almoços de trabalho. Eles tinham se acostumado a sentar no chão com isopores de chá gelado, sanduíches para viagem, saladas de repolho e de batata. Ele telefonou para ela certo dia e perguntou: "Onde quer se encontrar: no seu andar ou no meu?"

Jackie respondeu: "Puxa, será que a gente não pode ir a um restaurante, como qualquer pessoa normal?"

"Está brincando!", disse Loring. "Está querendo dizer simplesmente ir a um restaurante e almoçar como qualquer pessoa? Mas aonde é que vamos?" Ele pensou por um momento e disse: "Tenho uma ideia. Que tal o Le Cirque? É um lugar seguro."

Jackie adorou a ideia. Ela conhecia o dono, Siro Maccioni, que poderia acomodá-la numa mesa do canto e ordenar aos garçons que preservassem sua privacidade. Loring relata: "Fomos direto para o canto no Le Cirque, e foi ali que passamos a fazer nossas refeições. Fazia parte do processo de se livrar de todos aqueles fantasmas do passado. No início, ela ainda parecia sentir-se muito perseguida. Até que, de repente, mudou o discurso: 'Não, não vou ficar me escondendo no escritório e comendo comida ruim. Vou sair como qualquer pessoa normal e entrar num restaurante com você, almoçar e sair de novo. Não me importo que venham todos esses paparazzi tirar fotos.'"

Loring observou que Jackie "mudou muito ao longo dos anos", tornando-se "uma pessoa feliz", à medida que os filhos amadureciam e sua relação com Maurice Tempelsman continuava a florescer. O designer e escritor notou que ela abriu mão das gabardinas e das echarpes com que costumava cobrir a cabeça em público. "Às vezes, ela descia a Quinta Avenida a qualquer hora do dia; as pessoas ficavam estupefatas, e, depois, via-se que elas faziam uma expressão intrigada, e pareciam estar pensando: 'Não, não pode ser.' A gente podia ver no rosto da pessoa: 'Meu Deus, é a Jacqueline Kennedy', e dois segundos depois o rosto se franzia, parecendo dizer: 'Não, claro que não é. É apenas uma pessoa parecida.' Portanto, não prestavam atenção, e ela entendeu que não era necessário se disfarçar, que podia ir aonde bem quisesse e fazer o que bem entendesse."

Atualmente em seu terceiro século de existência, a Tiffany and Co. é uma das maiores empresas produtoras de bens de luxo, das lendárias joias e faqueiros ao golpe de sorte que representou o filme *Bonequinha de luxo* [*Breakfats at Tiffany's*], que estabeleceu uma duradoura associação com Audrey Hepburn, atriz das mais sofisticadas. Jackie abraçou a ideia de publicar os livros sobre o estilo Tiffany como crônicas sociais, ao passo que o principal diretor da loja sabia que eles atrairiam a alta burguesia, a principal clientela em sua mira, que ficaria sabendo o que os super-ricos escolhiam como forma de entretenimento. A ideia de Walter Hoving era a de que as classes mais baixas haveriam de imitar os ícones de estilo cujos ambientes fossem ali reproduzidos.

The New Tiffany Table Settings [Os novos serviços de mesa da Tiffany] (1981) convida o leitor a jantar com a elite. As páginas do livro são ornadas com as salas de jantar e os serviços de mesa de Brooke Astor, Jacqueline de Ribes, Ann Getty, Diana Vreeland, Andy Warhol, Lily Auchincloss, Letitia Baldrige, Bob Hope, Mia Farrow, Julia Child e Lee Radziwill. O nível de detalhamento reproduzido pelas fotos coloridas é impressionante, e um observador experiente percebe nitidamente as horas de preparação que foram necessárias para montar as mesas perfeitas e sua ornamentação.

Tiffany Taste [Gosto da Tiffany] (1986) é um produto mais genérico. São apresentados detalhes da arte de entreter, assim como as melhores maneiras de compor cardápios, desenvolver a culinária, dispor e decorar mesas. Este livro não se limita a situações domésticas. Embora sejam apresentados ambientes elegantes de Texas Hill Country e Nantucket, também são vistos ambientes de cor local em Katmandu, Hong Kong, Dublin, Veneza e na Versalhes de Luís XIV.

The Tiffany Wedding [O casamento da Tiffany] (1988) apresenta "um retrato idealizado do casamento americano, do ponto de vista da Tiffany". Embora este livro, como os demais, tenha magníficas fotos em cores, também se apresenta como uma espécie de manual, abarcando temas tão diferentes quanto a fonte adequada para os textos de convites de casamento e a criação de um enxoval pessoal. Como orçar um casamento? Como abordar a complicada questão dos acertos pré-nupciais? Quais seriam os brindes apropriados a serem dados aos convidados e ao oficiante religioso? Qual o simbolismo das camadas do bolo de casamento? Como administrar melhor os ensaios da cerimônia e o café da manhã? Que acontece depois da lua de mel? Todas essas questões e outras ainda são tratadas no livro, valendo-se Jackie da própria experiência com o casamento da filha com o curador de exposições museológicas Edwin Schlossberg em julho de 1986.

Tiffany Parties [Festas da Tiffany] (1989) é um livro que o economista Thorstein Veblen poderia ter usado para exemplificar seu conceito de "consumo ostentatório". O livro basicamente documenta 45 diferentes festas, algumas celebrando a inauguração de instituições públicas (a Biblioteca Pública de Nova York, o Zoológico do Central Park, a Filarmônica de Nova York, a Union Station em Washington), outras comemorando acontecimentos históricos (o último banquete oficial dos Reagan, o centésimo primeiro aniversário de Irving Berlin). Todas são luxuosamente fotografadas e revelam a ambientação do lugar e os serviços de mesa, a decoração e uma série de outros detalhes.

Que maior tributo poderia haver para um livro de culinária e moda do que *The Tiffany Gourmet Cookbook* [O livro gourmet da culinária Tiffany] (1992), que oferece serviços de mesa e receitas favoritas de tantos nomes importantes do mundo da alta-costura? Os lendários costureiros Valentino, Yves Saint Laurent e Bill Blass, chefs célebres como Wolfgang Puck, socialites como Betsy Bloomingdale e a sra. Cornelius Vanderbilt Whitney e artistas como Françoise Sagan e Deborah Turbeville contribuem com receitas e arranjos de mesa que refletem suas personalidades.

Tiffany's 150 Years [Os 150 anos da Tiffany] (1992) é uma compilação que começa com uma carta de amor à "Querida Tiffany", trazendo a assinatura da "fiel amiga Audrey Hepburn". Louis Auchincloss escreve a introdução, e em seguida o livro percorre uma década atrás da outra, de 1837 a 1987, refletindo vividamente "um século e meio de casamento entre a riqueza e as artes decorativas na América". Trata-se, provavelmente, da melhor introdução à Tiffany que poderia ser encontrada por um leitor obcecado por arte.

Embora os textos desses livros sejam sempre diretos e informativos, é a detalhada arte fotográfica que lhes confere valor e justifica mantê-los sempre à mostra, exatamente como pretendiam Jackie e John Loring. Até hoje, exemplares de cada um deles continuam a ser oferecidos no eBay.

Descrevendo para Gloria Steinem, em 1979, um dos livros nos quais trabalhava, Jackie revelou seu velho interesse pelo jornalismo: "Estamos trabalhando em *Men and History* [Os homens e a história], de

Don Cook, do *Los Angeles Times*, ilustre representante dessa raça em extinção dos correspondentes estrangeiros. Ele traça um paralelo entre dez estadistas e dez acontecimentos que definiram a história da Europa desde a guerra: De Gaulle e a Quinta República, Adenauer e a República de Bonn, Jean Monnet e o Plano Schuman, e assim por diante. Ouvi falar dele inicialmente graças a Teddy White, que pode ser considerado o mais entusiástico dos correspondentes estrangeiros."

Já se tornou um lugar-comum dizer que o jornalismo é o primeiro esboço da história, e, como observou Jackie, Don Cook era um veterano jornalista que tinha trabalhado na cobertura da etapa final dos combates europeus da Segunda Guerra Mundial e da reconstrução do pós-guerra para uma série de jornais e revistas americanos. Publicado em 1981, *Ten Men and History* era o seu relato anedótico dos acontecimentos e estadistas que moldaram a Europa do pós-guerra, entre 1945 e o fim da década de 1970. Não se trata de uma história completa dessa época, na medida em que focaliza apenas três países — a Grã-Bretanha, a França e a Alemanha — e os seus dirigentes. Mas o que falta ao livro em abrangência é compensado pela maneira como personaliza a história e revela de que modo as idiossincrasias individuais afetaram as decisões políticas.

Foi a época em que a França recuperou seu governo democrático das mãos dos nazistas, e a Alemanha foi dividida de acordo com os ditames dos aliados vitoriosos, como prelúdio ao Plano Marshall, à Otan e ao Mercado Comum Europeu. Cook apresenta biografias de dez líderes: três ingleses (Ernest Bevin, Harold Macmillan e Edward Heath), quatro franceses (Jean Monnet, Charles de Gaulle, Georges Pompidou e Valery Giscard d'Estaing), e três alemães (Konrad Adenauer, Willy Brandt e Helmut Schmidt).

Em seu anterior papel como primeira-dama, Jackie conhecera pelo menos duas dessas figuras internacionais, De Gaulle e Adenauer, e tivera convivência suficiente com a política internacional para saber que as histórias de bastidores da história muitas vezes podem ser mais fascinantes do que a versão oficial. O notável é que ela encomendou um livro que continua sendo informativo e interessante três décadas depois. A beleza do livro, ainda hoje, está no fato de lançar pelos ares as mitologias populares da época, demonstrando de que maneira decisões importantes às vezes repousam nos ombros de homens despreparados, em seu temperamento, para tomá-las.

Com *Ten Men and History*, Jackie fez valer uma ideia e depositou sua confiança no autor sem precisar contribuir muito no trabalho editorial. Universalmente considerado uma pessoa afável e divertida, com amigos em toda a Europa, Don Cook disse à revista *People*, em 1984, onze anos antes de morrer: "Não recebi nenhum pedido de alterações. Jackie me mandou muitos bilhetes manuscritos cheios de floreios dizendo o quanto gostava do livro. E eu almocei duas vezes com ela, uma vez no '21' e outra em seu apartamento."

O violento noticiário do início da década de 1980 teve forte impacto na psique de Jackie, inevitavelmente evocando lembranças sombrias. Desequilibrados tentaram assassinar o presidente Ronald Reagan e o papa João Paulo II, e o presidente Anuar Sadat, do Egito, foi morto por terroristas. Enquanto isso, teóricos da conspiração que investigavam o assassinato de JFK conseguiram fazer exumar o corpo de Lee Harvey Oswald para tentar provar suas teorias. Jackie também ficou profundamente chocada com o assassinato de John Lennon em Manhattan por um perseguidor demente. A morte de Lennon levou Jackie, no início de 1981, a um projeto de livro publicado no ano seguinte conjuntamente pela Doubleday e a Rolling Stone Press.

Com o título *The Ballad of John and Yoko* [A balada de John e Yoko], o livro é uma compilação da cobertura da revista *Rolling Stone* sobre John Lennon, Yoko Ono e os Beatles ao longo dos anos. A *Rolling Stone* foi fundada em 1967, exatamente na época em que os Beatles se transformavam em megaestrelas. John Lennon aparecia na capa da primeira edição, trajando uniforme de guerra para o seu papel no filme *How I Won the War* [*Como ganhei a guerra*]. No prefácio do livro, os coeditores Jonathan Cott e Christine Doudna declaram: "*The Ballad of John and Yoko* foi extraído dessa edição especial de 22 de janeiro de 1981, preparada pela equipe de *Rolling Stone* nos oito dias e noites que se seguiram à morte de Lennon." O livro evidencia algo do exuberante estilo jornalístico da revista. Há um capítulo em que várias celebridades evocam seus sentimentos no momento em que Lennon foi abatido; e há também a última entrevista concedida por ele à revista, realizada por Cott para a edição de 5 de dezembro de 1980.

Jann Wenner, o fundador da *Rolling Stone*, observa, no prefácio, que sua relação com John e Yoko começou no trato profissional como jornalista e se transformou em amizade com o passar dos anos. Como editora, Jackie fez certas exigências a Wenner, com quem também manteve uma amizade durante certo tempo. Ela insistiu em que ele reescrevesse a primeira versão de seu ensaio introdutório para lhe infundir mais paixão, e ele a atendeu. Joe Armstrong considera que a atração de Jackie por Wenner baseava-se inicialmente em "comércio e curiosidade". Christine Doudna disse-me que o livro "provavelmente resultou, de alguma maneira, da relação entre Jann e Jackie. O que estou querendo dizer é que Jann realmente a adorava, a idolatrava, e me parece que ela o achava divertido". Anos depois, Jackie, exasperada, haveria de se referir a Wenner como um "tirano", ao entrar em confronto com ele por causa da capa de um livro comemorativo, *The Best of Rolling Stone* [O melhor da *Rolling Stone*], publicado pela Doubleday em 1993.

Como coleção de material já publicado e reunido num trabalho feito um pouco às pressas sob a orientação da equipe editorial da *Rolling Stone, The Ballad of John e Yoko* não pode ser considerado entre os títulos de que Jackie participou mais ativamente. Seu principal contato foi com Cott, o autor-editor que trabalhava diretamente com Doudna. Folheando recentemente um exemplar do livro, Jonathan lembrou que, nos agradecimentos, fez uma menção a Jackie, "por ter acreditado e amadrinhado o projeto". Disse-me também: "Jackie ficou realmente fascinada e interessada por John Lennon e Yoko Ono." O livro foi o primeiro apanhado sério sobre Yoko Ono e seu mundo, que aparentemente contrastava com o estilo de vida de *pop-star* do marido, mas um dado essencial para quem quer que se interessasse pelos Beatles. Também reproduzia muitas fotografias clássicas daquela época, como aquela em que John e Yoko aparecem em sua famosa pose na cama em Toronto, culminando numa série de imagens coloridas fotografadas por Annie Leibovitz.

Embora tivesse lá seus problemas com o jornalismo dos tabloides (ao qual se referiu certa vez como "o rio de lama") e as invasões dos paparazzi, Jackie muitas vezes manifestava entusiasmo sobre seus jornalistas favoritos. Observou ela certa vez: "Antes de me casar, eu trabalhei num jornal. Trabalhar como jornalista parecia a maneira ideal de ter um emprego e conhecer o mundo ao mesmo tempo, especialmente para alguém com certo senso de aventura." Numa festa de Natal em seu apartamento em 1981, Jackie deu as boas-vindas a Edward Klein, na época editor-chefe da *New York Times Magazine*, e lhe fez um afago: "Oh, Ed. Fico tão feliz de você ter vindo. Os jornalistas são as pessoas mais interessantes do mundo!"

Naquele mesmo ano, Jackie envolveu-se em dois livros do historiador e erudito francês Olivier Bernier, enteado de Rosamond Bernier, a diva das conferências do Met. Jackie viria a desempenhar um papel em cinco de seus livros. O primeiro foi uma obra intitulada *Pleasure and Privilege: Life in France, Naples, and America, 1770-1790* [Prazer e privilégio: A vida na França, em Nápoles e na América, 1770-1790], arrazoado extremamente envolvente sobre os vinte anos que antecederam a Revolução Francesa. Embora não tenha editado o livro, ela lutou para que Louis Auchincloss escrevesse uma introdução, o que haveria de inspirar mais uma colaboração que se prolongou no tempo.

Em seu apartamento na Avenida Park, em 2009, pude entrevistar Auchincloss, o único parente editado por Jackie. Antigo advogado em Wall Street e autor prolífico de ficção e não ficção, ele era um homem elegante, com um nariz aristocrático e uma voz cantante e aguda, que traía sua origem brâmane. Jackie admirava sua curiosidade intelectual e sua nobreza. Ele me forneceu um ensaio sobre ela intitulado "Belles Lettres", escrito por ele para a revista *Quest*, publicação voltada para a elite social de Manhattan e o setor imobiliário. Auchincloss ganhou fama de "o último dos romancistas cavalheiros". Suas percepções sobre o temperamento e os primeiros anos de vida de Jackie lançam luz sobre os diferentes talentos que ela viria mais tarde a explorar, trabalhando com ele como editora:

Minha amizade com Jackie floresceu em grande parte nos anos da sua segunda viuvez, fundamentada basicamente em nossa relação como editora e autor na preparação de vários livros que produzimos juntos. Meu contato com o presidente Kennedy fora muito superficial; conversei com ele brevemente num par de ocasiões em família. Não cheguei a conhecer seu segundo marido.

Mas o fato é que eu já conhecia Jackie muito antes. Seu padrasto, Hugh D. Auchincloss (conhecido como "Hughdie"), e meu pai, Howland Auchincloss, eram primos em primeiro grau, e a casa onde Jackie passava os verões na infância, Hammersmith Farm, em Newport, fora construída por meu avô, John Winthrop Auchincloss, tendo sido vendida, quando ele enfrentou problemas financeiros, ao seu irmão, Hugh D. Senior, que estava perfeitamente em condições de se encarregar de sua manutenção, vindo de casar há pouco com Emma Jennings, herdeira da Standard Oil. A propriedade seria herdada pelo padrasto de Jackie em 1942.

Até o ano em que debutou, eu praticamente não via Jackie. Eu tinha doze anos mais do que ela, e os jovens são muito rígidos em sua distinção de idades. Mas o meu irmão, John, que vivia em Washington, tinha muito frequente contato com a mãe e o padrasto de Jackie, e quando fui visitá-lo, travei conhecimento com ela e, como todos os outros, fiquei subjugado por seu encanto pessoal. Nessa época, naturalmente, ela não tinha uma persona pública, mas, quando veio a adquiri-la, anos depois, eu achava divertido que fosse tão suave e amável. Na verdade, ela era capaz de demonstrar essas qualidades, e de maneira deliciosa, mas em seu temperamento havia outro aspecto que a tornava uma pessoa ainda mais interessante e vital. Ela podia ser muito forte e até voluntariosa.

Por exemplo, certa vez, quando por acaso estávamos ambos em Paris, no verão, ela me convidou a ir a Chantilly num carrinho que havia alugado. Estávamos acompanhados de sua irmã Lee. Jackie dirigia a toda velocidade quando eu divisei, lá adiante, na estrada, uma mulher de idade vestida de negro que parecia vacilar, sem saber se teria tempo ou não de atravessar na nossa frente. Era evidente que não teria, mas seu discernimento estava aparentemente comprometido, e, para meu horror, vi que ela estava avançando e gritei: "Jackie, pelo amor de Deus!" Jackie pisou no freio e nós demos uma guinada súbita, indo parar, sem maiores danos, num canal. A mulher se benzia freneticamente. Jackie simplesmente comentou: "Ela devia estar agradecendo aos meus bons freios, e não ao bom Senhor. E por falar nisso, Louis, o primo Hughdie não precisa ficar sabendo disso quando chegarmos em casa." E fomos em frente, na mesma velocidade.

Não muito depois desse episódio, em 1952 ou 1953, quando estava visitando meu irmão em Washington, Jackie veio jantar com a mãe e Hughdie, e ficamos sabendo que ela estava noiva de um rapaz chamado Husted. John abriu uma garrafa de champanhe e nós brindamos ao casal. Mas, depois do jantar, conversando comigo num canto, Jackie começou a explicar como seria sua vida como esposa de um respeitável jovem empresário em Nova York. Aparentemente, ela achava que seria tranquila e tediosa. Eu acabara de publicar um romance intitulado *Sibyl*, sobre a vida de uma mulher exatamente assim, e Jackie ficava dizendo enfaticamente: "É isto mesmo. É o meu futuro. Eu serei uma Sibyl Husted." Lembro vividamente minha súbita e inexplicável convicção de que a mulher que me dizia aquilo estava destinada a algo muito diferente. A mãe de Jackie, Janet Auchincloss, era contra o casamento, e dias depois ficamos sabendo que o noivado fora rompido. [...]

Encontrei uma carta de Jackie sem data, provavelmente da década de 1960, pois foi entregue em mãos em Nova York, na qual ela responde a uma carta que eu lhe mandara a respeito de algum artigo sobre a família Auchincloss no qual provavelmente se fazia uma citação errada minha, dizendo algo indiscreto a seu respeito. Ela dizia que eu não devia ficar aborrecido. Eu não poderia ter feito nada. "A gente não espera que as pessoas se comportem de forma vergonhosa, mas receio, pelo que aprendi neste inverno, que, quando está envolvido dinheiro, é frequentemente o que elas fazem. Creio que atualmente isto seja antes a regra do que a exceção, de modo que você sabe qual é o lado bom da coisa? Você me escrever. Foi realmente muito tocante da sua parte."

Podia ser mais elegante?

Em 1980, nossa relação profissional começou quando eu escrevi para ela o prefácio de *Pleasure and Privilege*, de Olivier Bernier, que, segundo ela, eu "terminei de escrever antes mesmo que eu acabasse de pedir".

Auchincloss repetiria para mim, mais tarde, algumas observações que fez para um documentário da PBS. "Ela era de grande estímulo para os autores, o que é muito importante, pois um editor fica se parecendo mais ou menos com a nossa mãe. A gente espera amor e estímulo de um editor. E ela sabia como fazê-lo, e ao mesmo tempo sabia como fazer valer suas objeções e induzir os autores a mudar, para atender a suas exigências."

A respeito de seu prefácio para o livro de Olivier Bernier, disse-me Auchincloss: "Foi quando tudo começou. Ela me pediu que escrevesse uma introdução, o que fiz com muita satisfação. Eu gostava do livro. Gostava dele. Ele viria a ter muito êxito na vida. Organiza tours. É uma pessoa muito agradável. Eu costumava achar que ele era meio superficial, mas não é verdade. Escreveu uma excelente biografia de Lafayette, e é verdadeiramente adorado por todas essas mulheres ricas que costumam viajar. Ele as leva para almoçar em castelos e coisas assim."

Fazendo um relato de seu trabalho em *Pleasure and Privilege*, Bernier recordaria: "Eu conhecia Louis Auchincloss e também conhecia Jackie, mas naquele momento Jean Anne Vincent é que era na verdade minha editora, e também foi a editora de *Louis the Beloved* [Luís, o Bem-Amado]. Até que ela se aposentou, e imagino que Jackie tenha perguntado por mim. Eu teria perguntado por ela se soubesse de antemão que Jean Anne estava se aposentando. Seja como for, a coisa funcionou, e ela se tornou minha editora.

Meu primeiro contato pessoal com ela não foi, na verdade, por causa dos livros, mas porque Rosamond Bernier, minha madrasta, e John Russell, seu falecido marido, eram muito amigos dela. Portanto, eu já a conhecera antes de ter meu primeiro contato profissional com ela, e a achei exatamente igual. Não havia uma persona social e depois outra persona profissional diferente. Ela era sempre a mesma pessoa.

Ela foi a editora de *The Eighteenth-Century Woman* [A mulher do século XVIII] por se tratar de uma coprodução entre a Doubleday e o Met, e era ela a editora da Doubleday que estava envolvida numa produção com Met. [...] O objetivo era que o livro fosse lançado, como acabou sendo feito, junto com a exposição, que era uma exposição de Diana Vreeland. Eu deixei claro que, se fôssemos fazer esse livro, e ainda por cima um livro ilustrado, precisaríamos ter, de fato, alguns costumes da coleção do Met. Como isso estava a cargo de Diana, e quando chegou o momento, eu perguntei se ela não poderia providenciar para que alguns vestidos fossem postos em manequins, para que pudéssemos contemplá-los, o que ela acabou fazendo.

Jackie foi de enorme ajuda, pois, quando um livro está sendo produzido por várias instituições importantes — bem, no caso, duas —, surge certa tendência a que as coisas acabem não acontecendo. [...] Eu ficava fazendo perguntas: 'Vamos ter isto? Vamos ter aquilo?' 'Não, realmente, não.' 'Mas não devíamos já ter isto duas semanas atrás?' 'É mesmo?' Descobri que poderia telefonar a Jackie em Vineyard — estávamos no verão —, e invariavelmente conseguia falar com ela. Quer dizer, se ela estivesse passeando de barco, dois minutos depois, o telefone tocava. Ela dava o retorno assim que recebia minhas mensagens, e providenciava para que conseguíssemos o que quer que estivéssemos precisando.

Louis the Beloved foi lançado numa época em que a Doubleday enfrentava problemas financeiros, e por isso foi impresso num papel de má qualidade. As margens eram minúsculas e a qualidade da impressão realmente deixava muito a desejar. Assim, quando conversamos, depois de eu ter entregue o manuscrito de *Louis XIV*, eu disse: 'Veja bem, Jackie, por favor, será que podemos fazer alguma coisa para que este livro tenha uma aparência decente, com margens decentes, um papel bom, uma bela diagramação?' E ela respondeu: 'Com toda certeza.' Telefonou, então, para baixo, pois ele estava um andar abaixo, e marcou hora com o diagramador do livro.

Então, voltei naquele dia, ela e eu descemos juntos, e eu fiquei olhando enquanto ela dava duro nele. Foi incrível assistir. Ela estava a poucos centímetros dele, olhando bem nos seus olhos, e disse: 'Puxa, estou certa de que teremos um lindo livro' — sabe como é, aquela voz. 'Tenho certeza de que você fará um trabalho maravilhoso.' E por aí foi ela. E eu observando o diagramador se desmanchar. Acho que ele estava paralisado. E nós conseguimos um livro de aparência decente.

Como você sabe, ela tinha charme de sobra para derrubar um prédio de muitos andares, e sabia perfeitamente como aplicá-lo quando precisava, e, quando o aplicava, era completamente irresistível. [...] Ela realmente botava o coração no que fazia, e, com toda certeza, sentia-se muito protetora em relação aos autores. [...] Escrevi *At the Court of Napoleon* [Na Corte de Napoleão] porque ela me pediu. Foi ideia dela, e não minha. Os outros livros foram ideias minhas. Mas ela realmente se interessava. E eu fiquei muito impressionado, por exemplo, porque, quando eu estava em seu apartamento e nós conversávamos sobre alguma coisa, e ela mencionava algum livro, ela se dirigia à estante e sabia exatamente onde ele se encontrava. Isto parecia indicar que ela tinha lido o livro em questão e gostara dele o suficiente para se certificar de que pudesse encontrá-lo de novo com facilidade. [...]

Sempre achei que ela era incrivelmente gentil. Quando *Louis XIV* foi lançado, por exemplo, houve uma festa, e ela me deu uma linda peça de madrepérola. Acho que devia ter sido originalmente esse tipo de [caixa de] madrepérola em que uma jovem mulher guarda, sei lá, cartões de beisebol — esse tipo de coisa. Mas quando eu deixei a Doubleday e fiz um livro com a Little, Brown sobre a Revolução Francesa, e houve também uma festa de lançamento, Jackie não só compareceu à festa como, mais uma vez, apareceu com um presente, o que, para mim, naquelas circunstâncias, era de uma extraordinária gentileza de sua parte. Ela se interessava muito pelo século XVIII e pelo XIX, e era óbvio que se interessava demais pela França, e também era muito culta. [...] Não me lembro exatamente qual foi o livro, mas um belo dia ela olhou para mim e disse: 'Puxa, os seus livros são exatamente como beber champanhe!'

Acabo de me lembrar de um episódio que reflete, na verdade, com extraordinária clareza o seu total compromisso com os autores com os quais trabalhava. Muito pouco tempo antes de ela morrer, mas quando já estava doente — e eu só me dei conta de que ela estava tão doente assim quando morreu, pouco depois —, ela me telefonou porque queria que eu escrevesse alguma coisa para a divulgação de um livro que ela estava para lançar. [...] Nós apenas conversamos no telefone, e ela parecia exatamente do jeito que sempre fora. E então, para meu horror, literalmente dias depois, eu lia no jornal algo sobre o fato de que ela estaria mortalmente doente. Portanto, já devia estar muito mal quando me telefonou para fazer aquele pedido, e o fato é que, sabendo o que ela já devia saber, afinal, ainda estava até o último momento preocupada com seus autores. Realmente é algo notável."

Como Jackie bem sabia, para os conhecedores da boa vida, os cortesãos mimados que chegaram ao fim da linha pouco antes da Revolução Francesa viviam num mundo diferente. A etiqueta tomara o lugar da coerção como força motivadora, e um simples gesto de uma mão ou de um pulso real podia alterar o destino de uma família por gerações. Paris era o supremo exemplo de um paraíso burguês na Terra. Era uma cidade requintadamente civilizada sob vários aspectos, com magnífica arquitetura, jardins imaculados e infindáveis prazeres para o paladar. O rei podia praticamente fazer o que bem entendesse, e o mesmo privilégio tinha a aristocracia, desde que mantivesse as aparências de obediência e discrição.

Bernier, o historiador, escreve como um romancista, qualidade que Jackie apreciava e que fez o possível para estimular em todos nós que escrevíamos não ficção. Ele cita trechos de diários e cartas, valendo-se deles para chamar a atenção dos leitores modernos para os ritos altamente estilizados da corte francesa. Ao focalizar os vinte anos que antecederam a Revolução Francesa em *Pleasure and Privilege*, Bernier sabe que está escrevendo sobre uma sociedade fadada ao desaparecimento, a ponto de ser despojada de tudo e demonizada, com a chegada dos jacobinos ao poder.

Alguns dos marcos da França pré-revolucionária foram encarnados pelas mulheres aristocráticas cujas maquinações influenciaram fortemente a corte em Versalhes. Por isto é que *The Eighteenth-Century Woman* de tal maneira se apresenta como uma leitura complementar de *Pleasure and Privilege*. Os dois livros dizem respeito ao mesmo período. *The Eighteenth-Century Woman* foi lançado como volume ilustrativo de uma exposição inaugurada no Met em dezembro de 1981. Ao revelar a astúcia de Madame de Pompadour e as maquinações secretas da rainha Maria Carolina de Nápoles, ao ilustrar as sofisticadas tendências da moda da Musicale e do elegante leque de madrepérola e seda que nenhuma grande dama que se respeitasse podia dispensar, ao descrever de que maneira os jogos de azar e os *divertissements* obcecavam os ricos ociosos, Bernier confere colorido aos relatos mais diretos que constituem a história. Valendo-se da pintura como se fosse a fotografia da época, ele demonstra amplamente como era a vida da nobreza e, ao mesmo tempo, dá a entender que esse consumo ostentatório também pode ter desencadeado as violentas reações de que foi objeto.

O encanto de Jackie com a corte francesa permitiu a Bernier montar outro livro sobre o tema, *Secrets of Marie Antoinette* [Segredos de Maria Antonieta] (1985). No contexto da intrincada trama de etiqueta e polidez que consumia a corte, e da crescente defasagem entre a família real e os cidadãos franceses, Maria Antonieta viria a simbolizar esse abismo. Como registra Bernier em seu livro de "segredos" epistolares, durante mais de uma década, após sua chegada a Paris, em 1770, Maria Antonieta escreveu à sua terrível mãe, a imperatriz Maria Teresa. Com essa correspondência e as cartas paralelas do conde Mercy-Argenteau à imperatriz, Bernier nos permite dar uma olhada numa era que morria pouco antes de a modernidade mudar o mundo para sempre.

A França do século XVII é ainda mais distante, um território estranho, meio medieval e dominado por costumes que já não fazem sentido nem se adequam aos valores contemporâneos. O direito divino dos reis ainda prevalecia, e conceitos como liberdade tinham um significado diferente daquele que vieram a adquirir depois das revoluções francesa e americana. A leitura de uma biografia de Luís XIV pode ser problemática se o autor não expuser com clareza o contexto cultural no qual o Rei Sol reinou. Em *Louis XIV: A Royal Life* [Luís XIV: Uma vida real] (1987), Bernier se dá conta desse dilema, estendendo-se em explicações que tornam compreensível a figura impressionante de Luís XIV. Em sintonia com sua própria visão da história, Jackie mostrou-se sensível ao fato de que, pelo relato de Bernier, no reinado de Luís XIV, lugares como os jardins das Tulherias e os palácios de Versalhes não foram criados apenas para as classes superiores, mas como símbolos duradouros de "la belle France".

Montando o cenário de mais uma crônica francesa instigada por Jackie, Bernier nos conta, em *At the Court of Napoleon* [Na Corte de Napoleão] (1989), que Napoleão recebeu como herança uma revolução sanguinolenta pela qual sentia repulsa; assim foi que retornou às intrigas de corte dos reis Bourbon, numa aposta deliberada para assegurar às classes dominantes francesas que ele, como autoproclamado imperador, não haveria de envergar o manto jacobino. Alguns outros corsos emigraram para Paris para tirar vantagem do status adquirido quando ele subiu ao poder. Um deles era uma jovem de 16 anos, Laure Permon, que mais tarde viria a ficar conhecida como Laure Junot, duquesa de Abrantès. Ela ganhou fama como uma das primeiras colunistas de fofoca do mundo, estimulada pelo romancista Honoré de Balzac, registrando os pecadilhos e os intermináveis casos e traições da corte de Napoleão.

Bernier editou as memórias da duquesa, intercalando seus comentários. Elas constituem um dos documentos mais reveladores da era napoleônica, descascando a pele de retidão e integridade por baixo da qual costumam se esconder as histórias oficiais do período. Assim como usa, em *Secrets of Marie Antoinette*, os diários da rainha para traçar um perfil dos últimos Bourbon, Bernier monta aqui um retrato equivalente de uma breve dinastia que, em dado momento, pareceu ameaçar com a conquista de todo o mundo civilizado na Europa.

Evocando a maneira como Jackie cuidou da edição do livro, comentou Bernier: "Em *At the Court of Napoleon*, ela sugeriu, com razão, muitos cortes. [...] Escrevi a introdução e os trechos de ligação, mas, fora isso, praticamente traduzi o texto, e Jackie considerou, com absoluta razão, que era muito longo, e sugeriu os pontos nos quais considerava que podiam ser efetuados cortes. No caso dos meus outros livros... a única sugestão de que me lembro, deve ter sido... não recordo, realmente; tenho a impressão de que foi no caso de *Louis XIV*. Seja como for, eu devo ter escrito alguma coisa que a levou a dizer: 'Você realmente deve mudar, aqui, pois ficou parecendo que está falando de Nancy Reagan.' Portanto, tratei de fazer a mudança."

Pouco depois da publicação de *The Eighteenth-Century Woman*, em fevereiro de 1982, Jackie foi promovida a editora sênior. Enquanto ela ascendia, chegando, afinal, a conquistar o direito a um escritório mais bem posicionado, com vista do quadragésimo terceiro andar, alguns de seus colegas, como Betty Prashker, sentiam-se frustrados com a política da casa. Segundo Al Silverman, "Betty Prashker finalmente recebera uma vice-presidência e se tornara a diretora editorial da divisão, mas, em 1981, deixou a Doubleday desiludida".

Prahsker foi para a Crown, ao passo que Sam Vaughan viria a se transferir para a Random House. Comentando essas mudanças, Silverman observou: "A época de ouro da Doubleday chegara ao fim." Mas Jackie ficou firme — não lhe faltaram oportunidades para acompanhar os colegas, mas ela estava em ascensão na Doubleday e preferiu ficar. Nessa mesma época, sua vida familiar transmitia uma imagem de sólida estabilidade, ainda que nada ortodoxa. Maurice Tempelsman deixou a mulher e se instalou no Stanhope Hotel, na Quinta Avenida, a poucas quadras do apartamento de Jackie (ele só viria a morar com ela em 1985). John Jr. começava a frequentar a Brown University, e Caroline trabalhava no departamento de cinema e televisão do Met, sob a supervisão de Karl Katz, velho amigo de Jackie. E haveria outro fato auspicioso. Em março de 1982, Jackie ficou aliviada ao vencer um processo judicial contra Ron Galella, que foi chamado a juízo por contumácia e obrigado a pagar 5 mil dólares de indenização, embora ainda não tivesse desistido de tirar fotos dela e voltasse, futuramente, a invadir sua privacidade.

A influência literária de Jackie já se estendia muito além dos livros que publicava na Doubleday. Ao mesmo tempo em que trabalhava com Bernier em suas incursões pela história da França, ela estimulou Louis Auchincloss a enveredar por uma aventura ficcional na corte dos Bourbon. O resultado foi o romance *The Cat and the King* [O gato e o rei], um engenhoso *tour de force* apresentado como se fossem as memórias do segundo duque de Saint-Simon. Publicado em 1981, o livro foi bem recebido pela crítica, e Auchincloss relatou-me que, embora Jackie não tivesse desempenhado qualquer papel na publicação, ele quis manifestar sua gratidão nas dedicatórias, com os seguintes dizeres: "Para Jacqueline Kennedy Onassis, que me convenceu de que Versalhes ainda pode ser uma boa fonte de inspiração ficcional."

Antes de ser promovida, Jackie recrutara mais um autor de sua época na Viking. Eugene Kennedy escreveria para ela dois romances explorando temas políticos e que contribuiriam para solidificar sua situação na Doubleday. Ela estava sempre em busca de autores que se propusessem a escrever uma série de livros, e dispunha-se a editá-los independentemente do sucesso comercial do primeiro trabalho. Para

Jackie, os próprios autores eram obras em andamento, e ela se dispunha a ajudá-los a desenvolver e depurar seu talento.

O primeiro romance de Kennedy, publicado em 1981, foi *Father's Day* [Dia dos pais], obra comercial passada em cenário realista nos estados de Illinois e Indiana. Recorda-se Kennedy: "A coisa se deu quando eu tive a ideia de escrever o romance. [...] Ela me ocorreu um belo dia, quando estava dirigindo em South Bend, Indiana. Jackie estava na Viking, e eu tive uma reunião com algumas pessoas de lá [...] apesar da confusão toda que prevalecia na Viking, eles ficaram entusiasmados com a ideia. Mas achavam que eu podia escrever outro tipo de livro, tratando do padre Hesburgh [na época, presidente da University of Notre Dame], que eu conhecia muito bem.

Eu, então, conversei com Jackie pelo telefone. Disse-lhe: 'Acho que preferiria trabalhar com você nesse projeto.' E ela respondeu que estava encantada pelo fato de eu ter tomado a decisão. [...] Eu me sentia mais à vontade ficando com ela e indo para a Doubleday. Acho que, de certa maneira, ela nos mimava. Trabalhei com muitos editores diferentes, e na maioria dos casos eles trabalham com a gente com uma espécie de indiferença calculada."

Jackie compartilhou o trabalho de edição em *Father's Day* com Lisa Drew. Kennedy deu a entender que ela não cuidava da edição de texto. Pelo contrário, refere-se a ela nessa etapa de sua carreira mais como uma "editora conceitual", que era precisamente o que o projeto precisava. Uma história mais precisa do complicado convívio entre a Igreja Católica, a Notre Dame, o crime organizado e a máquina política da moderna Chicago poderia causar problemas a um historiador. A beleza desse tipo de ficção é que um romancista pode contar a história como um maldisfarçado *roman à clef* e ser elogiado exatamente por aquelas pessoas que, no caso de um incômodo repórter investigativo, poderiam tomar providências mais drásticas. *Father's Day* é uma saga de várias gerações dos Kinsella, família católica de origem irlandesa cuja história avança paralelamente ao crescimento da cidade de Chicago, misturando personagens reais e fictícios. Dá para imaginar o prazer algo culpado de Jackie ao encomendar a obra. Ela certamente havia testemunhado acontecimentos semelhantes em outra cidade predominantemente católica, Boston, depois de se casar com o filho do mandachuva Joseph Kennedy.

Jackie elogiou o livro e o autor a Ray Roberts, entregando-lhe uma cópia do manuscrito e sugerindo, em bilhete sem data: "Leia primeiro as páginas relativas à Notre Dame. São elas que dão foco ao conjunto — Temos nas mãos um pequeno François Villon." Comentando a maneira como Jackie abordava editorialmente as narrativas ficcionais, Kennedy explicou: "Os elementos com os quais ela se preocupava, ou podia querer mudar ou questionar alguma coisa, diziam respeito, a saber, se o personagem realmente reagiria desta ou daquela maneira." Kennedy recordaria mais tarde: "Ela podia nos surpreender com um telefonema, como aconteceu comigo certa vez, numa noite de Quatro de Julho, para falar do que havia gostado no manuscrito sobre o qual se havia debruçado durante várias horas naquele dia. 'Nenhuma mulher reagiria dessa maneira diante de um homem', comentou ela, certa vez, a respeito de um personagem feminino que reagia de maneira passiva a uma indecisão masculina em *Father's Day*. 'Uma mulher de verdade haveria de fazê-lo passar maus bocados.'"

Embora formatado no mesmo estilo quase ficcional, o segundo romance de Kennedy, *Queen Bee* [Abelha-rainha], apresentava desafios diferentes para o autor e sua editora. Trata-se de um *roman à clef* sobre a política em Chicago e a máquina Daley. O prefeito Richard J. Daley assume a pele do prefeito Cullen nesse romance que só poderia ter sido escrito por um profundo conhecedor do meio. A ideia do livro surgiu numa reunião com Jackie e Lisa Drew, depois de Kennedy ter publicado um artigo na *New York Times Magazine* sobre a prefeita Jane Byrne, de Chicago. "Elas sugeriram que eu escrevesse um romance partindo do artigo", disse Kennedy. "Naturalmente, o personagem do livro é muito semelhante a Jane Byrne, acreditem ou não."

O livro descreve a ascensão de Anne Marie O'Brien, mulher ambiciosa cujo marido é dado como desaparecido numa guerra não identificada. Ela se torna uma protegida do prefeito Cullen. Quando este vem a morrer, O'Brien é eleita a primeira prefeita mulher de Chicago e, ao mesmo tempo, dá início a uma perigosa ligação com um belo repórter de televisão, o que praticamente garante um escândalo pela frente. Kennedy a apresenta como um ímã para os homens, uma espécie de rainha, nisto semelhante à sua editora.

Na natureza, contudo, a abelha-rainha tem menos liberdade do que qualquer outra integrante da colmeia, o que fica claro no trecho escolhido por Kennedy para anteceder o início da história. A citação de *The Romance of the Hive* [O romance da colmeia], de Franck C. Pellet, deixa claro que a sobrevivência da colmeia depende da fertilidade da rainha, e, embora o resto da colmeia lhe compraza, ela não deixa de ser sempre uma prisioneira da própria posição e das necessidades das abelhas trabalhadoras. É numa situação assim que a futura prefeita O'Brien se vê em sua ascensão, escorregando na lama da política de uma cidade grande.

Depois da morte de Jackie, Kennedy escreveu reminiscências sobre sua editora que me sugeriu que fossem incluídas aqui. "Foi graças ao seu profissionalismo que ela conquistou aquele escritório com janela na Doubleday. [...] Ela entendia as regras, as exigências e a disciplina da escolha de um livro, do trabalho editorial e até da necessidade de fazê-lo parecer melhor do que realmente era nas reuniões de vendas. [...] Ela fazia muito bem o dever de casa. Lembro que certa noite a vi enfiando dez livros sobre a Rússia numa mochila ao deixar o escritório. 'Apanhei na biblioteca', explicou, 'para me preparar para o livro no qual vou trabalhar agora.'

Claro que esse constante empenho no sentido de dominar as diferentes tarefas de uma editora não transformava a sra. Onassis em outra pessoa. Mas efetivamente lhe dava a oportunidade de ser realmente quem ela era, uma mulher incrivelmente brilhante e talentosa, com grande sensibilidade artística. Sua sensibilidade para os detalhes importantes da vida a haviam levado um dia a trabalhar como fotógrafa. E também a ajudava, assim como aos autores com os quais trabalhava, no processo editorial. Para a maioria dos escritores, ser editado é como entregar o primogênito a um médico no qual não se confia para uma delicada cirurgia que sequer se considera necessária. Mas serei sempre grato por sua eficiência. [...]

Tenho como uma de suas melhores lembranças o momento em que a vi depois de uma festa de lançamento, de pé, sozinha, em plena Quinta Avenida, às dez da noite, rindo ao fazer sinal para um táxi, bem à maneira clássica dos nova-iorquinos. Pareceu-me que ela não tinha medo de voltar para casa no meio da noite. Não havia ali segredos ou temores que ela já não tivesse enfrentado há muito tempo."

5

Paisagens inéditas

Na Doubleday, mesmo depois de se tornar editora sênior, Jackie perdeu mais batalhas do que venceu no corredor polonês do editorial e do marketing. Ao longo de sua carreira, foram incontáveis os livros que propôs sem que conseguisse o necessário apoio. Ela nunca teve total liberdade na escolha dos livros, embora fosse eventualmente afagada pelos donos do poder, que se davam conta do considerável trunfo que ela representava para a empresa, e não queriam correr o risco de perdê-la. Em certos projetos seus, eles simplesmente aquiesciam para continuar nas suas graças.

No caso de livros cujos direitos Jackie conseguia adquirir, havia outro desafio a enfrentar: despertar o interesse e conseguir o apoio dos representantes de vendas e do departamento de publicidade da própria empresa. Depois de deixar a Doubleday, Sam Vaughan descreveria as dificuldades habitualmente encontradas por Jackie e seus colegas. "Veja bem, na verdade, cada livro vem a ser comprado por uma editora mais de uma vez. A primeira vez é no momento de assinatura do contrato. Em seguida, ele sai do horizonte de todo mundo, mas não do editor, durante um ano, dois anos, ou cinco, ou dez anos que o autor leva para escrevê-lo. Vem, então, o momento em que ele volta e, apesar de existir um contrato, que pode ser importante, o livro terá de ser vendido de novo, do ponto de vista psicológico. Acontece que, se muito dinheiro foi investido no livro, e todos sabem disso, a tarefa do editor fica um pouco mais fácil. Todo mundo comemora quando o projeto deslancha. Mas isto só acontece com muito poucos livros. Os outros todos custaram dinheiro. Mas tenha o livro custado 50 mil dólares ou 200 mil dólares, isto não é de maneira nenhuma suficiente para convencer a empresa inteira. Eles têm de ser convencidos, idealmente, pelo próprio manuscrito."

Jackie tratava de seduzir os responsáveis pelas vendas da empresa com telefonemas e memorandos, e até entrava em contato com os compradores das livrarias para promover seus livros. Embora tivesse enorme trânsito com celebridades de todas as frentes, e apesar de, por sua própria posição, atrair o interesse de diferentes figuras políticas e de Hollywood, a maioria dos projetos de livro assim iniciados não se concretizava. Tendo visto o ator George Hamilton falar sobre sua vida num programa de televisão, Jackie manifestou interesse em que ele escrevesse um livro de memórias. Hamilton contratou um *ghost-writer* para apresentar uma proposta de livro, mas, quando ela foi entregue, viu-se que sua figura era absurdamente superestimada, apresentando-se como se fosse uma grande personalidade histórica. Segundo Lisa Drew, Jackie acabou recuando com este comentário: "Hmm... Ele é George Hamilton, e não exatamente Alexandre, o Grande."

Jackie leria mais adiante, numa coluna de fofocas, uma nota sobre a intenção de Dolly Parton de publicar suas memórias, por ela apresentadas como "algo exageradas, com um pouquinho de verdade, um pouco de humor e um pouco de sujeira, para vender". A reação de Jackie: "Bem, parece mesmo mais um marco cultural."

Gloria Steinem proporia a Jackie, mais tarde, um romance intitulado *The Beholding* [Ponto de observação], escrito por seu amigo Kenneth Pitchford, poeta e dramaturgo com obras já publicadas. Depois de ler o manuscrito, intrigante exploração de todo um universo de relações, sexualidade e crises interpessoais que evocava a década de 1960, Jackie entrou em contato com Pitchford por telefone para dizer que queria publicar o livro. Convidou-o, então, para um encontro em seu apartamento, juntamente com seu colega editor Michael Ossias, que também apoiava a aquisição do livro. Pitchford foi acompanhado de Steinem, e, ao chegar, os dois encontraram Jackie na calçada em frente a seu prédio, e acompanharam-na até o apartamento. Segundo Pitchford, Steinem tinha segundas intenções, além de apoiá-lo no projeto de publicar o livro: ela esperava que Jackie pudesse ajudá-la na publicação de uma matéria na revista *Ms.* "Steinem tinha lá seus interesses pessoais", recorda Pitchford. "Estava tentando chegar a Joan Kennedy, que se havia divorciado de Ted Kennedy, para descobrir como é que ela estava se saindo nesse momento de sua vida."

Pitchford lembra que foi recebido de braços abertos no apartamento de Jackie, e da conversa que se seguiu para quebrar o gelo. "As paredes e o teto do estúdio eram revestidos de um padrão amarelo vivo, um tecido estofado de estampa caxemira que também fora usado para forrar o sofá. Fui conduzido a uma poltrona, também magnificamente acolchoada, e todos nos sentamos. A primeira coisa que Onassis se preocupou em fazer foi ostentar suas posições liberais nas questões gays. Devo lembrar aqui que isto se passava poucos anos depois de Stonewall.* A anedota que ela contou não podia ser mais fora de propósito para um radical gay como eu. Ela falou de um luxuoso arremedo de casamento que ocorrera recentemente em Grosse Pointe, Michigan, entre Christina Ford e Imelda Marcos. [...] Quando lhe foi perguntado se havia comparecido, Onassis disse que não, mas que soubera de tudo por sua irmã, Lee, que tinha, de fato, comparecido."

Nesse momento, Jackie mudou o foco para o livro de Pitchford. "Onassis veio na minha direção e se sentou aos meus pés. Sentada no tapete persa com as pernas cruzadas, ela me olhou bem nos olhos e disse: 'Sr. Pitchford, o senhor é um grande escritor, e eu vou publicar o seu romance.' Algo assim pode virar a cabeça de qualquer escritor." Jackie disse a Pitchford que Ossias cuidaria do livro, sugerindo algumas mudanças no enredo. O autor recolheu-se, em silêncio. Referindo-se

*Referência aos episódios de confronto entre manifestantes homossexuais e policiais de Nova York ocorridos em junho de 1969 nas imediações do bar Stonewall Inn, e que deram origem ao movimento de defesa dos direitos LGBT (lésbicas, gays, bissexuais e transsexuais). [*N. do T.*]

a um dos personagens principais de seu romance, Jackie disse: "Você não pode permitir que Delia se case com aquele sujeito terrível!"

A conversa chegou ao fim quando Pitchford garantiu a Jackie que "pensaria" em sua sugestão. Observou ele: "Àquela altura, no fim do encontro, tendo tomado o cuidado de não interferir na minha conversa com Onassis, Steinem perguntou se Jackie poderia ajudá-la a entrar em contato com Joan Kennedy para uma matéria de capa da revista *Ms*. 'Não mantemos contato', disse Onassis, e ficou por isso mesmo."

Na verdade, Jackie ainda mantinha contato com Joan Kennedy e lhe escreveu, pondo-se à sua disposição no momento do rompimento com Ted. Segundo relatos dados a público, enquanto Joan enfrentava problemas em seu malfadado casamento, Jackie recomendou-lhe: "Estamos no século XX, e não no século XIX, quando as mulheres ficavam em casa num pedestal com as crianças e o seu rosário. [...] A sua vida é importante, tanto quanto ele, você o ama, mas não pode se destruir. [...] O fruto proibido é o que excita. E é preciso ser muito mais um homem de verdade para ter uma relação profunda com a mulher com quem vive. A rotina da vida de casado pode ser tediosa." Alguns anos depois, Joan Kennedy escreveria um livro sobre música clássica que veio a ser publicado pela Doubleday, e com frequência ia visitar Jackie em seu escritório, muito embora, segundo os antigos colegas, Jackie não tivesse desempenhado qualquer papel na aquisição ou edição do livro.

O livro de Kenneth Pitchford foi, afinal, recusado pelo comitê editorial da Doubleday, e só viria a ser publicado mais de vinte anos depois (apesar da entusiástica campanha de Jackie e do fato de ter sido considerado pela poetisa Adrienne Rich "um livro realmente notável, extremamente original, sério e belo"). Recordaria o autor: "Passado algum tempo, eu recebi uma comovente carta pessoal dela [Jackie], que ainda guardo, dizendo que a decisão do comitê editorial não me favorecera, supostamente por causa do tamanho do livro, da complexidade do estilo e do fato de eu ser relativamente desconhecido como escritor. Mas ela deixou claro que a leitura do livro significara muito para ela, pessoalmente. [...] Nas últimas palavras que me dirigiu em seu escritório, Onassis disse que esperava que eu não ficasse aborrecido pelo fato de algumas páginas terem sido manchadas por molho de macarrão salpicado na praia por seu descuidado filho John, cujo alojamento na Brown ela estava ajudando a decorar."

A assistente de Jackie no início da década de 1980 era uma jovem chamada Marcia Jacobs, filha do falecido poeta e memorialista australiano Jacob Rosenberg. Depois de preparar seu mestrado na Universidade de Nova York, Jacobs fez um curso de datilografia e acabou indo trabalhar no departamento de pessoal da Doubleday. Logo seria convidada a substituir Hope Marinetti, mas relutava em trabalhar para Jackie, pois acabava de se casar e não queria ter de enfrentar as pressões que supunha necessariamente associadas à função. Jacobs recordaria sua entrevista com Jackie. "Eu fui até o seu escritório. [...] Estava de collant preto e uma saia justa, e fui simplesmente entrando e me sentei. Nem me lembro do que falamos, mas foi uma conversa muito curta. E ela disse: 'Puxa, você é um amor. Gostaria de trabalhar comigo?'

Fiquei meio perplexa. Ela não perguntou se eu gostaria de trabalhar *para* ela, mas *com* ela. E eu disse: 'Tudo bem.' Não poderia lhe dizer não. [...] Eu não ficava embasbacada diante dela, nem me sentia intimidada de maneira alguma. E se revelou que eu era a pessoa certa, na medida em que ela era tão maternal e bondosa, e eu pude ver como ela se preocupava com os filhos e a maneira como manifestava interesse pela minha vida. O que estou querendo dizer é que eu era apenas uma garota da Austrália que tinha aparecido por ali.

Eu era jovem e realmente inexperiente em termos de integração a uma empresa. Sempre fui professora e estive sempre ligada à vida acadêmica na maior parte da minha vida adulta. [...] Comecei a trabalhar na Doubleday numa época em que a editora enfrentava sérios problemas econômicos. [...] Era tudo tão comercial na Doubleday, só se falava de dinheiro. [...] Lembro que o editor-chefe foi demitido. Acho que seu nome era Sandy Richardson, e lembro que ele saiu do escritório batendo a porta. Simplesmente deixou todos os seus pertences na mesa e foi embora. Ou seja, a coisa era realmente bem dramática. [...]

Tem outra história de que estou me lembrando agora. Richard Avedon telefonou certa vez, e eu me senti uma verdadeira imbecil. Eu não sabia quem era Richard Avedon. Dei-me conta depois de que Nova York inteira e o mundo inteiro sabiam quem era Richard Avedon, mas eu não. E por que haveria de saber? Eu era uma garota de Melbourne, na Austrália. Ele telefonou para o escritório, e eu o fiz soletrar seu nome. Eu tinha de ser muito protetora em relação a ela, e precisava tomar muito cuidado. Ele não achou graça nenhuma, mas eu o fiz soletrar seu nome. Contei a história a Jackie porque fiquei me sentindo realmente uma idiota. Ela se escangalhou de rir. Achou o máximo. Eu nunca a tinha visto rir daquele jeito. Ela se dobrava de tanto rir."

Como fazia com seus assistentes invariavelmente ao longo dos anos, quando Jacobs ficou doente, Jackie insistiu: "Você tem de marcar uma consulta com meu médico." Mais tarde, Jackie lhe diria: "Não se preocupe. Tenho um médico para cada parte do seu corpo." Comentou Marcia: "Outras pessoas e outros chefes que eu tive na vida certamente não tinham a simplicidade dela. Ela nunca tentava se impor. Era gentil, sensível, simplesmente notável. Sei que ela enfrentou muitas dificuldades com a imprensa. A imprensa inventava histórias a seu respeito, como costuma fazer. Havia, naturalmente, várias áreas da sua vida que ela fazia questão de manter separadas. Fico imaginando, retrospectivamente, que seu período na indústria editorial provavelmente a fez sentir-se normal, e, por outro lado, ela simplesmente se sentia atraída por esse universo tão interessante. É realmente um privilégio poder trabalhar, e acho que ela se deu conta disso. Por isso é que era tão boa no que fazia."

Jackie funcionava numa espécie de bolha de autoproteção emocional, compartimentalizando sua vida social e profissional, mas se mostrava proativa como editora e adorava tomar a iniciativa no lançamento de seus projetos. Gostava do processo apesar das frustrações que lhe eram inerentes, e logo se entregaria a outro ambicioso empreendimento que haveria de levá-la novamente à França. Para a produção de mais este livro de luxo, *Unseen Versailles* [Versalhes desconhecida], ela convocou o talento da fotógrafa de moda vanguardista Deborah Turbeville, cujo trabalho, cativante e irreverente, fora incluído em *Allure*, de Diana Vreeland.

Unseen Versailles é uma visita ao palácio real dos Bourbon muito depois de ele ter sido alterado, em sua importância, sua aparência e na própria alma, pela Revolução Francesa. Louis Auchincloss resume, numa longa introdução, o significado de Versalhes na época e hoje, reabilitando sua perene atualidade. As fotos de Turbeville parecem mísseis voltados contra os fantasmas do século XVIII. Estátuas de granito decapitadas jazem pelo chão, e nos corredores e recantos abandonados se acumulam fragmentos e ruínas. Na pomposa concepção de Turbeville, modelos usando complicados costumes franceses da época habitam os aposentos privados de Madame du Barry e Madame de Pompadour, a astuciosa amante de Luís XV, mecenas das artes muito admirada tanto por Jackie quanto pela fotógrafa. Não se tratava da Versalhes dos guias turísticos, mas de um lugar mais sombrio e solene, no qual, para citar Percy Bysshe Shelley, "nada resta".

Jackie aceitou redigir uma breve e elegante nota editorial: "Mais um livro fotográfico sobre Versalhes? As prateleiras de livros de luxo já não estão abarrotadas deles? Mas espere um momento. Embora seja perfeitamente verdadeiro que os jardins e os aposentos reais foram muitas e muitas vezes apresentados em esplêndidas e clássicas imagens de grande deslumbramento formal, o fato é que ninguém até hoje viu o palácio e o seu entorno da maneira como Deborah Turbeville os viu. [...] Nós queríamos combinar ao retrato formal de Versalhes apresentado por Louis Auchincloss o sonho de Deborah Turbeville; unir um mestre da precisão e uma amante da poesia."

Em agosto de 1979, de Hyannis Port, Jackie mandou a Ray Roberts um bilhete que dava a entender que Louis Auchincloss estava "muito interessado" em contribuir para o projeto, manifestando a esperança de Jackie de que ele fizesse o mesmo, e encerrava com as seguintes palavras: "Papa fina! Cruze os dedos." Auchincloss relataria de que maneira Jackie o convenceu a escrever a introdução. "A proposta de Jackie de que eu escrevesse o texto foi feita da sua habitual maneira sedutora: 'Só um escritor muito à vontade com o período seria capaz de escrever esse texto. Estou imaginando encontrá-lo na Galeria dos Espelhos, e faço ideia do que você não poderia dizer a quem estivesse por ali.'"

Auchincloss explicou a maneira como ele e Jackie abordaram o texto: "Eu procurei deliberadamente equilibrar a audácia artística das imagens do livro com o conservadorismo da introdução: uma fusão entre o romântico e o clássico. Jackie gostou da ideia, mas, ao mesmo tempo, ela a deixava preocupada. Ela achava que precisávamos de um parágrafo para rebater as críticas, explicando que a diferença de tom entre o texto e as fotografias era intencional. Explicou-me que o que estava tentando dizer aos leitores era o seguinte: Você tem aqui um duplo pitéu, e só tem a lucrar com isto: uma brilhante e bem estruturada história de Versalhes em palavras e uma impressão fragmentária do palácio em fotografias e colagens."

Descrevendo a maneira como o projeto chegou-lhe às mãos e as subsequentes "frustrações da produção", Deborah Turbeville disse-me: "Jackie Onassis tinha um jeito muito especial de trabalhar como editora, como você provavelmente já sabe. E gostava sempre de estabelecer elos entre seus livros. Desse modo, vinha fazendo livros sobre Atget, ou sobre a Versalhes de Atget, coisas assim. Queria, então, fazer mais um livro sobre Versalhes, e foi levada por... acho que o nome dele era Howard Adams, que dirigiu as comemorações do bicentenário, para um tour pelos aposentos privados de Versalhes. [...] E se apaixonou por esses aposentos, e teve a ideia de fazer um livro sobre os *petits appartements*, transmitindo, por meio do texto e de fotografias de forte poder de evocação, como as coisas poderiam ter sido na época. Foi, então, que pensou em mim para fazer as fotos. Era mais ou menos como se ela quisesse ligar a Versalhes de Atget a uma jovem fotógrafa que tinha sido usada por Vreeland em *Allure*, para produzir um novo livro sobre Versalhes. [...]

Foi realmente muito divertido, pois ela me telefonou. Eu costumava ficar no apartamento de um amigo quando vinha a Nova York, pois não tinha mais uma casa na cidade. Eu estava, então, hospedada na casa de amigos que estavam viajando pelo interior, e tinha total liberdade para usar... Como é que se chama mesmo a maquininha em que ficam as mensagens? Secretária eletrônica. Certa noite, voltando para casa, liguei a secretária para ver se havia mensagens para mim e ouvi aquela voz, a voz mais famosa do mundo, dizendo: 'Alguém aí sabe onde encontrar Deborah Turbeville? Aqui é Jackie Onassis, e estou querendo falar com ela para ela fazer um livro comigo.' Eu não estava acreditando, pois não tinha a mínima ideia de que ela pudesse propor uma coisa assim.

Tratei, então, de chamá-la de volta, e ela simplesmente não parava de falar sobre como seria genial, e mais isto, e mais aquilo, até que disse: 'Você tira um tempo, então, para pensar no assunto. Temos bastante tempo.' Estávamos no meio do inverno. Voltei na primavera e ela me convidou para almoçar em seu apartamento com Howard Adams, e ficamos ali conversando algumas horas sobre o projeto, tentando imaginar como poderia ser concretizado. Eu devia encontrar Howard Adams em Paris e procurar o curador que lhe havia mostrado os compartimentos privados para ver o que Jackie havia visto. E, a partir daí, nós tocaríamos o projeto.

Fiz, então, a viagem e visitei os aposentos e tudo mais. No meio disso tudo — foi algo realmente divertido —, o sujeito que era curador [...] ficou segurando as coisas. [...] Jackie estava ficando cada vez mais ansiosa. Temia perder o projeto, que ele não fosse adiante, e sabia que é melhor forjar o ferro enquanto ele ainda está quente, esse tipo de coisa. Ela conseguira despertar o interesse na Doubleday, mas sabe como é, outras coisas acabam aparecendo. Finalmente, ela me telefonou certo dia e disse: 'Sabe de uma coisa? Acho tudo isso ridículo. Posso simplesmente telefonar ao meu primo Louis Auchincloss e tenho certeza de que ele se prontificará a escrever a introdução, e vai fazer um excelente trabalho.' Foi, então, o que ela fez, e foi assim que o livro realmente deu a partida.

Em seguida, ela e eu fomos para Paris para conseguir autorização do curador para tirar as fotos [...] o que não foi fácil. Havia muito protocolo, ele se mostrava cético e estava todo mundo nervoso. Era muito burocrático. [...] Ela, naturalmente, viajou separadamente, e se hospedou no Crillon, e eu fiquei no meu apartamento. [...] Saímos, então, no dia seguinte, e a coisa toda parecia um conto de fadas. Todo aquele ar de conto de fadas da Versalhes de Luís XV foi o que realmente nos cativou. E, aí, lá estava Jackie com a cabeça para fora da limusine quando o motorista passou pela guarda. Parecia uma coisa de Monty Python. Entramos no santuário de Versalhes e tivemos uma reunião com o curador. Ele ficou tão encantado com ela que disse: 'Tudo bem, tudo bem, tudo bem, podem ir em frente.' E assim foi. Realmente inacreditável!"

Sempre eloquente e espirituosa, Turbeville prosseguiu: "Em Paris, Jackie estava constantemente me telefonando para saber como as coisas andavam. Eu nunca antes tinha fotografado compartimentos vazios, e estava um pouco nervosa sobre como seria melhor fazê-lo. Não tinha, na época, a confiança que tenho hoje, depois de fazer esse tipo de trabalho por tantos anos. E aí comecei a pensar, não sei se um livro em que eu simplesmente tiro fotos de quartos vazios vai servir para alguma coisa. Foi realmente um terrível desafio, pois eu ficava pensando: cá estou eu com a missão de fazer um livro para Jacqueline Onassis; se não o fizer, vou me arrepender pelo resto da vida, e, se fizer, posso cometer um erro horrível, pode ser muito ruim. E eu ficava entre essas duas coisas.

"Eu tinha uma maravilhosa estilista francesa que fazia figurinos para teatro e tinha muita experiência, e fomos as duas, então, a Versalhes, e ficamos muito desanimadas, pois realmente tivemos a sensação de que não ia dar pé. Sentamos no café em frente ao palácio de Versalhes, conversando para tentar entender que diabos poderíamos fazer. Era realmente desolador, e eu ficava lhe contando o que encontrava nesses aposentos. E ela disse: 'Mas você tem que usar gente, Deborah. Tem que se usar modelos. Precisa pedir autorização para usar modelos.'

"Larguei tudo, então, e telefonei para Jacqueline, fazendo-lhe a proposta. E ela disse: 'Puxa, Deborah, é muito perigoso, duvido que eles autorizem. Podem até nos botar para correr se você começar a criar caso. Acho que não vai dar pé' — e coisas assim. E eu apenas disse: 'Mas veja bem, Jackie, eu tenho de insistir. O que é que eu estou propondo? Não estou fazendo nada, apenas botando algumas pessoas nas imagens para ilustrar um pouco. Qualquer pintor faz isto. Por que eu não poderia?' Finalmente, ela concordou, dizendo: 'OK, vou telefonar ao curador.' E foi o que ela fez, e acabou por convencê-lo.

"Assim foi que nós fomos em frente. Puxa, mas as coisas que eu tive de fazer! — como, por exemplo, contratar animais de estimação, como macacos e corujas adestrados, e nem sei mais o quê, e toda aquela fauna, um cabeleireiro britânico maluco, que fazia questão de usar aquelas gigantescas perucas brancas tingidas, insistindo em que eram autênticas — perucas cor-de-rosa chocantes e coisas do tipo —, e toda aquela parafernália subindo e descendo escadas, e estávamos no meio do inverno, faltava eletricidade, tínhamos de usar luzes artificiais às vezes, e sair improvisando para tentar fazer o melhor possível com uma pequena fonte elétrica. E depois descer às nove da noite com dois guardas nos meus calcanhares o tempo todo, segurando candelabros porque não havia luz para ir até lá embaixo com toda aquela equipe."

Da rotina diária fazia parte fornecer fotos Polaroid das sessões em andamento para aprovação do curador. "O problema", prossegue Turbeville, "foi que ele ficou furioso e começou a espalhar notícias estranhas, e foi atrás da sra. Onassis. Disse-lhe que ouvira dizer que essa tal 'Lady Hamilton', a fotógrafa, estava fazendo fotos pornô — ele me confundiu com David Hamilton, que fazia pornô *soft* —, pois estava fotografando modelos de anáguas e coisas assim. E Jackie disse: 'Posso lhe garantir, blá-blá-blá e mais não sei o quê', e à meia-noite ela estava me telefonando para dizer: 'Não posso deixar de lhe contar essa história! Ele acha que você é David Hamilton. Já imaginou, Deborah? Estávamos lá no escritório dele, e ele tinha por cima da cabeça uma velha pintura de Boucher com um cara metendo a mão nas partes da menina.' Pensei: Meu Deus, se essa conversa internacional for ouvida por telefonistas que reconhecerem sua voz — era muito divertido! 'Como é que ele tem a audácia de dizer uma coisa assim sentado debaixo daquela pintura!' Você provavelmente sabe, mas Jackie nunca deixava de dizer o que pensava. [...]

Era uma história hilariante atrás da outra. Jackie estava sempre por perto, nunca se distanciava. Ficava no telefone, e dizia: 'Quando é que você vai voltar? Precisamos resolver isto. Não quero perder mais tempo. Receio que eles ponham a coisa toda em banho-maria', esse tipo de coisa. Eu nunca trabalhei com um editor assim, que se envolvesse tanto em todos os níveis. Hoje em dia, não existem mais editores assim."

Prossegue Turbeville: "Jackie conhecia a história de trás para a frente. Na verdade, ela me fez voltar depois e contratar um guia para percorrer todos aqueles compartimentos, conseguir toda a mobília de época. O que se verificou, naturalmente, é que estava tudo misturado, e a gente encontrava uma mesa Luís XVI num quarto Luís XV, algo assim, pois o fato é que eles simplesmente compravam no mercado de pulgas o que conseguiam encontrar. E ela disse: 'Agora vou querer um apanhado de tudo o que havia nos aposentos. E vamos conseguir a história dos grampos de cabelo, a história dos grampos de cabelo de Maria Antonieta e do dia da revolução.' Eu estava apavorada, com medo de não conseguir o que ela queria. [...]

Para fazer um livro assim, eu tive de romper todas as regras, para que ele fizesse algum sentido. [...] Lembro que, em meu quarto, tinha um enorme quadro de avisos, e ia ticando cada dia que passava à medida que avançávamos. Precisava começar a imaginar como é que faria para que toda aquela loucura que vinha fotografando formasse uma unidade no livro. [...] Eu tinha dois projetos de diagramação, um extremamente tradicional e clássico, e outro da maneira como eu imaginava que o livro seria mais interessante. Disse, então, a Jackie: 'Vou mostrar os dois, mas espero que o diretor de arte, Alex Gotfryd, prefira o que eu estou propondo.'

Eu estava em Block Island, e voltei apenas para a reunião, de modo que ela ainda não vira o que eu tinha em mente. Foi, então, que viu o projeto pela primeira vez no escritório dele, e adorou, e ele também adorou. Acho que Jackie tinha uma excelente relação com ele, e os dois se entendiam em tudo. Quando chegamos a esse ponto, ela já tinha conversado com ele e falado a meu respeito. Alex olhou para os dois projetos gráficos e disse: 'Muito bem, não tenho a menor dúvida. Essa coisa muito especial que você fez é o que devemos adotar, e precisamos apenas conseguir para você um designer muito especial para que tudo aconteça.' Foi assim que conseguimos Michael Flanagan. Mas foi o fato de Jackie me apoiar 150% que ocasionou esse resultado."

Turbeville lembrou que Michael Flanagan tinha uma bela caligrafia e escreveu legendas para as fotos com citações de fontes primárias. As legendas, como fragmentos da história, foram ideia de Turbeville, mas ela teve de vencer a resistência de Jackie, pois a editora temia que as legendas pudessem contrariar Auchincloss, responsável pelo resto do texto. Flanagan forneceu-me trechos de um manuscrito inédito intitulado "Famous" [Famosa], relatando sua colaboração com Jackie ao longo dos anos, desde que se conheceram em 1980.

Um belo dia, sem mais aquela, fui contratado por Alex Gotfryd, principal diretor de arte da Doubleday, para conceber um livro "especial" de Jackie, intitulado *Unseen Versailles*. Na época, eu só tinha concebido um ou dois livros de fotografias, e me sentia como um noviço. [...] Alex explicou pelo telefone que tinha me escolhido para Versalhes porque, no seu dizer, Jackie queria que o livro fosse concebido por "um artista de verdade" [...].

Algumas semanas depois, tivemos uma reunião de planejamento na Doubleday a respeito de *Unseen Versailles*. Além de Deborah Turbeville e eu, várias pessoas da equipe estavam presentes, entre elas Alex e, naturalmente, Jackie. [...] Quando Jackie e sua assistente entraram na sala, Alex nos apresentou. Ao apertar a mão dela, tive a impressão de estar contemplando um rosto conhecido. Um rosto que todos julgamos conhecer. A imagem de um milhão de capas de revistas, tão emblemática quanto Abe Lincoln ou Marilyn Monroe.

"Caramba", disse eu. "Você parece tão... familiar!"

Ela sorriu, como quem se desculpasse.

Gostei dela por isso; mas ainda não estava disposto a reconhecer que também queria que ela gostasse de mim. Passei os primeiros quinze minutos da reunião tentando ignorá-la. O que estaria querendo provar? Que não podia ser seduzido? Finalmente, quando olhei para o rosto de Jackie, estudei-a com certa culpa, com mesquinharia, secretamente — como se esperasse que seus traços revelassem algo mais, algo além da simples topografia de carne e osso.

Mas não havia nada mais. Apenas uma mulher atraente e vestida como profissional, com um par de óculos perfeitamente indiferente pendurado no pescoço, carregando uma bolsa e um bloco de notas amarelo. Ela se sentou ao meu lado. Tomou notas durante a reunião. A mesa estava coberta de fotografias. Jackie tirou da bolsa uma caixinha de balas Tootsie Roll e a fez circular. "Alguém quer?" Uma hora depois, fizemos uma pausa para o café, e Jackie se derramou. [...]

Estávamos ali para tomar as decisões fundamentais sobre o livro: dimensões, tipo de encadernação, mancha, imagens, impressão etc. Ninguém parecia perturbado pelo fato de Jackie estar ali; mas eu achava a coisa irritante. Tanta polidez entre nós, toda aquela etiqueta! Como se não houvesse nada de estranho no fato de estar naquela sala abafada, compartilhando balas com a mulher mais famosa do universo. [...]

Jackie não fazia segredo de seu fascínio pelos aristocratas. Era contagiante o prazer que sentia com suas maluquices. Estava lendo os diários de Saint-Simon e outros relatos sobre a vida na corte francesa no século XVIII em busca de citações interessantes para nosso livro. [...]

"Versalhes está cheia de fantasmas", disse Jackie.

Eu confessei que nunca fora à França.

"Oh, precisa ir um dia. Você irá."

Louis Auchincloss descreve a irônica visão de Jackie sobre sua "parceria" com Turbeville. "Jackie ficou satisfeita com o livro quando ele finalmente foi impresso, e foi até além de seu habitual entusiasmo ao escrever em meu exemplar: 'Seu texto é puro esplendor.' Mas o contraste entre minha prosa e as fotografias de Deborah parecia sugerir-lhe uma divertida dessemelhança em nossas personalidades, pois ela acrescentou: 'Prevejo toda uma série de livros de vocês dois, amarrados pelos tornozelos e percorrendo o mundo juntos a interpretar grandes monumentos do passado. Quem sabe da próxima vez ela permitirá que você se caracterize para aparecer em algumas das fotos...'"

Embora Turbeville e Hillary, na verdade, tivessem pouco contato direto — diria ela: "Cada um de nós cuidava do seu lado" —, os dois concordaram, estimulados por Jackie, em trabalhar juntos em outro livro, intitulado *Newport Remembered* [Lembranças de Newport], com fotografias e texto sobre a suntuosa meca da alta sociedade que foi a Rhode Island histórica. Comenta Turbeville: "Eu pedi a Jackie para fazer esse livro, e ela não pôde. Foi numa época em que a Doubleday não estava muito inclinada a fazer livros assim, eles não se interessaram. Ela ficou muito chateada e me recomendou a outra pessoa, que estava na direção da Abrams. Ele concordou, e ficou encantado."

Quando o livro sobre Versalhes ainda estava em andamento, Louis Auchincloss apresentou a Jackie a ideia de outro livro de profundo significado pessoal para ele e sua mulher, Adele, uma pintora. Com esse livro, Louis e a mulher concordavam em que a privacidade de sua família fosse invadida, sob a supervisão de Jackie. Escreveu ele: "Nosso projeto seguinte foi *Maverick in Mauve* [Inconformista de lilás]. Eu descobrira o diário da avó de minha mulher, Florence Adele Sloane, escrito na década de 1890. [...] Como ela era membro da família Vanderbilt, o diário proporcionava uma interessante visão 'dos bastidores' da belle époque em Manhattan, com seus dourados e enfeites. Jackie concordou comigo no sentido de que o diário representava um documento sociológico de certo valor, e decidiu publicá-lo, mas teve problemas com a direção da Doubleday, que o achou um pouco fraco, mas finalmente concordou em levar o projeto adiante se eu escrevesse um comentário para explicar as diferentes entradas, o que eu fiz com prazer.

Jackie e eu discutimos por causa das ilustrações. Eu queria que fosse um documento estritamente histórico, estabelecendo para cada fotografia da família (eu tinha muitos álbuns) uma cuidadosa relação com determinado episódio do diário." Enquanto Auchincloss queria seguir estritamente a cronologia das fotos, em sua relação com o texto do diário, Jackie preferia selecionar fotos que lhe parecessem interessantes, independentemente das datas. Quando ele objetou, ela respondeu: "Mas precisamos ser assim tão técnicos?", e o provocou amigavelmente, dizendo: "Puxa, Louis, não seja tão professoral!" Com um sorriso matreiro, Auchincloss comentou comigo: "Foi, então, que me dei conta de que, se você tem uma editora que foi primeira-dama dos Estados Unidos, vai sair perdendo nas discussões." Ele comentou também, em tom mais sério: "Retrospectivamente, acho que ela estava completamente certa. As imagens contam a história tão bem quanto o texto."

Maverick in Mauve é ao mesmo tempo três livros: o diário de uma época romântica escrito por uma de suas participantes privilegiadas, um álbum de mais de oitenta fotos de época que retratam a vida urbana da virada do século em Manhattan, e o comentário moderno fornecido pelo romancista. A própria Florence Sloane era neta de Cornelius Vanderbilt, o magnata das ferrovias que, a certa altura, foi o homem mais rico da América. Seu diário começa em 1893, quando ela tinha 17 anos, fazendo a crônica das frustrações de uma adolescente abastada cuja família a prende demais para o seu gosto. Trata-se de um olhar irresistivelmente comovente dirigido para uma era de opulência.

Ser uma Vanderbilt tinha suas vantagens. A família Vanderbilt decidiu fazer uma avaliação da extensão e da saúde das florestas americanas, e contratou o conservacionista Gifford Pinchot para proceder ao levantamento. A jovem Sloane passou a manter correspondência com Pinchot, e com isso tomou conhecimento de coisas que fugiam à esfera mais circunscrita dos chamados Quatrocentos, referência aos quatrocentos poderosos industriais e financistas como os Vanderbilt, que se considerava, na época, estarem no controle do país. Mais importante, sentiu-se inspirada, com isso, a redigir seu próprio diário. Ela se apaixonou por Pinchot, mas infelizmente não foi correspondida. Seu diário registra a corte que recebeu de seu futuro marido, James Abercrombie Burden Jr., ex-aluno de Harvard por ela considerado "muitíssimo interessante" e "completamente maluco por este país".

Seu diário indica que ela se sentia mais inclinada por outro pretendente, Frederick Beach, mas ele tinha quinze anos a mais do que ela e, portanto, a relação não era socialmente aceitável. O dever falou mais alto, até quando ela escreveu uma avaliação com a qual Jackie poderia se identificar: "Se me casar com um homem de sociedade, haverei de limitar enormemente minha vida a esse meio, e provavelmente terei muito pouco convívio com o tipo de pessoa com que gosto tanto de conversar. Gosto de debates e boas discussões. Gosto de falar de livros e de tantas outras coisas, e sentiria uma enorme falta se isso não estivesse ao meu alcance. Mas estará." Adele e o marido viajaram para a Índia e o Japão na lua de mel, servindo essa viagem ao redor do mundo pelo menos como forma de consolo para um casamento que não era propriamente baseado no amor. O diário de Adele prosseguiria de maneira episódica até a perda da primeira filha.

Adele raramente se refere a questões de dinheiro ou classe social, pois tais coisas não eram mencionadas na sociedade culta. O que o diário de fato proporciona, com a ajuda do comentário interpretativo de Auchincloss, é uma explicação dos valores e costumes da classe privilegiada dos primeiros industriais americanos. Ouvindo-o, era fácil entender por que Auchincloss se sentiu atraído por esse panorama do próprio passado por meio da família da mulher, e talvez ainda mais compreensíveis sejam as semelhanças que a editora do livro poderia constatar entre Florence Adele Sloane na década de 1890, e o início de sua própria vida em Newport no fim da década de 1940 e no início da década de 1950.

Segundo Auchincloss, Jackie ficou "obcecada" com a heroína e autora do diário, pressentindo que o livro teria um apelo todo especial para as mulheres, e comentou: "Fiquei encantada com ela. Eu, assim como muitas mulheres hoje, sinto-me constantemente fascinada pelo que minhas antepassadas pensavam, sentiam e faziam." Auchincloss cedeu-me o texto de um dos memorandos de Jackie, que ele viria a publicar em 1997, mostrando seu enorme talento como editora, e também sua sensibilidade. Provocando gentilmente o autor, Jackie escrevia: "Você poderia descrever o que acontecia então, no mundo, para situar o leitor no momento histórico. Quem era o presidente? Quem era o rei? Quais eram as questões nacionais, os escândalos, as manchetes do dia, o que estava sendo escrito, o que era lido? Quem eram os artistas populares e de vanguarda? Já existiam luz elétrica e carros, ou cavalos e carruagens? Como eram os salários, as horas de trabalho, o tamanho das equipes de domésticos nos diferentes níveis econômicos etc?"

Os longos memorandos de Jackie deixam claro que ela era bastante específica a respeito de determinados trechos do manuscrito. Por exemplo, num trecho que começava com "Com Harry em New Haven", Jackie quis saber mais sobre a vida da jovem que escrevia o diário e os costumes da época: "Ela saiu em viagem de fim de semana com os colegas universitários? E tinha acompanhantes femininas? Você poderia analisar os rituais de corte no ambiente de Florence."

As anotações editoriais de Jackie revelam por que ela se identificava com Florence e tinha tanto afeto por ela. "Ela se vê isolada e sufocada em Nova York. Só em Lenox sente-se livre — as cavalgadas e piqueniques, sua paixão pela natureza. Como a vida na cidade era aprisionante — até nas roupas!

Mais uma vez, o amor é a única aventura. Ela me lembra Natasha.

Você não gostaria de discutir em outra parte do livro se na época as mulheres tinham acesso a algum método de controle da natalidade?"

Pouco antes da publicação do livro, no outono de 1983, Jackie sugeriu ao autor uma festa de lançamento no Museum of the City of New York.

Auchincloss era, na época, o presidente do museu, e se disse disposto a pagar pelo evento, embora com certa relutância. Recorda-se ele: "Eu disse: 'Sim, podemos fazer a festa no museu. Eles têm lá muitas fotografias desse período.' Eu disse: 'Eu pago pelo evento. É só uma questão de arranjar um monte de tachinhas para montar a exposição das fotos.' Bom, sabe como é, na verdade. teríamos de destinar uns 2 mil dólares para a coisa — Jackie era muito mão-fechada, nunca se conseguia um único centavo dela. Mas eu não queria pagar pela festa. Tentei convencer Johnny Sargent, da Doubleday. Ele se mostrou relutante, mas, quando eu finalmente disse 'Vamos, então, usar copos de papel', ele respondeu: 'Caramba, você não pode fazer isso!' E foi assim que providenciamos a festa.

Foi, então, que aquela mulher, como é que se chama mesmo?... Nancy Tuckerman, que eu pensava ter alguma influência sobre Jackie. Mas não tinha nenhuma. Era uma escrava. Ela me telefonou e disse: 'Jackie disse que haverá fotógrafos na festa.' E eu retruquei: 'Fotógrafos! Tantos quantos eu conseguir!' E completei: 'Jackie quer uma festa publicitária. Mas não venha me dizer que ela não sabe o que é publicidade.' E Nancy respondeu: 'Bem, de qualquer maneira, ela diz que vai se sentir como um peixe exibido no aquário. Ela não irá.' E eu disse: 'Nancy, foi ela que me convenceu a dar essa festa. Ela que me fez pagar pela festa. Se ela não vier, quero que você lhe diga que vou escrever-lhe uma carta dizendo: Trata-se de um gesto de quem não é amigo.' A ideia era dar publicidade ao livro, e como é que poderíamos fazê-lo sem a imprensa? Bom, é claro que Jackie chegou cedo, ficou até tarde e praticamente fez a festa. Quando a gente diz que ela fez merda, ela sabe perfeitamente se recompor e corrigir o que fez."

Na festa, Jackie logo tratou de encontrar um recanto sossegado para conversar com membros da família Auchincloss e amigos. Em dado momento, teve uma longa conversa com a jornalista e escritora Marie Brenner, que publicara um artigo no *Los Angeles Times*. O foco de Jackie estava totalmente voltado para o livro, e Brenner percebeu sua identificação com a autora do diário, transmitida por Jackie sem o mais leve toque de ironia quanto aos possíveis paralelos com sua própria vida, como, por exemplo, sua experiência de aborto: "O que me comovia mais era o espírito dessa mulher, a dignidade com que levava a vida e seu caráter. O fato de que sua vida parecia ideal, e de repente ela é atingida por uma tragédia — quando perdeu o filho, por exemplo. E de que sua vida não seria, afinal, tão perfeita assim, de que teria enormes dificuldades, mas, de alguma forma, seu espírito e seu caráter haveriam de permitir-lhe seguir em frente. A gente se dá conta, especialmente vendo-a escrever de maneira tão comovente sobre a perda do filho, de como sua vida podia ser difícil."

Prosseguindo em suas reminiscências, Auchincloss observou: "Ela ficou feliz quando eu lhe disse que tinha outro livro, *False Dawn* [Falso alvorecer] (1984), uma série de ensaios biográficos sobre mulheres do século XVII, que eu esperava pudesse ser publicada por ela: 'Estou muito feliz por ainda termos *False Dawn* para trabalhar, pois cada passo de *Maverick in Mauve* foi uma total satisfação. Eu passo por terríveis períodos de retirada, e sinto a depressão que as pessoas costumam experimentar quando acabam de fazer um filme — acaba toda aquela empolgação e a diversão, é hora de voltar às rotinas do dia a dia. Fazer livros com você tem sido o maior barato, e você tem se mostrado tão paciente e divertido o tempo todo. Pelo menos ainda temos mais um (e estarei sempre rebuscando as ideias por mais outro) para fazermos juntos.'"

O novo livro teria como subtítulo *Women in the Age of the Sun King* [As mulheres na época do Rei Sol], e subentendia, aparentemente, todo um discurso sobre a situação das mulheres no reinado de Luís XIV, mas se tratava, na verdade, de um relato sobre os vários personagens reais femininos que giravam em torno da corte do Rei Sol, e não de uma análise de questões de desigualdade de gêneros. O livro deixa claro que as mulheres da nobreza eram peças de barganha nos jogos da sucessão real. Seus casamentos eram predeterminados, suas opiniões, menosprezadas ou ignoradas, e suas opções, muito reduzidas — ou iam na onda das maquinações da ambiciosa aristocracia ou entravam para um convento e dirigiam seus hormônios ao serviço do Senhor, com o qual podiam considerar-se casadas.

Auchincloss escreveu breves ensaios sobre quatorze mulheres notáveis do século XVII, todas tendo vivido à sombra de Luís XIV.

Cada uma delas valeu-se da inteligência, da fé ou da sexualidade para influenciar o curso da história, às vezes ajudando o monarca, às vezes diminuindo sua influência ou contribuindo para os esquemas desta ou daquela casa nobre. Um dos horizontes descortinados por este breve livro é a demonstração da complexa teia de genealogia real que transcendia fronteiras nacionais. Os soberanos de Inglaterra, França, Espanha, Holanda, Itália, Áustria e outros países eram aparentados, em maior ou menor grau, e muitas das guerras e tréguas refletiam rearranjos do patrimônio genético real visando conseguir vantagens verdadeiras ou supostas.

O autor sustentava a tese de que o fim do século XVII dera origem à primeira e hesitante floração do feminismo, ainda que sob disfarces inteligentes, para evitar a repressão real, donde o título *Falso alvorecer*, necessário episódio precursor da verdadeira emergência do feminismo dois séculos depois. É possível que ele tenha exagerado um pouco, mas efetivamente levantou uma tese intrigante, coerente com a visão histórica de Jackie. Observou Auchincloss: "Ela leu o livro e logo começou a trabalhar, como transparece em outro [...] memorando que me mandou", recomendando que projetasse uma lente penetrante em seu tema:

> A coisa mais difícil que eu jamais tive de fazer foi editar o seu texto imaculado. Espero que você proteste ruidosamente, e que eu venha a aprender muito com você nesse processo.
>
> Por favor, se dê conta de que a gente fica obsessiva e procurando os menores defeitos quando edita um manuscrito recheado de fatos, numa sessão concentrada. Percorri o seu texto num dia e numa noite em Martha's Vineyard. Não tem nada a ver com a leitura de algum livro por puro prazer, e é possível que eu tenha exagerado nos meus cuidados.
>
> [...] Eis o que eu decidi que é o meu sentimento; o livro parece, às vezes, um pouco concentrado em certos pontos, é mais para um público inglês do que americano. Será que você não poderia arejá-lo um pouco em determinados pontos de maior concentração da informação? Será que não poderíamos ter algumas histórias mais encantadoras e afiadas?

ALFRED EISENSTAEDT/TIME & LIFE PICTURES/GETTY IMAGES

Jackie em seu escritório na Viking Press, Nova York, janeiro de 1977.

ALFRED EISENSTAEDT/TIME & LIFE PICTURES/GETTY IMAGES

Jackie, mulher profissional: seu primeiro dia no emprego na Viking Press, 22 de setembro de 1975.

ALFRED EISENSTAEDT/TIME & LIFE PICTURES/GETTY IMAGES

No escritório da Viking Press, o editor Thomas Guinzburg posa com a recém-contratada editora e ex-primeira-dama, 22 de setembro de 1975.

ALFRED EISENSTAEDT/TIME & LIFE PICTURES/GETTY IMAGES

Jackie com o mentor da Viking Press/Studio Books, Bryan Holme, no escritório da editora, tendo nas mãos o livro que publicaram juntos, *In the Russian Style*, janeiro de 1977.

RON GALELLA/WIREIMAGE

TOM WARGACKI/WIREIMAGE

Em cima: Jackie e o amigo Karl Katz chegam à inauguração da mostra “The Glory of Russian Costume” no Metropolitan Museum of Art, 6 de dezembro de 1976.

Em baixo: Jackie e o escritor e artista plástico William Walton chegam ao International Center of Photography para a inauguração da mostra “Fléeting Gestures: Treasures of Dance Photography”, 6 de novembro de 1978.

TOM WARGACKI/WIREIMAGE

TOM WARGACKI/WIREIMAGE

RON GALELLA/WIREIMAGE

JIM BOURG/LIAISON

Ao lado, no alto à esquerda: Jackie e o presidente da Doubleday, John Sargent, no Doubles Club, Sherry Netherland Hotel, 18 de fevereiro de 1976.

Ao lado, no alto à direita: Jackie chegando para ver a peça *Amadeus* no Broadhurst Theater, 2 de janeiro de 1981.

Ao lado, embaixo: Jackie e o primo por afinidade Louis Auchincloss, um de seus autores, no Metropolitan Museum of Art, na cerimônia do Prêmio de Honra de Arte e Cultura do Prefeito de Nova York, 27 de novembro de 1978.

Acima: Jackie chega ao casamento da filha Caroline com Edwin Schlossberg em Centerville, Massachusetts, 19 de julho de 1986.

ROBERT ROSAMILIO/NEW YORK DAILY NEWS ARCHIVE VIA GETTY IMAGES

BRIAN QUIGLEY/TIME & LIFE PICTURES/GETTY IMAGES

Em cima: Jackie apoia a luta contra empreiteiros da Manhattan Tower, 30 de julho de 1987.

Em baixo: Jackie e Maurice Tempelsman protegidos por um guarda-chuva a caminho de evento beneficente em prol da John F. Kennedy Library, janeiro de 1990.

TIME & LIFE PICTURES/DMI/GETTY IMAGES

À direita: Jackie em Nova York, início de janeiro de 1990.

Abaixo: Jackie com Maurice Tempelsman e o jornalista Bill Moyers, 3 de novembro de 1992, antes da publicação de *Healing and the Mind*.

ROBIN PLATZER/TIME & LIFE PICTURES/GETTY IMAGES

JOHN MOTTERN/AFP/GETTY IMAGES

Acima: O então presidente Bill Clinton com Jackie e John Jr. na inauguração da recém-reformada John F. Kennedy Library em Boston, 29 de outubro de 1993.

Abaixo: John Jr. e Caroline em Manhattan após a morte da mãe, 22 de maio de 1994.

JON LEVY/AFP/GETTY IMAGES

Será que esse ou aquele ensaio seria distorcido com a inclusão de uma anedota aqui e ali, para descrever mais plenamente uma pessoa, um lugar? Eu sempre achei que Henriqueta Ana Stuart deve ter sido uma das mulheres mais encantadoras que jamais pisaram neste planeta. Não poderíamos ter um pouco mais sobre ela? E Sarah Churchill encontrando na escrivaninha do falecido marido o tufo de cabelo que lhe havia dado. Eu conheço apenas as anedotas óbvias. Você conhece muitas mais. Eu gostaria de saber como era a aparência de Ana de Áustria. Você gostaria de descrever seu terrível casamento com Luís XIII e a concepção de Luís XIV? Sei que, para você, é uma história já desgastada, mas é das anedotas que os leitores gostam e se lembram.

A Grande Mademoiselle é o meu capítulo favorito [a história de Anne Marie Louise d'Orléans, duquesa de Montpensier, prima de Luís XIV]. Considero-o um *tour de force*. Consigo ver e ouvir todos os personagens neste momento em que escrevo, sinto frio quando ela está ao pé da lareira com Lauzun, sinto a excitação nos baluartes das fortificações, vejo seu enorme nariz avermelhado e seu andar desajeitado. [...]

Quero que cada capítulo seja um romance, para ficar sabendo mais sobre essas pessoas e imaginá-las em seus ambientes, e, naturalmente, isto é impossível num ensaio. Estou ansiosa por nosso almoço, e preparada para ouvir que sou uma perfeita boboca.

Depois de enumerar os detalhes do memorando de Jackie, Auchincloss fez duas perguntas: "Não fica evidente aí por que motivo ela era, como editora, o sonho de consumo de qualquer escritor? Onde é que alguém como ela poderia ser encontrada hoje em dia, neste mundo de megaeditoras?"

Num registro mais leve, Auchincloss não resistiu a contar mais uma história, transmitida com intrigado senso de humor, sobre a redação da introdução para o livro sobre o sesquicentenário da Tiffany. Disse ele: "Durante algumas semanas, eu ia diariamente à Tiffany para trabalhar com John Loring na biblioteca. E o que eu fiz foi um livro perfeitamente respeitável. Mas Jackie foi muito divertida certa vez, pois havia um neto da Tiffany, ou um bisneto da Tiffany — não me lembro do seu nome [Harry Platt] — que costumava dar de dois em dois anos um baile no St. Regis, um baile para beldades da sociedade e tudo mais. Isto tinha de estar incluído na história. Jackie apareceu com um enorme volume de fotografias das beldades, e eu fiquei morrendo de tédio com aquilo, e disse no texto: 'Foi um alívio deixar para trás as imagens dos *bailes** do neto e passar a alguma coisa diferente.' E, então, Jackie disse: 'Acho que talvez seja melhor encontrar outra palavra.'"

A ambivalência de Jackie em relação à imprensa e às incontornáveis festas de lançamento da Doubleday persistiu ao longo dos anos. Ela muitas vezes tentava passar aos autores a mensagem de que não queria usar o próprio nome para promover seus livros, e, embora fizesse exceções, havia certos limites que não podiam ser ultrapassados. A relutância inicial de Jackie em comparecer à festa de lançamento de *Maverick in Mauve* num pub pode ter decorrido de uma série de incidentes infelizes ocorridos meses antes. Ela fizera amizade com um jovem romancista, Richard de Combray, cujo livro *Goodbye Europe* (Adeus, Europa) fora publicado pela Doubleday em 1983. Segundo Marie Brenner, que naquele ano escrevia para o *Los Angeles Times*, o autor tinha "insinuado que havia um romance entre eles".

De fato, saiu no *New York Post* uma matéria com o título "O escritor bonitão na vida de Jackie O.", e o tabloide *Star* estamparia, mais tarde, o título: "JACKIE ONASSIS tem novo amor boa-pinta, o escritor Richard de Combray." De Combray disse-me em 2009: "Na verdade, não lembro especificamente onde a conheci, ou em que circunstâncias. Sei apenas que [...] de fato saímos algumas vezes, para ir a livrarias e coisas assim. Eu tinha ido a sua casa e conhecido seu novo companheiro [...] Tempelsman. Era apenas um sujeito simpático com um belo terno. Creio que o vi duas ou três vezes na companhia dela. Era evidente que ele estava muito envolvido com ela. Era tudo muito agradável. Certo dia, estávamos na Terceira Avenida almoçando num restaurante bem comum, que ainda existe. Conversávamos um pouco sobre tudo. Tínhamos ido juntos a um museu. E, quando estávamos descendo a Terceira Avenida, apareceu um sujeito com uma câmera. Bom, ela certamente

*Referência a *balls* (bailes), que em inglês significa também bolas — no caso, alusão aos testículos do referido neto. [*N. do T.*]

já tinha sido fotografada muitas vezes, e o fato é que já tinham tirado fotos minhas também, de modo que não tinha ali nenhuma novidade. Seja como for, ela disse: 'Vamos sair daqui.' E nós entramos numa loja. [...] Ficamos lá dentro, e logo que o cara desapareceu, ela entrou num táxi. E não sei muito bem o que foi que deu errado. [...]

Saiu alguma coisa no jornal. Aquela foto estava na primeira página, e eu tenho os recortes. Guardei-os por ter ficado muito irritado com o que aconteceu. Sabe como é, o *Post* é terrível. [...] É mesmo o que eles fazem. Seja como for, ela nunca mais voltou a falar comigo. E eu não tinha feito nada. [...] Foi o *Post* que inventou aquela história. Foi muito difícil para mim, recebi um monte de telefonemas. Eu estava sozinho. E disse: 'Veja bem, não quero entrar nessa furada, pois nem sei por que tudo isto está acontecendo.' Eles queriam me entrevistar."

Ao fugir, em vez de simplesmente negar a história, De Combray selou seu destino com Jackie. "Foi, então, que eu peguei um avião e fui ficar com Lillian Hellman. Ela estava na Califórnia. Eu disse: 'Olhe só, estou saindo de lá porque as coisas não estão boas, e não sei como lidar com aquilo.' E fiquei com ela."

Numa página do seu website, De Combray escreve, referindo-se a seu romance: "No livro de contos *Goodbye Europe* — que minha glamourosa editora, Jacqueline Onassis, me exortou a chamar de romance (pois romances vendem melhor) —, havia, na verdade, uma série de contos que, de certa forma, ficcionalizavam muitas de minhas experiências pessoais aqui e ali no continente europeu."

Quando conversei com De Combray, ele não se lembrava se Jackie de fato tinha sido a editora de seu romance. Disse ele: "Para dizer a verdade, nem fiquei sabendo que ela realmente tivera alguma coisa a ver com o livro." Atribuiu a uma das colegas de Jackie, Shaye Areheart, a maior parte do trabalho editorial. Como conheço Areheart, que também trabalhou na maioria dos meus livros com Jackie, desconfio de que a sugestão de apresentar o livro como "um romance em seis partes", e não como coletânea de contos, provavelmente partiu dela.

O livro de De Combray joga caprichosamente com o conceito de romance. Nenhuma das histórias tem qualquer relação orgânica com as demais e, fora o narrador na primeira pessoa, que não tem um nome, há apenas dois ou três personagens que passam de um conto a outro, e ainda assim apenas em referências de passagem. O único tema unificador é a inquietude dos expatriados americanos no exterior. O crítico Stephen Koch publicou uma resenha favorável no *Washington Post*, comentando: "[...] não têm sido muitos os bons romances com o tema *Goodbye Europe*, de Richard de Combray — a onda de americanos que foi (eu quase ia escrevendo fugiu) para a Europa entre, digamos, 1952 e 1965, refugiados do movimento suburbano e da era do conformismo."

Antes desse contratempo, Jackie tinha a produção de De Combray em alta estima, a ponto de oferecer-lhe outro projeto, embora ele não se recorde. Jackie encomendou um livro ao fotógrafo de arte Robert Farber, e De Combray deveria escrever o texto. Explica Farber: "Meu agente literário na época me telefonou e disse ter recebido um telefonema da Doubleday, porque Jackie Onassis gosta do seu trabalho e gostaria de saber em que está trabalhando. Na verdade, as fotos nas quais eu estava trabalhando eram basicamente fotografias que havia feito na Riviera e imediações. E lembro que Jackie virou-se e disse: 'Por que você não reúne essas fotos todas e dá o título de *By the Sea* [À beira-mar]? Dá para sentir o cheiro dos mariscos e das lagostas...' Lembro-me perfeitamente dessas palavras."

Tendo Farber assinado o contrato com a Doubleday, Jackie enviou-lhe um bilhete que ele mandou emoldurar para guardar como lembrança. Datado de 29 de fevereiro de 1984, ele dizia, em certo trecho: "Estou feliz por termos *By the Sea* em nossa agenda, e tenho certeza de que será um livro muito especial." Infelizmente, o projeto malograria. De Combray tinha sido indicado para a redação do texto, mas seu nome foi descartado após o episódio envolvendo Jackie. Shaye Areheart, a colega de Jackie, trabalhou com Farber no livro, mas como a redação do texto se arrastasse por mais de dois anos, o fotógrafo acabou recuando do projeto e publicando o livro com uma editora pequena de livros de arte.

Quando o livro de Farber ainda estava em andamento, Jackie encomendou impetuosamente um de seus livros mais inesperados, que envolvia seu velho amigo George Plimpton. Ela escreveu uma nostálgica reminiscência para comemorar o 25º aniversário da *Paris Review*, relembrando suas visitas a Plimpton em Paris no início da década de 1950. "Os mais brilhantes e românticos rapazes estavam envolvidos com a revista, e todas as moças eram esplêndidas. Estávamos descobrindo uma cidade, descobrindo a Europa, a literatura e *art sur place* — todos ligeiramente expatriados, decididos a fazer com que nossas vidas não fossem triviais. [...] Lembro de ter ido com você a uma boate irrespirável no Boulevard Raspail. Você, bem pálido num suéter preto de gola rulê, contou-me que as notas tristes do saxofone naquele ambiente enfumaçado sempre lhe anunciavam o alvorecer, e que costumava caminhar pelas ruas cinzentas de Paris às primeiras luzes do dia, a caminho de uma cama estranha."

Mais de trinta anos depois, Jackie estaria almoçando com Plimpton, e teve uma excêntrica ideia de um novo projeto. Com este momento na lembrança, Plimpton recordou que seu primeiro livro com Jackie, *Fireworks: A History and Celebration* [Fogos de artifício: História e celebração], "foi inspirado por um espetáculo de fogos de artifício apresentado por trás do Metropolitan Museum e assistido por ela da janela de seu apartamento do outro lado da Quinta Avenida. Nós almoçamos juntos no dia seguinte. Eu lhe disse que, como chefe do departamento de fogos de artifício da cidade, fora em parte responsável pelo que ela havia visto — que os fogos de artifício eram de fabricação chinesa e haviam sido escolhidos para anunciar um dos vernissages de Diana Vreeland no Costume Institute do Metropolitan. Ela imediatamente propôs um livro sobre o tema — o que certamente me deixou encantado, mas também algo cético: como é que uma editora de respeito poderia ser convencida a publicar um livro sobre *fogos de artifício*? Eu sempre tentei imaginar a cena: todos aqueles queixos caídos em torno da mesa de reuniões diante da proposta de Jackie. Mas eu não sabia de nada. Eles se deixaram convencer. Pelo trabalho editorial contido no livro — a diagramação, a seleção de fotografias e imagens, pelas quais ela foi, em grande parte, responsável —, prezo este acima de todos os meus outros trabalhos."

Naturalmente, George Plimpton não se dispunha a escrever uma história convencional dos fogos de artifício. Valia-se deles para desencavar velhas recordações da infância e especular sobre os motivos pelos quais os seres humanos, desde a invenção da pólvora, gostam de ficar apreciando explosões multicoloridas. Plimpton sustentava a tese de que o Quatro de Julho era um feriado muito superior, por exemplo, ao Natal. E descrevia a paixão cada vez mais avassaladora, que começa com uma cobra sinuosa feita de cinzas, ou um brilho aceso no gramado em frente de casa, e rapidamente evolui para os petardos e M-80s, os coquetéis Molotov favoritos dos adolescentes. No Dia da Independência, no Dia das Bruxas, é como se tivéssemos autorização para bancar os terroristas, apesar de todas as advertências sobre o suposto adolescente da vizinhança que perdeu três dedos por brincar com fogo.

Plimpton tentou imaginar como prolongar esses rituais explosivos. De fato, tornou-se uma espécie de autoproclamado chefe extraoficial do departamento de fogos de artifício da prefeitura, contando com o benevolente consentimento do prefeito John Lindsay, título que haveria de ostentar, bem-humorado, pelo resto da vida. Começou a se aprofundar na história das explosões controladas. Envolveu-se no planejamento do espetáculo realizado no Central Park, que atraiu a atenção de Jackie, e começou a visitar os poucos negócios de família que produziam fogos de artifício para o mercado interno.

Escreveria Plimpton mais tarde: "Rememorando esse episódio, vejo que um dos curiosos prazeres de produzir um livro com Jackie era que a gente tinha a impressão de estar fazendo parte de uma conspiração — que, de alguma forma, ela tinha se infiltrado em território inimigo e estava ali para guiar seus autores através das trincheiras e rolos de arame farpado. Essa relação de trabalho era extremamente pessoal. E, no telefone, a voz dela certamente tinha ares de conspiração: 'Vou conseguir mais dinheiro para você, *mas não diga nada a ninguém*!'" O autor também comentou que Jackie tinha "um jeito meio oblíquo de ver as coisas, que nunca tinha nada de solene, como se o humor fosse a melhor maneira de enfrentar praticamente qualquer situação".

Enquanto trabalhava com Plimpton em *Fireworks*, Jackie enveredou por um livro ilustrado muito mais ambicioso, que haveria de levá-la a uma longa viagem pela Índia em janeiro de 1984. A publicação de *A Second Paradise: Indian Courtly Life, 1590-1947* [Um segundo paraíso: A vida na corte indiana, 1590-1947], de Naveen Patnaik, deveria coincidir no fim do ano seguinte com mais uma das exposições anuais de Diana Vreeland no Costume Institute, "Costumes da Índia Real", a ser inaugurada em dezembro de 1985 (paralelamente à exposição "Festival da Índia", do Met, que tinha um catálogo intitulado *Índia: Arte e cultura, 1300-1900*). Patnaik, o autor, que mais tarde embarcaria numa carreira política, é atualmente ministro-chefe de Orissa, na Índia. Sua irmã, Gita Mehta, também é escritora e mulher de Sonny Mehta, editor-chefe de Alfred A. Knopf.

Segundo citação reproduzida por Carl Sferazza Anthony, Gita Mehta considerava Jackie "uma editora realmente extraordinária, ao estilo do século XIX. Eu pude vê-la produzindo *A Second Paradise.* [...] Jackie enviava a Naveen páginas e páginas de material de pesquisa anotado pessoalmente por ela. Era um trabalho obscuro de pesquisa. Como escritora, sei que é muito raro receber esse tipo de atenção de um editor."

A escritora britânica Sarah Giles, ex-colaboradora da *Vanity Fair*, que viria mais tarde a fazer um livro sobre Fred Astaire para Jackie, disse-me que Patnaik era "um favorito de Jackie. Ela o adorava, cuidava dele e fazia por ele todo tipo de coisa que não fazia por mais ninguém, como as festas de lançamento. Em matéria de publicidade, como sabe, ela não se dispunha a participar muito. Mas o fez por Naveen, e o amava, ela amava a Índia".

Jackie visitara a Índia pela primeira vez ainda primeira-dama, viajando em companhia da irmã, Lee, numa turnê de aproximação política em 1962. Havia mergulhado na cultura e na história indianas ao ser recebida pelo primeiro-ministro Jawaharlal Nehru. Ao chegar a Nova Délhi, foi saudada por 100 mil pessoas ao longo das ruas. Em suas viagens, era seguida por dezenas de jornalistas internacionais, entre eles a jovem Barbara Walters. A convite de Jackie, a viagem foi registrada pela pintora francesa Jacqueline Duheme, amiga de Matisse e Picasso. Seus quadros seriam, mais tarde, incluídos no livro *Mrs. Kennedy Goes Abroad* [A sra. Kennedy viaja ao exterior].

O embaixador americano John Kenneth Galbraith recorda sua visita. "Minha mulher, Kitty, e eu planejamos a viagem de Jacqueline Kennedy à Índia. Resistimos a uma proposta de que ela visitasse os templos antigos de Konrak, onde o fato de entrar em contato com estátuas explicitamente eróticas teria atraído muita atenção dos meios de comunicação. A reação do presidente Kennedy ao fato de sua mulher possivelmente ver estátuas sensuais foi: 'Você não acha que ela já está bastante crescida?'" Contatos pessoais efetuados durante sua viagem com membros da realeza e líderes políticos indianos, entre eles o marajá de Jaipur, lhe seriam de grande valia na longa colaboração iniciada com o livro de Patnaik.

Para este projeto, Jackie recorreu à ajuda do professor de Harvard e especialista em arte indiana Stuart Cary Welch, que escreveu o prefácio e haveria de acompanhá-la em sua viagem à Índia em 1984 (e novamente em 1989). Ela contratou Patnaik, membro fundador do Indian National Trust for Art and Cultural Heritage, que lhe serviu de guia, e um artista miniaturista da corte indiana, Bannu, para participarem do projeto. Caberia a Bannu capturar os costumes e sua ambientação em ilustrações originais que imitavam os estilos de pintura desenvolvidos na Índia ao longo dos séculos.

Bannu deixou um filho, Shammi Bannu, que também é pintor em Jaipur, seguindo os passos do pai numa tradição familiar de pintura cortesã que remonta a séculos. Conversei com ele via Skype, e ele se recordou de ter preparado chá para Jackie no dia em que ela e Welch foram a sua casa para contratar o pai. "Eu tinha 13 anos na época. Meu pai tinha seu próprio estilo, e a popularidade de seu trabalho aqui e no exterior. [...] Ele fizera amizade com o sr. Welch no museu de Boston. [...] E, então, a sra. Kennedy estava para fazer um livro baseado em Jaipur, do período britânico ao contemporâneo. Eles queriam uma pessoa que pudesse pintar essa ideia, pintar o que ela tinha em mente. [...] Quando ela entrou em minha velha casa, era como se um sonho se tivesse tornado realidade. [...] Eles passaram oito horas discutindo o que ela queria, o tipo de livro que pretendia. [...] E ela disse ao meu pai: 'Há um escritor, um certo sr. Patnaik, ele o procurará e vai escrever o livro que vou publicar.'"

Patnaik contaria, mais tarde, a Dominick Dunne: "Jackie era fascinada pela Índia. Por sugestão de Diana Vreeland, veio me procurar. Na época, seu filho John estudava aqui em Nova Délhi. Ela era incrivelmente independente. Costumava sair sozinha, e eu ficava nervoso. Quase sempre conseguia passar despercebida, mas quando era reconhecida, ficava muito sensibilizada quando as pessoas pediam seu autógrafo. Nós viajamos a vários reinos importantes. Ela literalmente levava apenas dois pares de calças, óculos escuros e uma jaqueta dourada para a noite, que usava até nos lugares mais solenes. Tinha um forte senso estético para qualquer coisa que fosse bela." Foi a Patnaik que Jackie recomendou: "Se produzir um livro, você terá feito algo maravilhoso na vida", e, mais tarde, ele comentaria, a respeito de sua visita: "Querida Jackie, tradicionalmente, as pessoas vêm à Índia em busca de seus gurus. Pois eu tive a sorte de ver o meu guru vir à Índia."

O livro abarcaria dois estilos artísticos diferentes, mughal e rajput. Ele contrasta a época inicial da Índia principesca com o período posterior, quando os Estados principescos ascendiam ou caíam de acordo com seu nível de cooperação com o colonizador britânico. A pintura mughal teve início no século XVI e extraía inicialmente sua inspiração dos miniaturistas persas. A pintura rajput era um subproduto da pintura mughal, e cada reino rajput tinha seu estilo próprio; alguns eram miniaturistas, mas também eram muito comuns as grandes pinturas de murais que ilustravam o Ramayana e o Mahabharata. No livro afinal publicado, essas ilustrações da vida da corte na Índia eram complexas e exuberantes, de modo que se tem um choque visual quando, nas fotos do período britânico, esses príncipes e seus séquitos aparecem mais como membros decadentes da realeza europeia do que como os rajás e ranis de outrora.

Sob a supervisão de Jackie, as obras de arte indianas tinham de ser localizadas e fotografadas, e o neto de Diana Vreeland, Nicholas, emprestou seu olhar e sua câmera à causa. Comentou ele: "Eu me envolvi no trabalho sobre a Índia principesca, e me lembro que fui com Jackie ao apartamento de James Ivory. Ele não estava presente, e Jackie e eu fomos autorizados a entrar pela roteirista Ruth Jhabvala. Jackie e eu sentamos, então, no piso de madeira daquele minúsculo apartamento, que ficava numa esquina da Primeira Avenida. [...]

Eu fui convidado a fotografar as imagens. Levava comigo uma câmera de grande formato. [...] Lembro que ela tinha muita flexibilidade para se agachar. Nós espalhamos as imagens pelo assoalho de madeira, e era uma coleção de velhas fotos e talvez algumas miniaturas, talvez também algumas fotografias que tinham sido pintadas. E juntos decidimos o que entraria no livro. O incrível, o que era realmente adorável, era que ela de modo algum se mostrava autoritária. Revelava-se perfeitamente disposta a me ver participando do processo."

Dez anos antes de morrer, em 2008, Cary Welch falou à biógrafa Sarah Bradford sobre a amizade que ele e sua mulher Edith desenvolveram com Jackie. Como muitos de seus amigos nos últimos anos, os Welch entendiam melhor a mulher que conheciam no presente mantendo certa distância e perspectiva em relação ao que ela havia vivido como a figura histórica que fora no passado. "A gente se dá conta de que ela tinha um enorme talento para a amizade", disse Cary Welch. "Imagino que você deve ter constatado que ela tinha mais amigos do que você jamais imaginara. [...] Acho também que ela se sentia muito mais atraída por homens de imagem paterna do que por homens com uma imagem de amante.

Como só a conhecemos bem na última década de sua vida, a visão que temos dela baseia-se na pessoa que já sofrera terrivelmente. Portanto, a pessoa que conhecemos era alguém que já havia passado por tudo isso e se tornara muito mais sábia, ganhando fôlego e profundidade com todo esse sofrimento, e que se havia tornado muito mais ela mesma. Purificada pelo fogo, por um fogo terrível."

Para o projeto indiano, Jackie e Alex Gotfryd mais uma vez recorreram ao designer Michael Flanagan. Tiveram de vencer sua resistência inicial, pelo fato de estar ocupado na época com outros projetos. Relatando seu envolvimento no projeto, escreveu Flanagan:

> Eu estava na West Broadway, numa mesa do Odeon, dividindo uma salada de "verduras colhidas à mão" com Alex e Jackie. Alex mantinha minha taça de vinho cheia enquanto Jackie falava.
>
> "Esse livro", anunciava ela, exaltada, "não vai interferir no seu trabalho, vai ajudá-lo. Juro. Simplesmente sei que vai ser um grande livro. Vamos ficar famosos com ele!"
>
> "Mas você já é famosa."
>
> "Pois, então, ficaremos ambos famosos."

Alex me olhou com um sorrisinho maroto. Não foi necessário fazer muita força para me convencer. No dia seguinte, recebi por mensageiro uma garrafa de champanhe e um cartão-postal de Jackie — uma foto do bailarino Nijinski com os braços levantados em posição de estranho arrebatamento.

Como pintor, Flanagan teve de concluir ilustrações que Bannu deixara inacabadas. Disse Jackie ao designer: "Michael, este vai ser o nosso segredo. Ninguém jamais ficará sabendo." Uma vez coligidas as ilustrações e fotografias de *A Second Paradise*, teve início o processo de produção, acompanhando Jackie mais uma vez o trabalho do diretor do departamento comercial da Doubleday, Albert Yokum. Ele me disse que Jackie se envolveu em cada etapa do trabalho. "Numa reunião em que examinávamos os slides preparados pelo Metropolitan Museum of Art para a produção do seu livro *A Second Paradise* [...] depois de examiná-los numa mesa de luz, eu levantava os que pareciam escuros demais para serem reproduzidos. Para meu espanto, mesmo estando o nome de cada um deles voltado para mim, o que impedia que Jackie os visse, ela imediatamente os reconhecia, enunciando perfeitamente os nomes indianos [...] ela conseguia pronunciar [...] 'Maharao Raja Raghubir Singh Bahadur de Bundi', 'Rao Ram Singh I de Kotah' ou 'Prithvi Singh de Kishangarh'. Desafio qualquer um a tentar também."

Comentou Yokum: "Ela realmente conhecia cada uma daquelas peças. [...] Era uma editora muito ativa, e trabalhava duro, mostrando-se dedicada, revelando-se tão profissional quanto qualquer um com quem eu tenha trabalhado, senão mais. [...] Ela não ficava distante, não se colocava acima, estava perfeitamente integrada. Estava mergulhada até o pescoço!"

Quando o livro de Patnaik foi lançado, Jackie já havia arregaçado as mangas, com contratos assinados para mais dois livros — um com a sensação do pop Michael Jackson e outro tendo a bailarina Gelsey Kirkland e eu como coautores. Nenhum dos dois seria um livro fácil para Jackie, ambos haveriam de testar sua paciência como editora. Mas ambos estavam destinados a se tornar best-sellers — graças, em parte, à sua tenacidade.

6

Moonwalk e o poder do mito

Em janeiro de 1984, o *New York Times* informava que, nas filmagens de um comercial da Pepsi-Cola em Los Angeles ocorrera um acidente com Michael Jackson, que sofrera queimaduras de segundo grau no couro cabeludo ao ter o cabelo incendiado pela explosão de um tubo de fumaça. No fim da matéria, lia-se um breve anúncio de que o ícone pop em ascensão acabava de fazer um acordo com a Doubleday: "Um livro do sr. Jackson, um misto de autobiografia, guia e com mais de 100 fotos coloridas, será editado por Jacqueline Kennedy Onassis. A Doubleday informa que a obra está programada para publicação em 1985. A redação será do próprio sr. Jackson, declarou um porta-voz da Doubleday." O adiantamento pago a Jackson teria sido de 300 mil dólares, mas sua motivação para fazer o livro tinha mais a ver com a editora do que com dinheiro, de que ele não precisava — seu álbum *Thriller*, de 1982, já vendera 40 milhões de exemplares, quase o dobro das vendas de qualquer outro álbum na história.

Jackie e a editora Shaye Areheart tinham visitado Michael em sua casa em Encino, Califórnia, no outono anterior, para convencê-lo a escrever o livro. Foi antes de ele ter criado seu santuário de Neverland, e antes do lançamento do videoclipe de "Thriller". Areheart vinha subindo na hierarquia editorial da Doubleday e, como protegida de

Jackie, desfrutava de uma relação muito especial com ela. Embora Shaye trabalhasse em seus próprios títulos, atuou como parceira de Jackie em bom número de livros ao longo dos anos, entre eles os três de que fui coautor. Shaye tornou-se parte integrante da equipe de Jackie na Doubleday, e as duas tinham os mesmos assistentes editoriais. Essa equipe ficaria conhecida mais tarde como "a Equipe SWAT de Jackie" e tinha, entre suas responsabilidades, a de protegê-la das intrusões do público e ao mesmo tempo evitar contato dela com a imprensa, à exceção das incursões de promoção dos livros.

Scott Moyers, um dos assistentes editoriais de Jackie, disse à biógrafa Sarah Bradford que havia uma divisão de trabalho entre os editores e que Areheart muitas vezes era responsável por tarefas consideradas "trabalho sujo [...], negociando os detalhes dos contratos, apresentando livros em reuniões de marketing e vendas, redigindo os textos de divulgação usados pelos representantes de vendas, de tal maneira que ela [Jackie] se ocupava apenas das partes interessantes, nas frentes da aquisição e da edição". Boa parte do "trabalho sujo" sobre o livro de Jackson foi confiada a Areheart, que deu as boas-vindas à oportunidade.

Uma das colegas na época, Karen Van Westering, lembra-se de que Jackie "ajudava os jovens editores. Ela dava força ao pessoal jovem que estava subindo — especialmente Shaye, mas também outros. Lidava com autores importantes e era ela mesma um nome importante; mas não se considerava acima da tarefa de oferecer apoio e conselhos aos editores mais jovens que estavam começando". Loretta Barrett também comentou a relação de Jackie com Areheart, dizendo: "Shaye Areheart era muito próxima dela. Era como uma filha, e Shaye nunca falava. E Lisa Drew era muito, muito próxima dela. [...] Na Doubleday, quando estávamos todos lá, simplesmente não falávamos de nada. Era uma espécie de regra subentendida. Portanto, Jackie era muito aberta e dada com todos nós, e todos nós tínhamos um enorme respeito por ela, além de afeto."

Areheart é uma dessas confidentes que fizeram voto de silêncio em relação a Jackie, insistindo em que jamais trairia sua confiança, mas recentemente abriu uma exceção, escrevendo um posfácio quando um de seus selos na Random House, Harmony Books, relançou as memórias de Jackson, *Moonwalk*, em 2009. Aparentemente, Areheart não podia contar a história completa, pois isto talvez pusesse em risco o sucesso comercial do relançamento do livro, após a morte prematura de Jackson. Suas recordações algo esterilizadas traçam um perfil rosado de Jackson, sem revelar a longa série de conflitos entre a superestrela e Jackie ao longo dos mais de quatro anos de provações até que o livro finalmente fosse publicado, em 1988.

Segundo Areheart, no primeiro encontro, Jackson mostrou a ela e a Jackie sua casa em Encino, detendo-se para apresentar um de seus animais de estimação favoritos. "Jackie e eu estávamos dando uma olhada, admirando alguns pássaros belíssimos em suas gaiolas, sem imaginar o que Michael estava aprontando, quando de repente ele se voltou do zoológico e perguntou: 'Aqui, Shaye, quer segurar Músculos?' Nas mãos estendidas, ele tinha uma linda jiboia. Eu a tomei nas mãos. A sensação era de seda úmida e, para minha surpresa, ela começou a se mover lateralmente, de tal maneira que havia o risco de cair das minhas mãos. [...] Michael tratou de proteger a cobra, recuperando-a com uma expressão de enojada decepção. Só muito depois, quando ele me provocou a respeito, é que me dei conta de que esperava — tinha mesmo essa louca expectativa — que eu desse um grito e, quem sabe, saísse correndo, histérica. Era mesmo um menino em sua essência — sempre foi."

Em entrevista radiofônica em 2009, Areheart disse que "era muito fácil trabalhar com Michael". Falando da relação de Jackie com Jackson, ela disse à imprensa naquele ano: "Eles se deram muito bem. [...] Ela o achava um amor." Segundo várias outras pessoas informadas e minhas próprias conversas com Jackie, a coisa não era exatamente assim.

O fato de ter convencido uma celebridade tão imensamente popular a escrever um livro que tinha toda probabilidade de se transformar num best seller foi inicialmente encarado como uma grande conquista para Jackie. John Sargent Jr. disse-me: "Lembro-me de todos os comentários sobre esse livro, que fez um barulho enorme!" Mas a associação entre Jackie, Areheart e o "menino" nunca foi fácil, e, à medida que o trabalho no livro se arrastava ano após ano, com sucessivos adiamentos, a situação evoluiu para algo que Jackie mais tarde definiria como "um embaraço profissional". À medida que a frustração de Jackie com Jackson ficava evidente para os colegas, alguns começaram a especular que o projeto teria sido impingido a ela por figurões da casa. Na verdade, Jackie é que tomara a iniciativa tanto de contratar Jackson quanto de vender a ideia à Doubleday.

Loretta Barrett comenta: "Vou lhe contar exatamente como foi que surgiu esse livro. [...] A Doubleday tinha o que eles mesmos chamavam de diretoria do pub. Eu ia à diretoria do pub pela Anchor, e Betty [Prashker] também ia, e às vezes compareciam também os editores. Mas os filhos de Jackie disseram-lhe quem era Michael Jackson. E ela chegou à reunião editorial dizendo: 'Meus filhos!' Vale lembrar que era na época em que Michael Jackson era um menininho inocente. E ela apareceu, e na reunião financeira metade deles nem sabia quem era Michael Jackson. Perguntei: 'Mas como é que vocês não sabem quem é Michael Jackson?' Era como alguém dizer que não conhecia Diana Ross. [...] Mas eram os filhos de Jackie, e foi Jackie que apareceu com a ideia do livro. Eu lembro de ter dito: 'Mas que ideia fabulosa!' Os caras mais velhos e o pessoal das vendas nem sabiam de quem ela estava falando.

O que aconteceu foi que ele não cumpriu o acerto, e ela se viu apanhada nesse atoleiro infindável. Mas inicialmente foi uma dessas ideias editoriais brilhantes. [...] Ela entendia a cultura popular. [...] Como quando Caroline lhe disse que visse *9 to 5*. É o que as gerações fazem."

James Fitzgerald, que havia editado livros de música e cultura pop para estrelas como David Bowie, concorda que Caroline e John estimularam Jackie. Disse-me ele: "Ela ouviu os filhos." Fitzgerald lembrou-se também do dia em que Jackie o visitou em seu escritório: "Ela entrou e foi perguntando: 'Você acha que Michael Jackson é o novo Fred Astaire?' E eu respondi: 'Ei! O que é que está dizendo?' E ela: 'É que vi uma fita do show da Motown, e acho ele maravilhoso.' [...] Outro personagem veio a se envolver, pois o livro foi se modificando um pouco durante o projeto. Tratava-se de um designer chamado J. C. Suarès. Ele apareceu, e acho que nós três nos reunimos alguma vez. Mas, a certa altura, eu me dei conta de que se tratava, na verdade, de uma batalha de egos — tratava-se de Jackie e Michael Jackson, e era isto realmente que importava. E o livro foi evoluindo de um projeto com ênfase nas imagens para um projeto de texto."

Jackson acabaria dedicando o livro a Fred Astaire. Sam Vaughan, na época presidente da Doubleday, lembra-se do dia em que Jackie o procurou para planejar a primeira viagem à Califórnia para fechar o acordo com Jackson. "Nós lidávamos com muita gente do *show business*, de Noël Coward a Smoserset Maugham, de modo que não ficávamos impressionados ou embasbacados com estrelas. [...] Certo dia, Jackie e dois ou três outros jovens profissionais da edição se reuniram na minha porta e começaram a dizer que ela estava se preparando para ir à Califórnia passar algum tempo com Michael Jackson. [...] Foi antes do acidente em que sofreu queimadura. Michael Jackson não era, para certas pessoas, como eu, que não apreciavam particularmente sua música ou seu estilo no palco, a estrela que viria a ser. Portanto, ela e esse grupo se apresentaram no meu escritório, gritando de entusiasmo e falando da viagem à Califórnia, e eu disse: 'Esperem aí. Quem é Michael Jackson?' Em outro lugar, eu provavelmente seria demitido."

Mas Vaughan aprovou a incursão à Califórnia. Joe Armstrong recordaria os motivos de Jackie para empreender esse projeto tal como expressos por ela própria, coincidindo exatamente com a maneira como ela mais tarde os descreveu para mim: "Veja bem, Jackie não se envolveu nisso porque era um interesse pessoal seu, ou uma paixão, ou uma curiosidade. Ela disse que o fazia 'para ser uma cidadã cumpridora dos seus deveres' na Doubleday. Foram suas palavras. Ela dizia que, se ajudasse na publicação desse livro, teria mais possibilidades de produzir os livros especiais que realmente amava."

Areheart escreveu que o projeto foi inicialmente planejado como "um livro de mesa de centro com muito texto". Do ponto de vista do editor, o tipo de livro mais comercial era uma autobiografia, e não um livro ilustrado dispendioso, e esta distinção logo haveria de se tornar fonte de conflito. O primeiro *ghost-writer* a trabalhar com Jackson, o escritor Robert Hilburn, durante muito tempo crítico de música do *Los Angeles Times*, disse-me: "O motivo de ele ter assinado contrato para escrever o livro foi que Jaqueline Kennedy Onassis era a editora, e ele ficou lisonjeado. Mas ele não queria fazer uma biografia, como viemos a descobrir. Depois de começar a trabalhar com ele, fiquei sabendo que ele queria fazer um livro de imagens. Queria reunir suas fotos e talvez providenciar legendas; ao passo que ela queria um livro revelador. Mas Michael [...] achava que, quanto menos soubessem sobre as pessoas, sobre as estrelas, mais fascinadas as pessoas ficavam. Ele me dizia: 'Elvis nunca dava entrevistas. Howard Hughes não dava entrevistas.' E era a referência que ele tinha. [...]

Nós, então, trabalhávamos no livro nos fins de semana. A frustração aumentava cada vez mais, pois ele selecionava fotos e se mostrava muito contrariado com a ideia de contar o que quer que fosse a seu respeito. Lembro que, certa vez, escolhemos uma foto de um homem mais velho, talvez alguém aparentando 80 ou 90 anos. Perguntei: 'Michael, quem é?' E ele respondeu: 'É o meu avô.' E eu: 'Vejamos, que será que podemos dizer sobre ele na legenda? Você gostava do seu avô?' 'Puxa, eu o amava!' Eu disse então: 'Que legal, vamos, então, dizer isto.' E ele respondeu: 'Não, não, não! É uma coisa muito pessoal.' Portanto, era realmente muito difícil. Finalmente, houve um confronto. Jaqueline Kennedy Onassis veio a Los Angeles, nesta casa, para sentar conosco e discutir o andamento daquele livro que não ia nada bem."

Jackie foi acompanhada na viagem por J. C. Suarès, que trabalhara em quatro dos livros sobre a Tiffany, tinha sido diagramador da página de opinião do *New York Times* durante muitos anos e também diretor de arte da revista *New York*. Disse-me Suarès: "Várias vezes, viajamos juntos ao encontro de Michael na Califórnia. Até que a coisa se transformou numa espécie de projeto complicado, e nós nos encontrávamos na casa dela ou em diferentes lugares para fazer a coisa andar. Não acabava nunca. Não funcionava porque Michael contratara um *ghost-writer* [Hilburn] [...] e o cara queria permanecer nas graças de Michael, de modo que a coisa toda [...] se transformou no mais absoluto nonsense. E quando Jackie recebeu o manuscrito, decidiu que simplesmente não estava bom. Nós resolvemos, então, ir à Califórnia para um confronto com Michael."

Suarès mostrou-me o primeiro esboço de manuscrito entregue por Jackson e Hilburn à Doubleday, escassas 87 páginas cheias de anotações manuscritas de Shaye Areheart pedindo ao *ghost-writer* para "expandir" e "melhorar", contando a história pessoal de Jackson e a gênese de canções de sucesso como "Beat It", que se transformara num verdadeiro hino seu. A narrativa efetivamente dava alguns detalhes da vida de Jackson, e ele e Hilburn não se eximiram de encontrar uma frase ou duas para descrever cada um dos talentosos irmãos. Por exemplo: "Janet é muito moleca e foi a minha melhor amiga na família durante anos; assim, fiquei triste quando ela se casou em 1984. Nós costumávamos fazer tudo juntos, quase como gêmeos. [...] Gostávamos das mesmas coisas. Eu a adoro." Mas ele também "adorava" Diana Ross, Gregory Peck, Steven Spielberg, Fred Astaire, Katharine Hepburn e praticamente todas as outras celebridades que mencionava.

O manuscrito também abordava, eventualmente, questões de maior peso, como o gosto de Jackson por cirurgias plásticas e sua orientação sexual, mas nunca de uma forma que revelasse alguma coisa. A narrativa era mais uma questão de controle de danos do que de revelação. Se uma interminável sucessão de encontros de bastidores com celebridades e frustrações sem interesse nos detalhes de organização das turnês interessam o leitor, este seria um bom manuscrito para cair em suas mãos. Com toda evidência, Jackie não estava satisfeita, e viajou à Califórnia para o primeiro de vários encontros bastante problemáticos com Jackson, aproveitando para demitir Hilburn.

No prefácio de seu livro *Uncommon Grace* [Rara elegância], de 1994, escreveu Suarès: "O que ela não foi capaz de prever foi que conseguir extrair dele um livro de verdade — no qual ele compartilhasse seus sentimentos mais íntimos em questões sérias, como seus problemas de família, sua alegada fixação em crianças e animais de estimação ou sua ambiguidade sexual — acabaria se revelando totalmente fora de questão. Ele era tão reservado e misterioso que, pouco antes de começarmos nosso trabalho, Michael providenciou uma entrevista coletiva na qual seu agente, Frank Dileo, leu uma declaração advertindo que Jackson processaria qualquer publicação que divulgasse acusações falsas sobre sua vida pessoal."

Suarès também me falou sobre o primeiro confronto com Jackson. "E, assim, lá estávamos nós, em Encino, na Califórnia. Conversamos a respeito e conversamos sobre o que ela deveria dizer a Michael — algo no sentido de que ninguém o levaria a sério, e se o livro saísse bom, haveria outros livros, e assim por diante. Isto foi antes de Neverland, que é uma espécie de purgatório de Michael Jackson. [...] Estávamos Jackie, Michael e eu numa sala, e Jackie diz a Michael em seu tom sussurrado que o livro não contém nada de importante, que as pessoas vão zombar dele, e que ele precisa fazer algo para incluir no livro coisas mais importantes. Ele fica olhando para ela e assentindo com a cabeça. Mas não tem a menor ideia do que ela está dizendo, pois não foi ele que escreveu, tinha aquele sujeito para escrever. Portanto, concordava.

Mais tarde, conversando com Jackie, eu disse: 'Sabe, você me lembrou de Bette Davis naquela cena de *Pérfida* [*The Little Foxes*], na qual o marido ou alguém mais está morrendo, e ela simplesmente fica olhando.' Mais tarde, ela me telefonou perguntando: 'É mesmo? Você *realmente* acha que eu estava parecendo Bette Davis?' E eu respondi: 'Sim, exatamente como Bette Davis.' E ela: 'Puxa, ganhei o dia!'

Portanto, o livro acabou sendo eminentemente visual. Começou como um grande livro de luxo e acabou mais ou menos do tamanho da *Readers' Digest*, pois não tinha pé nem cabeça, e nós achamos que não ia funcionar. Passei muito tempo com Michael tentando conseguir fotos de seus arquivos. Ele tinha um editor de fotografia trabalhando em tempo integral, e guardava imagens de tudo. Conseguimos montar um livro muito visual. Dei-lhe o nome de *Moonwalk*."

A respeito da relação de Kennedy com a coeditora Areheart, disse-me Suarès: "Lembro de uma conversa com [Shaye] na qual ela mencionou que Jackie fora a sua casa algumas vezes e conhecia seus filhos. Fiquei com a impressão de que, para ela, aquelas visitas eram como dar com a Mãe de Cristo em pessoa batendo à sua porta." O designer explicou a atitude extremamente reservada de Areheart como "uma atitude quase religiosa de reverência a Jackie. Jackie tinha uma espécie de fobia contagiosa em relação à imprensa e à publicidade de qualquer tipo. [...] As pessoas pareciam converter-se ao clima que ela gerava."

Jackie apreciava a lealdade de Shaye, e tinha em alta conta o seu talento. Certa vez, perguntei a Jackie sobre o papel de Shaye na edição dos meus livros, e ela respondeu: "Shaye também é nossa editora, e você não acreditaria como ganha pouco." Na maioria dos casos, as anotações editoriais que recebi ao longo dos anos eram manuscritas por Jackie, distinguindo-se também das anotações de Shaye pelas diferentes cores dos lápis usados. Anos depois, Shaye disse-me que se lembrava de ter passado longas noites no apartamento de Jackie, trabalhando até as primeiras horas da madrugada em manuscritos coeditados por elas. O livro de Jackson terá sido um dos que exigiram esse tipo de dedicação extra.

Quanto à atitude de Jackie em relação aos animais de estimação de Jackson, recorda-se Suarès: "Jackie e eu ficamos alarmados com a maneira como os animais eram tratados. Havia uma lhama e uma ovelha num pequeno cercado de cimento, sem mais nada. Havia a enorme jiboia, Músculos, e um poodle desesperado por atenção num cercadinho numa sala vazia. Jackie brincou, dizendo que ia telefonar para a associação protetora de animais. Ela sentia pena dos pobres animaizinhos solitários, mas só expressaria esses sentimentos mais tarde, no almoço no Beverly Hills Hotel."

Segundo o designer, à medida que prosseguia o trabalho no livro, Jackie foi ficando cada vez mais desiludida, e, no fim, tinha Jackson em má conta. "Ela achava tudo aquilo uma canseira, ter de viajar para a Califórnia, hospedar-se no Beverly Hills Hotel, ter de ir à casa dele e enfrentar todo aquele absurdo. [...] Ela podia ser esnobe, e Michael não era um indivíduo cultivado, não tinha um cargo importante no governo ou nada parecido. Estava completamente fora do radar dela. [...] Jackie achava Michael um esquisitão. Não gostava dele. [...] E o complexo onde ele vivia era um dos lugares mais estranhos que pode haver. Havia um portão com um guarda, e uma mansão gigantesca, onde viviam Michael, sua mãe e sua irmã La Toya. Havia quadros de palhaços por toda parte — essas pinturas de palhaços com lágrimas escorrendo, palhaços que choram — e enormes candelabros, em sua maioria parecendo cópias venezianas. Uma coisa muito espalhafatosa.

Nós pudemos ver o quarto de Michael, uma coisa surrealista. Era um quarto enorme com uma cama gigantesca. [...] Mas, pelo quarto todo, havia modelos de gente em tamanho real, manequins vestidos da cabeça aos pés. Eram figuras realistas, não muito pesadas, mas enormes. Uma delas representava um homem ajoelhado ao lado de uma menina. Quem seria aquele homem? Quem seria a menininha? Na época, não sabíamos muito da orientação sexual de Michael. E Jackie me perguntava: 'Ele gosta de meninas?' Era sua maneira de perguntar: 'Ele é heterossexual?' E eu sempre dizia: 'Não sei.' Mas o motorista da nossa limusine, metido a engraçadinho, dizia: 'Michael e Brooke Shields estiveram aqui no carro algumas noites atrás.' E nós perguntávamos: 'E o que aconteceu?' E ele: 'Ela sentou de um lado e ele do outro, e não se falaram; no fim, limitaram-se a apertar as mãos.' Para ele, era a prova de que o sujeito não estava minimamente interessado. Jackie, então, fez uma previsão. Na época, ele tinha 20 e poucos anos. Ela disse: 'Quando tiver 35 anos, ele vai casar com uma menina de 18.'" Suarès acrescentou: "Ela quase acertou, mas as coisas se complicaram para Michael depois daquilo.

O único ponto alto de nossa visita à Califórnia da primeira ou da segunda vez foi que eu convidei Martha Stewart para almoçar conosco. Martha chegou uma hora atrasada ao restaurante, na época o melhor de Los Angeles, chamado Ma Maison. Não havia ninguém. E nós ali, esperando, esperando e esperando por Martha. E Jackie perguntou: 'Você acha que devo botar os óculos escuros?' Eu respondi: 'Não, pois não há ninguém aqui.' Jackie e Martha tiveram um encontro encantador, mas não engataram realmente uma amizade." Suarès explicou em seu livro: "Embora gostasse do estilo de Martha, Jackie não entendia direito como é que se tinha transformado numa verdadeira indústria: ela achava que a maioria das pessoas sabia fazer arranjos de rosas e polir prata antiga, e que os que não sabiam tinham jardineiros e empregadas para fazê-lo. Depois desse dia, ela nunca conseguia se lembrar do nome de Martha, e sempre se referia a ela como 'aquela mocinha bonita'. Acho que nunca mais voltaram a se falar."

Para tentar convencer Jackson a contar sua história mais detalhadamente, Shaye Areheart foi enviada à Austrália para fazer entrevistas com ele durante sua turnê, e depois outro *ghost-writer*, Stephen Davies, foi contratado para concluir o livro. Disse-me Davis: "Trabalhei o tempo todo com Shaye. Só encontrei a sra. Onassis depois que o livro foi lançado, numa festa na casa de Carly Simon. Meu agente me telefonou.

Eu estava trabalhando num livro com o Fleetwood Mac, e eles estavam sem sorte com o material de Robert Hilburn e o material de Shaye. [...]

Fui, então, ao encontro dele, que se mostrou muito tímido. [...] Eu disse: 'Foi a sra. Onassis que me mandou. Você realmente quer isso? Será que vai dar certo? Não quero deixar minha vida em suspenso durante um ano nesse projeto.' Ele estava totalmente entusiasmado com o projeto, especialmente quando eu repeti a palavra mágica 'Onassis'. Mais tarde, ele me disse que ela era a única pessoa que o fazia atender ao telefone. Foi assim que aconteceu. Até hoje não sei quanto lhe pagaram pelo livro. Tentei descobrir. Quando ele foi ao banheiro, fiquei fuçando pelo quarto, valendo-me de meus afiados talentos de jornalista para tentar descobrir o que estava acontecendo.

Acho que ele simplesmente queria que ela telefonasse para ele e fosse sua editora. E, como se sabe, acabou por submetê-la, no fim das contas, àquele lance, dizendo que ia cancelar o livro se ela não escrevesse um prefácio. De repente, eles me impuseram um prazo muito rígido, a mim e a meu irmão [Christopher], que estava me ajudando no texto. [...] Enviamos, então, o material a eles esperando ser demitidos, pois não era de forma alguma um manuscrito publicável, em comparação com o que eu estava acostumado a apresentar aos editores; duas semanas depois, começamos a receber as provas. Não conseguíamos nem acreditar, na verdade. E Shaye fez uma nova edição do texto. Com exceção disso, é exatamente o livro que mandamos. *Moonwalk* é um livro único na minha carreira e na história editorial. [...] Sei que ele tinha poder absoluto sobre o que acontecia e que as pessoas na Doubleday tinham medo dele, pois ele tinha mais dinheiro do que Deus e era muito briguento."

Alberto Vitale era o diretor-executivo da Doubleday, que havia sido comprada pelo conglomerado alemão Bertelsmann AG. A empresa passara a se chamar Bantam Doubleday Dell. Vitale lembrou que Jackson tentou voltar atrás no livro à última hora, quando já estava pronto para ir para a gráfica. "Ele era realmente um problema, você não tem ideia. [...] Nós tivemos de ir a um encontro com ele. No último minuto, ele não queria publicar mais o livro. Foi realmente um encontro histórico. Uma baita experiência, no seu quarto de hotel aqui em Nova York.

Conseguimos que ele dissesse OK à publicação do livro. No fim, eu não sabia o que dizer. Disse-lhe então: 'Bom, sabe como é, o livro será publicado, um legado para a humanidade.'"

A redação da introdução do livro continuou sendo um desafio que Jackie foi adiando até o fim. Comenta Suarès: "Ela queria que eu a escrevesse, mas eu também não sabia o que dizer. Ela ficava se referindo ao texto como um 'posfácio', e não um prefácio ou introdução. [...] Eu lhe disse o que dizer no texto, e ela finalmente o escreveu. Saiu muito mais curto do que se esperava que ela escrevesse."

De fato, a introdução de Jackie não passava de uma sucinta homenagem, mas chamou a atenção do crítico que resenhou o livro no *New York Times Book Review*, o crítico de rock Ken Tucker, da National Public Radio: "'Que se pode dizer sobre Michael Jackson?', pergunta sua editora, Jacqueline Kennedy Onassis, na introdução a esta autobiografia da estrela pop mais famosa do mundo. Como a introdução da sra. Onassis ocupa um breve parágrafo, a resposta implícita deve ser 'Não muita coisa', e, na verdade, a mesma dúvida deve ter atormentado o autor do livro, que enche suas páginas com insípidos clichês do show business e anedotas inconsequentes. Se tivesse sido escrito por outra pessoa, *Moonwalk* [...] poderia ser descartado como um documento o tempo todo carente de informações, e não raro tedioso. Em última análise, contudo, são precisamente estas as qualidades que o tornam fascinante."

O relato esterilizado da vida e das realizações do Rei do Pop andrógino e enigmático — talvez mais enigmático ainda do que sua editora — podia ser um empreendimento editorial razoável no início da década de 1980, quando sua esquisitice terminal ainda não se havia manifestado, e numa época em que ele ainda tinha um enorme contingente de fãs entre os jovens. Pouco mais de duas décadas depois, Jackson passaria por escândalos, humilhações financeiras e acusações de abuso de crianças. Seus atos podem ou não ter sido realmente uma maneira inocente de tentar se aproximar de crianças que Jackson julgava enfrentarem os mesmos problemas que ele, a obrigação imposta pela família de que continuasse servindo de "vale-refeição" numa época da vida em que a maioria dos jovens ainda está preocupada com acne e bullying pelos colegas na escola.

Hoje, muitas passagens do livro têm um significado diferente. Jackson relatava sua primeira apresentação no Apollo Theater, transformando-a num episódio de sua passagem para a idade adulta. "Eu já vira algumas *strippers*, mas, naquela noite, uma garota de cílios espetaculares e cabelos longos apareceu para fazer seu número. Fez uma apresentação maravilhosa. De repente, no fim, arrancou a peruca, tirou um par de laranjas do sutiã e se revelou um sujeito de cara angulosa por baixo de toda aquela maquiagem. Fiquei estupefato. Eu ainda era criança, e não podia imaginar uma coisa daquelas."

Naturalmente, ele não podia ter tido uma infância normal. Já era mundialmente famoso antes da adolescência, e supostamente sofrera abusos por parte do pai. Seu primeiro "encontro" foi com Tatum O'Neal. O jovem par de superestrelas visitou Hugh Hefner na Playboy Mansion. Ele conta que Astaire identificou seu talento para a dança e o estimulou a dançar com raiva e ferocidade. Perfeitamente consciente de que seu público era sobretudo de meninas adolescentes, ele fez questão de negar um certo chauvinismo detectado por certos críticos em algumas de suas canções. "Se esta canção ['Heartbreak Hotel'] e, mais tarde, 'Billie Jean' pareciam lançar uma luz desfavorável sobre as mulheres, não era para ser a expressão de um ponto de vista pessoal. Desnecessário dizer que amo a interação entre os sexos; é uma parte natural da vida, e eu amo as mulheres." Não é necessário nenhum gramático muito experiente para detectar a fraseologia pouco natural. "Interação entre os sexos" parece extraído de um manual sobre sexo escrito para adolescentes por freiras enclausuradas.

A única informação nova era a afirmação de Jackson de que aprendeu mais sobre cantar e se apresentar num palco com Jackie Wilson do que com qualquer outra pessoa, e mais sobre atuar com Marlon Brando, que se tornou uma figura paterna para ele. O livro indica que ele foi tratado como uma tábua rasa durante seus anos na Motown — teve de aprender gramática, etiqueta à mesa, e todo tipo de coisas práticas antes de ser lançado no mundo. A relação com a Motown ficou feia quando Jackson manifestou interesse em compor suas próprias canções e abrir sua própria editora. Berry Gordy, o fundador da Motown e seu principal empresário, que viria mais tarde a escrever outra introdução para uma nova edição do livro, não aceitava essa independência, ainda que isto significasse a perda de uma de suas maiores estrelas.

Jackson acabou fundando realmente sua editora musical, revelando-se um empresário de grande tirocínio ao adquirir o catálogo de canções dos Beatles. Mas, sob muitos aspectos, o livro ainda hoje é insatisfatório, mesmo depois de sua trágica morte. Ele abordou sua transformação de um afrodescendente de pele escura num homem mais claro, metamorfose notada por legiões de fãs no mundo inteiro, de forma inacreditável, atribuindo sua condição a uma rara doença epidérmica e negando que jamais tivesse feito cirurgia plástica no nariz, não obstante as evidências fotográficas em contrário. A Jackie e a Areheart não terá passado despercebido que ele aparece basicamente no livro como insincero, mais preocupado naquilo que julga ser esperado dele do que em investigar os próprios sentimentos. Não foi realmente o melhor projeto de Jackie, embora tenha suscitado muito interesse, em vista do tema.

Apesar da banalidade, o livro chegou ao topo da lista de best sellers do *New York Times* em junho de 1988, embora ficasse por pouco tempo nela, já que o boca a boca e as resenhas menos favoráveis tiveram um impacto nas vendas. Não chegou a haver uma edição em brochura nos Estados Unidos. Ainda assim, o livro rendeu dinheiro para a editora com as vendas em todo o mundo. Jackie nunca ficou satisfeita com o resultado, apesar de Areheart ter comentado que "Michael ficou muito feliz e orgulhoso pela atenção que o livro estava recebendo, e o mesmo, naturalmente, aconteceu conosco". Jackie recusou-se cabalmente a ter qualquer envolvimento no livro seguinte de Jackson, *Dancing the Dream: Poem and Reflections* [Dançando o sonho: Poema e reflexões], inteiramente editado por Areheart e publicado pela Doubleday em 1992 — aparentemente mais uma tarefa das mais penosas.

O *ghost-writer* Davis recorda-se de um encontro com Jackie que é revelador de outro aspecto da história: "Eu só viria a conhecer a sra. Onassis três ou quatro anos depois, pois éramos vizinhos em Martha's Vineyard. Finalmente, acabamos nos encontrando numa festa, e eu disse a Carly Simon: 'Ouça, eu fiz o livro de Michael Jackson para sua amiga Jackie. Acha que pode me apresentar a ela?' Foi assim que a conheci. E, no momento em que eu disse 'Eu escrevi *Moonwalk*. Trabalhei com Shaye', ela se limitou a revirar os olhos, jogando a cabeça para trás. 'Deus meu, *Moonwalk!*'"

Quando comecei a trabalhar com Jackie em 1984, ela estava nas etapas finais de publicação de outro de seus livros ilustrados, *Drawings of the Northwest Indians* [Desenhos dos indígenas do noroeste], projeto voltado para a preservação do trabalho do pintor novecentista George Catlin. Com este volume fac-similado, Jackie se superou, não poupando gastos em sua produção. Apresentando reproduções dos desenhos de Catlin em opulento papel de grande formato, o livro era vendido por mais de 100 dólares o exemplar, preço extraordinariamente alto para a época. Os esboços de Catlin eram um verdadeiro sonho para qualquer etnólogo, retratos realistas e precisos que preservavam as características faciais, os ornamentos capilares e os estilos de vestimenta dos indígenas retratados. Ele não embelezava nem romantizava, numa época em que a norma era o exagero no trato dos estilos da época da conquista das fronteiras norte-americanas.

O livro de Catlin tinha um prefácio de Stuart P. Feld e Robert D. Schonfeld, da Hirschl & Adler Galleries, que ficava no Upper East Side em Nova York e tinha uma coleção de álbuns de Catlin. A mostra da galeria, "Um Festival de Arte do Oeste Americano", coincidiu com a publicação do livro. Uma introdução foi redigida por Peter Hassrick, que era diretor do Buffalo Bill Historical Center, de Cody, Wyoming. O presidente da galeria, Stuart Feld, fora curador no Met e conhecia Jackie havia alguns anos. Embora tenha sido ele a propor o projeto, numa carta a Jackie no fim de 1982, ele me disse que não teve muito contato com ela enquanto trabalhavam no livro.

Jackie escreveria posteriormente ao vice-presidente da galeria, Robert Schonfeld, delineando suas ideias sobre a melhor maneira de promover o livro. Dizia ela na carta: "Eis o plano de marketing que considero bom, pois tem muita força e se dirige a pessoas que devem ser abordadas no lançamento de um livro. Assim, por exemplo: o pobre vendedor que bate de porta em porta não é realmente a melhor maneira de tocar um projeto especial como esse." Satisfeita com o resultado de seus esforços, ela escreveria, mais tarde, radiantes cartas de agradecimento aos diretores da galeria.

Jackie continuou tentando interessar várias celebridades na produção de livros. Antes da publicação do livro de Jackson, Lisa Drew lembra-se de ter ouvido Jackie dizer alegremente: "Existe mais alguém que você gostaria que eu tentasse convencer? Pois às vezes as pessoas realmente atendem aos meus telefonemas." Drew sugeriu Barbra Streisand e, embora Jackie não fosse fã da cantora, de fato promoveu um encontro com ela em Los Angeles para explorar a possibilidade. Streisand não daria continuidade à tentativa, mas Drew disse a Carl Sferrazza Anthony: "Mais ou menos um ano depois, quando já havia deixado a Doubleday por outro emprego, Jackie telefonou e disse: 'Recebi uma mensagem dizendo que Barbra Streisand me telefonou, mas eu não estava.' Uma hora depois, telefonou-me de novo, rindo, e disse: 'Muito bem, conversei com Barbra.' E eu perguntei: 'E aí, como foi? Como foi?' E ela respondeu: 'Ela não está interessada em livro nenhum. Queria o nome de um bom advogado especializado em questões de difamação. Eu lhe disse que não conheço nenhum, pois não movo ações por difamação.'"

Jackie também estudou a possibilidade de adquirir os direitos de um livro do polêmico escritor Jerzy Kosinski, que lhe fora apresentado por J. C. Suarès. Kosinski e Suarès eram apaixonados por polo, e Suarès achava que o tema podia ser objeto de um livro. Disse ele: "A história toda começa quando Jerzy estava precisando terrivelmente de dinheiro porque o *Village Voice* tinha publicado uma matéria revelando como ele montava os seus livros. E ele me pediu ajuda. Fomos, então, procurar Jackie, e estávamos marcando uma reunião. [...] Ela disse algo no sentido de que o tema do polo era muito perigoso, e ele começou toda uma argumentação, dizendo que, na verdade, estamos todos fadados a morrer de qualquer jeito. [...] Quanto mais ele falava, mais improvável se tornava que o livro viesse a acontecer. Jackie me telefonou por simples cortesia, dizendo: 'Simplesmente não haveria público suficiente.'"

O público interessado em polo talvez fosse realmente limitado, mas o público do balé na época era enorme, e Jackie era uma fã apaixonada dessa arte, tendo estudado balé na juventude. As décadas de 1960 e 1970 tinham assistido a um "boom do balé", surgindo companhias regionais por toda parte e um público nacional que rivalizava com o do futebol profissional. Havia superestrelas do balé e parcerias consagradas como as de Rudolf Nureyev e Margot Fonteyn no Royal Ballet, e Mikhail (Misha) Baryshnikov e Gelsey Kirkland no American Ballet Theatre. Todos eles suscitavam muita atenção na mídia e apareciam na capa de revistas como *Time* e *Newsweek*, atraindo Nureyev e Baryshnikov especial atenção depois de fugirem da União Soviética no auge da Guerra Fria.

Jackie tinha um bom relacionamento com Nureyev e Fonteyn, e também era admiradora de Gelsey Kirkland, que se recorda: "Eu conheci Jackie num evento de gala no início da década de 1980, quando me sentei ao seu lado numa ocasião formal depois de uma performance. A situação havia sido arranjada pelo American Ballet Theatre para que nos conhecêssemos, pois o apoio que ela emprestava à companhia era crucial para a sua sobrevivência. Ao chegar e se sentar, a primeira coisa que Jackie disse foi: 'Gelsey, você provavelmente está nervosa por estar se encontrando comigo, mas eu estou ainda mais nervosa por te conhecer!'"

Jackie era fascinada com a arte de Gelsey, e mais adiante levantou a questão de ela escrever um livro, mas inicialmente sem êxito. Durante vários anos, antes de eu conhecer Gelsey, no início de 1984, ela estivera presa numa autodestrutiva espiral de distúrbios alimentares e abuso de drogas. Anorexia, bulimia, cocaína e Valium punham sua vida em risco, de tal maneira que um de seus colegas do balé comentou que ela vinha "escorregando pelo fio de navalha da vida". E, de fato, ela corria perigo, tendo chegado inclusive a se apresentar uma vez sob o efeito de drogas. Tanto a direção do American Ballet Theatre quanto seus colegas estavam perfeitamente cônscios do problema, mas ninguém intervinha. Àquela altura, embora ainda fosse uma grande atração de bilheteria, ela não estava em condições de contar a própria história.

Gelsey era uma artista brilhante, articulada e atormentada, provavelmente a maior bailarina de sua geração, uma perfeccionista cujas exigências, no estúdio de balé e no palco, levavam a conflitos e acessos diários de angústia, que ela atribuía à infância problemática e aos primeiros anos de treinamento no New York City Ballet de George Balanchine e em sua escola.

No início da década de 1980, o tempestuoso romance de Gelsey com seu frequente parceiro Baryshnikov terminou mal, e ela teve de trabalhar para ele (e dançar com ele) no período em que ele foi diretor artístico do American Ballet Theatre. O balé era, na época, completamente dominado pelos homens, embora não desse para percebê-lo vendo o clássico filme *The Nutcracker*, feito para a rede pública de televisão PBS em 1977, estrelado com grande sucesso por Baryshnikov e Kirkland. Do ponto de vista do público, tudo ainda era lindo no mundo do balé. Nesse período de turbulência, Gelsey ainda não fazia uso recreativo das drogas, que, na verdade, serviam para minorar a dor e aplacar um pouco o sofrimento por que passava em sua torturante rotina como dançarina. Quando era confrontada pelos amigos, preocupados, ela dizia, em tom de desafio: "Eu sou viciada, vou morrer, e vocês não podem fazer nada a respeito!"

Na época, eu trabalhava na indústria cinematográfica, como leitor no departamento de argumentos da 20th Century Fox, e conheci Gelsey por acaso, na porta de um desagradável traficante de Midtown que fornecia drogas a vários artistas famosos e a companheiros, o pessoal do Studio 54. Num rápido período de poucos meses, ela e eu nos envolvemos romanticamente e, em desespero mútuo, nos transferimos para o interior do estado para nos refugiar e limpar, motivados inicialmente por puro e simples medo de morrer. Nossa ideia era escapar ao caldeirão autocomplacente de Manhattan, com todas as suas tentações da moda. Tivemos um período de retirada surpreendentemente indolor, mergulhávamos diariamente em Shakespeare, na arte renascentista e na música clássica, num esforço de autorreabilitação que, por algum milagre, simplesmente funcionou para nós. O risco de recaída passou, e nós nunca mais olhamos para trás.

Enquanto Gelsey retomava sua disciplina no balé, treinando na barra toda manhã e se preparando para voltar ao palco com o Royal Ballet, resolvemos aceitar a proposta de Jackie de escrever um livro contando sua vida e carreira. Na época, Gelsey tinha 32 anos e, desde os 8 anos, passara a vida no mundo enclausurado da dança. Desde o início, Jackie deu a Gelsey total liberdade de relatar suas experiências sem restrições. Minha função seria registrar entrevistas para em seguida traduzi-las numa expressão literária condizente com sua personalidade. Cada palavra precisava ser aprovada por Gelsey e Jackie.

Lembro-me da primeira reunião que tivemos com Jackie e Lisa Drew, no La Petite Ferme, um acolhedor bistrô francês no Upper East Side de Manhattan. Durante o almoço, Gelsey fez um caótico relato de sua vida no mundo do balé, o que nos levou às lágrimas. Jackie estava, com toda certeza, emocionada e também empolgada com a perspectiva de que Gelsey contasse a própria história, e sabia perfeitamente, com base no que acabava de ouvir, que seria um livro polêmico. Como editora, Jackie não tinha reservas a esse respeito, embora eu desconfie que ela pudesse ter subestimado o grau de escândalo que o livro provocaria. No fim do almoço, Jackie disse: "Greg, estou tomando aulas de computador. É realmente impressionante o que se pode fazer com ele. Será que você não gostaria de tomar um computador emprestado para trabalhar no livro?"

Nesse momento, Lisa Drew, a quem Jackie passava a bola nas questões comerciais, inclinou-se em sua direção e sussurrou: "Jackie, eles poderão comprar um computador depois que lhes pagarmos o adiantamento." Jackie, então, se entusiasmou: "Puxa, é claro que eles podem!" Nas semanas seguintes, Gelsey e eu apresentamos uma proposta e um esboço que foram usados por Jackie para vender o projeto na Doubleday, e acabamos assinando, em agosto de 1984, um contrato pelo qual recebemos um adiantamento de 125 mil dólares, com o qual a Doubleday tratava de nos dissuadir de sair por aí buscando ofertas de outras editoras. A proposta inicial de Jackie fora de 100 mil dólares, mas ela imediatamente nos disse que não nos preocupássemos, e prometeu conseguir mais, antes mesmo que tivéssemos tempo de aceitar.

De dois em dois meses, nós entregávamos um capítulo, e Jackie nos telefonava ou escrevia se derramando em elogios tão generosos que era difícil levá-la a sério, e então fazíamos uma viagem de duas horas de trem da estranha cidade ribeirinha de Hudson até Manhattan para almoçar com ela. Nessa época, nossas discussões giravam, sobretudo, em torno do livro e do trabalho em andamento, embora Jackie também gostasse de ouvir fofocas e fazer comentários sobre o mundo da dança. Como estava envolvida com o American Ballet Theatre, ela conhecia muitos dos personagens sobre os quais escrevíamos. Mas também se interessava pelo que estava acontecendo em nossas vidas e por nossos planos para o futuro. Ficou encantada quando Gelsey e eu nos casamos, em maio de 1985, e mostrou igual apoio quando nos separamos amigavelmente oito anos depois. Jackie foi sempre de uma grande firmeza. Quando eu lhe sugeri o título do livro, *Dancing on My Grave* [Dançando no meu túmulo], pelo telefone, certa noite, ela comentou: "Puxa, é perfeito! Gelsey parecia um passarinho se chocando contra uma vidraça esses anos todos, e agora se encontrou e tem um lar. Ela está mesmo dançando sobre o túmulo, e é ela que vai rir por último."

À medida que percorria os capítulos, Jackie nos dava sugestões específicas de edição e revisão do texto. Ela sabia exatamente como fazer uma crítica construtiva ao mesmo tempo que nos animava. A certa altura, escreveu:

> O leitor está com vocês, com o coração na boca, à medida que vão desenrolando a história. [...] Sempre que os personagens se expressam, a coisa soa incrivelmente verdadeira. Meu Deus, alguma dessas frases vão passar à história. [...] Você parecia consciencioso demais ao começar a escrever seu primeiro livro. [...] E estava muito preocupado em mostrar o que havia aprendido pelo estudo. [...] Como na dança, não precisamos saber o que foi que você aprendeu com cada professor. É maravilhoso quando tudo parece sair sem esforço. [...] A coisa mais importante que preciso dizer-lhe é que o seu livro é VERDADEIRAMENTE GRANDE. E logo o mundo poderá concordar — com muito amor, Jackie.

Recorda-se Gelsey: "Tivemos a guerra do capítulo quatro, com a briga em torno de Stravinski. Acho que fomos obrigados a reescrevê-lo três vezes." Nós fazíamos críticas muito duras ao compositor Igor Stravinski, pois, na juventude, Gelsey tivera dificuldade para dançar sua música dissonante no balé *O pássaro de fogo*, com coreografia de Balanchine. Ela acabou se rebelando contra a estética neoclássica Stravinski/Balanchine, transferindo-se do New York City Ballet para o American Ballet Theatre e passando a se dedicar a seu repertório mais dramático e clássico. Jackie adorava Stravinski — ele fora um dos primeiros artistas que ela e JFK haviam convidado à Casa Branca. Com grande paciência, nossa editora nos instruiu a abrandar as acusações, e nós cedemos, para só mais tarde nos darmos conta de como ela estava certa.

Numa de suas muitas notas manuscritas, Jackie escreveu: "Mergulhando muito fundo em filosofia aqui? Cortar. — Especialmente a citação de Stravinski. Os leitores não vão esperar nesse livro uma obra tão polêmica, e assim nós vamos aliená-los. Incluam apenas o que for necessário para ilustrar as atitudes criativas desenvolvidas por Gelsey e contribuir para a narrativa. Tenham sempre em mente *a narrativa*, omitindo tudo o que pareça desnecessário. A esta altura, o leitor já percebeu que existem atitudes desarmônicas entre Gelsey e Balanchine. Qualquer insistência seria calcar muito na questão. [...] 'Eu queria ser uma dançarina clássica num palco moderno.' Isto resume muito bem a questão. As vinte páginas anteriores poderiam ser resumidas nessa simples frase."

Jackie também acertou na mosca, posteriormente, ao reduzir quase à metade as seiscentas páginas da primeira redação de nosso manuscrito, embora, na época, Gelsey e eu achássemos terrivelmente difícil aceitar isso. Lembro que, às vezes, eu queria discutir com Jackie no telefone, e era reiteradamente desarmado por aquela sua voz. Seu comentário editorial mais frequente, repetido inúmeras vezes nas margens de nosso manuscrito, era "Concisão!" Foi uma lição que aos poucos fomos acolhendo, e que tornaria muito mais fáceis nossas futuras colaborações. Começamos a entender como funcionava sua mente, em matéria de edição.

Jackie sabia sempre como ir direto ao ponto com habilidade e elegância. Por exemplo, recomendou-nos:

> Anedotas iniciais: Cuidado com as que não são necessárias, que prejudicam o andamento da narrativa. [...] O que não se deve fazer na primeira parte do livro é reter o andamento, dissuadir o leitor ou o resenhista antes que ele chegue ao cerne. Toda autobiografia que

começa na infância enfrenta este problema. A função dos primeiros capítulos é apresentá-la, mostrar o seu ambiente, o seu temperamento na infância, as influências familiares — para, em seguida, nos conduzir pela primeira parte da sua fascinante relação com Balanchine. Se isto ocorrer com fluidez, o leitor terá sido FISGADO.

Jackie gostava tanto do desafio cerebral de trabalhar conosco quanto das emoções que tinha ao fazê-lo. Sua felicidade nos nossos almoços e no telefone era evidente. Ela adorava a irreverência e a arrogância típicas de nossa juventude, mesmo quando discordava e quando abusávamos um pouco de sua paciência. Nós a considerávamos uma amiga e aliada especial — a fada madrinha que nos estimulava. Ela sempre cumpria as promessas e, como fazia com tantos de seus autores, nos levava a sentir que o que estávamos fazendo realmente podia ser importante. Constantemente defendia nossos interesses na editora e nos oferecia conselhos financeiros, conseguindo pagamentos antecipados de nossos adiantamentos quando precisávamos e, ao mesmo tempo, nos fazendo jurar que guardaríamos segredo a respeito.

Embora o destino do livro ainda fosse incerto, o generoso apoio de Jackie nos proporcionou a estabilidade e a segurança necessárias para ir a Londres no outono de 1986 para que Gelsey voltasse a se apresentar com o Royal Ballet, numa produção de *Romeu e Julieta*. Conseguimos de alguma forma dar prosseguimento à redação enquanto Gelsey tinha aulas e ensaios o dia inteiro. Ficamos surpresos e profundamente comovidos quando Jackie e Maurice Tempelsman foram a Londres para assistir à primeira apresentação de Gelsey na Royal Opera House, em Covent Garden. Achamos que foi um gesto extraordinário, além de um voto de confiança da parte de Jackie, mas ela não permitiu que o episódio fosse incluído no livro. A performance recebeu críticas excelentes de todos os críticos de Londres. Quando a cortina desceu, eu vi lágrimas nos olhos de Jackie.

Ainda em Londres, Diane Sawyer, acompanhada de uma equipe, foi nos entrevistar para o programa *60 Minutes*, produzindo uma reportagem comovente que, mais tarde, seria indicada ao Emmy. Jackie era amiga de Sawyer e de seu marido, o diretor Mick Nichols, mas, segundo o produtor da matéria do *60 Minutes*, Jan Legnitto, foi a responsável pelas relações públicas na Doubleday na época, Ellen Mastromonaco, que conseguiu a reportagem. Ainda assim, sempre achei que o envolvimento de Jackie não podia deixar de ter sido um fator na decisão de Sawyer.

Nós chegamos a ter alguns desentendimentos pontuais com Jackie, pois tínhamos nossos planos muito firmes a respeito do livro e éramos arrogantes. Lembra-se Gelsey: "Nós éramos muito teimosos e não arredávamos pé, de modo que às vezes deve ter sido um inferno para Jackie conseguir que nos movêssemos." Para Gelsey, contar a própria história foi uma catarse que já vinha sendo prometida havia muito tempo, de modo que cada passagem do manuscrito era discutida intensamente com Jackie. Quando havia discussões entre Jackie e Gelsey, cabia a mim o papel de mediador, no meio do fogo cruzado. Gelsey recordaria mais tarde: "Quando Jackie me deu a oportunidade de escrever minha autobiografia, estava me ajudando a recuperar minha vida e minha carreira. [...] Ela foi ao mesmo tempo editora e amiga, e quando os dois papéis entravam em conflito, a amizade sempre levava a melhor."

Mais desafios se apresentaram quando o livro teve de ser avaliado pelos advogados da Doubleday. Aparentemente desconhecendo que ele morrera alguns anos antes, eles temiam que Georges Balanchine pudesse nos processar. Enquanto procedíamos à revisão das provas, os advogados de Baryshnikov nos ameaçaram com uma ação judicial, e Jackie nos convenceu a alterar algumas palavras para aplacá-los. Ela nos recomendou, numa carta, que relacionássemos as afirmações potencialmente difamatórias do livro, como exigiam os advogados.

A invasão de privacidade também foi uma questão explicada por Jackie: "Foi isso o que eu descobri, e que pode vir a ser motivo de preocupação. Geralmente não são as personalidades com uma vida pública (pessoas com o nome mencionado na imprensa) que entram na justiça. São pessoas anônimas. [...] Para elas, não custa nada. Conseguem um advogado disposto a trabalhar no caso, e, se vencem a causa, dividem a indenização recebida. E são VOCÊS que podem ser objeto de uma ação, e não a Doubleday." Jackie acrescentava: "Se ficar parecendo que é muito detalhismo, não se aborreçam. [...] Não entrem em pânico, nem fiquem achando que precisam tirar as tripas do livro. Tratem de escorar aquilo que afirmam. Quando for prudente, mudem um nome, deixem de fora expressões como 'lésbica' ou 'largar as fraldas'. Mudem um prenome quando houver algum perigo."

Em dado momento, pouco depois de Gelsey aparecer no *60 Minutes*, Jackie telefonou a pedido do departamento de publicidade da Doubleday, insistindo em que Gelsey concedesse mais entrevistas à imprensa. Gelsey resistiu, pois detestava a ideia de publicidade, e nós finalmente tivemos de cortar a conversa, desligando o telefone sem muita consideração. No dia seguinte, Jackie mandou um enorme buquê de rosas e pediu desculpas, dizendo a Gelsey: "Lembro quando Jack concorria ao Senado, e eles queriam que eu aparecesse mais em público, e eu acabei recusando. Foi exatamente o que você fez, Gelsey. Lamento muito ter tentado pressioná-la."

Em outubro de 1986, quando estávamos em Londres, o livro foi publicado, e recebemos uma série de telefonemas de congratulações e telegramas de Jackie que nos mantinham atualizados sobre o progresso do livro. A reação dos críticos foi muito forte, e eles se mostraram, na mesma proporção, ou muito elogiosos ou muito hostis. No *New York Times Book Review*, Deborah Jowitt considerou que o livro era "muito quente", além de "um volume estranho e assustador", e concluiu: "Por mais sensacional que seja o material, por mais desconcertante, difícil e ainda não inteiramente equilibrada em relação a si mesma que seja a sra. Kirkland, o fato é que apresenta um retrato desalentadoramente vívido dos riscos de uma profissão em que você é o seu próprio instrumento."

Voltamos a Nova York em novembro e fomos almoçar com Jackie, logo depois de ser publicada na *Vanity Fair* uma resenha em que James Wolcott fazia uma calúnia nada sutil contra nossa editora. Referindo-se a uma descrição do dramático pesadelo enfrentado por Gelsey com o vício e os ataques provocados pelas drogas, Wolcott escrevia: "Caberia observar, aqui, que a editora do livro é Jacqueline Kennedy Onassis? Imagino que não."

Embora Jackie não se mostrasse afetada, até onde podíamos perceber, e continuasse a nos mandar reproduções de resenhas de todo o país, Gelsey mostrou-se vulnerável, ficando magoada com alguns dos ataques mais perversos. Tentando consolá-la num almoço, Jackie disse: "Puxa, Gelsey, você precisa ignorar essas críticas. Não se deixe abalar. Você vai ver. Quando Jack e eu estávamos na Casa Branca, era Camelot o tempo todo. Mas depois, depois que eu me casei com Ari, passei a ser uma traidora. Na época, as pessoas não entendiam por que eu precisava daquele santuário. E agora, de uma hora para outra, virei a maior mãe do mundo!"

Nós e nossa editora ficamos um tanto mais consolados com o fato de o livro ter ficado na lista dos mais vendidos do *New York Times* durante vários meses, e de ter repetido o desempenho no ano seguinte, quando saiu a edição em brochura. Como nosso livro foi lançado dois anos antes do livro de Michael Jackson, foi o primeiro best seller de Jackie. Também foi bom constatar, ao longo dos anos, que algumas companhias de balé passaram a oferecer sistemas de apoio e alternativas terapêuticas aos dançarinos, para que eles enfrentassem as questões de saúde que Gelsey fora a primeira a levantar em público.

O estímulo de Jackie levou-nos a dois outros livros nos sete anos seguintes. Nós nos encontrávamos para almoçar, ela batia palmas e perguntava, empolgada: "E o que é que vamos fazer juntos agora?" Nosso diário de companhia de balé, intitulado *The Shape of Love* [A forma do amor], foi publicado em 1990, referindo-se o título ao ideal físico da bailarina clássica no século XIX. E um livro infantil, *The Little Ballerina and her Dancing Horse* [A pequena bailarina e seu cavalo dançante], foi lançado em 1993. Este se baseava em instruções específicas que Jackie nos havia dado para escrever uma história sobre duas de suas paixões da infância: o balé e os cavalos. Nós inventamos, então, uma história bem açucarada sobre uma menininha que precisava decidir entre estudar balé e aprender equitação, inicialmente intitulada *Side Saddle Ballerina* [A bailarina que cavalgava de lado]. Jackie adorou, e me escreveu uma carta dizendo que a estava lendo em voz alta para todas as crianças de sua vida. Isto se deu em 1993, não muito antes de ela ficar gravemente doente.

Em 1986, apesar de Jackie nos ter oferecido uma festa de gala para o lançamento de *Dancing on My Grave*, na suíte da Doubleday na Quinta Avenida, eu não tinha consciência da importância que esse livro especificamente tinha para ela em termos profissionais e da maneira como ela o encarava como uma vitória pessoal. Naturalmente, ela cumprimentou Gelsey e a mim em termos enfáticos, dizendo o quanto se sentia orgulhosa de nós. Isso pode explicar o fato de ela ter continuado a trabalhar conosco, muito embora nossos dois livros seguintes não tivessem o mesmo êxito comercial. Quando perguntei se ela estava decepcionada por nosso segundo livro não se ter tornado um best seller, ela simplesmente deu uma gargalhada e respondeu: "Oh, não, Greg, as continuações geralmente não têm o mesmo sucesso que o primeiro livro. Não se preocupe. É um livro maravilhoso."

Outro dos autores de Jackie, David Stenn, um biógrafo e roteirista de televisão, começou sua colaboração com ela em 1986. Contou-me Stenn: "Jackie dizia: 'David, prometa que eu terei prioridade na aquisição dos direitos de seu diário.' E eu respondia: 'Se eu publicar meu diário, jamais voltarei a trabalhar' — pois lá estava eu, um perfeito jeca de 22 anos que de repente estava escrevendo para *Hill Street Blues*,* e ela ficava encantada ao ouvir minhas histórias. Ela ficava me provocando, dizendo que eu era 'docemente depravado' e se referia a mim como 'meu magnatazinho'."

Prossegue David, referindo-se ao seu diário enquanto conversamos. "Na época em que nos conhecemos, *Dancing on My Grave* acabara de sair. Jackie disse-me que era tratada de maneira diferente pelos outros editores agora que fora responsável por um best seller. Disse também que apesar da grita gerada pelo material mais libidinoso, o livro suscitara reações sinceras e sentidas entre os dançarinos, o que a deixava orgulhosa. Ela achava que tinha acertado.

Assim, eu a conhecia quando ela estava numa posição diferente da que jamais ocupara até então como editora. Ela se mostrava um pouco mais confiante, tendo entrado no terreno dos best sellers, que em sua opinião também contribuíam para a cultura — e pelo que eu conhecia dela, esta também foi sempre uma preocupação sua. Ela se preocupava com o embotamento da cultura de massa. Disse-me: 'Nossa cultura

*Popular e premiado seriado policial transmitido pela rede de televisão NBC entre 1981 e 1987. [*N. do T.*]

vai se tornar novamente o que era na época medieval, quando havia realmente uma cultura de elite. O resto da população vai apenas ficar vendo televisão, que será sua única referência.'

Não era esnobismo; ela simplesmente achava que havia um motivo para que os clássicos fossem clássicos. Lembro-me de que aconteceu de estarmos os dois lendo o mesmo livro: *The Secret History* [A história secreta], de Donna Tartt. Perguntei a Jackie o que estava achando. 'Estou gostando muito', disse-me ela, 'pois os personagens são estudantes de letras clássicas, de modo que são pessoas inteligentes'.

Ela fazia questão de dizer: 'Meus dois filhos leram muito na infância e continuam lendo.' Portanto, a leitura, o ato de ler, era realmente importante para ela. Para mim, isto explicava sua paixão pelo trabalho editorial: ela estava defendendo uma causa em que acreditava profundamente, o que não deixava de demonstrar na própria família e para o público em geral. Se conseguisse fazer com que as pessoas lessem, sentia que estava tendo êxito.

E, no entanto, ela era suficientemente inteligente para entender que a gente não pode alimentar as pessoas à força. Se estiverem lendo sobre uma estrela do cinema mudo, é evidente que não estão lendo um clássico. Mas *estão lendo* — e, se o livro for bem escrito, interessante e comovente, já é uma grande coisa. E eu era bastante jovem e ainda cru o bastante para achar que poderia fazer exatamente isto — basicamente porque me Jackie disse que eu poderia. Tê-la como editora era o máximo em matéria de estímulo à autoconfiança. Nos momentos de dúvida, você ficava pensando: 'Jackie Onassis acredita em mim, de modo que eu devo ter motivos para acreditar também.'"

O primeiro livro de David com Jackie, *Clara Bow: Runnin' Wild* [Clara Bow: Perdendo as estribeiras], foi publicado em 1988; ele lançaria em seguida *Bombshell: The Life and Death of Jean Harlow* [Explosiva: Vida e morte de Jean Harlow], em 1993. Graças ao talento e ao estilo convincente do autor, os dois livros eram de leitura fascinante, embora as duas biografadas fossem muito diferentes em termos de temperamento e do ponto de vista histórico.

Embora tivesse em andamento um livro sobre Fred Astaire, Jackie não publicara ainda biografias hollywoodianas, o que fazia com que

David se sentisse ainda mais grato por seu apoio. "Acho que, no meu caso, Jackie estava mais empenhada em cultivar um autor do que um tema. Ela me telefonava em Los Angeles [para onde David retornara, para escrever e produzir programas como *21 Jump Street* e *Beverly Hills, 90210*] e dizia: 'Não posso esperar mais! Qual será o nosso próximo livro?' Ela aparentemente me encarava como uma espécie de investimento de longo prazo — e não há palavras para expressar o que isto significava para mim. Eu nunca me sentira como escritor, até que Jackie começasse a me tratar como tal. [...] Eu nunca tinha escrito um livro, jamais escrevera um artigo de revista. [...] Se não tivesse tido uma verdadeira editora, estaria em muito maus lençóis."

David lembra-se dos conselhos de Jackie quanto à concepção de seu primeiro livro, e da maneira como ela assumiu um papel ativo em sua promoção. "Ela dizia que queria que a biografia de Clara Bow fosse como uma fuga de Bach. Eu não tinha a menor ideia do que isto podia significar. Mas o que eu sabia, sem sombra de dúvida, era que ela tinha uma *visão* a respeito do livro.

Em nosso segundo encontro, ela disse: 'O pessoal de divulgação da Doubleday é muito mosca-morta. Vamos ter de cuidar disso por nossa conta.' Disse-me, então, que lhe mandasse um memorando explicando o que era o livro, 'fazendo todas aquelas coisas que você geralmente não faz, como citar nomes.' Isto era, para mim, um verdadeiro anátema, e eu achava que ela pensava o mesmo. Mas ela disse: 'Faça exatamente isto — pois teremos de criar nossa própria campanha publicitária.'"

Jackie também tentou fazer propaganda do livro para os colegas da editora, promovendo uma sessão de um dos filmes de Clara Bow. Comenta David: "Lembro que, a certa altura, perguntei a Jackie: 'Você acha que alguém vai dar alguma importância?' Pois, na época, Clara Bow praticamente fora esquecida, e eu estava botando toda a minha alma no projeto. E ela respondeu: 'David, você *vai fazer* com que as pessoas deem importância. Você verá quando as resenhas forem publicadas.' Portanto, eu simplesmente fiquei pensado: OK, tudo certo.

Hoje, pensando naquela época, eu me pergunto: Quem é que fica contando com as resenhas? Mas eu não podia saber, e era isso que era bonito: eu estava numa espécie de bolha, graças a Jackie. Quando ela dizia algo, eu confiava nela com tanta certeza que acreditava naquilo. E o engraçado é que ela estava certa: No exato dia em que o livro foi lançado, o *New York Times* se derramou em elogios."

De fato, o eminente crítico e escritor britânico John Gross escreveu a resenha para o *Times*, reconhecendo que o autor resgatava Clara Bow da obscuridade: "David Stenn descobriu tanto a respeito dela quanto é permitido aos mortais; ele adota uma abordagem inteligente, nem muito solene, nem muito irreverente." Hoje, mais de 22 anos depois da publicação, *Clara Bow: Runnin' Wild* continua sendo impresso, embora não seja mais editado pela Doubleday.

Enquanto a reputação de Jackie como editora continuava subindo, a Doubleday estava em declínio, ocupando um distante terceiro lugar, em termos comerciais, em relação a casas como Simon & Schuster e Random House. O presidente da Doubleday, quando comecei a trabalhar com Jackie, era o advogado Richard Malina. Antes do lançamento de *Dancing on My Grave*, ele enviou a Gelsey e a mim um bilhete de cumprimentos, dizendo: "Finalmente tive a oportunidade de ler o seu livro, e agora sei que toda a empolgação na Doubleday e por toda parte é perfeitamente justificada." Não tivemos contato pessoal com qualquer outro executivo da Doubleday, pois o clima na editora mudou dramaticamente naquele ano, quando o controle foi assumido pela Bertelsmann.

A empresa familiar adquiriu uma identidade corporativa mais sistematizada, o que pudemos sentir nas vezes em que visitamos Jackie em seu novo escritório na Quinta Avenida, esquina com a Rua 52. Dick Malina foi substituído por Nancy Evans, trazida do Clube do Livro do Mês por decisão de Alberto Vitale. Suas qualificações para a função foram questionadas tanto na própria casa quanto na imprensa. Embora o *New York Times* visse em Evans uma pessoa "sem experiência em edição de livros", Vitale considerava que ela trazia à empresa "sangue novo" e "uma energia sem limites".

Harriet Rubin comentou a singular posição de Jackie na editora e o impacto causado pela mudança de regime: "O que mais impressionava era o efeito que ela tinha na cultura da Doubleday. Ela estava presente quando a empresa foi comprada pela companhia alemã Bertelsmann. Hoje é até difícil acreditar, mas a ideia de a 'editora da América', a editora de *Roots* [Raízes], ser comprada por alemães abalou o mundo das comunicações. Era uma autêntica invasão cultural. Os alemães iam embotar todo mundo e assumir o controle da América. A presença de Jackie permitia que a casa resistisse à onda de material de segunda. A empresa que empregava Jackie tinha de manter uma presença de classe no mercado, ou haveria de perdê-la. Ela era o último referencial de intelectualidade na empresa, talvez na indústria. Ninguém queria que Jackie se demitisse por se sentir ofendida por questões de relações públicas. [...]

Por mais aberta que ela fosse às ideias, certa vez eu recebi o tratamento reservado aos paparazzi quando encontrei com ela no banheiro feminino, envolta numa nuvem de jasmim. 'Jackie, que perfume maravilhoso é esse que está usando?' Ela mal hesitou, fazendo algum comentário sobre o fato de eu estar parecendo 'a filha do regimento' em meu terninho Chanel de botões dourados, e foi saindo, levando consigo o misterioso perfume de jasmim e deixando para trás aquela espécie de reprimenda. Será que ela temia que eu passasse a informação à *People*? Foi ali que eu me dei conta de que Jackie não era, na realidade, uma empregada da Doubleday, como todos nós. Trabalhava para as altas esferas de Camelot, e estava ali para publicar livros."

Rubin também falou do novo diretor-executivo, Alberto Vitale, que viria futuramente a assumir o comando da Random House: "Alberto era brilhante. [...] Gostava de mulheres belas e inteligentes, adorava tê-las à sua volta, e sua adoração era como um passe livre para que cada uma fosse ela mesma. Jackie não podia deixar de ser uma espécie de prêmio para ele. Desculpem-me, mas o que havia na Doubleday era uma maioria de sábios idiotas, editores que chafurdavam em montes de merda dourada ou puxavam o saco de Alberto e, por isso, subiam na hierarquia. Não sabiam a diferença entre dois pontos e ponto e vírgula. Tinham medo de qualidade. Tinham medo de ideias. Tinham medo de colegas que pensavam de maneira independente. Os sábios idiotas acabaram vencendo, na medida em que seus projetos e seu estilo editorial vieram a prevalecer. Espero que seu livro trate do lado sombrio em que Jackie foi apanhada no trabalho editorial. Os problemas hoje enfrentados pelos meios de comunicação noticiosos se manifestaram, inicialmente, na edição de livros."

Jackie conhecia o "lado sombrio" da edição de livros tanto quanto qualquer um na profissão. O que ela deixou claro para mim depois da transição com a Bertelsmann foi que considerava os executivos como um desafio de antagonismo. Ela jogava com todos eles, com seu charme e sua sedução, mas eles eram, sem exceção, o "inimigo" corporativo que precisava ser vencido para que seus livros fossem programados e publicados em seus próprios termos. Nos anos subsequentes, sua frustração aumentaria, pois se tornou cada vez mais difícil convencer a casa a publicar alguns de seus livros mais herméticos e extravagantes. Embora dissesse não se preocupar com o sucesso de vendas, ela me disse, em mais de uma oportunidade, que os livros por ela editados que chegavam à lista dos mais vendidos eram necessários para que ela pudesse publicar os livros menos comerciais.

Rememorando um projeto no qual Jackie esteve envolvida por breve período, sua antiga colega Les Pockell comentou: "Ela era uma espécie de ímã para as pessoas que queriam lançar certos tipos de livros sensacionalistas voltados para a vida de celebridades. [...] Mas claro que ela não aceitava qualquer coisa, e assim [...] meio que dava um jeito de passar adiante para outras pessoas. [...] Eu fazia parte do grupo editorial de interesses específicos, e ela, do grupo genérico. Eu editei um livro com [...] um húngaro [Bertalan de Némethy] que era uma figura de destaque em matéria de treinamento equestre. [...] O único envolvimento dela foi o fato de ter conhecido esse autor muitos anos antes. Não faria sentido que ela publicasse o livro na área em que estava trabalhando, de modo que o enviou para nós." *The De Némethy Method: Modern Techniques for Training the Show Jumper and Its Rider* [O Método De Némethy: Técnicas modernas de treinamento do cavalo saltador e seu cavaleiro] foi publicado em 1988 com introdução de William Steinkraus, na época capitão da Seleção de Hipismo dos Estados Unidos.

A respeito dos problemas enfrentados por Jackie e muitos colegas editores da Doubleday após o advento da era Bertelsmann, Pockell comentou: "Nessa época, a Bertelsmann havia mudado a empresa de forma muito drástica mesmo. Nós estávamos acostumados com aquele velho e elegante prédio na esquina da Rua 46 com a Avenida Park, e se tratava de uma editora de verdade, com escritórios editoriais de verdade. E, então, fomos obrigados a nos mudar temporariamente para o número 666 da Quinta Avenida, pois era onde estava instalada a Bantam, e a Doubleday transformou-se num anexo da Bantam. Era a Bantam Doubleday Dell. Jackie nunca sentiu a mesma ligação com a corporação, tal como passou a ser naquele momento. E o mesmo se aplicava a todos nós.

E, enquanto ela estava lá, ninguém na Doubleday estava satisfeito — acho que posso dizê-lo categoricamente — com o novo arranjo. [...] Mas ela era muito querida. [...] A gente sabia que ela estava por perto porque dava para sentir aqueles perfumes caros nos corredores. Não é brincadeira, não, ela realmente deixava para trás uma nuvem. A gente sabia que era ela. Ela não se achava superior, nem nada parecido, mas era realmente uma pessoa muito especial, e acho que a Doubleday encarava isso como um trunfo incrível, como estou certo de que também fazia a Bertelsmann, mas eles simplesmente não souberam gerir muito bem a coisa."

Jackie perseverou em sua função na editora, não obstante os desafios de trabalhar sob o novo regime gerencial chefiado por Nancy Evans. Jackie logo empreenderia um projeto no qual voltou a trabalhar com uma das personalidades associadas a seus anos de Camelot, Stewart Udall, o ex-congressista que atuara como secretário do Interior entre 1961 e 1969, sob a liderança de JFK e LBJ. O livro de Udall, *To the Inland Empire: Coronado and Our Spanish Legacy* [Ao Império do interior: Coronado e nosso legado espanhol], foi concebido como uma celebração da era de ouro da exploração espanhola empreendida por Francisco Vázquez de Coronado no sudoeste americano.

O livro de Udall conduziria Jackie a uma região do país que ela evitava desde o assassinato em Dallas. Udall entrou em parceria com o fotógrafo Jerry Jacka, por muito tempo colaborador do *Arizona*

Highways. Jacka contou-me como se deu seu envolvimento no projeto: "Stewart disse: 'Caramba, Jerry, acho que vamos trabalhar com Jackie na edição de um livro.'"

Udall e Jacka já vinham pesquisando a história de Coronado com vistas ao trabalho para uma revista. O livro, publicado em 1987, revela que o interesse de Udall pelo tema era de caráter pessoal. Ele cresceu na região rural do Arizona, perto da rota que o conquistador Coronado tomara em 1540, na busca das sete cidades auríferas de Cibola. Ao comparecer ainda menino a uma cerimônia de inauguração de estrada perto de seu rancho, Udall ouviu comentários de que não se tratava efetivamente da trilha de Coronado, de que a verdadeira trilha ficava mais para oeste, passando por uma reserva dos apaches. Essa disparidade entre a história oficial e o conhecimento local fascinou o jovem Udall, e viria também a intrigar sua futura editora. Udall e Jacka, que refizeram juntos a jornada de Coronado, criaram uma série de "paisagens Coronado", fotos em grande formato que capturavam o sentimento de grandeza que Coronado deve ter experimentado ao abrir caminho pelo deserto.

Jacka recordou a visita de Jackie ao Arizona para participar das pesquisas para o livro com Stewart e sua mulher, Lee, assim como a mulher de Jerry, Lois. "A história de Coronado tinha sido contada muitas vezes, mas não do ponto de vista que Stewart pretendia adotar, e, que soubéssemos, ninguém havia acampado na região que considerávamos ser a trilha de Coronado. Mas nós dispúnhamos de materiais de referência muito bons [...] certas cartas de Coronado no momento em que seus homens voltaram para a Espanha e o México, o que lançava muita luz sobre toda a questão. Nós acampamos ao longo da trilha, e foi assim que tudo começou, em torno de uma fogueira.

Um ano depois, Stewart telefonou para minha mulher, Lois, e para mim, e disse que a sra. Onassis ia ao Arizona, e que gostaria que Lois e eu nos juntássemos a ele e a Lee, a sra. Udall, mais Jacqueline Kennedy Onassis e Maurice Tempelsman numa pequena excursão, e que queria também mostrar a ela por onde nós achávamos que passava uma parte daquela trilha, para de alguma maneira empolgá-la com o projeto."

Prossegue Jacka: "Nós a levamos a uma região muito inóspita. Stewart e eu, como já tínhamos acampado e pesquisado, achávamos que havia uma bifurcação no rio Negro, que separa San Carlos das reservas indígenas apaches. [...] Assim foi que conduzimos Jackie ao local num Chevrolet Suburban 1984 de tração nas quatro rodas; e não havia sequer uma estrada. Nós íamos sacolejando pelos caminhos por onde as carroças enfrentavam os pedregulhos na época da conquista. Até que Stewart parou e nos serviu um pouco de vinho à beira do rio. E leu alguns poemas [...] e comemos um pouco de queijo com biscoitos. Em seguida, atravessamos o rio com Jackie, e felizmente o rio, no momento, não estava muito cheio. [...] Ela foi um encanto, uma companheira maravilhosa. Era muito simples, e começou, com Lee Udall e Stewart, a evocar lembranças da época da Casa Branca, e, para Lois e eu, foi muito divertido ficar assistindo.

Stewart tinha dado um jeito de levá-la a visitar Zuñi Pueblo e sua antiga igreja católica. [...] Nós queríamos que ela subisse a velha escada de pedra que julgávamos ter sido provavelmente usada por Coronado quando se aventurou com seu exército por Acoma Pueblo. Acoma é conhecida como Cidade do Céu, pois fica num planalto muito elevado. E assim foi que lá chegamos por uma escada, e ela realmente gostou muito."

Após a publicação do livro, Jackie deu a Jacka e sua mulher um exemplar com dedicatória, na qual se podia ler: "Com admiração por um dos maiores poetas que o Sudoeste produziu — o poeta da câmera."

Enquanto produzia o livro de Udall, Jackie encomendou outra obra ilustrada. *Fred Astaire: His Friends Talk* [Fred Astaire: Seus amigos falam], de Sarah Giles, decorreu de um artigo publicado na *Vanity Fair* pela editora da revista na época, Tina Brown, pouco depois da morte de Astaire, em junho de 1987. Jackie convidou Giles a aumentar o número de amigos de Astaire que prestaram depoimento. Formado basicamente por trechos de entrevistas, no lugar de uma narrativa, o livro era dividido em seções que abordavam os temas "O artista", "As mulheres de Astaire" e "Seu mundo particular".

Giles reconheceu em conversa comigo que, em certa medida, o livro refletia o formato de entrevistas criado por Jean Stein e George

Plimpton em seu livro de 1982 sobre Edie Sedgwick, a musa de Warhol (*Edie: American Girl* [Edie: Uma garota americana]). "Acho que eu o dividi em seções porque, como você bem sabe, todos nós conhecíamos *Edie*. [...] E realmente era esse o conceito original, quando Tina Brown e eu resolvemos fazê-lo. Nós simplesmente copiamos; mas era uma boa fórmula, e ela [Jackie] gostou."

A festa de lançamento do livro sobre Astaire deu a Jackie a oportunidade de conhecer o amigo de Giles na *Vanity Fair*, o escritor Dominick Dunne. Em artigo para a revista, Dunne recordaria: "A única vez em que realmente pude conversar com ela foi num almoço na casa de Mortimer, para comemorar a publicação de um livro que ela editara sobre Fred Astaire. [...] Eu sempre desejara conhecê-la, mas quando chegou a hora, não conseguia pensar em nada para dizer. 'Meu Deus, não me deixe ficar mudo', eu rezava. O leve sorriso em seu rosto indicava que ela sabia que às vezes as pessoas tinham essa sensação em sua presença. Claro que ela salvou a situação. Mencionou uma citação minha no livro e me perguntou algo sobre Fred Astaire, que eu conhecia, pois sua filha era amiga minha, e de repente eu estava à vontade. Só mais tarde me dei conta de que eu é que ficara falando. Ela se limitara a me fornecer o tema."

Jackie era bastante tolerante, e era capaz de se mostrar receptiva até às personalidades mais excêntricas dentre os artistas que trabalhavam com ela. Ela herdou um livro e seu fotógrafo-autor, William Eggleston, do colega James Fitzgerald, quando ele começou a fazer planos de se transferir para a St. Martins's Press. Explica Fitzgerald: "Uma das coisas que acontecem quando um editor se vai é que eles já têm livros encaminhados por ele. Eu estava trabalhando num livro que me deixava empolgado. [...] Lembro que eu adquiri os direitos e as pessoas passavam para me ver. E Jackie veio me ver e disse: 'Você é um sortudo!' Desse modo, quando eu fui embora, tinha todos aqueles livros para distribuir, e pensei: Quem mais indicado para este do que Jackie? Fui então ao seu encontro para fazer a proposta, e ela disse: 'Seria uma honra.' Por acaso, Eggleston estava vindo a Nova York, e eu pensei: Que engraçado, vamos juntar os dois. [...] Eggleston apareceu, nós fomos ao escritório de Jackie e eu os apresentei. E ela disse: 'Puxa, eu queria tanto conhecê-lo.'

Eggleston não ficava impressionado com nada. Usava botas de equitação e um casaco de couro. É mesmo um personagem. [...] Nós pretendíamos sair para almoçar, já eram mais ou menos onze horas, e eu estava me preparando para sair. Disse então: 'Vou deixar vocês dois conversando' — Jackie estava com as fotos; quer dizer, a coisa estava muito bem encaminhada. [...] Quando voltei, ao entrar no escritório, Eggleston estava de pé sobre a mesa dela, mostrando como os soldados prussianos davam meia-volta. Ela estava fascinada. [...] Até onde ela sabia, aquilo eram ossos do ofício."

O livro de Eggleston, *The Democratic Forest* [A floresta democrática], foi publicado em 1989. O título dá a entender que os panoramas da América rural, de certa maneira, caracterizam o espírito da democracia. Mas as fotografias incluídas no livro têm um caráter mais limitado. Fotógrafo de talento fascinado pelo lugar-comum, Eggleston tentou capturar a vida rural americana, com suas fachadas estranhas, suas estradas, seus estacionamentos, mas curiosamente limitou-se à Região Sudeste do país. Suas fotos em cores das montanhas enevoadas que rodeiam Chattanooga, e de propriedades rurais no Alabama e no Mississippi são muito sugestivas, e a introdução escrita pela famosa romancista sulista Eudora Welty reforça ainda mais a visão regional representada pelo volume.

Fitzgerald lembra-se de ter trabalhado anteriormente com Jackie, em outro livro exótico de aventuras, *The Search for Omm Sety* [Em busca de Omm Sety], escrito por Jonathan Cott. "Ele me procurou", diz Fitzgerald, "com algo que, na época, considerei, como ainda considero hoje, uma história muito interessante sobre uma mulher na Inglaterra [Dorothy Eady]. Acho que Jackie estava interessada no tema, era louca por história antiga, e o mencionei em conversa com ela. [...] Isso levou a reuniões em seu apartamento, onde ela começou a nos mostrar todos aqueles mapas e livros."

Jonathan Cott disse-me que considerava Jackie e Fitzgerald como co-editores, e, mais tarde, viria a se referir aos dois, em seu livro, como seus "espíritos guardiães" editoriais. O interesse de Cott fora despertado por um artigo publicado no *New York Times*, em 1979, por Christopher Wren, que contava a história da malfadada viagem de Dorothy Eady da Inglaterra ao Egito e de sua transformação mística em Omm Sety. Quaisquer que fossem suas excentricidades, essa estranha britânica, nascida em 1904, também se tornou uma respeitada egiptologista em sua época.

Cott recortou artigo do *Times* e, alguns anos depois, o levou à sua primeira reunião com Jackie para discutir o livro. Lembra-se ele: "Quando me sentei em frente a ela, fiquei bastante nervoso. Para mim, ela era mais uma espécie de representação universal da *anima* do que uma possível editora! Mas, depois de alguns minutos, minhas projeções se desfizeram no ar, pois Jackie me fez perceber que não havia necessidade de sustentar qualquer tipo de cerimônia, pois tínhamos o mesmo fascínio por aquela admirável sacerdotisa anglo-egípcia de Ísis no século XX."

Seria uma reunião de resultados inesperados. Quando Cott mostrou a Jackie o recorte do *Times*, ela sacou exatamente o mesmo artigo de seu arquivo. Rememorando esse momento, Cott diria: "Emily Dickinson escreveu certa vez: 'O inacreditável nunca nos surpreende por ser inacreditável.' No trabalho com Jackie, nada surpreendia, pois tudo era inacreditável."

Reconhecendo em Jackie desde o início um "grande conhecimento e amor pelo antigo Egito", Cott relatou que ela "me disse ter conhecido pessoalmente Omm Sety — que vivera numa choupana de barro na aldeia de Abydos, no Alto Egito, até morrer, em 1981 — quando fez uma viagem descendo o Nilo na década de 1970. Desde então, dizia Jackie, ficara fascinada com aquela mulher, e me falava com tal intensidade e paixão do livro que eu estava escrevendo que parecia que ela própria o estava sonhando.

Quando concluí a primeira redação do manuscrito, Jackie pediu-me que fosse ao seu escritório, para onde levara, de sua casa, uma série de livros sobre história, arte e religião do Egito Antigo, entre eles um dos enormes 24 volumes da *Description de l'Egypte* encomendada por Napoleão, com suas gravuras incomparáveis. Ouvindo as ideias maravilhosamente fundamentadas de minha editora sobre o Egito Antigo e seus comentários entusiásticos mas muito específicos sobre meu manuscrito, logo comecei a imaginar que, como Omm Sety, também eu estava entrando num mundo de antiguidades egípcias, conversando com uma rainha egípcia tão bela quanto Nefertiti."

Prossegue Cott: "Até que eu saí do meu pequeno transe — voltei de Tebas para a Quinta Avenida —, e Jackie estava apontando para uma página do meu manuscrito e dizendo: 'Uma frase que vai perdendo o ritmo. Solte a imaginação. Torne essa passagem mais dramática. [...] Vamos entender o que significou para Dorothy [...] tentar encontrar o significado e o objetivo da vida. [...] Não deixe que ela fique parecendo apenas uma inglesa excêntrica. A excentricidade era apenas um disfarce. *Diga que ela era uma bruxa*!'"

Tendo por acaso conhecido Dorothy Eady durante uma viagem de exploração de antiguidades egípcias, Jackie estava mais uma vez recorrendo a vínculos do passado. Eady aparentemente tinha mais acesso a relíquias sagradas do que os egípcios que viviam na região, e, na época em que Jackie a conheceu, já era uma especialista autodidata em hieróglifos egípcios, assim como nas muitas dinastias que floresceram ao redor do Nilo antes da Era Comum. Dorothy Eady só adotou o nome de Omm Sety depois de se convencer de que era a reencarnação da consorte do faraó Seti I.

Como revela Jonathan Cott em seu livro, Dorothy buscava a sua própria Terra de Oz desde os 3 anos de idade. Eady acabou se estabelecendo no Egito, mas passou muitos anos nas imediações do Cairo, perto das tumbas de Gizé. Quando finalmente se mudou para a aldeia de Abydos, aprendera a falar árabe e já contribuíra para a tradução de hieróglifos para os estudiosos locais.

Tudo isso podia ser coisa de uma encantadora excêntrica, um tipo particularmente britânico, não fosse a vida secreta levada por Omm Sety ao cair da noite, quando seu amante Seti I a visitava. Dorothy registrava em diário todos esses encontros, e sua leitura explica por que Cott escolheu como subtítulo "Reencarnação e amor eterno". Tratava-se da ressurreição de um caso de amor de 3 mil anos de idade. Como poderia Jackie deixar de ficar seduzida por semelhante história? Em seus agradecimentos, Cott prestava homenagem à editora "por me lembrar, nas palavras de um antigo escriba egípcio, que falar dos mortos é trazê-los de volta à vida".

Em seu apartamento, Jackie vez por outra contemplava Cott com histórias sobre velhos amigos, como André Malraux, o ministro da Cultura da França na época de De Gaulle, que, anos antes, tomara a frente de um movimento internacional para salvar monumentos egípcios ameaçados de inundação pela construção da represa de Assuan. Jackie disse a Cott que Malraux, que aparentemente tinha um fraco por ela, dedicara sua autobiografia, *Antimemórias*, a ela. Depois que ela se casou com Aristóteles Onassis, ele ostensivamente retirou a dedicatória na segunda edição do livro.

Jackie mostrou a Cott a grandiosa vista para o Met da janela de seu apartamento. Disse-me ele: "Ela me levou até a janela e falou: 'Está vendo? Lá está o Templo de Dendur.' Como se sabe, é possível vê-lo através do teto de vidro do museu. E ela prosseguiu: 'Quer saber como ele foi parar lá?' E eu: 'Claro.' E ela me contou uma história incrível (embora eu não devesse ficar surpreso) sobre seu envolvimento pessoal com aquela operação. Ela conseguira que Jack Kennedy emprestasse dinheiro ao Egito [...] e Nasser, o presidente do Egito, queria devolver um favor a Kennedy e aos Estados Unidos, de modo que perguntou a Kennedy o que ele gostaria do Egito. E ele, aparentemente, perguntou a Jackie: 'Que podemos pedir a Nasser?' E ela respondeu: 'Que tal um templo?' E Nasser mandou a Washington o Templo de Dendur."

Na verdade, Jackie quisera inicialmente que o templo ficasse em Washington, em homenagem a Jack; queria que ele ficasse no Potomac. Mas o Met conseguiu, mais tarde, tornar-se depositário do monumento.

Voltando ao tema de seu livro, disse Cott: "Jackie não se ocupou de detalhes do trabalho editorial com o meu livro, mas escreveu comentários maravilhosos e muito esclarecedores em todo o manuscrito. Leu o meu livro como se fosse uma adolescente maravilhada que lia boquiaberta uma história de mistério sobrenatural. Seus comentários eram penetrantes, inteligentes e sempre na mosca. Nenhum deles podia ser ignorado.

O mundo editorial de Nova York sempre contou com uma quantidade incrível de editores brilhantes, mas, no caso de Jackie, a gente se sentia conversando com uma amiga, pois ela realmente era obcecada com as mesmas coisas que nos obcecavam. Sei que isso pode parecer incrível nessa nossa época em que os departamentos de marketing geralmente têm a palavra final na publicação ou não de um livro, mas Jackie parecia imune a esse tipo de pressão comercial."

Cott deu prosseguimento a sua aliança com Jackie em *Isis and Osiris* [Ísis e Osíris], publicado em janeiro de 1994. O autor explicou que o segundo livro se originou "porque a história de Ísis e Osíris estava no próprio cerne do livro sobre Omm Sety, pois Omm Sety tinha feito o papel de Ísis quando ainda adolescente. Abydos é um centro urbano do Egito onde Omm Sety viveu — era o antigo centro do mistério teatral sobre e Ísis e Osíris, que ali foi montado.

Portanto, a gente falava muito sobre Ísis e Osíris, e eu descobri sobre a Confraria de Ísis no Castelo de Clonegal, na Irlanda, onde uma sacerdotisa chamada Olivia Robertson oficiava, dali mantendo contato com mais de 15 mil servidores da deusa em sessenta países e recebendo visitas deles. Disse, então, a Jackie que queria visitar o castelo e conversar com a sacerdotisa. E também descobri sobre dois psicólogos canadenses de Edmonton cujos pacientes encenavam a história de Ísis e Osíris como uma espécie de terapia de grupo. Eu acabaria fazendo contato com todos os tipos de devotos de Ísis e Osíris, assim como com dois egiptólogos que me falaram sobre o culto de Ísis, situando-o num contexto histórico. Uma coisa ou uma pessoa levava a outra, e rapidamente tudo foi se encaixando no devido lugar.

Jackie ficou realmente entusiasmada com o projeto e, depois da publicação do livro, enviou-me um bilhete — era mais ou menos a época do Natal — no qual escreveu: 'Que Ísis olhe por você durante todo o período de festas.' Para mim, Jackie acabou se revelando uma espécie de avatar da própria deusa — e aqui estou um pouco brincando, mas também falando um pouco a sério!"

Valendo-se da interpretação mitológica, Cott demonstrava como o triângulo Hórus-Ísis-Osíris veio a ser um precursor da iconografia cristã do santo pai, da virgem mãe e da criança santificada e ressuscitada. *Isis and Osiris* revelou-se tão fascinante quanto o autor Joseph Campbell em sua análise mítica, e Cott citava Campbell com aprovação, sugerindo que Ísis e Osíris era uma história que expressava "a imanência da divindade nas formas fenomênicas do universo". Também este haveria de se revelar um rico veio de estudos esotéricos, elaborado por Campbell para que Jackie o investigasse e transformasse em mais um inesperado *tour de force.*

Em 1987, Jackie deu início a uma série de livros com seu velho amigo Bill Moyers, que conhecia desde a época na Casa Branca. Moyers estivera à frente do Corpo da Paz durante o governo de JFK e atuara como secretário de imprensa de LBJ. O primeiro livro, publicado em 1988, foi *O poder do mito,* de Joseph Campbell, lançado paralelamente à série da PBS em que Moyers apresentava entrevistas com Campbell. Scott Moyers (que não tinha parentesco com Bill), assistente de Jackie, disse a Carl Sferrazza Anthony que Jackie "tomara conhecimento da figura rasputinesca de Joseph Campbell quando ainda estava no Sarah Lawrence College, e a Doubleday resolveu correr o risco de publicar *The Power of Myth* e — bum! — o livro vendeu milhões de exemplares".

A principal colaboradora de Bill Moyers no livro e consultora da série da PBS foi Betty Sue Flowers, Ph.D., uma erudita de enorme talento que, mais tarde, assumiria a direção do Lyndon Baines Johnson Library and Museum. O livro foi uma ideia de Flowers, que instigou sua publicação e recebeu crédito como editora. Ela, por sua vez, reconheceu o papel desempenhado por Jackie, "cujo interesse pelas ideias de Joseph Campbell foi a mola principal para a publicação deste livro".

Numa colaboração tão multifacetada, muitas pessoas tinham mesmo de merecer crédito. O livro não podia deixar de ter profundo significado para Jackie, embora seu papel editorial aparentemente se tenha limitado à aquisição dos direitos de publicação, juntamente com o trabalho de organização das ilustrações. Na introdução, o papel por ela desempenhado depois de Dallas era ressaltado: Campbell referia-se à sua organização do funeral de JFK como "uma ocasião ritualizada da maior necessidade social". E observava: "Tínhamos, então, aquela enorme nação, transformada durante aqueles quatro dias numa comunidade unânime, todos nós participando da mesma maneira, simultaneamente, num só evento simbólico." Moyers afirmava que a cobertura universal nos meios de comunicação e as imagens de Jackie como mediadora do evento ficariam para sempre "recobrindo as paredes do nosso sistema interno de crenças, como cacos de louça quebrada num sítio arqueológico".

Betty Sue Flowers explica de que maneira o filme deu origem ao livro. "Eu nunca tinha montado um filme, de modo que comecei com uma montagem da transcrição no papel, que considerei bastante boa. Mas quando vi a entrevista, em fita, entendi que minha montagem no papel não funcionaria. Um filme é como música — há níveis de energia, a necessidade de combinar som e luz —, a coisa não se limita às palavras e ideias. Como são tantas as exigências na montagem de um filme, inclusive o ritmo, eu logo entendi que grande parte da entrevista acabaria literalmente no chão da sala de montagem. Continuei, portanto, a trabalhar com o manuscrito, de uma forma muito diferente de trabalhar com montagem cinematográfica, e, apesar de saber que Joe [Campbell] nunca autorizava a publicação de transcrições de suas conferências ou entrevistas.

Comecei juntando tudo aquilo que, na entrevista, se relacionava ao que eu imaginava como uma jornada espiritual. Mandei esse primeiro capítulo — que viria a se transformar no segundo capítulo do livro — a Joe, e ele me mandou de volta com suas próprias alterações e sem nenhum comentário. Eu nunca perguntei a Joe se poderia fazer um livro — simplesmente ficava mandando capítulos editados para ele, e ele os devolvia com novas alterações. Comecei, assim, a trabalhar com o editor [dos livros anteriores] de Joe — e, de repente, antes que a série fosse ao ar ou que o livro pudesse ser publicado, Joe morreu. De uma hora para outra, o editor não estava mais interessado no livro. Portanto, levei o manuscrito de volta para Austin, sem saber o que fazer com ele.

Um dia, eu estava em casa corrigindo trabalhos dos meus alunos — na época, eu ensinava inglês [na Universidade do Texas] —, e o telefone tocou. Ouvi uma voz dizer: 'Por favor, aguarde um momento, que Jacqueline Onassis vai falar.' E eu: 'OK!' Achei que era algum trote de aluno. Até que ouvi sua voz tão característica dizendo: 'Soube que você tem um manuscrito relacionado às entrevistas de Moyers com Joseph Campbell.' Respondi que sim, tinha. E ela disse: 'Bill Moyers e Joseph Campbell são heróis meus, e eu gostaria de fazer esse livro, mas não sei se haverá tempo. Você poderia vir a Nova York dentro de 48 horas, com cem ilustrações em preto e branco, 75 ilustrações em cores e o livro?' Eu disse que sim e desliguei, sem saber como diabos haveria de fazer aquilo. O motivo da pressa era que, para que o livro fosse apresentado na PBS em associação com o programa, teria de estar nas prateleiras quando a série fosse ao ar.

Peguei um avião para Nova York e passei 48 horas num quarto de hotel preparando um caderno com descrições de cada ilustração e a respectiva legenda. Levei-o, então, para a sala de reunião onde se encontrava sua equipe de diagramação. Ela entrou, e foi encantador encontrá-la. Ao longo dos muitos anos em que trabalhei com ela, Jackie sempre vestia a mesma coisa: um suéter de caxemira preta muito elegante e calças pretas. Quando já estávamos sentados, ela perguntou pelas ilustrações e eu disse: 'Bem, em 48 horas, não tive tempo para consegui-las, mas tenho aqui uma lista com as legendas.' Minha ideia era que qualquer pessoa, vendo o livro, pudesse entender do que se tratava lendo apenas as legendas das ilustrações.

Ela disse: 'Bem, precisamos fazer isto em dez dias, e então teremos de encontrar alguém que possa obter todas essas autorizações e conseguir imagens passíveis de serem usadas.' Eu fiquei me perguntando como é que aquilo seria possível, pois seria necessária uma pessoa com certo tipo de educação para saber, por exemplo, o que eu queria dizer com a instrução 'Encontrar uma imagem de Ícaro e Dédalo, com ênfase em Dédalo'. No dia seguinte, fui apresentada à pessoa que Jackie havia encontrado [...]. Nunca mais voltaria a vê-la depois daquele dia, mas ela encontrou exatamente as ilustrações que eu tinha em mente, e terminou tudo no prazo.

Fiquei admirando muito a maneira como Jackie estava disposta a embarcar em um projeto realmente tão intenso. Temos de lembrar que antes do lançamento da série, a resposta habitual dos possíveis financiadores quando o projeto era apresentado era: 'Você ficou maluco, Moyers? Perdeu a noção! Seis horas com um especialista em mitologia de 83 anos?' Ninguém achava que poderia haver algum interesse. Jackie, então, enfrentou dificuldades na Doubleday, pois lançar um livro com tantas ilustrações representa um grande risco. Ela foi tão corajosa, sabia tão bem o que queria. Tinha na cabeça uma imagem de como deveria ser o livro. Não era apenas um livrinho de transcrições. Ela tornou o livro lindo, realmente, com sua insistência em que fosse amplamente ilustrado [...]."

Flowers também recordaria: "Quando terminávamos nosso trabalho, ela sempre me acompanhava até o elevador. Eu entrava no elevador, voltava-me na direção da porta e, quando ela se fechava, Jackie — não sei bem como descrevê-lo — como que *me deixava entrar*. Não sei como dizê-lo de outra maneira. Seu olhar se tornava íntimo, não apenas bondoso e charmoso, e ela simplesmente dizia meu nome. Dizia 'Betty Sue'. Era mesmo um amor. [...] Não era um convite a que me tornasse uma amiga pessoal, mas era uma maneira muito pessoal de se despedir enquanto a porta do elevador se fechava. [...]

Outra característica de Jackie: ela realmente era uma leitora muito séria. Lembro que, certa vez, quando estávamos para nos despedir depois de uma dessas reuniões, eu perguntei: 'Muito bem, Jackie, que é que vai ler neste verão?' E ela respondeu: 'Gibbon.' Quantas pessoas se dispõem a ler *Declínio e queda do Império Romano* nas férias de verão?"

No caso do livro de Campbell, Jackie teve de superar a resistência inicial de Bill Moyers. Comenta Flowers: "Era sempre uma dificuldade conseguir que Bill dissesse 'sim' a um projeto de livro. [...] Toda vez que surgia um novo projeto, ele ficava se perguntando se teria algum sucesso."

The Power of Myth era e continua sendo um livro profundamente subversivo, mas sua mensagem subversiva é tão sofisticada e aparentemente respeitosa da tradição que seu caráter potencialmente revolucionário não foi reconhecido pelas legiões de leitores que o consumiram com o entusiasmo de verdadeiros crentes. A correspondente série de televisão na PBS amplificou a mensagem perigosa, levando-a à grande massa de telespectadores. Como poderia um livro sobre mitos e contos de fada ter tamanho impacto? Como é que esse livro, gerado quase que por acaso, por insistência de Jackie e contra a vontade inicial de Bill Moyers, continua repercutindo mais de duas décadas depois da publicação?

Joseph Campbell dedicou a vida ao estudo dos mitos e à compreensão do tecido cultural do qual provinham. A parte subversiva está no fato de Campbell ser tão erudito e informado a respeito dos relatos originários de todas as culturas humanas que é capaz de estabelecer comparações lógicas, eloquentes e multiculturais, levantando questões destinadas a irritar os crentes convencidos de que seu próprio mito da criação — por exemplo, a versão do Gênese — tem o monopólio da verdade. Se Jesus, Buda e Yoda* cumprem a mesma função espiritual, quem somos nós para afirmar a primazia de um deles sobre os demais? Não teriam as religiões sido criadas para responder a essas perguntas que persistem por perto do atual estado do nosso conhecimento empírico?

Bill Moyers não era apenas um antigo secretário de Imprensa da presidência e um excelente jornalista de televisão; também fora, a certa altura, pastor da Igreja Batista, formado pelo Seminário Teológico Batista do Sudoeste, de modo que estava intelectualmente preparado para confrontar amistosamente os conhecimentos acumulados em toda uma vida por Campbell. As entrevistas que constituem o cerne do livro e da série da PBS foram gravadas no último ano da longa vida de Campbell no Rancho Skywalker, onde o cineasta George Lucas criou seu épico *Guerra nas Estrelas*. Com considerável ajuda de Flowers, Moyers demonstrou seu próprio e prodigioso conhecimento, desafiando Campbell com perguntas muito mais densas do que poderiam ter sido concebidas por um entrevistador menos preparado. Moyers ataca e Campbell se defende, resultando daí um livro mais acessível do que os volumes anteriores de Campbell.

O próprio Moyers reluta em falar a respeito de Jackie, respeitando sua privacidade até hoje e comentando, em resposta por e-mail a uma de minhas perguntas, que ela se mostrava tão discreta no que dizia respeito a seu trabalho como editora quanto o era em relação a sua vida pessoal. A longa amizade entre eles começou no famoso período da Casa Branca de Kennedy, em que os dois foram aproximados pelas circunstâncias políticas. Com a bênção de Jackie, Moyers deu à *Publishers Weekly*, em abril de 1993, uma entrevista na qual reconhecia que ela

*Personagem da série de filmes *Guerra nas Estrelas*. [*N. do T.*]

"insistiu" em que ele fizesse vários livros baseados em sua série para a PBS, e que "ela tem um senso intuitivo do papel do autor". E acrescentava: "Nunca mais direi não se ela achar que existe a possibilidade de extrair um livro de algo que eu tenha feito."

Depois do livro de Campbell, Jackie convenceu Moyers a participar de três outros livros associados a programas de televisão: dois volumes de *A World of Ideas* [Um mundo de ideias] (1989, 1990) e *Healing and the Mind* [A cura e a mente] (1993). O jornalista realizou uma série de entrevistas em profundidade com destacados pensadores de todas as correntes para o programa *A World of Ideas*, da PBS. Muitos dos entrevistados vinham do mundo acadêmico ou das artes, mas não eram do tipo de especialista falastrão que costuma aparecer na telinha. E tampouco estavam submetidos à censura do tempo contado na televisão. Eram, portanto, conversas substantivas, centradas em questões ligadas aos valores americanos, ou então portais para os horizontes futuros prometidos ao mundo pelos avanços da tecnologia.

Depois que "o Vietnã e Watergate abriram buracos do tamanho de crateras de vulcão na legitimidade de nosso discurso político", no dizer de Moyers, ele percebeu o clima de ansiedade nacional e criou essa série como antídoto por meio da anedota — uma reivindicação da base filosófica da democracia americana e uma reinvenção do tipo de discurso social que Jackie abraçava de coração. Mais uma vez, o tirocínio de Jackie ficou demonstrado, e o legado desses eruditos e visionários, registrado no meio perecível do videoteipe, foi transferido para o veículo mais duradouro do livro, e ainda hoje continua a informar e divertir, inspirar e, às vezes, enfurecer.

A eventual cobertura das transcrições de todos os participantes vai muito além do alcance deste livro, mas alguns exemplos podem servir como indicadores da qualidade do discurso que Moyers extraiu dos convidados. Onde mais poderíamos encontrar Peter Drucker, apóstolo do capitalismo gerencial, e Noam Chomsky, talvez um dos mais eloquentes críticos do capitalismo, na mesma série? Encontramos a dupla de mãe e filha formada por Barbara Tuchman, historiadora, e Jessica Tuchman Mathews, cientista e ativista ambiental. O chefe onondaga Oren Lyons, o escritor hispânico Richard Rodriguez e o estudioso afrodescendente Cornel West falam da diversidade da herança americana. Murray Gell-Mann e Steven Weinberg, ambos laureados com o Prêmio Nobel de Física, lembram-nos que o conhecimento puro e os avanços tecnológicos geram a riqueza que permite que nossa espécie prospere.

Frente ao desafio de organizar tão formidável espectro intelectual, Flowers atuou como editora do livro na prática, extraindo o texto do filme e das transcrições. "No segundo livro que fiz com Jackie, *A World of Ideas*, ela realmente queria que eu o cortasse mais ou menos pela metade. Ele estava muito longo, pois Bill dispunha de entrevistas aprofundadas com essas pessoas, e fazia delas uma montagem bem abreviada, mas as versões mais longas eram realmente muito, muito boas. Portanto, resolvi mantê-las em sua maioria, e os dois ficaram achando que seria terrível como livro, por ser longo demais. Mas, na verdade, o livro acabou nas listas de mais vendidos justamente por ser tão profundo. E fiquei muito feliz por ela ter desistido de cortá-lo pela metade. Eu de fato fiquei durante dois dias num quartinho em Nova York, cortando o máximo que podia. [...] Eu a achava muito aberta no trabalho. Tinha ideias fortes (e boas), mas também era muito flexível e vital."

O quarto livro de Bill Moyers com Jackie, *Healing and the Mind*, era uma exploração da ligação mente-corpo e de sua relação com a saúde. Baseava-se em entrevistas realizadas por Moyers, para seu programa na PBS, com físicos e cientistas ligados ao mundo acadêmico e vários curadores envolvidos com formas alternativas ou não ortodoxas de medicina. O espectro de curadores no livro era amplo, de Ron Anderson, diretor do Parkland Hospital em Dallas, à neurocientista Candace Pert, passando pelo especialista em meditação e redução do estresse Jon Kabat-Zinn e o médico da televisão Dean Ornish. Voltando a trabalhar com Flowers como editora, Jackie tratou de se certificar de que a relativa passividade do livro na página impressa, em comparação com as conversas gravadas em vídeo, fosse compensada por maior número de belíssimas ilustrações, que eram, muitas delas, comentários sobre a doença saídos das mentes criativas de artistas plásticos.

Enquanto trabalhava nesse projeto com Moyers, Jackie também contratou Naveen Patnaik para seu segundo livro, *The Garden of Life:*

An Introduction to the Healing Plants of India [O jardim da vida: uma introdução às plantas medicinais da Índia], um belíssimo apanhado ilustrado das plantas medicinais indianas, que recorria à arte minimalista da Índia para dar vida ao texto. A medicina alternativa fascinava Jackie, e talvez lhe tenha dado certa esperança no que dizia respeito a sua própria saúde nos últimos anos de vida. Antes da publicação do livro de Moyers, ela o discutiu rapidamente com seu amigo Joe Armstrong, que me relatou: "No dia em que Bill entregou o manuscrito de *Healing and the Mind*, Jackie e eu estávamos comendo um hambúrguer na P. J. Clarke's, e ela disse, referindo-se ao livro: 'É maravilhoso, mas espero não precisar dele', e bateu três vezes na mesa de madeira. Não muito depois, ela ficou doente."

7

Bon courage

Não podemos deixar de nos perguntar como Jackie, editora de sucesso e mulher letrada e tão requintada, teria organizado suas próprias memórias e relatado sua vida e seus empreendimentos literários caso estivesse inclinada a escrever uma autobiografia. Muitas vezes, ela foi estimulada a fazê-lo e prontamente objetava, embora certamente houvesse vários editores interessados em lhe propor um adiantamento recorde. Certa vez ela disse a Pierre Salinger: "Eu quero viver minha vida, e não registrá-la."

O escritor e jornalista investigativo David Wise mais uma vez discutiu a questão de um livro de memórias com Jackie. Mais conhecido por seus livros de não ficção, Wise escreveu um *thriller* político, *The Samarkand Dimension* [A dimensão Samarkand], publicado em 1987, que foi o primeiro romance de espionagem editado por Jackie. Abordando temas como conspirações dos serviços de inteligência, intrigas entre a CIA e o KGB, e fenômenos psíquicos como a telecinesia, o livro não parece propriamente o tipo de material que naturalmente interessaria Jackie. Vários de seus antigos colegas manifestaram dúvidas quanto ao grau de seu envolvimento nesse livro. O fantasioso enredo concebido por Wise não abordava quaisquer das questões delicadas do seu passado, e a história talvez exercesse sobre ela um certo atrativo pela maneira como Wise caracterizava os agentes de inteligência durante a Guerra Fria como jogadores de pôquer que blefavam, num mundo em que muito pouca coisa era realmente o que parecia.

Entrevistado pela *Newsweek*, Wise relatou um almoço que tivera com Jackie no '21': "Lembrei-lhe que, vários anos antes, na casa de sua mãe em Georgetown, eu lhe havia perguntado quando é que ela escreveria seu próprio livro. Ela achou graça e respondeu: 'Talvez quando tiver 90 anos.' Dessa vez, ela disse mais. As pessoas mudam, explicou. A pessoa sobre quem ela poderia ter escrito trinta anos antes não é a mesma hoje. A imaginação assume o comando. Ao escrever *Out of Africa*, Isak Dinesen não mencionou como era maltratada pelo marido. Na verdade, criou um novo passado. E por que ficar trancado dentro de casa com um bloco de anotações amarelo, escrevendo as próprias memórias, quando se pode estar ao ar livre?"

Jackie pode, pelo menos, ter sido tentada por George Plimpton, que declarou: "Ela foi testemunha de tantos episódios históricos, e sabia escrever maravilhosamente. Eu achava que seria realmente uma pena se ela não deixasse tudo registrado em papel." Plimpton dispôs-se a ajudar, e fez seu apelo quando Jackie passava o verão em Martha's Vineyard. "Eu sabia que Red Gate Farm [a residência de veraneio de Jackie] era o tipo de lugar onde a gente podia se inspirar. Foi, então, que escrevi uma carta a Jackie — a melhor carta que jamais escrevi — oferecendo-me para aparecer por lá e trabalhar com ela em suas memórias. Ela poderia me contar o que quisesse contar, nós caminharíamos pela praia, discutiríamos a coisa naquele cenário maravilhoso e, depois, eu iria embora para datilografar tudo e mandar para ela. Ninguém precisaria ficar sabendo que o livro existia. Ela poderia simplesmente deixá-lo de lado e, quando precisassem, seus filhos poderiam consultá-lo, e também os netos." Quando George voltou a visitar Jackie em Vineyard, ela disse: "Bom, sabe como é, não tenho a menor vontade de ficar sentada numa janela contemplando o campo e sentindo que a vida está passando."

Em conversa no fim da década de 1980, até a mãe de Jackie, Janet, a estimulou, dizendo: "Em algum momento, você vai trabalhar nas suas memórias, não é mesmo?"

Jackie teria respondido: "E por que eu haveria de querer?"

Ela pode ter revelado uma razão mais profunda da sua reticência alguns anos depois, em conversa com o amigo e confidente Peter Duchin. Os dois estavam almoçando no apartamento dela, e o músico disse-lhe, de passagem, que começara a escrever suas memórias (*Ghost of a Chance* [O fantasma de uma oportunidade]). Jackie advertiu-o: "Peter, você está embarcando numa jornada muito difícil. Eu jamais seria capaz de escrever um livro assim. Seria doloroso demais."

Naturalmente, são muitas as partes de sua vida que Jackie não gostaria de reviver. Como sabia bem ela, isto necessariamente é parte do processo. Ela já fizera as pazes consigo mesma e não precisava mais de catarse ou drama. Conceitualizar e compor uma narrativa com a crônica da angústia pela qual tinha passado teria sido para ela uma provação emocional prolongada, mesmo que contrabalançada pelas alegrias que tinha vivido. Por que haveria de querer fazer-se assim vulnerável? Por que enfrentar semelhante missão quando o trabalho de edição daqueles livros que tinham tão grande significado pessoal para ela representava uma maneira muito mais segura e gratificante de revisitar aqueles capítulos anteriores de sua vida?

Em 1988, Jackie publicou *Somerset Homecoming: Recovering a Lost Heritage* [De volta a Somserset: Recuperando uma herança perdida], de Dorothy Spruill Redford, com introdução de Alex Haley. O livro refletia sua consciência social e um compromisso com a igualdade racial que remontava pelo menos à sua época na Casa Branca. Também falava de perto a Jackie por sua crença na história familiar como componente integral da identidade pessoal e do autoconhecimento.

O impressionante sucesso de *Roots* [Raízes], de Alex Haley, e a série de televisão que se seguiu inspiraram em muitos afrodescendentes o desejo de investigar a história de suas famílias. Uma dessas genealogistas amadoras era uma jovem da Carolina do Norte que crescera entre o Sul rural e o cadinho racial urbano do Queens. Tendo-se formado como assistente social, Dorothy Spruill Redford começou entrevistando todos os parentes mais velhos que quisessem conversar com ela, reunindo as informações assim obtidas para começar a perscrutar os registros do censo e antigos cadastros de contribuintes, aos poucos adicionando gerações à sua árvore genealógica. Naturalmente, acabou se deparando com o obstáculo aparentemente insuperável da década de 1860 e da Guerra Civil, antes das quais a escravidão era legal, os negros eram tratados como bens móveis, e qualquer relação de parentesco era confundida pelas maquinações dos senhores de escravos que, rotineiramente, separavam as famílias.

Não demorou, e Redford voltou sua atenção especialmente para uma antiga plantação na região nordeste da Carolina do Norte, um lugar chamado Somerset. Na década de 1980, Somerset havia se transformado numa área de preservação pouco frequentada, servindo a mansão colonial em prolongada decadência como uma espécie de viagem no tempo pela história sulista. Os descendentes brancos dos proprietários de Somerset havia muito tinham se mudado e não estavam propriamente inclinados a reviver um passado que viera a ser considerado vergonhoso, mas os descendentes negros e mestiços de Somerset revelariam suas recordações a Redford de uma forma que jamais aceitariam fazer com historiadores brancos. Dorothy Redford aos poucos se deu conta de que faria sentido organizar uma reunião em Somerset, e foi o que fez. Mais de duzentas pessoas compareceram, e houve até um convidado-surpresa, o próprio Alex Haley, que ao longo dos anos vinha encorajando Redford e, em 1986, resolveu aparecer sem ser anunciado.

Talvez tenha sido adequada a escolha de Jackie como editora do livro, se levarmos em consideração um comentário feito por Redford em suas páginas: "Quando dei início ao meu último ano no colegial, em 1960, a nação pulsava num clima de mudança, com uma mistura de esperança e indignação. Rosa Parks tinha se recusado a viajar na traseira do ônibus, e Martin Luther King olhara bem nos olhos deles em Montgomery. E havia um novo presidente na Casa Branca, um homem chamado Kennedy." Jackie sabia que o movimento dos direitos civis tinha um papel destacado no legado de JFK, e sem ele as jornadas de descoberta familiar que viriam a ser feitas por Alex Haley, Dorothy Redford e outros talvez se revelassem não só impossíveis, mas até perigosas.

Sob a égide de Jackie, Redford trabalhou com o escritor Michael D'Orso em *Somerset Homecoming*. Ele me explicou que o livro teve origem numa reportagem sobre Redford escrita por ele para o *Virginian-Pilot*, em Norfolk, no qual trabalhara durante vários anos, ao mesmo tempo que contribuía para *Sports Illustrated*. Ao ser contatado por um dos colaboradores de Jackie, D'Orso encontrou-se com Redford e decidiu que faria o livro. Disse-me ele: "Recebi um telefonema no escritório, no *Pilot* [...] e a voz falou que era Jackie Onassis. Mas eu não acreditei. Desliguei. Mas ela imediatamente ligou de novo, e eu me dei conta de que era ela, pedi muitas desculpas, e ela achou graça, dizendo: 'Isto acontece o tempo todo.'

Tivemos, então, uma conversa maravilhosa. Ela me disse que estava encantada por eu ter resolvido aceitar, e realmente empolgada com a coisa toda. [...] Ela era muito boa em matéria de conduzir o escritor por todo o processo. [...] Quando o manuscrito era entregue, ela certamente lia, mas trabalhavam com ela dois editores que faziam, na prática, o trabalho editorial de texto."

Na descrição de D'Orso, Jackie era uma editora conceitual. Mas o manuscrito é que lhe permitia conhecer o pensamento do autor, e que, às vezes, como aconteceu nos meus livros, a conduzia também a um detalhado trabalho de edição do texto. Sua abordagem a cada projeto dependia do tema e de sua química com o autor. Segundo Sam Vaughan, o influente editor Robert Giroux certa vez estabeleceu a distinção entre edição de texto e a de livro: "A verdade é que editar um texto não é necessariamente o mesmo que editar um livro. Um livro é uma entidade e uma totalidade muito mais complexa do que a soma das linhas contidas em seu texto. Sua integridade estrutural, a relação e as proporções das partes, e o impacto geral podem escapar à percepção até mesmo de um editor meticuloso, voltado exclusivamente para o escrutínio do texto, linha por linha."

Jackie sempre tinha em mente esse panorama mais amplo e as questões específicas de cada manuscrito. Alguns autores, como D'Orso, precisavam de menos orientação do que outros. Comenta D'Orso: "Dorothy e eu trabalhávamos muito depressa e com muito afinco. Eu não me comunicava muito com Jackie durante o processo de redação, porque eles tinham um prazo e já havia um certo atraso. O que estava agradando a eles era que [...] eu me sustentasse numa ética jornalística. Para muitos autores, como você sabe, os prazos não significam grande coisa. Passam-se anos. Mas, no meu caso, eu levava os prazos muito a sério. [...] Nós conseguimos montar esse livro — caramba! — em três ou quatro meses. [...] Eu só voltaria a ter notícias de Jackie quando entreguei o manuscrito e recebi um maravilhoso telefonema, e ela também me mandou uma carta maravilhosa, que guardo até hoje e é muito valiosa para mim."

O livro teve críticas favoráveis, considerando o *New York Times* que a história tratava "ao mesmo tempo de uma mulher admirável e do povo americano". D'Orso era mais um autor cujo talento Jackie apreciava de tal maneira que o convidou a trabalhar em outro projeto. Em seu segundo livro, ele mergulhou na história do movimento dos direitos civis, e mais uma vez o tema trazia lembranças a Jackie. Lembra-se D'Orso: "Ela queria que fizéssemos um livro sobre um velho ex-congressista, um deputado que cumprira oito mandatos pelo Alabama, chamado Carl Elliott. Basicamente, ele vivia nas ruínas da própria vida. Havia enfrentado a máquina George Wallace* na década de 1960; fizera campanha para Kennedy em 1960, o que era no Alabama a segunda pior coisa, depois de ser negro; e, portanto, havia se transformado num pária em sua própria cidade e em seu estado. Era realmente uma história bem sombria, uma espécie de tragédia. E [em 1990] ele acabara de receber o primeiro Prêmio Perfil da Coragem, que passou a ser concedido anualmente."

O livro sobre Carl Elliott, *The Cost of Courage: The Journey of an American Congressman* [O preço da coragem: A jornada de um deputado americano], seria publicado em janeiro de 1992. D'Orso preferiu manter uma respeitosa distância, nunca se encontrando pessoalmente com Jackie, mas recorda a maneira como o relaciona-

*Ex-governador racista do Alabama (1919-1998), quatro vezes candidato frustrado à presidência dos Estados Unidos. [*N. do T.*]

mento se desenvolveu ao longo dos anos pelo telefone, tornando-se mais pessoal enquanto ele trabalhava com Elliott. "No caso específico desse livro", diz D'Orso, "eu fui a Jaspers, no Alabama. É uma cidade no norte do estado, nas colinas, muito, muito pobre. Estávamos no inverno da Guerra do Golfo, e lá estava eu com aquele ex-deputado que literalmente vivia na mesma casa na qual havia lançado sua primeira campanha, em 1948. [...] E a casa estava cheia de buracos no teto. Ele tinha usado sua pensão de congressista para concorrer a governador contra Wallace em 1966. Era mais ou menos como Dom Quixote investindo contra os moinhos de vento. Ele perdeu tudo o que tinha [...] uma história incrível.

Seja como for, eu passei o inverno vivendo com Carl. Ficava botando baldes pela casa. A chuva caía lá dentro. Nós jantávamos juntos [...] e eu estava passando por um processo de separação e divórcio. [...] Jackie me telefonava mais ou menos uma ou duas vezes por mês, e nem se dava ao trabalho de perguntar como ia o livro. Perguntava como eu estava, e nós conversávamos sobre relacionamentos e coisas assim. E nem passava pela minha cabeça que eu estava conversando com Jackie Onassis. Eu desligava o telefone, e só então me dava conta de como tudo aquilo era surreal. Cá estou eu conversando sobre relacionamentos e casamentos com Jackie Onassis, questões tão pessoais. Ela era incrível. Foi, para mim, um grande apoio. Ela realmente se importava com as coisas.

Depois de voltar para casa e começar a trabalhar no livro sobre Carl Elliott, o telefone tocou e minha filha, Jamie, tinha 6 anos. Ela atendeu, bem menininha. 'Tá, tá bem.' Percebi que alguém estava conversando com a garota [...] até que ela se vira para mim e diz: 'Papai, é a mulher do presidente morto.' Eu tinha explicado a ela em algum momento quem era Jackie Onassis. E não sei se Jackie ouviu o comentário de Jamie. Acho que sim. Minha filha adora essa história. Só entenderia como era divertida depois de crescida."

Jackie escreveu a D'Orso uma carta, comentando o "lindo livro" antes da publicação: "Espero que goste do jeito como ele ficou. Agora a máquina publicitária da Doubleday está cuidando da promoção."

A título de curiosidade, o próprio Elliott, que morreu em 1999, recordava no livro que conhecera Jackie antes de ela ter se casado com Jack Kennedy, quando trabalhava como jovem fotógrafa de jornal entrevistando congressistas.

No início de 1988, Jackie disse a alguns amigos e colegas: "Vou ser avó — imaginem só!" No dia 25 de junho, pouco mais de um mês antes de Jackie completar 59 anos, Caroline, que acabava de se formar pela Faculdade de Direito de Columbia, deu à luz sua primeira filha, Rose, batizada com o nome da matriarca da família Kennedy. Nesse mesmo ano, desfrutando das alegrias da vida em família, Jackie deu início a uma intensa jornada para conquistar mais um autor, alguém que seria responsável por uma série de livros que ficaram como algumas de suas maiores vitórias comerciais.

Anos depois, Jackie comentaria: "Quando eu li nos jornais que esse egípcio [Nagib Mahfuz] tinha ganhado o Prêmio Nobel [em outubro de 1988], pensei: Temos de conseguir [a Trilogia do Cairo]. Eu sempre gostei das culturas do Mediterrâneo, e vivi na Grécia, e aquilo me lembrou de alguns outros escritores mediterrâneos que eu admirava muito — Kazantzakis, por exemplo."

Scott Moyers relatou a história dessa compra de direitos a Carl Sferrazza Anthony, dizendo: "É um clássico episódio Jackie. Nagib Mahfuz fora publicado nos Estados Unidos de maneira muito obscura pela American University in Cairo Press, e sua obra era praticamente desconhecida. Ela lia Mahfuz em francês. Gostava tanto que conseguiu convencer a Doubleday a fazer a Trilogia do Cairo — *Alameda do palácio, Palácio do desejo* e *Rua do açúcar* —, provavelmente sua obra mais conhecida. Seus romances têm um certo clima novecentista, um elenco enorme de personagens. Tratam de luta de classes, política, encontros entre o Oriente e o Ocidente, em escala épica."

A compra acabaria levando à publicação de pelo menos vinte livros de Mahfuz ainda hoje no catálogo da Doubleday, embora Jackie tivesse editado apenas os três primeiros. Scott Moyers se entusiasma: "Jackie transformou aquilo numa verdadeira indústria artesanal, graças a sua visão, o que acabou se manifestando de maneira duradoura, como no caso da série de Bill Moyers sobre tratamentos de saúde. Ela fez muitos livros maravilhosos que causaram sensação, e deixaram as pessoas encantadas, e livros que venderam bem para a Doubleday. E também fez um alto percentual de livros que ficarão para a posteridade."

Alberto Vitale concorda com esta avaliação: "Minha experiência mais importante com ela foi quando Nagib Mahfuz recebeu o Prêmio Nobel, e nós queríamos fazer contato com ele e conseguir seus livros. Eu conversei com ela, e ela contribuiu para que conseguíssemos um contrato no Egito, com o presidente da American University no Cairo. [...] Jackie leu o livro inicialmente em francês, pois não havia nenhuma outra edição. [...] Nós acabamos vendendo esses direitos em todo o mundo, e foi também um sucesso na Inglaterra. E também deu muito dinheiro." Naturalmente, a visão pessoal de Jackie em matéria de dinheiro e comercialismo era muito diferente da visão dos executivos que dirigiam a empresa.

O principal tradutor da Trilogia do Cairo, William Maynard Hutchins, professor na Appalachian State University, na Carolina do Norte, já tinha sido contratado pela American University in Cairo Press quando Jackie entrou em ação para conseguir os direitos dos livros de Mahfuz. Ela o entrevistou pela primeira vez por telefone. Contou-me Hutchins: "Decidimos fazer um volume por ano, especialmente no que dizia respeito ao primeiro volume, que era realmente de enorme urgência, mas eu consegui me safar. Mahfuz escreveu o primeiro volume num estilo bem pesado, com frases longas e muito árabe coloquial. Não era realmente uma tradução fácil. Temos ali todo esse percurso [ao longo dos três livros], a saga familiar do supertradicional ao supermoderno, e, à medida que ele avança, o estilo vai ficando mais ágil, enérgico e de fácil leitura, mais fácil de traduzir, e o vocabulário se torna mais normal. [...]

A sra. Onassis dizia: 'É que ele está encontrando a própria voz'; o que não é realmente verdade, pois, àquela altura, ele já havia publicado algo em torno de oito romances; já tinha encontrado sua voz, e estava apenas tentando descrever aquele ambiente muito popular do *bas-fond*. [...] Você encontra [no manuscrito] muitas e muitas anotações a lápis, sempre com muita polidez, nas margens, com pontos de interrogação, e perguntas e comentários como 'O que você pensa disto?', ou 'Não gosto dessa metáfora. [...].' Ela desempenhou um papel importantíssimo não só com esse tipo de comentário a lápis a cada sentença, mas também na aquisição dos direitos. E, muito estranhamente, a coisa é dedicada por ela a David Morse, uma espécie de amigo na França, ou agente, que ajudou a conseguir o contrato. Só ela seria capaz de conseguir algo assim. Um editor não pode fazer uma dedicatória, mas ela o fez. Ela conseguiu a tradução francesa de cada um dos volumes, e a usava para cotejar. E a tradução francesa foi feita toda pela mesma pessoa, Philippe Vigreux, e realmente é muito brilhante; mas há alguns pontos em que ele não se deu ao trabalho de fazer o dever de casa." Jackie não teve a oportunidade de conhecer Mahfuz pessoalmente. Hutchins relata: "Ela lhe mandava cartas de amor. Era uma fã incondicional. [...] Uma das coisas que se precisa saber a respeito de Mahfuz, na época em que eu estava fazendo isto, é que ele já estava muito velho, bastante surdo e diabético. E sempre considerava que a tradução não era um trabalho que lhe cabia, de modo que eu podia, no máximo, fazer um par de perguntas por volume. Elas eram transmitidas por uma senhora muito simpática e educada que gritava no seu ouvido."

Voltando a comentar as anotações críticas de Jackie, Hutchins declara: "No caso dos comentários a lápis [...] acho que a pior coisa que ela disse foi: 'Está parecendo tradução do francês.' Ela sabia muito estimular as pessoas, e me mandou algumas cartinhas de amor, por assim dizer. Mas aconteceu uma coisa desagradável, que interrompeu as cartas de amor, mas não o trabalho editorial." O tradutor explicou que havia participado de um simpósio que provocou certa publicidade a respeito do projeto Mahfuz antes da publicação, e aparentemente Jackie ficou irritada com o momento ou com a cobertura em si mesma. Lamenta Hutchins: "Havia um limite invisível que eu ultrapassei."

A Trilogia do Cairo é uma saga familiar em três partes que conta a vida de al-Sayyid Ahmad Abd al-Jawad e sua família — mulher, filhos, e no fim, os netos. Abarca o período de 1917 a 1944, e Mahfuz relata a história em blocos distintos, e não num todo contínuo. A trilogia tem um sopro épico tolstoiano e mostra de que maneira a família, girando em torno de um comerciante burguês, reage à evolução do tempo.

Publicada em árabe no fim da década de 1950, a trilogia de Mahfuz é considerada hoje o grande ciclo romanesco épico do Egito, e nesse sentido se apresenta como uma referência difícil de superar aos jovens escritores que aspiram a tomar o lugar de Mahfuz.

A família Abd al-Jawad é um microcosmo do Egito. A luta do país pela independência reflete-se, no interior dessa família, na luta dos filhos por se libertar do controle ditatorial do pai, al-Sayyid Ahmad, apresentado como um hipócrita rigoroso e inflexível em casa, mas que deixa cair as máscaras quando está com os amigos num bar local. A mão forte do pai e sua cega fé religiosa são comparáveis às do Estado egípcio numa época em que o país lentamente conquistava sua independência em relação às potências coloniais.

Os personagens femininos, de certa forma, ficam em segundo plano, nessa exploração do patriarcado empreendida por Mahfuz. Longe de poder ser considerada misoginia por parte do autor, a descrição das vidas das mulheres reflete com precisão sua situação no Cairo da época. O Egito de Mahfuz não é uma sociedade aberta, de modo que o escritor precisa recorrer a diálogos internos para mostrar o que seus personagens estão realmente pensando, não importa o que digam em público. Boa parte dos diálogos em público são forçados e artificiais. O que eles realmente pensam não é dito, pois é preciso preservar uma fachada. Pequenos gestos pessoais, como uma piscadela, comunicam a intenção do orador. *Beco do palácio* termina com algo que se nos afigura como uma bem-sucedida transição do Egito para a independência pacífica, mas, no interior da família, certas turbulências permanecem sem solução.

Palácio do Desejo é uma rua estreita perto da Alameda do Palácio, para onde um dos filhos de al-Sayyid Ahmad foge, para viver na casa que outrora pertencera a sua mãe biológica. Yasin se parece com o pai à medida que também se mostra externamente como um muçulmano devoto, mas que leva uma vida consideravelmente mais secular do que estaria disposto a admitir. Kamal, o filho menor (e o personagem que em todo o ciclo mais se assemelha ao próprio Mahfuz), decepciona o pai ao entrar para uma escola normal de professores, em vez de estudar direito. A decepção transforma-se em raiva quando o pai descobre que

Kamal escreveu um ensaio sobre Darwin. *Palácio do Desejo* termina com o patriarca sofrendo uma crise de saúde no exato momento em que o dirigente egípcio morre e uma epidemia de febre tifoide assola as ruas do Cairo.

No último romance, o foco se volta da geração de al-Sayyid Ahmad para as duas que se lhe seguem. Um dos filhos tornou-se marxista, outro entrou para a Irmandade Muçulmana e Kamal parece perder tempo se dedicando a uma prosa etérea. Enquanto isso, a família Abd al-Jawad começou a declinar. Mahfuz descreve o declínio por meio de sucessivas conversas, enquanto o mundo muda com o início da Segunda Guerra Mundial, e a vitalidade interior do Cairo, muito bem delineada nos romances anteriores, resvala para o tédio da burguesia. O Cairo de Mahfuz poderia ser comparado à Dublin de Joyce e à Paris de Proust, paralelos que não passaram despercebidos por Jackie.

Uma das colegas de Jackie, Martha Levin, foi destacada para o projeto Mahfuz depois de se juntar à empresa como editora da divisão Anchor Books em 1988 (tendo trabalhado anteriormente no departamento de direitos autorais). Rememorando seu trabalho com Jackie, Levin comentou: "Tenho uma lembrança muito vívida de uma conversa que, para mim, foi hilariante, pois ela insistia muito em ser vista apenas como mais uma entre nós. Assim, aconteciam aquelas conversas surrealistas. Ela estava falando do patriarca da trilogia, dizendo que conhecia muitos homens daquele jeito. E comentou: 'Sabem como é, eu vivi na Grécia durante um tempo.' Sei que você viveu na Grécia! Nós tínhamos conversas absolutamente adoráveis. Quando sua mãe morreu [em julho de 1989], lembro que fiquei em dúvida durante alguns dias, sem saber se devia mandar um bilhete, ou se seria inadequado, e minha mãe me perguntou: 'Se fosse alguma outra colega, você mandaria um bilhete?' Respondi que sim. E ela disse: 'Então, mande um bilhete.' E foi o que eu fiz, e recebi um adorável agradecimento."

Com o livro de Mahfuz, Jackie mais uma vez ocupava território estrangeiro ignorado pelos outros grandes editores, que tanto na época quanto ainda hoje se mostram algo relutantes em publicar obras traduzidas. Em 2010, Edith Grossman observaria em seu livro *Why Translation Matters* [Por que as traduções são importantes]: "Nosso universo de leitores curiosos depende da disponibilidade de obras traduzidas, clássicas e contemporâneas, mas, nos países de fala inglesa, os grandes editores comerciais estranhamente resistem a publicá-las."

Alguns anos depois, Jackie empreendeu nova incursão pelo Cairo com o livro *Egyptian Time* [Época egípcia], do fotógrafo Robert Lyon. Do livro fazia parte um conto de Mahfuz intitulado "O berço", passado no Cairo moderno, onde vendedores ambulantes, burros, mendigos e zoológicos improvisados disputam a atenção de uma criança. Mahfuz levava seu herói a contemplar a vastidão da antiguidade, revolvendo, assim, questões eternas sobre a vida, a morte, a amizade, a honra e a crença espiritual de uma perspectiva de inocência infantil. O texto complementava à perfeição as fotografias de Lyons, em muitas das quais se sobrepunham a sordidez moderna do Egito e antigas ruínas e tumbas. A maneira como Lyons foi capaz de capturar a grandeza e a decadência lado a lado é que distingue esses retratos em cores de monumentos, casebres, e da gente que os construiu.

Robert Lyons compartilhou comigo suas recordações sobre a origem do projeto, com o envolvimento pessoal de Jackie e de Mahfuz. "Eu estava viajando para o Egito e já havia fotografado lá, estava no avião lendo a *Vanity Fair* e dei com um artigo sobre Mahfuz no Ali Babá, um café que ele costumava frequentar toda manhã. Quando cheguei ao Cairo — estava indo numa viagem com duração de três meses, descendo do Cairo até o Sudão —, em dado momento fui até o Ali Babá muito cedo de manhã, me apresentei canhestramente a Mahfuz e perguntei se podia tirar algumas fotos dele. Ele concordou e fizemos um acordo. Eu fiz uma série de retratos de Mahfuz, e foi assim que começou minha relação com ele.

Parti em outubro de 1989 e voltei em janeiro de 1990. [...] E, ao voltar, eu tinha comprado todos os livros dele que estavam disponíveis, e todos tinham sido publicados pela Doubleday. Notei, então, que em todos eles havia um breve parágrafo sobre Mahfuz, mas nenhuma foto sua, de modo que, no meu jeito furão, pensei: Bem, Jacqueline Onassis é a editora dele, vou mandar-lhe uma carta com fotos promocionais de coisas que fiz no Egito. [...] Mandei, então, um pacote com seis ou oito pequenas fotografias promocionais para a sra. Onassis, com um bilhete perguntando: 'Gostaria de saber se lhe agrada a ideia de que eu faça alguns retratos do sr. Mahfuz', e sabendo que já os tinha no meu portfólio.

O que aconteceu foi que — na época, o e-mail não existia — provavelmente era o fim da manhã na Costa Leste... Eu ficara acordado até tarde na noite anterior — estava dormindo no meu apartamento, e recebo um telefonema, e a voz do outro lado diz: 'Aqui é Jaqueline Onassis.' Achei que era piada de algum amigo. E disse: 'Tá bom, OK.' 'Aqui é Jacqueline Onassis', repetiu ela, 'e não estou muito interessada em que faça um retrato de Mahfuz, mas estou muito interessada no seu trabalho, e gostaria de conversar a respeito.' Àquela altura, eu já estava perfeitamente desperto e respondi: 'Puxa, eu adoraria! Quando pode ser?'

Em algum momento nas duas semanas seguintes, peguei um avião para Nova York para encontrá-la, levando grandes reproduções, uma caixa com minhas imagens do Egito, e querendo conversar, pois, naquela ligação, eu tinha mencionado que já havia falado com o sr. Mahfuz e que, de alguma maneira, ele gostaria de trabalhar comigo, escrever um prefácio. Era o que eu queria. Quando cheguei, ela realmente adorou o trabalho e se mostrou muito encorajadora. Disse-me: 'Sabe como é, você terá de adquirir os direitos. Os agentes dele no Egito' — que vinham a ser a American University in Cairo Press — 'são muito difíceis.' Claro que ela estava por dentro de tudo isso, sendo sua editora.

Fui, então, encontrar Mahfuz, e passei muito tempo com ele [...] e, a certa altura, ele meio que achou graça e disse: 'Sabe, eu não escrevo prefácios.' E eu: 'Meu Deus.' Mas como trabalhara como roteirista de cinema em certa época, ele encontrou uma história inédita que seria perfeita para o meu material. [...] E, por sinal, ela me chegou em árabe. Peter Theroux foi o tradutor da história. Eu o havia conhecido no Egito, o que, naturalmente, encantou [Jackie], por causa da fama de Paul Theroux."

O fotógrafo ficou grato pela liberdade que Jackie lhe deu na supervisão da diagramação e da produção do livro. Ela chegou a enviá-lo a Hong Kong para aprovar as provas durante o processo de impressão. "Ela fazia a leitura da história em voz alta", rememora Lyons.

"Envolveu-se no processo de diagramação. Mas, na verdade, me deu total controle para diagramar o livro como quisesse, e também para editar as imagens do meu jeito. [...] Ela realmente era especial, pois fazia as coisas acontecerem. [...] Assumia riscos com as pessoas. Eu era um fotógrafo desconhecido, ela estava habituada a pessoas muito conhecidas e realmente abriu caminho para mim."

Para promover a publicação, Jackie ajudou Lyons a montar uma exposição de suas fotografias egípcias no International Center of Photography, superando a resistência inicial do diretor do centro, Cornell Capa. Ao ser informada de que Capa se mostrara rude ao rejeitar liminarmente a proposta de Lyons, Jackie disse ao fotógrafo: "Ora, Robert, ele é um húngaro de sangue quente. Não lhe dê atenção." Em questão de poucos dias, a exposição estava acertada, e Jackie compareceu ao vernissage como uma espécie de convidada de honra informal, sendo esta a primeira vez que voltava ao ICP desde a década de 1970. Lyons dividiu as honras na mostra com dois outros notáveis fotógrafos, Yousuf Karsh e Ernst Haas, mas roubou a cena com elegância ao acompanhar Jackie pela exposição.

Lyons também se recorda de que Jackie pretendia visitar o Cairo para conhecer Mahfuz, pouco antes de morrer, dois anos depois. "Ela ia com Tempelsman ao Egito; uma viagem já estava sendo planejada. [...] Ela conversou comigo e me perguntou sobre sua ida, e eu tentaria estar lá na mesma época. [...] Foi exatamente nesse período que ela ficou doente. [...] Foi realmente muito triste, pois Mahfuz, é claro, estava absolutamente empolgado. Ele queria conhecê-la, mas praticamente nunca tinha deixado o Egito. [...] Seja como for, ela não conseguiu, mas estava planejando."

Ao dar início à sua colaboração com Mahfuz à distância, Jackie já lançara as bases para uma série de outros projetos. Comprou os direitos de um romance de estreia intitulado *Up Through the Water*, de uma aluna da Universidade da Virgínia, Darcey Steinke, que, então, tinha 25 anos. A autora, impressionável, descreveria mais tarde seu primeiro encontro com Jackie num artigo escrito para *Vogue*. "Nós conversamos sobre meu romance. Como tantos jovens escritores, disse Jackie, eu tendia a fazer muitas digressões. Havia *flashbacks* em praticamente todas as páginas, e eu usava metáforas a torto e a direito. *Up Through the Water* transcorre durante um verão em Ocracoke Island, na região dos Outer Banks, na Carolina do Norte. Eu havia trabalhado como garçonete por ali em outros verões, quando estava no colegial, de modo que conhecia o ritmo da vida num balneário, mas não sabia muita coisa de estruturas narrativas ou motivações. Jackie ficou muito interessada no meu personagem, Emily, uma promíscua cozinheira novata de 35 anos. 'Ela é uma ninfa, que nada com os peixes e dorme com qualquer marinheiro', disse Jackie. 'Como é que vai enfrentar o envelhecimento? Será que vai ser fiel ao namorado?' Enquanto a ouvia, eu ficava pensando: Como é que essa mulher, a mais elegante da América, pode se identificar com uma cozinheira libertina? Mas Jackie achava Emily fascinante. 'O que é angustiante, nela, é que uma de suas facetas mais encantadoras, sua natureza animal, traz também a sua condenação.'"

Com a bênção e as críticas de Jackie, Steinke começou a trabalhar numa nova redação, algo por ela descrito como um empreendimento solitário, pois se afastou da família e dos amigos, e foi para São Francisco com uma bolsa de estudos na Stanford University. Na época, seus pais "passavam por um difícil processo de divórcio", e ela rompeu com o namorado. Quanto a sua relação com Jackie, Steinke insinuou que pode ter havido certa dependência emocional de sua parte: "Jackie passou a se interessar por mim além do seu papel como editora, e eu comecei a precisar da sua atenção."

A autora lembra-se ainda: "Jackie às vezes me telefonava nas tardes de domingo. Ela me contou que Truman Capote havia dito a sua irmã, Lee Radziwill, que usava folhas de papel cor-de-rosa quando precisava reescrever alguma coisa, e ela queria que eu fizesse o mesmo. [...] Sua curiosidade pela vida não tinha limites; a cada telefonema, ela recomendava livros e filmes. 'Oh, Darcey, você precisa ir ver *Chocolate*.' Nas cartas mandadas de sua casa de campo em Massachusetts, ela incluía resenhas de livros que considerava acaso pertinentes para o meu romance. Muitas vezes assinava, nessas cartas escritas em papel azul-claro, 'Bon Courage'."

Depois de apresentar a nova redação do romance, Steinke recebeu uma carta de Jackie que dizia: "Você enxugou a estrutura, tornou-a menos fragmentária, mas com isso arrancou muita carne do osso." Em sua análise, Jackie incluía uma lista de "38 fantasias e *flashbacks* que prejudicam o ritmo". Comentando sua própria reação, Steinke confessou: "Meu coração afundou no piso do meu apartamento em São Francisco."

Ela logo tratou de arranjar um encontro, e pegou um avião para Nova York, mas foi recebida friamente pela editora. Depois de ser repreendida por Jackie, a jovem escritora tentou apresentar algumas páginas adicionais de material reescrito, que, no entanto, não foram aceitas. Steinke relata o diálogo que então tiveram:

> "Sabe, Darcey", disse ela, "você me lembra esses cãezinhos terrier usados nas caçadas à raposa. Alguma vez pode vê-los?"
>
> Senti o sangue subir ao rosto. "Não", respondi. Eu nunca tinha ido a uma caçada à raposa.
>
> "Eles estão sempre muito nervosos e ansiosos por agradar."
>
> *Jackie Onassis tinha me comparado a um cachorro.* Tive a estranha sensação de ter sido rachada ao meio e estar vendo a mim mesma sentada no seu escritório. Ela disse que não voltaria a botar os olhos no meu romance até que o tivesse reescrito substancialmente. E eu fui dispensada.

Apesar da repreensão, Steinke voltou ao trabalho e reescreveu o romance uma segunda vez. "Mandei a nova redação no fim da primavera de 1988 e, na semana seguinte, recebi uma carta de resposta. '*Up Through the Water* está maravilhoso, você fez um excelente trabalho. O romance flui — realmente temos agora uma linha narrativa. Podemos, de fato, acompanhar os padrões de pensamento de cada personagem — ficamos totalmente absortos na leitura do seu livro.'"

Basicamente, quando o livro foi lançado, em 1989, os críticos concordaram com a avaliação de Jackie. Escrevendo no *New York Times*, Robert Olmstead observou que "a capacidade [de Steinke] de entrar no pensamento dos personagens e induzi-los a uma observação ainda maior se manifesta numa prosa fluida e instintiva que, muitas vezes, mais parece poesia do que ficção".

Steinke encerrava o artigo para a *Vogue* com um comentário sobre suas novas ambições na vida. "Eu queria ser como Jackie: algo imperiosa, incansável no entusiasmo e com uma enorme elegância." Nos anos seguintes, Steinke teria uma carreira de sucesso e, durante algum tempo, trabalhou para a revista de John Jr., *George*. Disse-me que Jackie manteve contato com ela: "Volta e meia, eu tinha notícias dela. Ela me mandava recortes de jornal. [...] Muitas pessoas mais velhas me mandam recortes de jornal. [...] Minha mãe o faz. E é engraçado pensar que Jackie O. também."

Jackie e a Doubleday se eximiram de publicar o romance seguinte de Steinke, *Suicide Blonde*, que causou grande sensação. O *Times* o considerou "uma fábula perturbadora e venenosa sobre as terríveis consequências de uma paixão descontrolada, um sombrio manual do abuso — de amantes e da família, do álcool e da heroína". A implacável e vulgar crueldade da história pode ter indisposto a sensibilidade mais refinada de Jackie. Numa conversa com a autora por telefone, ela polidamente comunicou que não pretendia publicar o livro.

Também em 1988, Jackie fez uma aquisição que até mesmo para ela significava novos caminhos, e que com certeza representava um desafio para seus colegas mais conservadores. Ela contratou um desenhista de quadrinhos de São Francisco, Larry Gonick, para dois volumes de um trabalho intitulado *The Cartoon History of the Universe* [A história do universo em quadrinhos] (1990, 1994). Gonick contou-me como foi que Jackie se envolveu no projeto: "A série teve início ao ser publicada por uma editora de quadrinhos 'alternativa', a Rip Off Press, de São Francisco, mais conhecida pela publicação de *The Fabulous Furry Freak Brothers* [*As fabulosas aventuras dos Freak Brothers*]. Comecei a série em 1978 em formato de livros de quadrinhos; eram volumes de 48 páginas. Essas coisas tinham um ar realmente muito alternativo, eram algo diferente. Estavam em circulação, e alguém da University of Southern California me procurou sobre um projeto de animação. Por meio dessa pessoa, o livro caiu nas mãos de um homem chamado Karl Katz, que dirigia o departamento de cinema e televisão do Metropolitan

Museum, e Caroline Kennedy, a certa altura, tinha trabalhado para ele. Foi, portanto, ele que levou o livro a Jackie. Ele achou que, se o livro tivesse suficiente exposição, talvez fosse possível extrair um filme dele.

Certo dia, recebi um telefonema de Karl Katz, dizendo: 'Eu nunca lhe disse, mas sou amigo da sra. Onassis.' E acrescentava: 'Mostrei-lhe o seu livro de quadrinhos, mas não quis falar com você até me certificar de que ela realmente pode querer fazer algo com ele. O diretor na Doubleday já o examinou, e acho que eles querem publicá-lo. Por que não telefona para ela?'

Engoli em seco ao ouvir isso. [...] Telefonei, e eles deram o recado a Jackie. E ela me telefonou quando eu estava jantando naquela noite, por volta das 21 horas, horário de Nova York. Nós conversamos, e ela se mostrou muito interessada. [...] Levou muito tempo para que o acordo finalmente fosse feito. O departamento de vendas da Doubleday mostrava-se muito cético, e Jackie os fez examinar tudo de novo. Não lembro quanto tempo se passou. [...] Havia lapsos de meses nesses contatos, e chegou um momento em que eu comecei a não me aguentar mais. Fui dar uma caminhada pela vizinhança e encontrei um vizinho, que me disse: 'Não se aborreça. Use o humor. Você é um humorista.' Escrevi, então, um bilhete, um bilhetinho manuscrito com um cartoon representando o meu túmulo, com a inscrição na pedra lapidar: 'Jackie Onassis telefonou para ele uma vez.' Basicamente, eu dizia: 'Sra. Onassis, o que está acontecendo? Estou morrendo de ansiedade.' E, depois disso, o acordo foi feito em duas semanas.

Feito isso, comprei uma passagem para Nova York. Naquele momento, eu já sabia que a coisa era concreta, e tive um encontro com ela no vigésimo quinto aniversário do assassinato de Kennedy, em 22 de novembro de 1988. Fui até o escritório de Jackie na Doubleday. E claro que aquela pessoa pequenina, extremamente esbelta, com o rosto famoso e os olhos enormes saiu do escritório para vir ao meu encontro. Ela se mostrou muito amistosa e direta, e fez café para mim. Foi uma experiência absolutamente positiva."

A agente de Gonick, Vicky Bijur, lembra-se de uma reunião que teve com Jackie, Shaye Areheart e a publicitária Ellen Archer. "Na reunião, Jackie mencionou uma foto do autor. Disse: 'A foto que Gonick mandou era uma muito sem personalidade.' E acrescentou: 'Ele tem pinta de galã, e precisa de uma foto sexy' — algo muito específico, do tipo mão no bolso, mas com o polegar para fora. [...] Depois da reunião, Jackie me acompanhou na saída, postou-se diante da porta do elevador, e a segurou com a mão, dizendo: 'Diga a Larry que vamos transformá-lo numa estrela.'"

"Meus livros de quadrinhos eram apresentados em conjunto", comenta Gonick. "Eram sete livros de quadrinhos reunidos, e a questão era saber como comercializar, como promover. Durante o processo de solicitação de comentários promocionais para o livro, Jackie dirigiu-se a Ann Landers para que fizesse um deles. Na verdade, estava pedindo isso a várias pessoas. Pediu um comentário ao Dalai Lama. Ficou-se sabendo, então, que era preciso passar por Richard Gere para se chegar ao Dalai Lama, de modo que recebemos um comentário de Richard Gere, mas não do Dalai Lama. Inicialmente, o livro não ia muito bem. Provavelmente vendeu 15 ou 20 mil exemplares. [...] O que era muito bom para um livro de quadrinhos alternativos, mas realmente não estava chegando nem perto do que minha autoestima exigia.

Ann Landers acabou respondendo, e dizia: 'Não vou me limitar a mandar um comentário promocional; vou fazer ainda melhor. Vou fazer propaganda dele na minha coluna no início de dezembro.' E quando ela apresentou o livro em sua coluna, foi como uma avalanche. Ela tinha um público enorme, e um empurrão seu garantia vendas incríveis. Portanto, o livro foi mencionado na coluna de Ann Landers, o que literalmente mudou a minha vida para sempre. Aquilo me fez deixar de ser um cartunista ainda lutando para abrir caminho, e me tornei um nome estabelecido em questão de apenas dois ou três meses. [...] Eles literalmente não conseguiam imprimir a quantidade de exemplares em demanda."

Não é difícil entender por que Jackie ficou encantada com esse divertido percurso por 13 bilhões de anos de história do cosmos e algumas centenas de milhares de anos de desenvolvimento do ser humano. Ela se referia ao trabalho como "uma iguaria civilizada", considerando-o "muito preciso e muito melhor, como relato do desenvolvimento da civilização, do que muitos outros mais sérios que eu li".

Larry Gonick é um cartunista do nível de R. Crumb e Gilbert Shelton, mestres do universo de quadrinhos alternativos revelados na São Francisco da década de 1960 em reação aos esgotados e previsíveis super-heróis que habitavam o panteão da D. C. Comics. Com uma concisão que deixaria sem fôlego historiadores como H. G. Wells, *Cartoon History of the Universe* vai da singularidade primal do Big Bang à queda do Império Romano em treze volumes finos, reunidos nesta série por sua editora, que foi capaz de se dar conta de seu caráter subversivamente educativo. Um aluno de colegial que lesse esses volumes com atenção ficaria sabendo tudo o que se esperava que soubesse depois de anos de aulas formais de História.

Disse-me Gonick: "Certa vez, fui ao escritório de Jackie com minha filha. Por ocasião da comemoração de 25 anos de conclusão do meu curso colegial, nós fomos a Nova York. Minha filha tinha mais ou menos 9 anos na época. Jackie disse: 'Tem um lugar, Serendipity, aonde você devia levar sua filha para tomar chocolate.' Eles serviam trufas e chocolate quente. Eu perguntei: 'Mas é um lugar popular? Precisamos fazer reserva?' E ela: 'Vou fazer uma para vocês.' Ela, então, telefona e diz: 'Aqui é a sra. Onassis. Poderia fazer uma reserva para duas pessoas? O nome é Gonick. Sim, *G*, como em Deus.'"

O primeiro volume de *Cartoon History* entrou para a lista dos mais vendidos em brochura do *Times*, e a Doubleday pagou um adiantamento mais vultoso para o segundo volume. Antes do segundo volume, verificou-se mais uma mudança de regime na editora. Recorda-se Gonick: "Nancy Evans deixou a presidência da Doubleday. Por algum motivo, eu estava lá naquele momento, e Jackie, na verdade, ficou muito desanimada, dizendo: 'É tudo política, e eu perdi o gosto por ela', e coisas assim. Voltei a São Francisco e, de repente, me dei conta de que ela podia ir embora, de que talvez se transferisse para outro lugar, para outra editora. Eu continuaria preso à Doubleday, e ela não seria mais minha editora, de modo que telefonei para ela e perguntei: 'Você está tão aborrecida que pode sair daí?' Ela respondeu: 'Não sei.' E eu: 'Bem, se realmente acabar indo para outra editora, se isto for possível, gostaria que me levasse também.' Ela respondeu: 'Puxa, Larry, é a coisa mais linda que alguém já me disse.'"

Harriet Rubin informou-me por e-mail que tinha a impressão de que Jackie e Nancy Evans se respeitavam mutuamente. "Nancy sacudiu as coisas na Doubleday, mas a empresa realmente estava precisando. Estava cheia de editores que pareciam aposentados no cargo (minha assistente editorial tinha de subir um andar todo dia para fazer chocolate quente para Ken McCormick, outrora um grande editor, então com mais de 90 anos, que se arrastava pelos corredores como um fantasma de um romance de Dickens), e os livros da Doubleday eram considerados os mais feios e mais difíceis de vender da indústria editorial, o que significava que os escritores e agentes não apresentavam projetos de primeira linha. Nancy achava que a empresa precisava do glamour que ela trazia. Ela se inspirava em Jackie e queria transformar a Doubleday numa Camelot do mundo editorial. Jackie não podia ignorar a verdadeira adoração de Nancy."

Durante sua permanência, Evans cumprira ordens superiores de demitir certos editores e outros colegas do período anterior à incorporação pela Bertelsmann, que eram tidos em alta estima por Jackie. A certa altura, os editores Marshall De Bruhl, Carolyn Blakemore e James Bakalar receberam o bilhete azul em intervalos de vinte minutos de diferença, num episódio a mim relatado por um antigo editor da casa como "um banho de sangue". Quando comentei com Carolyn Blakemore que Evans se considerava uma alma gêmea de Jackie, ela disse: "Pois, na minha opinião, Jackie, se era capaz de desprezar alguém, desprezava Nancy Evans. [...] Eu não o vi diretamente, embora [Jackie] estivesse sempre redigindo bilhetes maliciosos nas reuniões editoriais e geralmente mandava-os para Marshall ou para mim, porque sabia que riríamos."

James Bakalar, que atualmente escreve no *New York Times*, acrescenta que Nancy "não entendia nada de edição, que eu soubesse. Ela apenas fingia. Como no caso da roupa nova do imperador".

O desencanto de Jackie com a política da casa acabaria por levá-la a estudar a hipótese de alguma mudança radical. Pude notar, ao longo dos anos, que suas queixas se tornavam mais frequentes, muito embora ela conseguisse aumentar, ano após ano, o número de livros que publicava. Scott Moyers observou que, em consequência das limitações orçamentárias impostas pela Bertelsmann, "ela parou de fazer aqueles dispendiosos livros ilustrados com fotos". Isso não é realmente verdade, pois ela continuou trabalhando com vários fotógrafos e artistas até o fim, embora de fato aumentasse a pressão para que ela contivesse os gastos e evitasse o lançamento de livros muito caros.

Não obstante o sucesso comercial dos dois primeiros livros de Gonick na Doubleday, as cabeças mandantes decidiram cancelar o terceiro volume, apesar da aposta de Jackie na série. Recorda-se a agente de Gonick: "Deveria haver outro volume, não sei exatamente por que eles não chegaram a fazer uma oferta, pois, na ocasião, fiz um leilão muito concorrido [e acabou por vender o volume a outra editora]. O regime havia mudado. [...] E o fato é que os dois livros que ela adquiriu para a Doubleday até hoje continuam vendendo, e ainda hoje Larry recebe semestralmente direitos autorais por ambos. [...] Tudo isto depõe a favor de Jackie. Ela se deu conta de que haveria um público interessado."

Gonick assumiu uma atitude filosófica a respeito das mudanças a que assistiu na indústria após a publicação do segundo volume. "Minha agente não conseguiu vender o terceiro. Alguém [na Doubleday] fez as contas e decidiu que a casa tinha perdido dinheiro. [...] E é claro que a razão de eles o terem perdido nada tinha a ver comigo ou com o potencial de vendas dos livros. Eles perderam porque imprimiram exemplares demais e eles ficaram encalhados. [...] Eu fiz um quintilhão de livros científicos com a HarperCollins. E, então, eles fizeram os dois últimos livros [da série] *Cartoon History of the Universe*." Acrescenta ele: "Para ser justo com a indústria, existem realmente pessoas cuidadosas. Mas não devemos romantizar o mundo editorial. Sempre houve muita porcaria. Foi sempre tudo muito misturado."

Na década de 1980, Jackie passou muito tempo pesquisando na New York Public Library. Estabeleceu um relacionamento próximo com Vartan Gregorian, que foi presidente da biblioteca de 1981 a 1989, tornou-se posteriormente presidente da Brown University, e hoje chefia a organização filantrópica Carnegie Corporation, em Nova York. Homem jovial de evidente refinamento e erudição, Gregorian conheceu Jackie no início da década de 1980, quando ela muitas vezes era acompanhada, em suas visitas à biblioteca, por John Sargent Jr., um dos gestores da instituição.

Comenta Vartan a respeito de Jackie: "Uma coisa importante a observar é que ela não era famosa por ser famosa. Depois de algum tempo, a gente não se referia a ela mais como viúva de JFK. Podíamos tratá-la como uma pessoa cultivada, talvez uma das mais lidas e cultas. Mas ela não se gabava nem ficava ostentando. A esse respeito, quero mencionar aqui algo importante sobre ela. Como você sabe, nasci no Irã, e tenho origem armênia. Deixei o país aos 14 anos e meio. Mas de uma palavra eu lembro: *adab*. *Adab* é *savoir faire*, num certo sentido, mas também remete à ideia de comportamento, da maneira de se comportar, de etiqueta — coisas que não nos ensinam, mas que vamos adquirindo pela observação, na prática. Eu sempre achei que Jackie tinha não só educação, mas também *adab*. Em sua presença, a gente sentia que estava falando com alguém que não passava sermões nem falava só por falar, mas era uma pessoa curiosa, em busca de respostas para certas perguntas que a deixavam intrigada." Ele acrescentou: "Eu gostava muito dela. Eu a amava muito."

Gregorian leu alguns trechos de suas memórias, *The Road to Home* [O caminho de casa], que rememora uma das primeiras visitas de Jackie à biblioteca, quando ela passou a abrir as portas também às quintas-feiras. "Quando abrimos as portas da biblioteca, eu estava a postos, esperando pelo primeiro cliente. E era ninguém menos do que Jackie Kennedy Onassis. Ela estava de calças jeans azuis, com uma bela jaqueta e óculos escuros. Comemoramos a ocasião com uma xícara de café no meu escritório." Vartan acrescenta: "Até que, no fim do dia, ela veio se despedir. Acompanhei-a até a escada e ela me deu um grande beijo. Um fotógrafo tirou uma foto e disse: 'Não se preocupem, não é para publicar', o que foi maravilhoso." Jackie mandaria mais tarde a Gregorian um bilhete de agradecimento pela ajuda. "Estou profundamente grata pelo esplêndido dia que nos proporcionou semana passada. Foi realmente um privilégio estar naquele lindo salão com todas aquelas estrelas e o sol. Tudo o que é mais importante para a gente lá se encontrava. Os tesouros que nos são revelados ali justificam passar os cinco próximos anos junto às estantes. [...]."

Na página de agradecimentos do editor em *The Diary of a Napoleonic Foot Soldier* [Diário de um soldado de infantaria napoleônico], de Jakob Walter, publicado em 1991, Jackie dizia que o manuscrito que lhe tinha sido mostrado por Gregorian. Ele mandou-lhe um bilhete de agradecimento, dizendo: "Fiquei embasbacado por você ter dedicado uma página inteira a mim. Minha contribuição foi mínima. Quem merece crédito é você, por ter se apoderado da ideia e lhe dado concretude." O diário consiste em cartas escritas por um pedreiro alemão de 18 anos alistado no exército de Napoleão, que marchou em direção leste pela Europa no início do século XIX. Um estudioso de questões russas na Columbia University, Marc Raeff, um dos maiores especialistas nesse período, trabalhou estreitamente com Jackie na edição do livro e escreveu a introdução.

As cartas de Walter fornecem um ponto de vista isolado e relatam o que a coluna via, sentia e cheirava em sua marcha. As "exibições de atrocidades" em que as guerras modernas se converteram são descritas aqui com o distanciamento de um observador profissional. É quase como se Walter, aos 18 anos, ainda não fosse capaz de entender que a crueldade e a deformidade são acontecimentos extraordinários numa vida. Ele as relata com a mesma tranquilidade de que se vale para descrever um acampamento de tiroleses alpinos. Gregorian instruiu a biblioteca a fornecer a Jackie o texto alemão original, publicado em 1938 pela University of Kansas. Sobre seu apoio à publicação do livro, Gregorian ironizou: "E quem mais poderia se interessar por um soldado de infantaria napoleônico?"

Rememorando os primeiros tempos de Jackie na Doubleday, Gregorian comentou sua posição ímpar na editora, e o lugar que ela ocupava em sua vida. "Jackie conferiu classe sob muitos aspectos à Doubleday, na condição de uma espécie de editora de elite, requintada. Mas nunca agiu como empregada, pois não trabalhava pelo dinheiro nem pelas aparências. Era pelo interesse de fazer algo interessante. Aquilo lhe dava certo equilíbrio, outro mundo para o qual ela podia se retirar. Psicologicamente, então, era muito importante para ela ter outra casa, além do seu apartamento. Ela encarava seu trabalho como uma *profissão*."

Edward Kasinec, que trabalhou como curador da divisão eslava e báltica, deu assistência a Jackie em cinco livros e recebeu agradecimentos dela "por sua inestimável orientação" no volume de Jakob Walter. Kasinec também a ajudou na edição de *Empire of the Czar: A Journey Through Eternal Russia* [O império do tsar: Uma viagem pela Rússia eterna], do Marquês de Custine, publicado em 1989. Astolphe de Custine era um aristocrata francês cujos escritos sobre a Rússia, baseados em viagens feitas na década de 1830, contêm valiosas percepções sobre o povo russo, assim como sentimentos antitsaristas muito francos e diretos. Ele partiu para Moscou cinco anos depois de Alexis de Tocqueville ter embarcado para a América e deixou registradas as impressões de um jornalista sobre uma sociedade em transição. Seu livro refletia as grandes esperanças da época, um período mais próximo das revoluções francesa e americana do que de qualquer acontecimento do século XX. Naturalmente, Jackie sentia afinidade com um material que associava seus interesses pela história da França e da Rússia. Kasinec afirmava que o livro era "um dos favoritos dela".

Jackie convidou o historiador Daniel J. Boorstin e o ex-embaixador americano na União Soviética, George F. Kennan, a escrever um prefácio e uma introdução, respectivamente. Rememorando essa colaboração, Kasinec disse: "Um belo dia, os três apareceram [na biblioteca] quando estávamos abertos ao público, pois é claro que tinham agendas muito sobrecarregadas, especialmente Boorstin [...] eu não tinha onde colocá-los. [...] Não havia onde colocar aquelas pessoas, e dá para imaginar o embaixador Kennan com seu terno de colete e seu relógio de corrente — ele estava sempre vestido imaculadamente, George Frost Kennan —, e Boorstin e [Jackie]. Portanto, o que tive de fazer — e que era absolutamente inconcebível nessa época — foi acomodá-los em meio às estantes e entre pilhas de jornais e livros, e eles espalharam tudo por ali [...] e puseram as mãos na massa.

Esse foi um livro realmente lindo, maravilhosamente diagramado, baseado quase exclusivamente em material visual disponível na biblioteca. Até a sobrecapa se baseava em magníficas aquarelas que os soviéticos nos tinham vendido na década de 1930, que se encontram na Divisão de Livros Raros, e que retratavam alguns dos lugares visitados pelo marquês nas décadas de 1830 e 1840. Portanto, ela ficou muito feliz, mas muito feliz mesmo, com tudo que a biblioteca tinha a oferecer, pois nossas coleções são tão incrivelmente ricas em material visual e iconográfico, ao qual ela se mostrava muito sensível."

Jackie voltou-se novamente para fontes russas quando Andreas Brown, seu amigo na Gotham Book Mart, chamou sua atenção para outro manuscrito original, do ilustrador e propagador da cultura eslava Boris Zvorykin. O encontro levou a uma tradução ilustrada de quatro contos de fadas do adorável escritor russo Alexander Puchkin. Puchkin ouvira relatos semelhantes na infância e os recriou ao seu estilo inimitável, com isto deixando um registro da poesia oral do campesinato russo. Zvorykin retratava essas fábulas ao estilo das miniaturas russas dos séculos XVI e XVII, com uma caligrafia elegante e complexas concepções interligadas, muito embora executasse essas ilustrações em seu exílio parisiense na década de 1920, tendo o livro sido publicado inicialmente, em francês, em 1925.

Publicadas em 1989 sob o título *The Golden Cockerel and Other Fairy Tales* [O Galo de Ouro e outros contos de fadas], as narrativas foram traduzidas por Jessie Wood, com introdução escrita especialmente por Rudolf Nureyev. A estrela do balé russo recorreu a seu parceiro conjugal e companheiro de longa data, Robert Tracy, para a efetiva redação; os dois frequentavam as mesmas rodas sociais que Jackie. Ela se deu conta de que se tratava de um livro infantil que os adultos também poderiam apreciar, como um volume elegante digno de ser exibido em suas salas de estar. Jackie passou a bola aos amigos nesse trabalho, não permitindo que seu nome aparecesse nas páginas do livro.

Enquanto o livro de Puchkin estava em andamento, um manuscrito de uma emigrante polonesa, Christine Zamoyska-Panek, chegou ao escritório de Jackie. Sem que ela soubesse, vários anos antes, uma versão inicial de noventa páginas do mesmo livro fora recusada por outro editor na Doubleday. *Have You Forgotten? A Memoir of Poland, 1939-1945* [Vocês esqueceram? Lembranças da Polônia, 1939-1945] conta a história de uma aristocrata polonesa que enfrentou a invasão nazista do seu país e se integrou à resistência. Quando o exército alemão tomou a propriedade feudal de Zamoyska, Christine e a família fugiram a pé para a Cracóvia, levando apenas o que podiam carregar, e foram parar num apartamento superlotado. A aristocracia polonesa havia muito tinha ligações com a *intelligentsia* judia, e sentia empatia pela situação difícil por que passavam os judeus. Embora a oposição ao regime nazista significasse morte certa, Christine Zamoyska-Panek passou a trabalhar como enfermeira num hospital municipal, valendo-se de sua posição e de sua situação relativamente privilegiada para esconder judeus em risco em lugares secretos, entre eles seu próprio apartamento.

Embora se trate de uma história comovente, a literatura e os registros jornalísticos da Europa no pós-guerra estão cheios de relatos semelhantes. Haveria na provação por que passou aquela família algo que atraiu particularmente Jackie? Uma pista interessante ocorre logo no início do livro, quando Zamoyska-Panek menciona que uma prima de seu pai, Isabella Radziwill, ofereceu sua propriedade no interior à família Zamoyska. Em 1959, Lee Radziwill se havia casado com um príncipe polonês, Stanislaw Albrecht Radziwill. Caroline Lee Bouvier, mais conhecida como Lee Radziwill, ficou casada com o príncipe até 1974, e se esses dois Radziwill tinham alguma relação de parentesco, Jackie pode ter tomado conhecimento desses relatos muito antes de se tornar editora encarregada da aquisição de direitos autorais.

A autora confirmou minhas suspeitas sobre a ligação entre os Radziwill. Disse-me Zamoyska-Panek: "Creio que você tem razão, pois quem se casou com Stanislaw Radziwill foi Lee, a irmã. Sanislaw é um primo. Ela se divorciou dele, que depois veio a morrer, e ela voltou a se casar. E ela ainda usa o nome Radziwill. [...] Eu o encontrei uma ou duas vezes. [A prima de meu pai] Isabella era casada com Carl Radziwill, e eles tinham uma linda propriedade nos cafundós da Polônia."

Fred Benton Holmberg, escritor do Maine que ajudou Zamoyska-Panek no livro, disse-me: "Na verdade, eu dizia no livro algumas coisas nada agradáveis a respeito dos Radziwill, que Jackie deixou passarem, por respeito aos fatos. [...] Os Radziwill roubaram a gasolina da família [Zamoyska] quando estavam tentando fugir dos russos, e os Radziwill conseguiram fugir, mas os Zamoyska, não. Os Radziwill faziam parte da família. Por isto é que estou convencido de que, quando Christine entrou em contato com Jackie, ela queria dar uma olhada no manuscrito, por causa dessa ligação. Mas quando eu escrevi no livro que eles roubavam a gasolina, ela não fez a menor menção [...] nunca fez qualquer tentativa de me fazer abrandar a coisa."

Segundo Zamoyska-Panek, que viveu em Massachusetts e depois no Maine, o manuscrito foi apresentado a Jackie por uma amiga, que se lembra de que Jackie lhe telefonou de volta para falar a respeito seis meses depois. Conta Zamoyska-Panek: "Escrevi esse livro para tentar registrar no papel o que eu pensava na época — e não hoje. Toda a minha filosofia de vida mudou desde então. Mas se compararmos o que aconteceu comigo durante os cinco anos da guerra e o que aconteceu com outras pessoas, pode-se dizer que eu estava de férias. Não fui espancada, não fui presa. Estava muito perto dos problemas e de pessoas que foram presas, e nós não sabíamos se voltaríamos a vê-las ou não. O primeiro foi meu pai. Ele foi preso duas vezes, mas sobreviveu. Mas tudo isso é meio teatral, para dizer a verdade. Claro que era horrível. Quando se come três vezes por dia, e de repente você se vê comendo uma vez de três em três dias, é horrível. Quando se precisa de envolver os pés em jornais, porque é a única coisa que se tem... [...] De modo que as coisas eram assim. Eu tinha fome, sentia frio, medo, mas tinha esperança. Tinha apenas 14 anos quando tudo começou. Não sabia nada sobre os alemães, não sabia o que era odiar. Essa coisa toda não existia na minha cabeça. [...] Claro, não era nada divertido, mas eu nunca fui submetida a tortura."

Zamoyska-Panek disse-me que se comunicava com Jackie sobretudo por cartas. "Ela me mandava páginas e mais páginas para reescrever ou para contar mais, ou menos, ou especificar quais fotos deviam ser tiradas. Eu passava todo esse trabalho para Holmberg. [...]."

Como outros que trabalharam com Jackie a distância, Holmberg acabou estabelecendo um relacionamento telefônico com ela. Eles também se correspondiam, mas nunca se encontraram pessoalmente. Diz ele: "Começamos a conversar, mas ela descobriu, durante a conversa, que eu era um ex-ministro. E, ao longo dos dois anos seguintes, desenvolvemos, na verdade, duas relações: uma delas era uma relação muito pessoal, em que falávamos de nossas situações de família; e a outra, uma relação muito profissional, em termos do livro. Conversei com Jackie quando começamos a falar de nossas tragédias familiares, e conversamos sobre nossos filhos.

Ela me mandou a primeira carta, acho que era maio de 1987, uma carta de três páginas e meia criticando o manuscrito, e ela também devolvia o manuscrito. [...] Cada página tinha um comentário qualquer. Até que eu comecei a ficar impressionado com tudo aquilo, pois pensei: Caramba, ela realmente é boa. [...] Ela mandou um bilhete manuscrito numa folha pautada de papel amarelo. E dizia, entre outras coisas: 'Temos aqui um livro maravilhoso, prontinho para ser lançado, e estou certa de que assim será na próxima redação. Não desanime — creio que você saberá exatamente o que precisa ser feito e, dessa vez, será MUITO mais fácil.'

Ela certamente atuou como editora de texto no meu caso. [...] Nunca deixava passar nada. Mais tarde, escreveu, depois de concluída boa parte da nova redação: 'Acho que o que você escreveu funciona muito bem, e que você merece cumprimentos. [...] A única coisa que devo criticar [...] é que, eventualmente, a vigilância baixa e você permite que Christina escorregue de novo para um inglês capenga.' Jackie e eu estávamos constantemente discutindo sobre a 'voz' de Christina. [...] ela muitas vezes concluía suas cartas ou comentários com 'Pode telefonar a qualquer momento, e se discordar de alguma sugestão, não hesite em dizê-lo.'

Havia uma questão que eu sempre discutia com Jackie. O seu 'conceito' de Christine e a minha 'realidade' de Christine eram muito diferentes. Jackie a imaginava como uma aristocrata elegante, sofisticada e preparada, bem parecida com ela própria. Eu, por outro lado, sabia que Christine [era] uma lutadora durona e inteligente." Holmberg reconheceu que eles se indispuseram quando Jackie tentou impor um prazo no momento em que ele visitava a Índia. "Em dado momento, ela disse que eu não estava 'cumprindo a minha parte do contrato'! Detesto reconhecê-lo, mas ela estava certa. Raramente eu entregava os manuscritos modificados no prazo. Ela realmente me chamou a atenção algumas vezes, e com razão, embora eu ficasse extremamente irritado."

Zamoyska-Panek comenta: "As pessoas meio que transformaram ela numa deusa neste país, não é mesmo? Não entendo por quê. Ela era uma pessoa perfeitamente normal, e eu nunca consegui entender toda essa reverência. Ela tinha uma autodisciplina muito forte, uma capacidade de enfrentar os maus momentos, algo de que gosto pessoalmente, pois eu fazia a mesma coisa."

O livro foi publicado em agosto de 1989, e, embora não merecesse cobertura muito ampla na imprensa, Jackie conseguiu para a contracapa uma declaração promocional de Zbigniew Brzezinski, que se referiu ao livro nos seguintes termos: "Um mergulho altamente pessoal e de leitura extremamente agradável nas dimensões humanas do apocalipse enfrentado pela Polônia durante a Segunda Guerra Mundial [...] romântico, heroico e até encantador."

Fosse no escritório ou na vida social, Jackie continuava a pôr em risco a própria privacidade ao fazer amizade com as pessoas que lhe interessavam e que cruzavam seu caminho. Algumas a levavam à publicação de livros; outras, não, servindo-lhe mais de apoio de outras maneiras. À medida que ela polia seu desempenho como anfitriã, abrindo seu *salon* literário, seu círculo de relacionamentos tornou-se notavelmente diversificado. Havia quem gravitasse na sua direção em Martha's Vineyard, onde ela continuava passando o verão. Lá, ela fez amizade com vizinhos como o escritor William Styron e sua mulher, Rose, segundo quem, à exceção do esplendor de sua residência à beira-mar, parte do atrativo para Jackie era que, em "Vineyard, nada lhe lembrava seu passado".

Jackie tentou tocar o projeto de mais um livro sobre a cultura indiana, destacando para escrevê-lo um jovem arquiteto, William La Riche, mas a coisa não deu certo. La Riche disse-me que Jackie também tentou, sem êxito, vender um romance seu para a Doubleday. Os dois intensificaram a amizade nos oito últimos anos de vida de Jackie. Ele se referia a ela como seu "grande estimulo literário". Mais tarde, ele diria ao biógrafo David Spoto (*Jacqueline Bouvier Kennedy Onassis*): "Como amiga, Jackie mostrava-se ansiosa por um relacionamento no nível mais profundo possível, e era mais capaz de empatia do que qualquer outra pessoa que eu tenha conhecido. [...] Certa vez, perguntei-lhe como encontrava forças para prosseguir nos momentos mais dolorosos da vida, e ela respondeu: 'Nunca me passou pela cabeça que pudesse agir de outro modo.'"

La Riche também se recorda de uma viagem de carro que fez com Jackie. "Fomos de Manhattan a Princeton em seu velho BMW 1971. As janelas não funcionavam direito, mas ela mandou instalar um motor poderoso, e adorava velocidade. Nós íamos visitar Nina Berberova, uma escritora russa. [...] Ao passarmos pelo túnel Lincoln, Jackie queria que eu ultrapassasse um caminhão cruzando a faixa dupla contínua — 'Manda ver, William!', dizia ela."

Jackie também ficou muito interessada pelo livro de Jane Hitchcock sobre uma turbulenta relação entre mãe e filha, *Trick of the Eye* [Truque do olho], e puxou conversa com ela certa noite, num jantar na Morgan Library. Diria Hitchcock ao biógrafo Christopher Anderson: "Ela me tomou sob sua proteção. Escrevi dois dos meus livros na sua casa em Vineyard. [...] Ela se tornou uma espécie de mãe substituta para mim, e certamente, me ensinou a me comportar. [...] Tenho para mim que ela tinha várias relações desse tipo, com mulheres que orientava."

Outra integrante do círculo de Jackie, Edna O'Brien, escreveria mais tarde sobre a amiga: "Muitas de suas qualidades — aquele entusiasmo incontido, as frivolidades noturnas, a paixão pelas roupas — revelavam a eterna criança que ela era. Mas as barreiras que construiu ao seu redor revelam uma mulher desde sempre preocupada com a autopreservação." O'Brien comenta ainda: "Distância e distanciamento eram elementos centrais para ela, não só em relação aos outros, mas em relação a muita coisa nela mesma. Era o que lhe conferia aquela aura inexplicável. [...] Ela estava presa nesse espaço entre a ingênua e a imperatriz, entre a inocência e a mundanidade."

Tribulações românticas com homens e mães difíceis eram temas recorrentes nas amizades de Jackie com as mulheres mais jovens de sua vida. Segundo todos os relatos, ela se mostrava generosa com os amigos e investia muito tempo neles. Joe Armstrong, que contribuíra para o sucesso meteórico da *Rolling Stone* na década de 1970, elevara o moral da equipe, certa ocasião, tocando a canção "Dropkick Me, Jesus (Through the Goal Posts of Life)" num aparelho estéreo na redação da revista, matreiramente voltando os alto-falantes para a janela que dava para a Avenida Park. Armstrong repetiu para mim a história que havia contado à biógrafa Sarah Bradford: "Jackie estava editando um livro com uma amiga minha, minha assistente Claudia Porges Holland, que lhe contou essa história, e ela começou a rir tanto que acabou chorando, e disse: 'Me dá o telefone de Joe Armstrong.' Ela me convidou para almoçar, e tiveram início nossos cinco intensos anos de amizade."

Acrescenta Armstrong: "Quando ela telefonou, fiquei realmente muito surpreso e intimidado. E preocupado, porque ela me disse que escolhesse o lugar. Escolhi um cantinho no Four Seasons, pois, na época, as pessoas não ficavam fazendo visitas de mesa em mesa. Achei que, se sentássemos num canto, ela estaria protegida. Fomos, então, almoçar, e a coisa durou quase três horas. Eu tinha preparado algumas fichas a serem deixadas no colo para consulta, e, se a conversa esfriasse, eu poderia recorrer a elas. [...] Mas nem cheguei a olhar para as fichas, pois ela tinha tantas observações e comentários que tornava tudo fácil."

Em 1989, mais ou menos um ano após o primeiro almoço, Jackie mandou a Armstrong uma carta comovente, por ele considerada "uma declaração de amizade". Escrevia ela: "Para mim, o maior tesouro da vida é encontrar um amigo, um novo amigo, e é isto que você é. [...] Quero que saiba que farei por você tudo o que sinto que você faria por mim. Portanto, se for parar na cadeia e puder dar apenas um telefonema, que seja para mim."

Com o tempo, Armstrong viria a ocupar um lugar especial na vida de Jackie. Eles se encontravam regularmente, e Joe também travou conhecimento com Maurice Tempelsman. "Ela disse que Maurice a ajudava a enfrentar situações políticas e de negócios no escritório. E que ela buscava sua ajuda e aconselhamento. Ele é encantador, e, naturalmente, muito inteligente."

Kennedy e Armstrong tinham um amigo comum em Bill Moyers, e ambos reconheciam o empenho de Jackie em deixar as pessoas à vontade em sua presença. Como Moyers, Armstrong vinha do Texas, e se recorda: "Bill Moyers e eu somos amigos há 45 anos. Ele me conseguiu emprego no Corpo da Paz quando eu estava na faculdade de direito. Trabalhou com Jackie em todos os seus livros, e, certa vez, perguntei a ele: 'Por que você acha que ela intimida tanto as pessoas, já que é uma pessoa comum e normal sob tantos aspectos?' E ele respondeu: 'É por causa do lugar que ela ocupa na história. Por ter demonstrado toda aquela dignidade durante aqueles quatro dias com os dois filhos pequenos [...] e por aquela imagem dos miolos do marido espalhados sobre ela. Ela representou uma força de união no país, coisa que ela nunca desejou.'"

Armstrong e Jackie tinham outra velha amiga comum, a cantora e compositora Carly Simon, que Jackie conheceu em Vineyard em meados da década de 1980. Afirma Simon num ensaio divulgado em seu site oficial na internet:

> Jackie Onassis telefonou, um belo dia, para me convidar a escrever minha autobiografia. Eu não disse "não", mas tampouco deixei claro um "sim". Na verdade, eu tentei, por se tratar de Jackie. [...] Escrevi cerca de 50 páginas e acabei desistindo, cheia de arrependimento com aquelas revelações. Eu seria capaz de falar da minha própria vida, com todas as suas vicissitudes, alegrias e revezes, mas não da vida de outras pessoas. Jackie entendeu, e também sabia que eu tivera um passado rico em histórias com meus filhos, já então crescidos, e sugériu que a autobiografia fosse substituída por um livro infantil. Em *Amy the Dancing Bear* [Amy, o urso dançante, 1989] certamente havia fragmentos da minha vida. Minha vida de ursa. Foi o primeiro livro em que colaborei com Jackie e Margot Datz, minha ilustradora e amiga de Martha's Vineyard. Com os anos, viriam três outros: *The Boy of the Bells* [O menino dos sinos, 1990], *The Fisherman's Song* [A canção do pescador, 1991] e *The Nighttime Chauffeur* [O motorista noturno, 1993]. Jackie desempenhou o papel de uma editora extremamente cuidadosa. Fazia sugestões imaginosas que também faziam sentido.

"Jackie se orgulhava tanto de Carly", diz Armstrong. "Ela me levou para ver a ópera de Carly, *Romulus Hunt* [A caçada de Rômulo], que era apresentada por um grupo da Metropolitan Opera no John Jay College, a poucas quadras do Lincoln Center. Eu só vi Jackie chorar uma vez, e foi nessa noite, quando um menino cantou uma canção — 'Everyone wants to dance with my father' [Todo mundo quer dançar com meu pai]."

Lembro que, certa vez, num almoço, Jackie elogiava as qualidades de *Amy the Dancing Bear*, do qual derivou *The Little Ballerina and Her Dancing Horse* [A pequena bailarina e seu cavalo dançante], de Gelsey Kirkland. Havia, na família de Simon, uma tradição de trabalho editorial. Seu pai, Richard L. Simon, foi um dos fundadores da Simon & Schuster, e sua mãe, Andrea, com quem Carly tinha lá suas questões, às vezes se referia a si mesma como "sra. Simon & Schuster". Simon falou longamente sobre seu relacionamento com Jackie a Marie Brenner, para o artigo que esta publicou em 1994 na *Vanity Fair*, sob o título "O peso materno de Carly Simon".

Escreveu Brenner: "Pergunto se Carly não a via como uma versão idealizada de sua própria mãe. Com toda certeza, diz ela. E o que Carly acha que representava para a sra. Onassis? 'Alguém tão incapaz de ocultar os próprios sentimentos que ela podia ser mais ela mesma quando estava comigo. Pois eu era incapaz de não ser eu mesma quando estava com ela. [...] Eu xingava. Usava expressões chulas. Comigo, ela se sentia livre para ser a colegial que realmente era. Jackie adorava uma travessura. [...].'"

As duas amigas às vezes iam juntas ao cinema em Manhattan. Encontravam-se no banheiro do cinema, para que Jackie não fosse identificada por curiosos. Ela ficava na cabine do banheiro, esperando a chegada de Simon. Simon contou a Brenner o aperto que passou quando ela e Jackie foram à estreia de *Bugsy*, de Warren Beatty: "Na época, *JFK* estava em exibição. E eu fiz direitinho o trabalho de casa. Antes de escolher o cinema, telefonei para todos onde *Bugsy* estava passando para me certificar de que não houvesse possibilidade de *JFK* estar sendo exibido no mesmo cinema. Funcionou à perfeição! [...] Eu escolhi o Beekman. [...] E nós nos sentamos quando ainda faltavam uns dez minutos para começar a sessão. Àquela altura, eu já estava tão nervosa que me virei para ela, quando o cinema já estava escuro, e perguntei: 'Você viu *JFK*?' Jackie ficou horrorizada. Respondeu: 'Não, Carly, claro que não.' Eu estava tão nervosa com a história de *JFK* estar sendo exibido que acabei levantando o assunto por pura perversidade."

Segundo Simon, as duas muitas vezes conversavam sobre os homens, e Jackie ofereceu apoio moral a ela durante a fase de seu rompimento com James Taylor. Jackie fazia revelações a Simon sobre seu passado, tendo feito pelo menos uma vez uma rara confissão. "Sempre que contava algo que considerasse muito pessoal", diz Simon, "ela passava a falar na terceira pessoa: 'A gente sentia.' Ela me disse que ficara profundamente ferida com as aventuras sexuais de Jack. 'Depois de um certo tempo, a gente acaba se desligando', disse."

Na década de 1990, Jackie acertara o passo de sua carreira como editora e estava publicando mais livros por ano do que nunca. Segundo Scott Moyers, Jackie considerava ter ficado aquém em um de seus mais ambiciosos projetos. "Quando ela fez *Capital of Heaven* [Capital do Céu, 1990], de Marc Riboud, foi uma incrível realização visual e um best seller na França, mas não nos Estados Unidos [...]. Ela ficou mortificada, achando que havia prestado um desserviço a Riboud."

Jackie faria vários outros de seus dispendiosos livros ilustrados ao longo dos três anos seguintes, embora já fosse mais difícil para ela adquirir os direitos de livros como o de Riboud e vender o projeto na Doubleday. Jackie tinha visitado o fotógrafo no início da década de 1980, ao viajar à China para a inauguração do Fragrant Hill Hotel, projetado por I. M. Pei. Riboud recordaria como surgiu a ideia do seu livro: "Certa vez, ela me acompanhou quando eu estava fotografando na Universidade de Pequim. Eu a apresentei como minha assistente. Ela tomava notas e eu tirava fotos. Durante um dia inteiro, entre alunos na lanchonete e nos dormitórios, com professores e até com o reitor, ela não foi absolutamente reconhecida, o que a deixou encantada. Naquele dia, comentei com ela pela primeira vez minha paixão por uma montanha envolta em névoa que, durante séculos, havia inspirado os pintores chineses. Seu nome: Capital do Céu. Cinco anos depois, este título foi o suficiente para que ela viabilizasse um livro."

Riboud contou-me que, mais tarde, visitando Nova York, ele deu a Jackie a ideia do livro. "Fui ao seu encontro e disse: 'Tenho um projeto que gostaria de lhe apresentar.' E ela respondeu: 'Precisamos fazer um livro.' E ela fez de tudo, tudo o que fosse necessário para conseguir [...] a melhor gráfica Suíça, e em três línguas diferentes, inglês, francês e alemão. [...] Ela exigia o melhor, e era realmente maravilhoso. Sai caro, e os editores estão sempre preocupados em cobrir as despesas, como você sabe. Assim, para se recuperar, eles precisam [vender] 30 mil livros, se não estou enganado. E 30 mil livros, numa primeira edição, é muita coisa. E o livro não era barato.

Seja como for, havia uma grande festa num centro cultural francês, e ela estava lá. Lembro-me de uma coisa a respeito do livro: Alguém — que não fui eu, pois jamais teria pedido isso — mencionou o fato de que ela poderia ser de grande ajuda com relação à imprensa. Ela disse: 'Não quero me envolver com a imprensa, nem ter nada a ver com dinheiro.'" Riboud acrescenta: "Publiquei 25 livros e, para mim, este continua sendo o melhor."

A montanha mencionada no título é um maciço a quase quinhentos quilômetros de Xangai, perto do rio Yang-Tsé. Os picos de granito da cordilheira de Huangshan estão perenemente envoltos em névoa, e há muito atraem artistas e amantes da natureza, para os quais se encontra ali uma das mais belas paisagens do planeta. Há séculos a pintura chinesa se fixa nessa paisagem impressionante, conferindo-lhe um caráter sobrenatural que poderia parecer típico da licença artística — até que se conhece a paisagem in loco.

Como observaria Jackie ao visitar Riboud, a cordilheira de Huangshan não é a mais alta do mundo, o que contribui para o seu charme. O Himalaia tem muito maior altitude, assim como a permanente calota de neve, que oculta a pura beleza das saliências graníticas. A cordilheira de Huangshan, com sua altitude menor, é antes banhada por chuva e névoa do que por neve e gelo. A unidade de distância usada nas caminhadas por ali são os passos de degrau. Cem quilômetros de trilhas castigadas pelo vento atravessam a cadeia em todas as direções, sendo necessários mais de 2 mil passos para ascender à Capital do Céu ou à Flor de Lótus, os dois picos mais elevados. Desde o início do século XVII e a queda da dinastia Ming, essa cordilheira tem sido fonte de majestosa inspiração, tão emblemática na China quanto o monte Fuji no Japão.

Algum tempo depois da impressão, Jackie disse a Riboud que mil exemplares do livro não haviam sido vendidos, comunicando-lhe que a Doubleday pretendia distribuí-los no mercado de segunda mão. Riboud comentaria: "E ela me disse: 'Marc, não aceite, rejeite essa proposta, pois é muito ruim, um livro como este sendo vendido nas calçadas, no *trattoir*. Muito ruim.'"

Riboud lembrou que Jackie viria, mais tarde, a encontrar um comprador estrangeiro para os livros encalhados. "Eu estava novamente em Pequim, e Jackie me mandou por fax a boa notícia de que um editor de Taiwan queria comprar muitos exemplares do livro. Eu respondi: 'Você cuida tão bem do nosso *Capital of Heaven* que vai ganhar um bom lugar no céu.'

Todos nós conhecemos muitos outros atos que valeram a Jackie o melhor lugar no céu."

8

Quando a vida vem primeiro

Jackie estabeleceu em 1991 um recorde pessoal de número de livros publicados num ano, com mais de uma dúzia a seu crédito. Em sua maioria, essas obras foram publicadas pela Doubleday, mas ela também passou a atuar como agente literária de autores, nos casos de livros que não conseguia convencer a casa a publicar. Um deles foi a brilhante escritora emigrada russa Nina Berberova. Segundo os tradutores de Berberova, Richard Sylvester e Marian Schwartz, escrevendo em sua introdução a um dos livros dela, *Moura*, Jackie lera a ficção de Berberova em francês, ao ser publicada uma década antes pela editora Actes Sud, de Arles. Jackie chamou a atenção de Knopf para a escritora e, com isso, pôs, pela primeira vez, ao alcance dos leitores americanos sua coletânea de seis novelas *The Tattered Cloak and Other Stories* [A capa esfarrapada e outras histórias].

Schwarz disse-me que Berberova "ensinou em Yale e Princeton, mas, como escritora, não era muito conhecida nos Estados Unidos, exceto por sua autobiografia [*The Italics Are Mine* (Itálicos meus)]. Transformou-se numa sensação na França quando a Actes Sud começou a publicar sua ficção. A sra. Onassis acompanhava a indústria editorial francesa — as listas de mais vendidos daquele país e tudo o que lá estivesse acontecendo. [...] Ela vinha cortejando Berberova, mas

Berberova, embora a admirasse, não ficava nem um pouco impressionada com a celebridade de Onassis. Certa vez, ela me disse: 'Puxa, ela me mandou um cesto de frutas. Para que eu precisaria de um cesto de frutas?' O que importava para Berberova era que Onassis estava tentando encontrar uma editora para ela nos Estados Unidos. Eu já havia publicado livros de ficção de Berberova, sobretudo na Inglaterra, mas nós não tínhamos uma boa editora nos Estados Unidos. Onassis achava que a Doubleday não seria o melhor arranjo, mas contribuiu para que a Knopf se interessasse por Berberova."

Nesse mesmo ano, a Knopf publicou outro dos autores de Jackie, Jonathan Cott, cuja biografia investigativa *Wandering Ghost: The Odissey of Lafcadio Hearn* [Fantasma errante: A odisseia de Lafcadio Hearn] Jackie não conseguira levar para a Doubleday. Contou-me Cott: "Nesse caso, Jackie disse que queria publicar o livro sobre Lafcadio Hearn, mas a Doubleday não estava interessada. Mas ela estava entusiasmada com o projeto, e ficou muito feliz quando a Knopf resolveu correr o risco."

Hearn era exatamente o tipo de figura histórica multicultural que atraía Jackie. Tal como apresentado por Cott com sua minuciosa atenção aos detalhes, o expatriado grego meio cego do fim do século XIX, um dos primeiros exemplos do nômade boêmio, era um inspirado autor de livros de viagem e romances que conheceu Dublin, Cincinnati, Nova Orleans e a Martinica até fixar pouso no Japão, aperfeiçoando a arte do jornalismo autodidata e da observação pessoal antes que esse tipo de literatura entrasse em voga. Jackie sabia que a Doubleday só tinha a perder ao ignorar o livro de Cott, e não seria esta a última vez em que ela demonstrou ter mais bom gosto e senso comercial do que os chefões da casa.

Steve Rubin, ex-jornalista e editor da Bantam, tinha sido entronizado como presidente da Doubleday após a fusão com a Bertelsmann, e haveria de se tornar um dos campeões do paradigma editorial voltado para o lucro. Ao longo dos dezenove anos em que chefiou a empresa, um de seus maiores títulos de glória na indústria seria a publicação do *blockbuster O Código Da Vinci*, de Dan Brown. Pelo resto do tempo em que Jackie trabalhou na Doubleday, Rubin manteve a rédea curta nos gastos, numa época em que o potencial de um livro como best seller se transformava no principal critério para a aquisição dos direitos de publicação, a ponto de se transformar em verdadeira obsessão editorial e de marketing.

Pouco depois de Rubin se instalar em seu novo escritório, Jackie escreveu-lhe a respeito de um de seus projetos favoritos, que ela vinha tentando vender à antecessora dele, Nancy Evans. O livro envolvia uma velha amiga de Jackie, a *socialite* e filantropa de Manhattan Brooke Astor. Com data de 30 de dezembro de 1990, o memorando datilografado de Jackie dizia, a certa altura: "Nancy Evans queria um livro dela, uma espécie de manual da boa vida. [...] Ela está na casa dos 80. Seus dois primeiros livros, *Patchwork Child* e *Footprints*, estão esgotados. Ela tem os direitos do primeiro, e a Doubleday publicou o segundo. Nancy achava que poderíamos publicar os dois juntos, com novas fotos e uma nova introdução. Eu imaginava uma introdução razoavelmente longa, frisando os valores que foram importantes em sua vida: o amor pela leitura, inculcado pelos pais, a amizade, o trabalho, o casamento, a responsabilidade cívica, a curiosidade, o contato com gente de todos os campos, a recusa da rotina, a alegria etc. Naturalmente, ela está ansiosa por saber se isto se adequa aos seus planos."

Ao que parece, os livros de Brooke Astor não se adequavam aos planos de Rubin. Jackie haveria de constatar que esse tipo de recusa se tornaria mais frequente nos anos posteriores, durante o regime da Bertelsmann. Editores como Shaye Areheart se desiludiram e deixaram a Doubleday, em busca de maior liberdade e mais dinheiro em outras casas. Scott Moyers lembra que Jackie "sabia que se quisesse realmente contratar um livro, podia ir falar com Steve Rubin e ele concordaria, mas ela tomava cuidado. Se ninguém pensasse que o livro daria lucro, nem acreditasse nele, ela não insistia."

Depois da morte de Jackie, Rubin se apresentaria como amigo e confidente dela, além de seu chefe. Ele disse a Carl Sferrazza Anthony: "Jackie só fazia livros que a interessassem. Certa vez, disse-me: 'Eu nunca penso em termos de best sellers. Penso em termos de livros.' Felizmente, muita coisa que a interessava era desejo de muita gente também. A ironia é ter sido ela alguém que produziu um grande número de best sellers simplesmente, em essência, abrindo a própria sensibilidade para, em seguida, constatar que ela tinha uma certa universalidade entre os leitores. Ela era uma formidável patrocinadora de projetos, defendia seus livros ao longo do processo e era desprendida e divertida ao apresentar os livros nas reuniões editoriais. [...] Mostrava-se sempre muito acessível. Certa vez, telefonei-lhe na casa de campo. Ela estava sempre disponível para a festa de lançamento de um de nossos livros — a primeira a chegar, a última a sair."

Steve Rubin ficou no comando até perder a posição na Doubleday em 2009, tornando-se presidente e editor da Henry Holt and Company. Com sua partida, a empresa foi enxugada e reorganizada como selo da Random House, tornando-se uma mera sombra do que fora a maior parte do tempo em que Jackie lá estivera.

Todos os livros publicados por Jackie sob a supervisão de Rubin em 1991 eram projetos iniciados antes de ele se tornar presidente. Loretta Barrett falou-me a respeito de um livro publicado naquele ano pela Doubleday por causa do decisivo estímulo de Jackie. "Eu dirigi a Anchor Book durante muito tempo e, em diferentes ocasiões, Jackie atuou brilhantemente como avaliadora de projetos para mim. Nós tínhamos alguns projetos polêmicos. Eu tinha um projeto de Karen Armstrong, que viria a ser publicado pela Knopf e que tratava das Cruzadas [*Holy War: The Crusades and Their Impact on Today's World*/Guerra santa: As Cruzadas e seu impacto no mundo de hoje], e Herman Gollob era o diretor editorial. [...] Contratei um livro seu e, na época, ela ainda não era conhecida nos Estados Unidos. Ela escreveu um livro brilhante sobre o cristianismo, o islamismo e o judaísmo, mas Herman Gollob me disse que era antissemita e que não o publicaria. E eu disse: 'E você é anticristão. Karen Armstrong não é antissemita. Isso é ridículo.' Jackie leu o manuscrito para mim, pois conhecia o Oriente Médio, tinha vivido na Grécia e passado muito tempo na Turquia, e realmente conhecia a história da região. E escreveu um relatório incrível. Herman não teve como discutir. [...] Mandei, então, uma carta a Karen, que fez as alterações, e tocamos o projeto e publicamos o livro, mas ela se transferiu para a Knopf. O livro foi um best seller."

Mesmo considerando Steve Rubin "muito inteligente", Loretta lamentou o destino da Doubleday nos anos posteriores, na gestão do gigante alemão da edição. "Só Deus sabe o que a Bertelsmann fez à Doubleday. É uma tragédia, mas os americanos venderam sua vida intelectual. Não existe uma única empresa em Nova York que não esteja em péssimas condições. [...] Não somos donos de nosso patrimônio intelectual. Pense só. Era uma tendência geral, um verdadeiro movimento, simplesmente muito louco."

Uma das limitações a que Jackie estava sujeita ao adquirir direitos de publicação para a editora, como acontecia com a maioria dos editores, era precisar da aprovação da administração para o valor em dinheiro que poderia oferecer aos autores a título de adiantamento. Isso às vezes complicava ou delongava as negociações com os autores e seus agentes. Em 1993, Jackie diria a John F. Baker, editor da *Publishers Weekly*: "Talvez eu não trabalhe com os agentes tão estreitamente como fazem alguns editores, embora, às vezes, quando algo chega a suas mesas, eu espere que pensem em mim, dizendo: 'Puxa, ela talvez goste disso.'"

Muitas vezes, decorria um lapso de tempo enquanto Jackie esperava aprovação para decisões orçamentárias. Como outros agentes que recebiam ofertas de Jackie em nome de seus clientes, Owen Laster, que representava David Stenn, comenta: "Eu efetivamente negociava com ela, mas ficava claro que ela tomava nota do que eu dizia ou propunha, e que necessariamente voltaria a me telefonar. E eu decididamente tinha a sensação de que havia outras pessoas envolvidas. Não que eu fizesse uma proposta para, então, ouvir a outra parte e voltar a propor algo. Havia sempre uma pausa. Nunca era apenas um telefonema. Eu não saberia dizer de quem se tratava [...] mas, decididamente, tinha a sensação de que havia alguém por trás. Muitas vezes, ela voltava a me telefonar e dizia: 'Puxa, este valor é muito alto.'"

Outro dos assistentes da equipe de ponta de Jackie que trabalhou em dois dos meus livros, Bruce Tracy, era um ex-ator que mais tarde viria a ser editor executivo do selo Villard, da Random House. Ele descreveu para Carl Sferrazza Anthony o desafio que representava a avaliação das propostas recebidas por Jackie: "Quando chegava um manuscrito, não podíamos simplesmente entregá-lo a ela. Como qualquer editor assistente, tínhamos de lê-lo, comunicando nossa avaliação. Eu não sabia que ela já tinha publicado Jonathan Cott, mas ele mandou uma proposta de dois livros — um sobre a sacerdotisa Ísis e outro sobre a história e a mística do número 13. Achei-os bem esdrúxulos. Eu partira, inicialmente, do mesmo pressuposto de que todo mundo tinha a respeito de Jackie, que ela estava interessada apenas em belas-artes e história francesa. Escrevi, então, que as propostas não nos agradavam.

Foi a primeira grande lição que aprendi a respeito dela. Eu não podia tentar adivinhar os pensamentos de Jackie, pois — embora possa parecer um clichê ou um exagero — ela se interessava realmente por tudo. [...] Para Jackie, mais ainda do que para a maioria dos editores, a sensação de aventura era uma parte importante do trabalho de edição. Jackie nunca descartava categoricamente uma ideia porque o tema lhe fosse estranho."

A título de exemplo dos interesses sempre ampliados de Jackie, Tracy mencionou sua incursão pela "natureza das abelhas, dos pássaros e das borboletas", foco de *Butterfly Cooing Like a Dove* [Borboleta arrulhando como pombo], de Miriam Rothschild. Nascida em 1908, Rothschild era uma naturalista, entomologista e zoóloga britânica extraordinariamente pouco afeita a convenções, tendo passado a vida estudando as pulgas; era filha de Nathaniel Charles Rothschild, da célebre família Rothschild. O *Times* de Londres certa vez se referiu a ela como "uma Beatrix Potter depois de tomar anfetaminas".

Dame Miriam Louisa Rothschild era a mais inesperada das cientistas, não precisava preencher formulários de bolsas de pesquisas das burocracias governamentais para financiar seu trabalho. Nascida numa das famílias mais ricas da Europa, ela podia financiar os próprios estudos. Fascinada pelos parasitas, foi a primeira a identificar o mecanismo que faz com que as pulgas pulem. Quando teve a ideia de *Butterfly Cooing*, já publicara mais de trezentas dissertações científicas e uma série de outros livros, e se tornara uma das mais destacadas conservacionistas da Grã-Bretanha, assessorando o príncipe Charles sobre as plantas cujo cultivo devia estimular.

Rothschild, que morreu em 2005, criava o tipo de livro que só Vladimir Nabokov, outro lepidopterologista literário, seria capaz de conceber. "A literatura e as borboletas são as mais doces paixões conhecidas pelo homem", expandia-se Nabokov numa entrevista radiofônica que Rothschild gostava de citar.

Livros dessa natureza contribuem verdadeiramente para demonstrar a unidade essencial entre ciência e arte. Para começo de conversa, a representação artística da natureza, na época anterior à invenção da fotografia, era a única forma que os estudiosos tinham de tomar conhecimento da aparência de um objeto de estudo, e, em muitos casos, saber de que maneira se inseria na urdidura da vida cotidiana e da cultura humana. De uma serigrafia japonesa que representava borboletas a um detalhe da *Adoração da trindade* de Goya com a imagem luminosa de uma pomba, passando por uma gravura de Guyart des Moulins no século XIV na qual Noé libera uma pomba em busca de terra a ser aportada por sua arca superpopulada, e por uma evocativa pintura de Balthus mostrando uma mariposa adejando em torno de uma lamparina na presença de uma jovem nua, Rothschild sabia encontrar peças de museu que ilustravam sua estética científica. Chegou, inclusive, a estabelecer uma sutil comparação entre Nabokov e Balthus, ambos conhecidos por seu fascínio por ninfetas.

Marianne Velmans cuidou do livro de Rothschild em Londres e se recorda dele e da autora com grande afeto. "Era tão belo, tão excêntrico e inusitado. Fico muito feliz por o termos produzido na época, pois, se eu apresentasse esse projeto hoje em dia, todo mundo cairia na gargalhada. Não lembro como foi que a coisa começou, mas eu acabei me envolvendo porque publiquei o livro aqui nos Estados Unidos, e fui visitar Miriam Rothschild em sua casa. Foi maravilhoso. Era como se eu estivesse entrando no *le grand monde* ou coisa assim, numa propriedade proibida — num jardim enlouquecido. [...] Ela usava exclusivamente botas de borracha Wellington, por ser contrária ao uso de artigos de couro. [...] Mas era isto que era incrível em Jackie. Ela conhecia [...] uma variedade tão grande de pessoas capazes de trabalhar em projetos assim, que eram realmente de grande significado artístico."

Em seu prefácio, Rothschild agradecia ao amigo de Jackie no Met, Karl Katz, por ter mostrado o manuscrito a ela e ter atuado "por breve momento quase como um coautor". O designer londrino Simon Rendall trabalhou com Rothschild no livro, mais uma produção ultraluxuosa com numerosas fotografias e reproduções de arte. Ele trabalhara anteriormente com Rothschild num livro intitulado *Dear Lord Rothschild: Birds, Butterflies, and History* [Querido Lorde Rothschild: Pássaros, borboletas e história]. Num telefonema de Londres, Rendall contou-me: "Miriam trabalhava do seu jeito. Realmente não tolerava editores. Sabia o que queria, e precisava apenas de alguém que pudesse ajudá-la, de modo que, em geral, não se dava muito bem com editores convencionais.

Dear Lord Rothschild foi feito com um amigo dela, pois ela gostava de trabalhar com amigos. [...] Seu motorista me apanhava em Londres e me levava aonde ela morava, e ela dizia: 'Você ficará aqui até que tenhamos acabado.' Ela me trancafiava ali, e não aceitava um não como resposta. Ou então não entendia que alguém tivesse algo mais a fazer. [...] Mas devo dizer que Miriam era uma de minhas amigas mais queridas.

Não sei exatamente como foi que ela chegou à sra. Onassis, mas acho que ficou empolgada com a ideia. Eram duas mulheres de grande força de vontade, em minha opinião, e que não haveriam de ceder. Mas, seja como for, Miriam conseguiu convencer a sra. Onassis, e *Butterfly Cooing Like a Dove* foi o título escolhido por Miriam. Ninguém seria capaz de convencê-la de que não era um título particularmente convincente ou vendável. Era o que ela queria, e era o que seria feito. [...]

Ela gostava de muita precisão, naturalmente, o que era importante para ela, tratando-se de pulgas e coisas assim; mas, no terreno literário, tenho para mim que a imaginação desempenhava um grande papel em sua interpretação das coisas. De alguma maneira, conseguimos produzir um livro. Mas foi um trabalho muito duro, e às vezes achávamos que não estávamos contando com o apoio de Nova York. [...] Nessa época, acho que a sra. Onassis tinha três assistentes. Os arquivos foram perdidos duas vezes, e não creio que os originais tenham sido jamais encontrados.

Desconfio também que, se o trabalho já tinha sido começado, e certamente Miriam já o tinha começado, provavelmente era muito difícil para [a sra. Onassis] se envolver. [...] Havia uma espécie de complicada dança ao redor das duas. Acho que as duas gostavam um pouquinho de estar envolvidas juntas num projeto, mas também de não estarem envolvidas demais nele, se você entende o que quero dizer. Era uma ideia muito ousada e, como costuma acontecer com esse tipo de ideia, Miriam precisava desesperadamente de um editor que facilitasse seu trabalho. E ninguém era capaz disso. Se houvesse um editor que tivesse diminuído talvez um quarto do tamanho [...] enxugando as coisas [...] acho que, nesse caso, o livro teria sido maravilhoso. Miriam queria que tudo fosse do seu jeito, e pronto. Era um livro muito louco, que precisava de um editor muito louco. Acho que a combinação era boa. [...] Tenho para mim que, desde o início, Miriam achava mesmo que seria um duelo de titãs com a sra. Onassis."

Mudando mais uma vez de esfera mental, Jackie publicou, naquele mesmo ano, mais dois livros sobre dança, as memórias de Martha Graham, *Blood Memory* [Memórias de sangue], e *I Remember Balanchine* [Eu me lembro de Balanchine], de Francis Mason. Quando trabalhava nesses livros, Jackie explicou, num de nossos almoços, que um de seus objetivos era "fazer uma contribuição importante à literatura sobre dança". Com a aposentadoria de um dos editores da Doubleday, Jackie "herdou" Francis Mason como um de seus autores. Ele foi considerado por James Wolcott como um personagem que "poderia ter saído de um romance de Louis Auchincloss, mas sem a rigidez e a poeira" — que é exatamente como me lembro dele.

Pouco antes de morrer em 2009, Mason, o elegante apreciador de balé que, por muito tempo, foi editor da *Ballet Review*, recordou que também se envolveu superficialmente com o livro de Martha Graham, embora fosse um projeto do qual preferia não se lembrar. "Na época, eu era presidente da Martha Graham Company, e era próximo de Martha. Sou realmente um homem de muita sorte. Conheci muito bem Graham e Balanchine. E Martha era um verdadeiro tesouro, uma joia na minha vida. Jackie realmente trabalhou muito nesse livro. Ron Protas, colega de Martha na companhia de dança, um idiota, manipulava e fazia de tudo, só faltava dormir com ela. Protas se colocou bem no meio entre Jackie e Martha. Eram seus últimos meses, seu último ano de vida, e ela conseguiu fazer esse livro. Protas a estava sempre manipulando.

De alguma maneira, a coisa desandou, e Jackie teve muita dificuldade para conseguir que a coisa saísse do seu jeito."

A primeira questão tratada por Martha Graham em suas memórias é o motivo de se ter tornado dançarina. Em sua resposta, ela invoca a mitologia grega e os mestres zen, fazendo citações de Emily Dickinson e William Goyen, do estúdio de El Greco, do poeta francês Saint-John Perse, de T. S. Eliot, e do compositor Edgard Varèse, entre outros. Por amplas que sejam essas referências culturais, o fato de serem alinhadas nas primeiras páginas do livro parece dar a entender que houve contribuição de um *ghost-writer* — no caso, Howard Kaplan. Kaplan atuaria mais tarde em função equivalente quando Jackie publicou as memórias de Judith Jamison, dançarina de longa data da companhia de Alvin Ailey, da qual foi diretora artística até 2010.

O livro de Graham conta a ascensão para a fama de uma aluna da Santa Barbara High School até chegar aos palcos do balé e da dança moderna em Manhattan, e aproveita para fazer a crônica do florescimento de uma cultura das artes nos Estados Unidos entre as décadas de 1920 e 1980. A história da vida de Graham é uma lista interminável de lugares nos quais se apresentou, dançarinos com os quais trabalhou, coreografias criadas, e celebridades do seu convívio. O livro era muito mais curto do que as 280 páginas numeradas, pois comportava mais de uma centena de fotografias, que configuravam uma espécie de cineminha muito mais interessante do que o texto.

Martha Graham é um verdadeiro ícone da dança moderna, mas, em suas memórias, não temos acesso à sua visão estética nem à sua filosofia de trabalho. O leitor que esperar entender as diferenças ou os pontos de cisão entre o balé e a dança moderna ficará seriamente decepcionado. E quem estiver interessado num manifesto como os que eram lançados por um Dalí no caso do surrealismo, ou um Balanchine ou um Lincoln Kirstein no do balé clássico — algo que provavelmente Jackie estava esperando —, terá de procurar em outro lugar.

Segundo declaração de Carl Sferrazza Anthony em 1997, Bruce Tracy informou: "Martha Graham morreu antes do agendamento da publicação de sua autobiografia, e nós tivemos de mandá-la às pressas para a gráfica." Comentando a filosofia de Jackie como editora, Tracy acrescentava: "Embora muitos editores já não o façam, ela sempre trabalhava com a caneta no papel em seu processo particular de edição, com um profundo senso do que cada elemento podia significar para o todo. Jackie podia estar sentada aqui conversando com você e comigo, e se determinada formulação verbal chamasse a sua atenção, ela tirava o caderninho da bolsa e a anotava. Ela gostava da língua. Examinando os manuscritos que editava, a gente se dá conta de que ela era como uma regente. [...] Quando se faziam comentários elogiosos sobre seus projetos, Jackie sempre fazia questão de especificar quem havia feito o quê, invariavelmente dando crédito a quem era devido — assistentes, designers, quem quer que fosse."

O longo livro de entrevistas dedicado por Francis Mason ao coreógrafo emigrado russo George Balanchine era uma iniciativa potencialmente provocadora. Ele teve a ideia do livro ao comparecer ao funeral de Balanchine em 1983, perguntando-se de que maneira as pessoas ali presentes poderiam contribuir para o legado do coreógrafo. Teria sido ele um gênio tocado pelos anjos ou um capataz demoníaco, insensível às perigosas exigências físicas que impunha aos dançarinos de sua companhia? Ou seria acaso um pouco das duas coisas? Em sua contribuição para o fenômeno de alcance verdadeiramente mundial em que se transformou o balé americano, Balanchine desencadeou um maciço movimento de emigração de talentos dos estúdios em Moscou e Leningrado para os palcos e salas de ensaio de Manhattan. Ainda hoje, anos após sua morte, ele continua sendo a mais polêmica e seminal expressão do balé nos Estados Unidos no século XX.

O livro de Mason não tinha caráter interpretativo. Não procurava explicar o paradoxo exposto naquelas perguntas iniciais. Pelo contrário, era uma série de transcrições de entrevistas aprofundadas, compiladas por Mason a partir de conversas com dançarinos que floresceram no sistema de Balanchine. Mason fora anteriormente coautor, com Balanchine, do livro *101 Stories of the Great Ballets* [101 Histórias dos grandes balés]. Em *I Remember Balanchine*, encontramos reminiscências de muitos dos grandes: Alexandra Danilova, Lincoln Kirstein, Maria Tallchief, Moira Shearer, Rudolph Nureyev, Peter Martins, Edward Villela e Ray Bolger. Mas também havia graves omissões: Margot

Fonteyn e Gelsey Kirkland, Mikhail Baryshnikov e Natalia Makarova, Suzanne Farrell e Jerome Robbins.

Certa vez, Jackie convidara Balanchine à Casa Branca, e ele se valeu da oportunidade para estimulá-la a tomar iniciativas de apoio ao balé e às artes. Aparentemente encantado com Jackie, ele diria mais tarde a um jornalista de televisão: "Eu só desejaria ser presidente se pudesse ter Jaqueline Onassis como minha primeira-dama, para, então, com sua ajuda, fazer o que fosse necessário para levar beleza à vida das pessoas."

Mason escreveu um ensaio em homenagem a Jackie, relatando que ela exigira que reduzisse seu manuscrito, que continha 650 mil palavras, "em nada menos do que 200 mil palavras em sessenta dias". Disse-lhe Jackie: "Você está apresentando uma nova forma de biografia, mas precisa se concentrar nas recordações que possam constituir um retrato de Balanchine. Corte as recordações autobiográficas dos entrevistados e suas repetidas declarações de adoração por ele, e se concentre no que cada um tem a dizer sobre como era realmente Balanchine como homem e como artista."

O autor não acatou totalmente os conselhos de sua editora. As vozes presentes no livro são da maior importância, mas se revelam, em grande medida, acríticas, mais interessadas em louvar o gênio do sr. B. do que em analisar desapaixonadamente seus métodos e o caráter arbitrário da construção de um feudo e do controle que exercia com mãos de ferro sobre uma forma artística cada vez mais marginalizada hoje em dia. Mason dispensou Farrell e Robbins, que estavam ambos trabalhando em seus próprios livros. Não explicou por que Baryshnikov se recusou a participar, nem os motivos pelos quais ele próprio se recusou a abordar Kirkland ou Makarova. A relutância da última mulher de Balanchine, Tanaquil LeClercq, que sofria de poliomelite, em participar configurou outra omissão importante no livro.

Mason efetivamente entrevistou 84 antigos colaboradores de Balanchine, em sua maioria dançarinos, mas também alguns ortopedistas e administradores do meio artístico. Em sua grande maioria, eles relatam histórias encantadoras de dedicação artística, falando dos benefícios do trabalho árduo. Sob a orientação editorial de Jackie, esse livro foi e continua sendo uma fonte valiosa a respeito de um titã do mundo do balé, mas não constitui a última palavra. A crítica definitiva do gênio e da importante contribuição de Balanchine ainda está para ser publicada.

Em outubro de 1991, Jackie publicou mais dois livros que não podiam ser menos semelhantes em termos de assunto: *No Minor Chord: My Days in Hollywood* [Sem acordes menores: Meus dias em Hollywood], do pianista, regente e compositor de origem alemã André Previn, e mais um volume de imagens, *The French Woman's Bedroom* [O quarto da mulher francesa], de Mary-Sargent Ladd, amiga de Jackie e colaboradora da revista *Vogue* (atualmente casada com um francês, o barão Bernard d'Anglejan). Embora nenhum dos dois tivesse probabilidade de ser um grande sucesso comercial, ambos apresentavam aquele tipo de encanto inusitado que exercia particular atração sobre Jackie.

Em sua dedicatória desse fino volume de memórias dos quinze anos em que trabalhou em música de cinema em Hollywood, Previn agradecia a Jackie, "cujo infalível senso crítico provavelmente era temperado pelo prazer que sentia com histórias ligeiramente ferinas". Previn cresceu em Los Angeles, aonde chegara com a família, fugida da Alemanha hitlerista. Menino-prodígio, começou a compor a trilha musical de seus primeiros filmes ainda na adolescência, evoluindo de copista a compositor no contexto do rígido sistema dos estúdios ao longo dos anos em que trabalhou em Hollywood. Mas Previn tinha formação clássica e também um bom ouvido para o jazz, de modo que conseguiu escapar do gueto hollywoodiano depois de alcançar certa fama. Cansado de ter de adaptar sua música aos diálogos e aos efeitos sonoros especiais, Previn deixou para trás o sistema dos estúdios em 1964, no exato momento em que ele estava para ruir, ante o advento dos produtores e cineastas independentes.

Considerando o livro de Previn uma excelente leitura para as férias, o *New York Times* o qualificava como "um livro de memórias agradável e inteligente". Num ensaio de homenagem escrito após a morte de Jackie, Previn recordava o que aconteceu depois que lhe entregou cinquenta páginas do original: "Ela me telefonou e pediu que fosse a seu escritório, onde me deixou totalmente desarmado ao dizer que eu podia ser o sucessor de Mark Twain e S. J. Perelman. Foi o primeiro de muitos encontros, às vezes em seu escritório, outras almoçando e jantando, e os estímulos lisonjeiros começaram a ser temperados por críticas extremamente inteligentes e valiosas. [...] Sua fé no projeto, e, na verdade, em todos os seus projetos, era absoluta, e não posso imaginar alguém que não tivesse apenas a lucrar trabalhando com ela."

Previn foi uma das pessoas a quem Jackie confessou o motivo secreto por trás de seus óculos escuros. Relata o maestro: "Certa vez, num almoço, perguntei-lhe se ficava incomodada por ser alvo de todos os olhares. 'Por isto é que sempre uso óculos escuros', respondeu ela. 'Pode ser que eles estejam olhando para mim, mas ninguém sabe para quem eu estou olhando. Assim, eu me divirto com a coisa.' Seu rosto iluminou-se com um sorriso de quase absoluta satisfação."

Jackie também ficava de olho em seus vizinhos no Upper East Side. Confirmando uma história que ouvi de vários de seus autores, o designer Michael Flanagan recordaria: "Não sei como Jackie defendia sua vida privada dos olhares curiosos. Mas lembro o que me disse um amigo anos atrás. Certa noite, ele estava num grupo convidado para jantar no apartamento de Jackie. A conversa começou a girar em torno dos segredos de cada um, e Jackie, bem-humorada, disse que, às vezes, espiava os vizinhos com binóculos. Os vizinhos usavam 'pijamas esquisitos', disse ela, e faziam 'coisas estranhas, quase inacreditáveis'. Meu amigo ficou impressionado. É como se o mundo inteiro tivesse os olhos grudados nela, dizia ele. E, então, ela vai para casa e vira completamente o jogo, e eles é que passam a ser alvo de piadas!"

Outra que se beneficiou das lisonjas editoriais de Jackie foi Mary-Sargent Ladd, prima de John Sargent Sr. Ambos fazem parte da família de intelectuais que incluía famoso retratista John Singer Sargent. Na juventude, Ladd foi fotografada por Richard Avedon para uma edição de *Junior Bazaar* editada por Diana Vreeland, e também era muito próxima de Jessie Wood, amiga de Jackie, e de sua mãe, Louise de Vilmorin.

Ladd contaria a gênese de seu livro. "Jackie, a cujo casamento eu compareci em Newport, era uma velha amiga. A pergunta que ela me fez em um de nossos almoços, que aconteciam sempre que eu estava em Nova York, foi a seguinte: 'Você teve uma vida tão interessante, trabalhou para a *Vogue* e a *House and Garden*' etc. etc. 'Não gostaria de fazer um livro para mim?' Naturalmente, eu fiquei perplexa pelo convite e lisonjeada, mas também apreensiva."

Como observa a autora num ensaio introdutório sobre arte e design para quartos na França, alguns dos acontecimentos mais importantes da vida ocorrem no quarto. Ela também comenta que só na era moderna é que o quarto se transformou num abrigo seguro em relação ao resto do mundo. O livro descreve uma época na França, *les années de gloire pour la France*, em que o quarto era um lugar para receber visitas, entreter convidados ilustres e até oferecer suntuosas refeições. A cama não era apenas um objeto funcional. Era o móvel mais importante e caro numa residência da alta burguesia, e o quarto onde ela se encontrava não era um santuário privado, mas local de reunião para amigos e parentes. Com a bênção e a supervisão de Jackie, Ladd montou uma refinada seleção de modernos *boudoirs* que honravam essa tradição.

O leitor é conduzido pelos salões privados de princesas e condessas, baronesas e marquesas, mulheres com nomes como Rothschild, Castaing e Ravenel. São mulheres privilegiadas que podem se entregar a suas fantasias sensuais e a seus ecléticos caprichos de design. Ou, então, são árbitros do gosto francês, como Charotte Aillaud, editora europeia de *Architectural Digest*, e Jeanne Lanvin, cujo quarto foi reproduzido no Musée des Arts Décoratifs em Paris. Trata-se de um livro em que uma mulher, Jacqueline Delubac, vai para a cama com um Rouault original olhando-a bem nos olhos. Bem de acordo com a visão da autora e da editora, é um livro em que o conceito de elegância tem tradução visual, muito embora, para a maioria de nós, esses quartos de mulheres francesas não passem de meras curiosidades, lugares aos quais nunca teremos acesso.

Recorrendo mais uma vez às suas ligações no mundo artístico, em 1991 Jackie enriqueceu seu cabedal editorial ao coordenar uma obra autobiográfica de um dos principais historiadores da arte no século XX, Sir John Pope-Hennessy, cuja impressionante carreira havia acompanhado durante anos. Segundo o autor, a ideia de suas memórias, *Learning to Look: My Life in Art* [Aprendendo a olhar: Minha vida na arte], teve origem num artigo por ele escrito em 1986 para o *New York Times*, "Retrato de um historiador da arte na juventude". Pope-

Hennessy também era experiente gestor de museus e especialista em aquisições de obras de arte, além de autor de uma série de livros sobre arte e escultura do Renascimento italiano.

Thomas Hoving, velho amigo de Jackie, dera a Pope-Hennessy um cargo no Met quando ele deixou a direção do British Museum. Hoving escreveria mais tarde a seu respeito em suas próprias memórias, *Making the Mummies Dance* [Botando as múmias para dançar]: "O 'Pope [papa]' era um sujeito brilhante, intenso, que, muitas vezes, parecia esnobe e arbitrário. [...] Para muitos, ele era insuportável, mas como profissional eu sempre o achei único. Talvez parecesse que ele olhava todo mundo de cima para baixo, do alto de seu nariz empinado, mas eu sabia que isto não passava de fingimento. Sua voz — aguda, uma verdadeira paródia da classe alta inglesa — não era um reflexo do seu caráter. Essa imagem complicada sempre o acompanhou [...]."

Algumas dessas qualidades ficam evidentes no volumoso livro de Pope-Hennessy, e é possível que Jackie tenha tentado abrandar certas arestas menos palatáveis. Historiador autodidata, Pope-Hennessy não estava assim tão interessado em se mostrar muito acessível ou confessional, no livro, a respeito dos acontecimentos de sua vida, antes preocupado em mostrar seu impressionante currículo e um catálogo exegético de obras de arte. Sua ênfase era no Renascimento italiano, sobre o qual já escrevera uma série de livros, antes de atingir a idade de 77 anos, e nos quarenta verões sucessivos que pudera passar em Florença e nas colinas da Toscana, aproveitando para lastimar a transformação sofrida pelos museus, que passaram de templos da elite privilegiada a Disneylândias para as massas.

Embora a resenha sobre o livro no *New York Times* não mostrasse grande entusiasmo, o crítico de artes plásticas do jornal, John Russell, forneceu um comentário para a contracapa, dizendo que Pope-Hennessy evidenciava "um prazer no relacionamento humano, um senso dramático e um talento irresistível para se divertir que o tornam excelente companhia". Como sua mulher, Rosamond Bernier, Russell era um velho amigo de Jackie. Numa reminiscência escrita para a revista *Time*, "Retrato de uma amizade", ele falava de certas adoráveis idiossincrasias de Jackie: "Ela tinha a fantasia de que a vida de todo mundo era muito mais interessante do que a sua. 'Pense só nas tramas que não estão sendo arquitetadas ali embaixo!', exclamava ela, debruçada numa balaustrada da varanda do restaurante Four Seasons, com suas pulseiras Schlumberger. Num almoço no Les Pleiades, o saudoso restaurante do meio artístico, perguntava: 'Que será que eles estão comprando e vendendo enquanto degustam seus robalos frios?'

Em matéria de projetos de livros, ela estava sempre lançando no ar bolhinhas de sabão. Mas as bolhinhas não estouravam nunca. Os projetos eram lançados e cultivados com carinho, um atrás do outro." Russell observaria ainda: "Acima de tudo, ela estava sempre atenta aos cuidados afetuosos que mantêm viva uma amizade. Embora fosse capaz de uma ira santa quando necessário — por exemplo, quando uma personalidade famosa tirou o corpo fora de um livro que prometera escrever para a Doubleday —, ela tinha um prazer enorme em cultivar amizades."

Rosamond Bernier revelou a identidade dessa "personalidade famosa" a que se referia seu falecido marido, ao comentar comigo: "Eu era muito próxima de Philip [Johnson]. Na verdade, Philip oficiou a cerimônia quando eu e John Russell nos casamos. Nós nos casamos em sua casa, na Glass House. Nós éramos muito amigos, e eu fiz alguns programas sobre ele para a CBS. Em suma, eu o conhecia muito bem. E depois de todas essas entrevistas, tinha muito material a seu respeito. [...] Jackie queria que eu fizesse um livro sobre ele, porque eu tinha ideias muito precisas sobre a maneira de ilustrá-lo. [...]

Nós já tínhamos começado a trabalhar na diagramação do livro, Jackie e a Doubleday iam publicá-lo. Eu tinha muito material. E, de repente, alguém sugeriu à Doubleday, se não me engano, outro livro sobre Philip, um casal, duas pessoas, e Philip tinha concordado, à nossa revelia, com essas duas outras pessoas — que escrevessem o livro sobre ele. É possível que eu tivesse almoçado com ele na véspera, e ele nada disse a respeito. Ele se comportou da maneira mais vergonhosa. [...] Bom, no fim das contas, havia uma questão de ambiguidade moral — sua atitude em relação aos nazistas, como sabe, não era exatamente o que se poderia esperar. Devia haver nele algum problema de caráter, pois foi realmente uma coisa muito estranha o que ele fez. Portanto, ela e eu ficamos absolutamente furiosas, almoçamos juntas e Jackie me disse com a maior seriedade: 'Quero que você prometa e jure que nunca mais vai voltar a falar com Philip.' E eu prometi, e nunca voltei a falar com ele. Nem ela."

A família foi sempre, naturalmente, o centro da vida de Jackie, muito embora ela continuasse se dedicando à carreira. John Jr. finalmente fora aprovado no exame profissional da Ordem dos Advogados do estado de Nova York, e as duas primeiras filhas de Caroline, Rose e Tatiana, eram constante motivo de orgulho e alegrias para Jackie. O primeiro livro de Caroline, *In Our Defense: The Bill of Rights in Action* [Em nossa defesa: A Carta de Direitos em ação], também foi publicado em 1991 (pela William Morrow, e não pela Doubleday). Dois anos depois, Caroline deu à luz um filho, John. Os netos a chamavam de "vó Jackie". Nas conversas com seus autores, Jackie falava com entusiasmo dos dois filhos advogados que agora estavam abrindo caminho no mundo, assim como dos adorados netos. "Aqueles últimos quatro ou cinco anos foram os de maior paz na sua vida", diz Joe Armstrong. "Ela chegara a um certo equilíbrio, e acho que realmente foi para ela um período feliz."

Pensando nas crianças da sua vida, ela tinha encomendado, em 1990, outro livro infantil a ser publicado no ano seguinte. A autora é uma conhecida percussionista americana radicada na Inglaterra, Jody Linscott, que se apresentou com inúmeros luminares do rock-and-roll, como Elton John, The Who, Paul McCartney, Eric Clapton e James Taylor. Ela atribui aos dois filhos a inspiração para seus dois livros editados por Jackie: *Once Upon A to Z: An Alphabet Odyssey* [Era uma vez de A a Z: Uma odisseia alfabética] e *The Worthy Wonders Lost at Sea: A Whimsical Word Search Adventure* [Valiosas maravilhas perdidas no mar: Uma fantástica aventura em busca das palavras]. Linscott também compôs uma série de canções para acompanhar o primeiro livro, que, no entanto, não foram lançadas na época. Os dois livros foram ilustrados com colagens criadas com diferentes camadas de papel colorido por Claudia Porges Holland, ex-assistente de Joe Armstrong na *Rolling Stone*, hoje uma artista conhecida.

Encontrei Linscott em Manhattan em 2009 durante uma de suas turnês. Ela relatou o episódio circunstancial que haveria de chamar a atenção de Jackie para seu primeiro livro. "Tudo começou com a carência de livros de alfabetização que, em minha opinião, tivessem atrativos realmente inteligentes para as crianças, e eu tinha dois filhos pequenos. Comprei, então, um livrinho em que se podia ler na página referente ao *A*: '*American, Ants*' [americano, formigas], e, na página do *B*, encontrávamos '*Bird and Bite*' [pássaro e morder]. Era realmente muito bobo. Portanto, acrescentei meu comentário sobre as formigas americanas, e depois fiz o mesmo com as entradas da letra B, da letra C... E fiquei pensando: Quem sabe eu não escrevo o meu livro... Claudia, a ilustradora, viu o que eu tinha feito e adorou. [...] Fez, então, três gravuras, e de repente aquilo estava parecendo um livro, e nós começamos a sonhar de olhos abertos."

Segundo Linscott, dez anos antes, quando Holland trabalhava na *Rolling Stone*, o editor Jann Wenner recomendara que ela atuasse como guia de Jackie numa viagem a St. Martin. "Durante duas semanas, Claudia mostrou toda a ilha a Jackie, e acho que Jackie ficou encantada com seu trabalho, e disse: 'Puxa, algum dia você devia trabalhar com a gente.' Bem, passaram-se dez anos [...] e eu disse: 'Muito bem, vamos lá. Telefone para ela. Talvez ela se lembre de você.' Claudia telefonou certa tarde [...] e deixou mensagem, e Jackie telefonou de volta na mesma tarde, dizendo: 'Traga o seu projeto.'"

Prossegue Linscott: "Eu não sabia o que esperar, pois nunca tinha sido publicada. Mas eu venho de uma família ligada ao mundo editorial. Meu avô foi editor na Random House, e editava nomes como Robert Frost, William Faulkner; foi ele que deu a Capote sua primeira chance. [...] Seu nome era Robert Newman Linscott. [...] Eu não era muito instruída, mas sabia o que era ser um bom editor, sabia o que significava para um artista da velha escola dispor de alguém que pudesse [...] acolher [...] alguém capaz de contribuir para o desenvolvimento de um artista, de ficar ao seu lado. [...] Lembro que meu pai costumava dizer que meu avô tratava seus autores como se fossem da família, e que realmente cuidava deles. [...] E ela era assim. No lançamento do primeiro livro, ela nos ofereceu uma festa. Foi uma festa adorável, numa galeria na Avenida Madison. [...] Todo o trabalho de Claudia foi lindamente emoldurado e exposto, havia uma quantidade incrível de convidados, e Jackie também estava presente."

Linscott e Holland publicaram seu livro seguinte com Jackie dois anos depois, e um terceiro livro estava sendo planejado; mas, como aconteceu com tantos de seus autores, eles ficaram "órfãos" com a morte de Jackie, e a série, sem o apoio da casa, foi interrompida. "O segundo livro tratava [...] de uma banda, a Worthy Wonders. Eles percorrem o mundo, mergulham nas culturas locais, nas línguas, no modo de se vestir; seria, portanto, uma espécie de viagem educativa, usando a música como uma forma agradável de educar as crianças sobre diferentes países do mundo. [...] Há outro livro, sobre uma apresentação deles na Índia, mas ela morreu antes de conseguirmos publicá-lo." Linscott acrescenta que, após a morte de Jackie, a Doubleday "largou todo mundo".

Enquanto trabalhava com Linscott e Holland em seu primeiro livro, Jackie se interessou por uma jovem romancista texana, Elizabeth Crook, cujo livro *The Raven's Bride: A Novel of Eliza, Sams Houston's First Wife* [A noiva do corvo: O romance de Eliza, primeira mulher de Sam Houston], lhe fora oferecido por Bill Moyers, amigo da família de Elizabeth. Também este livro seria publicado em 1991 pela Doubleday. O título fazia referência a um presente que John Kennedy dera à mulher no início do relacionamento, uma biografia de Sam Houston, *The Raven*, escrita por Marquis James.

O ponto de partida do romance de Elizabeth Crook era o mistério envolvendo o casamento de Sam Houston e Eliza Allen, celebrado em 1829. Houston, então com 36 anos, era governador do Tennessee e um aliado próximo de Old Hickory, apelido do então futuro presidente Andrew Jackson. Eliza Allen acabara de completar 20 anos, e era filha de um dos ricos democratas do Tennessee que apoiavam Houston e Jackson. O casamento durou onze semanas. O escândalo de sua dissolução levou à inesperada renúncia do governador e acabaria por levá-lo a se transferir para o Texas, onde se tornou o primeiro líder da República do Texas; depois da adesão do Texas ao grupo de estados que formavam a União durante a Guerra Civil Americana, Houston seria eleito seu primeiro senador, e, mais tarde, governador. Ele era uma das figuras históricas celebradas por JFK em *Profiles in Courage*, embora Eliza Allen não seja mencionada neste livro.

O romance de Crook tinha publicação inicialmente prevista para o ano anterior pela Texas Monthly Press, e estava preparado para ir para a gráfica. Mas quando a editora veio a ser comprada pela Gulf Publishing de Houston, seus títulos de ficção foram subitamente cancelados. Crook relataria a feliz sucessão de circunstâncias que acabaria levando ao seu acordo com Jackie para a publicação de dois livros. "Não foi um agente que levou *The Raven's Bride* à sra. Onassis; foi Bill Moyers, e ela foi realmente encantadora. Ele me perguntou como é que o livro estava, e eu respondi que estava basicamente pronto. Ele perguntou se eu tinha um exemplar, e eu disse que tinha uma prova encadernada, mas que estava muito amassada e com péssima aparência. [...] Ele pediu que lhe enviasse; queria levá-la para Jackie Onassis na Doubleday. Eu expliquei que a Doubleday já tinha recusado o manuscrito — duas vezes, na verdade. [...] Mas ele disse que achava que ela podia gostar. Foi, então, que eu lhe mandei a prova amarfanhada, e ele a enviou para Jackie.

Fiquei completamente embasbacada de ela telefonar diretamente para mim. Estava em Londres com meus pais, bastante deprimida com a situação em que estava o livro, comendo carne de porco e feijões enlatados em pé numa cozinha pequena. Meu pai atendeu ao telefone. Jamais esquecerei o olhar dele ao ouvir a voz dela. Não lembro o que eu disse a ela, mas lembro que ela me disse que havia lido o livro em dois dias, que gostara muito, e que a Doubleday gostaria de adquirir os direitos de publicação. No fim das contas, ela comprou *The Ravens's Bride* junto com outro livro que eu estava escrevendo, e ao qual acabamos dando o título de *Promised Lands* [Terras prometidas]. *The Ravens's Bride* estava pronto para impressão; ela sugeriu algumas pequenas mudanças, mas usou basicamente o que a Texas Monthly já havia preparado, inclusive o desenho da capa."

Num ensaio para o *Austin American-Statesman*, Crook escreveu: "No começo, parecia que ela confiava em mim antes mesmo que eu fizesse por onde. Comecei a ficar intrigada. Sem saber o que é que eu podia ter feito para merecer sua confiança, eu temia fazer alguma coisa e perdê-la acidentalmente. Não que ela se abrisse comigo. Na verdade, confiava em minha discrição. E eu nunca tentava invadir sua esfera privada. Tinha a impressão de que, de certa forma, eu passara a ser mais uma guardiã de Camelot."

Crook lembra-se de uma festa de lançamento que lhe foi oferecida por Bill Moyers e sua mulher, Judith, na residência do casal, e de um bilhete de agradecimento posteriormente enviado por Jackie a Judith. "É uma das cartas mais ardentes e calorosas que eu já vi, e que mostra como ela era generosa com seus autores. Diz ela: 'Que festa mais divertida e inesquecível. Tenho a impressão de que, fora da sua família, você nunca vai fazer alguém tão feliz quanto Elizabeth esta noite. Não teria sido a mesma coisa, não fosse na sua casa e de Bill. [...] Tudo o que vocês têm e com que se importam gera uma cordialidade e um calor humano que deixa felizes todos aqueles que se aproximam, pois eles se sentem muito melhor com a vida, o mundo, os colegas e si mesmos. As pessoas vão para a Califórnia e ficam rolando na grama durante dias para conseguir esse sentimento (segundo me dizem).'"

Em uma de nossas conversas por telefone, disse-me Crook: "Eu sempre ficava preocupada quando tinha de conversar com ela, pois temia que a conversa tomasse um rumo que acabasse revelando minha ignorância. Eu cresci numa pequena cidade do Texas, onde não tínhamos museus nem teatro. Minha família estava envolvida com livros e política, mas não muito com questões artísticas. Eu nunca fora a uma ópera ou a um espetáculo profissional de balé. Portanto, fiquei preocupada da primeira vez em que me encontrei com Jackie. Mas ela falou de cavalos. Imagino que ela me avaliou bem e escolheu esse tema. Eu escrevera muito sobre cavalos em meus livros. Lembro que me senti imediatamente à vontade quando a encontrei."

Crook também especulou sobre o interesse de Jackie pela maneira como a mulher de Sam Houston era caracterizada em seu primeiro romance. "Algumas pessoas deram a entender — não me lembro quem, mas uma ou duas pessoas que a conheciam — que ela provavelmente se identificava, de alguma maneira, com Eliza Allen, pois Eliza era uma pessoa extremamente reservada. Pouco antes de morrer, Eliza pediu que todos os seus papéis fossem destruídos [...] todos os retratos, fotografias, tudo. Ela se recolheu decididamente ao anonimato no fim, de tal maneira que praticamente nada havia a seu respeito quando eu comecei a montar a história. E acho que Jackie ficou intrigada com isso, e o respeitava."

Jackie viria a comunicar aos livreiros, numa carta promocional, que *The Raven's Bride* fora aclamado pela crítica, tornando-se um best seller nacional. O segundo romance de Crook, *Promised Lands* [Terras prometidas], publicado três anos depois, também era uma ficção histórica, mas contava a história da revolução texana da década de 1830, e os acontecimentos em torno do famigerado massacre de Goliad. Na época, o Texas era uma colônia mexicana, mas recebia ondas de imigração do leste, protagonizadas por americanos em busca de terras. Senhores de escravos dos estados do sul afluíam ao Texas na esperança de que se tornasse um estado escravagista, enquanto migrantes do norte chegavam na expectativa exatamente contrária. Migrantes vindos do Tennessee, como Sam Houston e Davy Crockett, conspiravam para a introdução de exércitos formados por cherokees e outros indígenas americanos no Texas, para dali expulsar os mexicanos e distribuir terras gratuitamente aos participantes da empreitada — abrindo, com isso, caminho para essa imaginosa recriação da história.

Se o massacre de Alamo pode ser considerado o equivalente novecentista do 11 de Setembro ou de Pearl Harbor, o romance descreve o contexto social mais amplo em que ocorreu o famigerado episódio. Por meio da criação de personagens fictícios, porém convincentes, Crook personalizou esse capítulo da história, muito bem conhecido dos texanos, mas nem tão bem entendido pelos americanos de outras regiões. Com isto, escreveu um romance histórico que faz jus à ambição implícita do gênero: descrever uma época com mais precisão por meio da fabulação e da narrativa do que mediante uma maciça acumulação de fatos bem documentados.

Crook considera que "*Promised Lands* foi o livro que Jackie realmente editou para mim", explicando que, da tarefa editorial, fazia parte a redução de 178 páginas do manuscrito. "Houve muitos detalhes sutis de que ela se incumbiu, em termos de esclarecimento dos personagens e cenas, da história e assim por diante, mas eu diria que sua maior contribuição foi o fato de saber, a cada frase, o que precisava ser excluído. E isto era — isto é um dom que ela tinha."

Prossegue Crook: "Ela era incrivelmente inteligente e, no entanto, as pessoas ficam surpresas com o fato de que fosse uma editora profissional. Talvez fosse a sua atitude — o fato de ter aquela voz suave e de não se impor nem bancar o rolo compressor. Aparentemente, as pessoas pensavam que ela não era realmente uma editora. Mas eu podia ver o quanto ela sabia das coisas quando detectava os menores erros ou anacronismos históricos, e eu ficava pensando: Como é que ela podia saber disso? Foi, então, que comecei a me dar conta: Caramba, esta mulher é brilhante [...]."

Cultivando suas afetuosas reminiscências, Crook escreveu, tendo à frente as cartas e notas críticas de Jackie: "Examinando-as hoje em dia, eu entendo como é que ela moldava minhas histórias. Ela sabia onde é que estava o drama, e onde é que não estava. Encontro, muitas vezes, as palavras 'CORTAR' e 'APAGAR', em maiúsculas e sublinhadas. Página 334: 'Cortar o bebê chorando.' Página 345: 'Cortar as galinhas.' Página 364: 'Ênfase exagerada. Pode cortar?' Na página 101 de uma das primeiras versões, ela anotou: 'Grande parte da relação entre Kate e William é muito sentimental. Você precisa eliminar um pouco a ansiedade dela, os diálogos evasivos entre os dois, as hesitações dela etc.' Ela estava sempre atenta ao que precisava ficar de fora e ao que devia ser incluído. 'De la Rosa — qualquer um pode se apaixonar por ele. Mas quando você exagera na sua descrição, ele perde a força, fica parecendo que saiu do Central Casting.'* E ainda: 'Baby Samuel é apresentado com tanto exagero que pode até provocar uma aversão a bebês.'

"Mas o que eu mais recordo são as sugestões, e não as cobranças. 'Você deve estar levitando', escreveu ela, comentando uma resenha particularmente entusiástica. 'Nunca vi algo tão maravilhoso na vida.' Numa carta manuscrita que sempre guardarei com carinho, ela escre-

*Agência de talentos da Califórnia que fornece profissionais para papéis coadjuvantes e elenco de apoio de filmes. [*N. do T.*]

veu: 'Fiquei tão impressionada com o que você fez, que simplesmente não sei como dizer. Você enxugou e condensou uma primeira versão derramada e prolixa, transformado-a num romance extraordinariamente comovente.'

Mas apesar de toda a generosidade, ela não tinha a menor tolerância com tolices. 'Não se permita ser repetitiva ou sentimental', escreveu, comentando uma das primeiras versões. 'O tiro sai pela culatra.' Página 56: 'Melodrama; eu eliminaria.' Página 308: 'Parece terrivelmente banal. Poderia reformular?' Página 600: 'Rebuscado, empolado.' Ela queria que cada frase fosse correta na linguagem, na emoção e no detalhe."

Crook recordaria ainda: "No início, perguntei se ela preferiria ler cada capítulo à medida que eu escrevia, ou vários de uma só vez. Ela preferiu a segunda alternativa. 'Mas se você sentir que precisa de uma mão amiga para atravessar a floresta', escreveu, 'deve fazer o que achar melhor.'

Ela me mandou o primeiro exemplar do meu segundo romance mais ou menos na época em que recebeu seu diagnóstico de câncer. Até o último mês antes de morrer, continuou defendendo o livro na Doubleday, pressionando o editor-chefe por mais verba de promoção. Na última nota que recebi dela, em meio a toda a confusão que acompanha o lançamento de um livro, ela escrevia: 'Fique calma! Seu livro será vitorioso.'

Houve ocasiões em que discordei de suas sugestões. [...] Mas ela me apoiou, e seu trabalho editorial contribuiu para os meus livros de uma forma impossível de mensurar. Para recorrer a uma imagem infantil, que ela provavelmente consideraria sentimentaloide e afetada, e que na verdade é, mas ainda assim querendo usá-la, pois está sempre voltando ao meu espírito da maneira mais vívida, o fato é que eu a vejo como uma fada madrinha. Ela surgiu num momento difícil e me deu o que eu mais queria: ver os meus livros impressos. Em seguida, desapareceu."

Crook faria ainda uma observação significativa, comentando: "Quando ela morreu, lembro que eu pensei: Não conheço ninguém na Doubleday que me pareça capaz de realmente cuidar desse livro." Esse tipo de preocupação era compartilhada por muitos dos autores de Jackie na época, e tinha fundamento, especialmente no que dizia respeito à qualidade da produção e aos elementos de concepção gráfica por ela exigidos como editora.

Havia casos, naturalmente, em que Jackie não tinha alternativa senão ceder nessas questões de produção e concepção gráfica; entretanto, quando ela já não estava presente para assegurar o controle de qualidade de seus livros, as normas eram impostas pela administração.

A capacidade de persuasão de Jackie foi novamente mobilizada quando ela trabalhou com o escritor e dramaturgo russo Edvard Radzinski na tradução de seu livro *The Last Tsar* [O último tsar], sobre a morte de Nicolau II. Graças ao novo clima de tolerância gerado pelo início da perestroika, Radzinski pôde recorrer a arquivos e relatos de testemunhas até então não disponíveis no regime soviético. Comentaria Scott Moyers: "Ela, de fato, se interessou por alguns livros nos quais ninguém acreditava, e que acabaram se revelando sucessos fenomenais, como *The Last Tsar*. Ela convencia todo mundo, as pessoas começavam a entender seu ponto de vista e aderiam a ele."

Antes de Jackie adquirir os direitos do livro, o autor precisou convencê-la de que valeria a pena publicá-lo. Radzinski e seu agente se encontraram com Jackie em seu escritório em 1991, na companhia de uma tradutora fascinada com personalidades famosas. Contou-me Radzinski: "Foi uma história muito engraçada, pois nós tínhamos discutido o que fazer com o livro, e meu agente literário o mostrou a Jackie antes da conversa. Eu tinha acabado de chegar. Na época, não falava praticamente inglês. E ficamos esperando um tradutor da nossa embaixada. Mas, infelizmente, em vez de traduzir, ela viu Jaqueline e ficou em estado choque. E eu percebi que teria de falar por mim mesmo, sem a sua ajuda."

De alguma forma, com seu inglês limitado, o autor conseguiu transmitir sua ideia do livro à possível editora, explicando em algumas poucas frases em inglês que encarava a história em termos bíblicos. Do seu ponto de vista, o tsar e sua família, com sua fé ortodoxa russa, perdoaram seus carrascos bolchevistas antes de serem conduzidos ao pelotão de fuzilamento. Sobre esse encontro com Jackie, comentaria Radzinski: "Quando a encontrei pela primeira vez, pude ver imediatamente que ela trazia no rosto sua fé e sua vida. Para mim, foi talvez o momento mais importante da minha vida, pois não se tratava apenas de um livro, era para mim uma espécie de missão. [...] Eu não escrevi um livro sobre os terríveis bolchevistas que executam a família do tsar, escrevi um livro sobre o perdão, sobre pessoas que se mostram capazes de perdoar diante da morte. Quando expliquei a ela, ela entendeu. Acho que foi essa ideia que ela entendeu, como num momento religioso. E quando eu disse que o livro não seria sobre a execução dos Romanov, mas sobre o perdão dos Romanov no momento da morte, creio que, nesse momento, ela decidiu ser a editora e publicar o livro. Ela disse ao meu agente: 'Gostei dessa ideia do perdão.'"

Radzinski também entendeu que a história dos Romanov e seu trágico fim deve ter trazido à lembrança a história da própria Jackie, embora, por consideração com seus sentimentos, nunca tenha mencionado o assassinato de JFK em suas conversas. Diria ele à jornalista Karen Kelleher, da PBS, em 1999: "Quando meu agente literário me disse que ela estava interessada no livro, eu entendi imediatamente. Entendi porque o assassinato de Kennedy foi um dos maiores mistérios do século. E o assassinato da família do tsar também continuava sendo o principal mistério do século."

Radzinski disse à PBS que entendeu o fato de Jackie ter insistido na escolha de uma foto, para a capa, na qual o tsar aparecia desalentadamente sentado num tronco de árvore no campo, tendo guardas armados por trás das costas. "O livro foi impresso em vinte países, eu examinei incontáveis capas, mas ela conseguiu a melhor. Por quê? A gente vê ali o último tsar, aquele Nicolau infeliz, sentado com uma expressão muito triste, e em seu rosto eu posso ler: O que fazer? Vemos hoje o mesmo colapso de um antigo império, e nos defrontamos com a mesma pergunta: O que fazer?"

Radzinski trabalhou com a tradutora Marian Schwartz, cujo trabalho Jackie já conhecia desde que ela havia traduzido os livros de Berberova, embora nunca se tivessem encontrado. Comentaria Schwartz: "Uma das coisas que realmente me impressionaram nela era o fato de trabalhar na revisão do texto. Depois de entregar o manuscrito, eu estava visitando a família em Nova York e recebi um telefonema dela no sábado à noite. Mas ela não devia estar curtindo a vida? Não, estava telefonando para tratar de detalhes muito específicos. Cerca de dois meses depois de iniciado o projeto, ela tinha enviado o autor ao Texas — ele passou dez dias comigo — para reformatar o livro para o público americano, e ela acompanhava o texto muito de perto.

Ela fez investimentos importantes nesse livro: editorialmente, com os seus cuidados pessoais com o texto; investindo na viagem dele ao Texas; e também com o enorme cuidado que teve na escolha do melhor momento para a publicação. No que diz respeito ao trabalho que fiz com Radzinski, a edição inglesa é tão diferente do original russo que outras traduções são feitas a partir da minha tradução. Para começo de conversa, a primeira parte mais longa em russo era uma monótona peregrinação pela história da Rússia, até chegar aos últimos Romanov. Ao chegar aqui, Radzinski perguntou: 'Então, o que acha da introdução?'. E eu respondi: 'Bem, na verdade, não acho que sirva realmente.' Radzinski é um dramaturgo e, portanto, estava acostumado a rever seus textos para diferentes públicos. Sua reação imediata foi começar o livro com algo completamente diferente. E, antes que eu me desse conta, as primeiras quarenta páginas tinham ido embora."

Schwartz também evocou suas lembranças do primeiro encontro com Jackie. "Fui convidada para tomar chá em seu apartamento. Eu não a conhecia havia muito tempo, somente desde o indício do projeto. Mas, ao longo de todos aqueles meses, tínhamos trabalhado intensivamente pelo telefone. Naturalmente, minha mãe queria saber o que eu ia vestir, mas eu não me importava. Não tinha a menor ideia do que poderia vestir. Claro que não seria nada chamativo. Qualquer roupa que uma tradutora usasse. E, para falar a verdade, não creio que Onassis desse a menor bola para o que eu estaria vestindo. Era apenas um chá à tarde. Eu não ia botar um vestido de baile só para encontrar Jackie Onassis.

Cheguei usando calças de flanela e um suéter. Fui conduzida, então, à biblioteca para esperá-la. [...] Havia uma grande mesa de centro quadrada cheia de livros — na verdade, havia livros por toda parte, não só nas prateleiras e nas mesas, mas debaixo das mesas. Exatamente como os livros são espalhados quando as pessoas realmente gostam de livros. Não são apenas guardados. Essas pessoas não conseguem se separar deles. E quando ela chegou, eu estava examinando um livro, e ela começou a falar dele. Qual trouxeram o chá, ela precisou reequilibrar as pilhas de livros, para que a bandeja não caísse. Foi realmente encantador."

Quando Jackie começou a trabalhar em *The Last Tsar*, a vida e morte de Nicolau II já era uma história muitas vezes contada, a partir da qual Robert K. Massie escrevera um best-seller em 1969, *Nicholas and Alexandra*. As especulações sobre a possível sobrevivência de uma das filhas do tsar, Anastácia, assim como os terríveis detalhes da execução da família, mantinham a história viva, e Ingrid Bergman interpretara Anastácia num filme hollywoodiano. Como poderia o assunto render mais um exame da parte de Edvard Radzinski, autor pouco conhecido nos Estados Unidos, que teve apenas algumas de suas peças traduzidas?

A resposta estava no caos em que a União Soviética mergulhara na década de seu lento colapso. Simpatizante do tsarismo, Radzinski começou a receber misteriosos telefonemas e cartas de pessoas idosas que alegavam ter presenciado a cena em que a família Romanov foi executada em Iekaterimburgo, no verão de 1917. Depois de encontrar um relatório do comandante do pelotão de fuzilamento, ele diria mais tarde ao *New York Times*: "O relatório era tão terrível, tão medonho, de dar arrepios, que inicialmente eu não quis publicá-lo."

O tema exigia muito tato da parte de Schwartz como tradutora e de Jackie como editora. Elas precisavam encontrar um formato que apresentasse com clareza não só os complicados sentimentos do autor a respeito desses momentos da história, como também as reminiscências da enorme quantidade de testemunhas que se haviam apresentado. Esta última tarefa era particularmente desafiadora, pois não faltam motivos para embelezar ou minimizar os horrorosos detalhes dos últimos dias dos Romanov. Tratava-se de testemunhas que supostamente tinham vivenciado algo no início da idade adulta e que, agora, tentavam recordar ao se aproximar da senilidade.

Como havia no livro muitas anedotas, que invariavelmente envolviam nomes russos de difícil apreensão pelo leitor médio americano, era fundamental observar a clareza e a devida ordem na apresentação dos fatos. Sob a orientação de Jackie, o livro esclarece os turvos detalhes da Revolução Russa e o subsequente cataclisma da guerra civil, tornando-os mais compreensíveis e acessíveis ao mundo de fala inglesa.

Rememorando cinco anos depois da publicação do livro, Bruce Tracy, que, na qualidade de assistente de Jackie, tinha sua mesa contígua ao escritório dela, recordaria: "No verão de 1992, *The Last Tsar* estava para ser lançado e, de repente, eu tive uma excelente oportunidade de ir a Londres durante uma semana, basicamente pagando apenas a passagem aérea. Mas, se eu viajasse, perderia a grande festa de lançamento no Russian Tea Room. Eu tinha trabalhado com Jackie no livro, e não queria parecer descortês. Portanto, fui conversar com ela, tentando me desculpar: 'Apareceu essa oportunidade de ir à Europa, aonde eu nunca fui.' Ela ficou me olhando como se eu estivesse chegando de Marte. 'Claro, não deixe de ir', disse. 'A vida é mais importante.'"

The Last Tsar permaneceu durante mais de três meses na lista dos mais vendidos do *New York Times*, e Jackie tinha planos de prosseguir com uma biografia de Stalin escrita por Radzinski, mas seria impedida pela doença. Mais uma vez, o autor apresentou um conceito que interessou sua editora: pretendia voltar sua investigação essencialmente para a psicologia do líder russo, em vez de tratar dos crimes de Stalin e traçar seu retrato político.

"Quando eu lhe disse que pretendia escrever sobre Stalin, ela achou que seria impossível, pela total falta de poesia do tema", contou-me Radzinski. "Eu expliquei que, infelizmente, aquele demônio do Stalin era um poeta em suas concepções. Má poesia, mas ainda assim, poesia. Ele tinha poesia em sua vida — uma poesia das mais negras. E eu disse a Jackie que a história não era sobre o monstro. Era a história de como o homem se transformou num monstro. O homem que era um autêntico revolucionário e de que maneira todos aqueles sonhos [...] foram trocados pelo sonho exclusivo da ditadura. Mas ela entendeu perfeitamente minha ideia de escrever sobre Stalin [...] como um ser humano [...] e não apenas como um monstro o tempo todo. [...] E me disse que era realmente muito importante, por ser uma grande lição para o futuro, a sua vida."

Radzinski disse a Jackie que Stalin mantinha, em sua biblioteca, livros escritos por antigos companheiros como Leon Trotski e vários artistas e escritores que ele havia mandado matar ao longo dos anos. O autor resgatou os restos da biblioteca de Stalin e, mais tarde, informaria a Jackie que havia feito uma descoberta impressionante: que Stalin "continuava tendo conversas com suas vítimas, por meio de suas anotações nos livros delas". O livro teria o título de *Stalin: The First In-depth Biography Based on Explosive New Documents from Russia's Secret Archives* [Stalin: A primeira biografia detalhada com base em novos e explosivos documentos dos arquivos secretos da Rússia]. O alarde desse subtítulo não se parecia com o estilo de Jackie, e o título original do livro acabou sendo formatado com mais elegância, como *The Three Stalins* [Os três Stalins]. Mas algumas outras modificações seriam impostas pela Doubleday na ausência de Jackie.

Jackie pretendia levar a cabo o projeto repetindo o processo editorial e de produção que havia transformado *The Last Tsar* em tão grande sucesso, mais uma vez recorrendo a Marian Schwarz como tradutora. Segundo Schwarz, "Jackie sempre dizia: 'Quando fizermos o próximo livro, vou conseguir um contrato melhor para você.' No trabalho com ela, ela fazia essas promessas, eu ficava pensando e depois telefonava a Scott Moyers e perguntava: 'Vocês podem me dar isto por escrito?' E ele respondia: 'Não há necessidade. Ela vai cumprir.' E é claro que ela sempre cumpria. O que quer que prometesse, ela sempre cumpria. Só que ela morreu e suas promessas não estavam escritas."

Schwarz também lamentou o destino de *Stalin*, a partir do momento em que as circunstâncias mudaram para o livro. "Considero que, no que diz respeito à sua capacidade como editora de texto, ela me mostrou como fazer as coisas acontecerem. Muitas pessoas me mostraram como alcançar esse tipo de coisa de diferentes maneiras, mas ela realmente conseguia fazer com que as coisas brilhassem. Um testemunho disto está no fato de que nenhum dos livros posteriores de Radzinski teve o mesmo sucesso que o primeiro. Na verdade, as resenhas do livro seguinte, sobre Stalin, faziam mais ou menos uma pergunta do tipo: 'Mas o que foi que aconteceu?' Pois ninguém cuidou de editar o livro. Simplesmente o traduziram. Ninguém fez o que ela fazia. Ninguém lhe conferiu aquele brilho."

The Last Tsar pode ser lido com o ritmo meticuloso de um bem concatenado livro de mistério e assassinato. *Stalin*, por outro lado, carecia da inteligência organizadora que marcara a anterior investigação de Radzinski, deixando o leitor perdido num oceano de detalhes, muitos de relevância questionável. Jackie percebeu o potencial de *Stalin* e, para um autor como Radzinski, o acesso a arquivos até então secretos representava a oportunidade de uma vida. Não deixa de ser decepcionante, assim, que essa biografia pareça vergar ao peso de suas próprias fontes. O livro é tão extenso quanto as biografias de Stalin escritas por Robert Service e Simon Sebag Montefiore, mas carece do toque de romancista ostentado por esses dois livros; e tampouco exibia a incandescente probidade moral de *The Whisperers* [Os conspiradores], de Orlando Figes, ou de *Koba the Dread* [Koba, o terrível], de Martin Amis.

Sem o acompanhamento editorial de Jackie, sem contar com Schwarz como tradutora, *Stalin* acabou sendo um desses estranhos casos em que mais acaba se revelando menos. Radzinski recorda-se de ter discutido seu trabalho numa derradeira reunião com Jackie, na qual ela lhe disse: “Maravilhoso! Que imagem!” Ele foi informado de sua morte meses depois, quando viajava pela Polônia, onde *The Last Tsar* estava sendo publicado. Viria posteriormente a expressar seu pesar, dizendo, algo misteriosamente: “Para mim, ela não morreu. Saiu da sala para, logo em seguida, voltar [em espírito].”

9

Vai ficar tudo bem

Nem mesmo nos últimos anos de vida, Jackie teve alguma folga dos excêntricos que tentavam penetrar no santuário do seu escritório na Doubleday, fosse em pessoa, pelo correio ou por telefone. Recorda-se Scott Moyers: "O ramal do seu telefone era 9747, mas a telefonista transferia todos os telefonemas que perguntavam pela sra. Onassis para o 9728. Eu dizia que era a linha dos malucos. A gente tinha de se preparar para qualquer coisa quando ela tocava: informações sobre OVNIs, teorias conspiratórias, gente perturbada produzindo puro surrealismo. E, pelo correio, chegavam as coisas mais estranhas: vídeos pornôs, brasileiras propondo casamento ao filho dela. Nem sempre era divertido ou engraçado. Certa vez, alguém mandou um revólver. Mas ela nunca tinha de atender a esses telefonemas nem abrir essas cartas."

Eu me recordo do incidente do revólver, pois Gelsey Kirkland e eu almoçamos com Jackie naquela semana, e tínhamos lido a respeito na imprensa. A arma, uma Smith & Wesson calibre 38, chegou num pacote com quarenta cartuchos de munição e uma carta pedindo que Jackie apoiasse a campanha presidencial que o remetente estava por iniciar. O responsável seria detido posteriormente pelo FBI na Califórnia, sendo considerado mentalmente desequilibrado. No nosso almoço, perguntei a Jackie se incidentes dessa natureza não a levavam a repensar sua decisão de andar pela cidade sem proteção. E ela nos disse: "Oh, não, eu não saberia viver assim. Ficaria paralisada."

A invasão da privacidade de Jackie por fotógrafos mercenários teve prosseguimento em seus últimos anos, mas ela os enfrentava com senso de humor. Certa vez, estava nadando com Carly Simon em Vineyard e helicópteros começaram a sobrevoá-las; Jackie comentou imperturbável com Carly: "Eles devem ter descoberto que você está aqui!"

À parte isto, exceto pelas fotos roubadas em frente ao seu prédio, a privacidade do apartamento de Jackie na Quinta Avenida era basicamente respeitada. Os guias dos ônibus de turismo às vezes apontavam deliberadamente o prédio errado aos olhares de adoração dos passageiros. Mark Hampton, um dos designers que também trabalharam na sua residência de Vineyard, tinha um nome solidamente estabelecido como estudioso e historiador de design de interiores. Entre seus clientes estavam Pamela Harriman, Brooke Astor, Henry Kravis, Mike Wallace, Lauder, os Henry Kissinger e os Carter Burden. Hampton era amigo de Jackie, e, conhecendo seu interesse nesse campo, ela o contratou para escrever um livro. Num obituário publicado no *Washington Post* em 30 de julho de 1998, Jura Koncius escreveu: "Mark Hampton, o designer de interiores que morreu semana passada em Nova York, deixou por escrever um capítulo de seu livro *Legendary Decorators of the Twentieth Century* [Decoradores lendários do século XX], publicado em 1992. Era o capítulo sobre ele próprio."

A viúva de Hampton, Duane, escritora, editora e ex-membro do conselho diretor da Municipal Art Society, disse-me que ela e o marido se haviam tornado amigos de Jackie pela irmã dela, Lee. "Nos agitados anos das décadas de 1970 e 1980 em Nova York, acho que, muitas vezes, acontecia de a gente não ser capaz de identificar precisamente quando havia conhecido alguém — tantas eram as pessoas naquela roda-viva. Não sei exatamente quando conhecemos Jackie, talvez por Brendan Gill, na Municipal Art Society. Talvez por Louis Auchincloss. Mas passamos a conhecê-la bem por causa de Lee Radziwill, que era grande amiga nossa desde meados da década de 1970. [...]

Quando Lee pensava em se casar com uma pessoa que a irmã não conhecia, Jackie convidou-a a levá-lo a jantar em seu apartamento.

Mark e eu recebemos um pedido de socorro urgente de Lee, para que a acompanhássemos, pois precisava de amigos para compor o encontro (e poderíamos contar com Mark, um grande tagarela, para manter a conversa fluindo). De modo que éramos cinco à mesa de Jackie. É possível que o candidato não tenha sido aprovado, pois o casamento não aconteceu, mas a circunstância imprevista daquela noite foi que Mark e Jackie começaram uma amizade."

Embora tivessem conversado anteriormente sobre a possibilidade de trabalhar juntos num livro, Mark Hampton propôs formalmente a edição de *Legendary Decorators of the Twentieth Century* a Jackie quase cinco anos antes da publicação. Em carta ao decorador datada de 16 de dezembro de 1987, escrevia Jackie: "Fiquei encantada com sua carta e sua linda caligrafia. *Naturalmente*, seria maravilhoso fazer o livro que você sugere, só você poderia fazê-lo." Hampton posteriormente atribuiria a Jackie a sugestão do título. "Foi ideia dela. Ela dizia que 'lendário' era uma palavra que sempre chama a atenção das pessoas nas estantes das livrarias."

Envolvido com seus compromissos de decoração e sua vida pessoal, Hampton teve dificuldade de cumprir os prazos para entrega dos capítulos, e Duane recorda que Jackie telefonava para verificar o andamento dos trabalhos. Contou-me Duane: "Eu recebia telefonemas, geralmente no início da manhã, bem cedo, mas não agressivamente cedo, e aquela vozinha sussurrada dizia: 'Duane, será que poderia pedir ao Mark para se apressar com esse capítulo?' Ou então: 'Lembre a ele que já está no prazo.' Esse tipo de coisa... exortando gentilmente."

Após a morte de Jackie, Hampton deu uma entrevista ao *Washington Post* sobre a experiência de trabalho com ela. Lembrou que decidiram juntos quais decoradores seriam incluídos no livro. Disse ele: "Ela conhecia muitos deles pessoalmente. Seus favoritos eram Billy Baldwin e John Fowler. E ela adorava Stéphane Boudin em Paris. Compartilhou comigo muitas histórias a respeito deles." O mundo insular desses decoradores e das famílias da alta-roda às quais prestavam serviço era bem conhecido de Jackie desde a infância.

Entre os 22 decoradores de que traça o perfil em seu livro, Hampton incluiu seus mentores pessoais: David Hicks, de Londres; a sra. Henry

Parish II e Eleanor McMillen Brown. Ele iluminava seus respectivos estilos com as agradáveis aquarelas que pintava, muitas vezes ilustrando trabalhos realizados em determinado ambiente, quase sempre um escritório ou sala de reunião. O livro focaliza uma importante área da história artística que é facilmente esquecida, pois a decoração de interiores é um tipo de arte muito pessoal, e as pessoas que vivem nessas suntuosas residências nem sempre estão dispostas a mostrar seus ambientes privados. Em sua maioria, os perfis de Hampton focalizavam decoradores da primeira metade do século. Ele se concentrou nos tradicionalistas, e não nos modernos empenhados em romper paradigmas.

Hampton era um dos autores em cuja correspondência Jackie às vezes incluía desenhos. Enviando uma cobrança a respeito de um prazo que vencia em junho de 1991, ela incluiu, em sua carta do início de maio, o desenho de uma flor, com a legenda: "Não vai ganhar lírios-do-vale se não cumprir o prometido!" A respeito de cada capítulo e cada decorador, ela lhe mandava abundantes notas. Numa das cartas, comentava, depois de avaliar o manuscrito: "Albert Hadley é fascinante — e a maneira como você apresenta sua contribuição, reveladora. Mas acho que aqui e ali fica parecendo um pouco palavrosa e repetitiva. As frases a mais são os arbustos que nos impedem de ver as árvores, de modo que eu podei aqui e ali. Altere qualquer coisa que não seja do seu agrado." Ela acrescentou um pós-escrito sobre Boudin, que, a seu convite, desempenhara papel de destaque na reforma da Casa Branca: "Ninguém que conheceu ou tivesse trabalhado com Boudin poderia deixar de amá-lo [...]."

Na contracapa do livro está estampado um retrato de Hampton por Henry Koehler, pintor que Jackie e Hampton conheciam havia anos, e que tinha sido colega de turma e amigo de Tom Guinzburg em Yale. Residente em Southampton, Koehler era e continua sendo conhecido como um mestre dos temas desportivos e equestres. Jackie comprara alguns quadros seus ao longo dos anos. Sua rede de relações era tão ampla que, às vezes, ficamos impressionados com as coincidências que gerava. Contou-me Koehler: "Minha falecida mulher [Audrey Carey Koehler] era decoradora, e Mark era muito amigo nosso, assim como Jackie. Nancy Tuckerman, que fora sua companheira de quarto na escola e amiga da vida inteira, além de secretária oficial, era prima da minha mulher e, portanto, tínhamos aí mais um elo. Jackie comprou muito cedo um quadro meu que representava uma mostra equestre, além de três quadros de navegação a vela, que era outro tema que eu costumava fazer. Um deles tinha sido um presente dado há muito, muito tempo pelas três irmãs Kennedy aos três irmãos Kennedy, e representava o barquinho com que eles haviam crescido em Hyannis Port. E, em cada uma dessas pinturas, aparecia o irmão Kennedy com sua mulher no barco."

Em setembro de 1992, quando foi lançado o livro de Mark Hampton, Jackie publicou um romance político, *Protect and Defend* [Proteger e defender], escrito por outro velho amigo, Jack Valenti, que, por muitos anos, foi presidente da Motion Picture Association of America. Em 1963, sua agência de publicidade, Weekley and Valenti, cuidara de parte das relações com a imprensa durante a visita de JFK a Dallas. Em consequência, Valenti aparece na famosa fotografia em que Jackie serve de testemunha ao juramento de Lyndon Johnson a bordo do *Air Force One*. Valenti trabalharia posteriormente como assessor especial do presidente Johnson.

Em suas memórias, *This Time, This Place* [Aqui e agora], Valenti explica que seu livro tratava de um vice-presidente que participava das eleições primárias para disputar a candidatura com um presidente no cargo. O título do romance fora extraído do texto do juramento oficial do presidente da República. Segundo Valenti, tendo já começado a escrever o livro, uma amiga de sua filha, Helen Bartlett, propôs que a autorizasse a mostrar parte do manuscrito a Jackie. Bartlett era afilhada de JFK, e seus pais, Charles e Martha Bartlett, é que haviam apresentado Jackie a Jack num jantar em sua casa depois que Kennedy foi eleito para o Congresso.

Valenti lembra em suas memórias que, dois meses depois da apresentação do manuscrito, ele perdera as esperanças de ser contatado por Jackie, até que, um belo dia, o telefone tocou. "Imediatamente, reconheci aquela voz suave e aveludada. 'Jack, aqui é Jackie. Estou lendo os capítulos do seu novo livro, e quero publicá-lo.' Quase desmaiei." O filho de Valenti, John, recorda-se de ter ouvido o pai contar essa história. "Meu pai e muitos de seus amigos e colegas", diz John, "eram pessoas famosas no mundo das artes, do cinema ou empresarial. Mas acho que, pelo que conheço dele, ele ficou simplesmente enfeitiçado pela sra. Onassis. Lembro que, certa vez, ele me disse: 'John, você não vai acreditar no que me aconteceu hoje.' E perguntei: 'O que foi, papai? Que foi que aconteceu?' E ele respondeu: 'Pois eu recebi um telefonema da Jackie Onassis.' E acrescentou: 'Meu escritório recebe telefonemas de pessoas mundialmente famosas, e eles simplesmente me passam as ligações, mas quando Jackie Onassis telefonou, minha secretária parecia que simplesmente ia desmaiar.' Lembro que meu pai a imitava [Jackie], dizendo que ela falava com aquela voz linda. 'Jaaaack? Aqui é Jackie, como vai?' E ela prosseguia: 'Adorei o seu livro.' Meu pai comentou: 'John, achei simplesmente que tinha morrido e chegado ao céu.'"

Comentando seu trabalho com Jackie, escreveu Valenti: "Nós conversamos inúmeras vezes pelo telefone e pessoalmente, no escritório dela, e ela apresentava ideias para aperfeiçoar o texto. À medida que nos conhecíamos melhor, eu me sentia cada vez mais à vontade em sua presença. Ela me escrevia com frequência, assim como eu a ela. [...] Curiosamente, ou talvez nem tanto, suas palavras no papel soavam exatamente do jeito que ela falava, em frases exclamatórias ditas com suavidade. Ela se mostrava precisa em suas sugestões editoriais, entendendo com perfeitamente a insegurança dos romancistas estreantes (ou pelo menos deste)."

Valenti relatou igualmente um almoço que teve com Jackie em 1992, no Raphael, em Manhattan. A certa altura, Jackie referiu-se ao seu passado, dizendo: "Jack, você mencionou a sra. Johnson. [...] Ela e Lyndon me eram muito queridos. Permitiram que eu permanecesse na Casa Branca durante onze dias sem a menor manifestação de descontentamento. Foi realmente muito tempo, muito prolongado. Li recentemente que a sra. Roosevelt já havia deixado seus aposentos particulares 48 horas depois da morte do marido."

Shaye Areheart também estava nesse almoço com Jackie e Valenti, e viria mais tarde a publicar as memórias de Valenti em seu selo na Random House, Harmony Books. (Areheart também tinha um selo em seu nome, que, no entanto, foi encerrado em 2010.) Valenti recorda-se de ter encontrado Areheart em Washington em 2004: "Conversando com Shaye, eu mencionei o almoço no Raphael. 'Sim, claro', disse ela, 'lembro muito bem. Foi a primeira e única vez que ouvi a sra. Onassis falar da época do assassinato. [...] Ela gostava tanto de você, Jack. O fato de ela querer editar o seu livro o deixava bem claro.'"

O livro de Valenti parece hoje algo datado, além de bem tímido em comparação com livros sensacionalistas mais recentes, tanto no ramo da ficção quanto da vida real. O presidente do romance lembra LBJ, com problemas para a reeleição por causa de uma política externa impopular e de uma inflação em constante ascensão. Democrata centrista, o presidente parece fadado a perder para um governador republicano em ascensão, o que o vice-presidente considera inaceitável. O vice, então, traça um plano para desafiar seu chefe nas primárias democratas. Tudo parece perfeitamente realista e plausível, mas a tese de Valenti é ao mesmo tempo familiar e simplista: a ambição política pode ser um vírus mortal. O vice-presidente entra em acordo com agentes da inteligência exterior para "expor" o plano secreto do presidente de promover uma aproximação diplomática com a junta militar que acaba de assumir a liderança na China. Naturalmente, os acontecimentos saem do controle e o establishment político do país é tragado numa crise de segurança nacional de proporções épicas.

O material poderia ser excelente leitura, exceto pelo fato de que o enredo evolui de maneira excessivamente complicada. Entretanto, como a ação transcorre nos gabinetes governamentais e nos salões de Georgetown, Valenti se vale de seu conhecimento dos bastidores desse mundo para apresentar fascinantes descrições dos aposentos, da história da Casa Branca e dos efeitos que as reuniões sociais da elite podem ter nas decisões governamentais.

Rememorando após a morte de Jackie, Valenti lamentaria o fato de nunca lhe ter manifestado sua grande afeição. Desejoso de que ela soubesse dos seus sentimentos, ele escreveu: "Acima de tudo, guardo a lembrança de uma mulher que, tendo vivido plenamente a vida, era dona dos corações de todo o mundo. Como ainda é do meu."

Enquanto trabalhava no romance de Valenti, Jackie voltou-se mais uma vez para um de seus aliados no movimento de preservação dos monumentos históricos, David Garrard Lowe, militante da Municipal

Art Society e, mais tarde, presidente da Beaux Arts Alliance, organização sem fins lucrativos que cultiva os laços culturais entre os Estados Unidos e a França. O livro de Lowe, *Stanford White's New York* [A Nova York de Stanford White], seria publicado no verão de 1992. Lowe foi o fundador e diretor da galeria de arte da New York School of Interior Design, onde, em 1987, montara uma exposição de Stanford White, que foi muito elogiada e atraiu a atenção de Jackie.

Em seu escritório na Beaux Arts, instalado na casa paroquial de uma igrejinha do Upper East Side nova-iorquino, disse-me Lowe: "Ela conhecia o meu trabalho, especialmente *Lost Chicago* [Chicago perdida], que estava vendendo bem havia alguns anos. [...] Naturalmente, outros livros sobre Stanford White tinham sido publicados, mas o meu era único por se concentrar exclusivamente em Nova York. Ela era a editora ideal para o projeto, por ser tão nova-iorquina e conhecer tão bem a cidade. Em minhas conversas com ela, ou quando lhe fazia perguntas, ela sabia do que eu estava falando, fosse da *Diana* de Augustus Saint-Gauden no terraço do Madison Square Garden, projetado por White, ou da história do Colony Club. [...]

Nós nos conhecemos na luta para salvar a igreja de São Bartolomeu na Avenida Park. [...] Lembro-me vividamente de uma noite terrivelmente fria em que os que protestavam contra a ameaça à igreja e a sua casa comunitária, liderados por um amigo muito próximo da sra. Onassis, Brendan Gill, o eminente crítico de teatro do *New Yorker*, se juntaram ao nosso círio diante do inigualável portão da igreja, concebido por White. Era uma espécie de encontro de oração preservacionista, que serviu para estabelecer um vínculo entre a sra. Onassis e eu. [...]

Eu tinha tomado conhecimento de que ela gostara do meu manuscrito da maneira mais estranha. Havia um vazamento no teto do meu apartamento de cobertura na Rua 79 Leste, e eu estava esperando que o encanador respondesse ao meu telefonema. O telefone tocou e eu logo fui dizendo: 'Até que enfim!' Uma voz suave, quase de menina, perguntou: 'David?' Houve um silêncio, eu fiquei mudo. 'Adorei o livro', [disse ela]. Eu sabia que ela o estava lendo porque acabara de voltar de Martha's Vineyard e um amigo meu que estava no avião a viu com o manuscrito e me havia telefonado. Eu jamais imaginaria que a sra.

O. entraria em contato comigo tão rapidamente. De repente, estava gritando 'Até que enfim!' no ouvido de uma das pessoas mais famosas do mundo. Marcamos um encontro em setembro [de 1991], mas, antes de desligar, a sra. O. sussurrou: 'David.' 'Sim.' 'Espero que, da próxima vez, possa ouvir sua voz tranquila.'

Nós sempre nos demos bem, exceto quando alguma coisa dava errado durante o trabalho com a diagramação na sede da Doubleday. [...] Havia um diretor de arte com quem eu nem sempre me entendia muito bem. Tinha sido editor durante muito tempo na *American Heritage*, de modo que tinha muita experiência com ilustrações, assim como [minha assistente] Sally Forbes. [...] Certo dia, eu estava muito insatisfeito com a relação de algumas imagens com o texto, e Sally concordava comigo, de modo que, lamento informar, perdi a calma: 'Não sei mais se quero publicar este livro pela Doubleday!', anunciei, e fui saindo da sala de reuniões. Não muito depois de chegar em casa, o telefone tocou. 'David?' Era a voz sedutora da sra. O. 'Não vá dar um tiro no próprio pé!'

Com minha paixão pelas fotografias históricas, era maravilhoso trabalhar com alguém que também as apreciava. Ela escolheu a capa do livro, uma foto incrível do espetacular teto abobadado da sala de leitura da Gould Library, projetada por White no antigo campus da New York University, no Bronx. [...] A sra. O. tinha um excelente olho. [...]

Nosso relacionamento tinha muitos meandros. Certa vez, ela me disse: 'Este é o nosso segredinho proibido.' O segredo não tinha nada a ver com a produção de livros. Eu sou um tradicionalista. Quase sempre estou usando paletó e gravata, e faço parte dessa singular igreja episcopal do Upper East Side que ela conhecia, muito cheia de erudição, com incenso, sinos e muito latim. Ela aprovava esse ritual histórico, esse catolicismo, por assim dizer, antiquado. [...] Portanto, tínhamos esse vínculo secreto de conservadorismo cultural. Eu sempre a chamava de sra. Onassis, e mais tarde, quando vim a conhecê-la melhor, de sra. O. Certo dia, ela disse: 'Eu realmente gosto disso. Sabe como é, há secretárias na Doubleday que me chamam de Jackie.'

Outro componente do nosso 'segredinho proibido' eram os nossos pais. Os dois gostavam de cavalos — meu pai tinha e treinava puros-sangues [...] viviam de maneira suntuosa e demonstravam espírito prático muito reduzido quando se tratava de questões financeiras. À sua maneira muito peculiar, eram bons pais. Tanto a sra. O. quanto eu tínhamos estudado em internatos: eu havia frequentado uma excêntrica academia militar do sul, e a sra. O. fora para Farmington. Às vezes, conversávamos sobre nossa juventude [...] [Ela dizia]: 'David, você alguma vez ficou preocupado se o seu pai estava pagando as mensalidades?' Respondi: 'Sim!' E ela: 'Eu também.'"

Prossegue Lowe: "Tanto para a sra. O. quanto para mim, Paris era, nas palavras de Hemingway, 'uma festa volante'. [...] Certa vez, no mês de agosto, quando eu estava escrevendo o livro, aluguei um pequeno mas encantador apartamento na rue Cassette em Paris. Ficava de frente para as sublimes torres de Saint Sulpice e perto do Jardim do Luxemburgo. [...] 'Mostre-me as fotos que encontrou em Paris', pediu ela, excitada, quando voltei a Nova York. Dedicamos todo um capítulo à Paris de 1879, a primeira vez em que White lá esteve. Ela adorava a ideia de trazer esse mundo parisiense para o livro."

Antes de Frank Lloyd Wright, Stanford White era o arquiteto mais famoso dos Estados Unidos, nascido antes da Guerra Civil nas favelas do East Village de Nova York, e imortalizado por E. L. Doctorow em *Ragtime* (e interpretado com evidente prazer por Norman Mailer na versão cinematográfica). Quando não estava levando sua vida de *bon vivant*, Stanford White se dedicava a projetar prédios que deixavam empolgados seus mecenas de Manhattan. Ele projetou a Judson Memorial Church, o Arco da Praça Washington, os clubes Metropolitan e Players e uma série de mansões de propriedade dos Whitney, dos Vanderbilt, dos Pulitzer e dos Stuyvesant Fish. As criações de White eram fortemente influenciadas por suas viagens à Europa, e, em seu livro, Lowe mostra aos leitores fotos de época do Jardim do Luxemburgo, do Palácio do Trocadero e das catedrais de Notre-Dame e Saint-Sulpice, facilitando a comparação com a obra posterior de White. Grande conhecedora da história arquitetônica da Europa e do constante crescimento de Manhattan, Jackie encarava esse livro como uma homenagem a tempos passados, uma época que valorizava mais o design e a aparência do que a simples funcionalidade.

O autor se recorda de uma festa de lançamento em que o passado de Jackie fez uma aparição de arrepiar. "Nós demos uma grandiosa festa de lançamento na Municipal Art Society, nas velhas Villard Houses da Avenida Madison. Naturalmente, Jackie estava presente. Eu convidara dois netos de Stanford White, Peter e Robert. Quando eu disse a ela quem era Robert, ela imediatamente lhe perguntou: 'Como era o seu pai?'. Estava se referindo a Lawrence Grant White, filho de Stanford White, assassinado em 1906. Claro que ela estava pensando em John-John [e no pai dele]. Até então, sequer me tinha passado pela cabeça o paralelismo. Felizmente! As mortes dos dois eram, de certa forma, tão semelhantes, tão inesperadas. Stanford White recebeu três tiros de um obcecado, Harry K. Thow, quando assistia a uma apresentação no jardim suspenso do Madison Square Garden. Foi tão inesperado, tão absurdo quanto o assassinato de JFK em Dallas.

Paralelamente à festa, montamos uma exposição realmente magnífica de imagens de *Stanford White's New York* nas galerias da Municipal Art Society. Pouco antes da festa, a sra. O. disse-me: 'Gostaria de ler um trecho do seu livro. Você escreve tão bem!' Eu fiquei lisonjeado e feliz. Ela não era o tipo de pessoa que costuma ler em público. Na verdade, creio ter sido esta a única vez em que ela efetivamente leu publicamente um livro que havia editado. Parece que a estou vendo agora, num canto do grande salão de exposição, vestida com requinte como sempre, cercada daquelas incríveis imagens de Nova York. [...] Havia uma pequena plataforma e um microfone, e não seria exagero dizer que todo mundo ficou com a respiração presa. E é claro que ela leu lindamente."

Jackie estava perfeitamente consciente de que a qualidade da produção e da concepção gráfica de seus livros estava ameaçada, pois as decisões orçamentárias na Doubleday estavam nas mãos dos burocratas da administração e do marketing, e não nas dos amantes da literatura, e muito menos dos editores de outros tempos, que costumavam ser chamados de "cavalheiros". O livro sobre Stanford White foi um dos que sofreram com as questões de orçamento. Explica Lowe: "Por motivos financeiros, eles tiveram de reduzir o tamanho do livro em aproximadamente uma polegada, e é claro que eu fiquei muito insatisfeito com isto. Uma redução dessa natureza à última hora é muito incomum. Acho que a Doubleday estava passando por um período muito estranho."

Lowe sabia o que também já sabiam outros autores de Jackie. "Alguém havia oferecido a Jackie um selo próprio em outra editora. Ela comentou algo comigo — não entrou em detalhes, mas perguntou: 'Você acha que se me derem um selo seria apenas pelo meu nome?' E eu respondi: 'Existem duas respostas: uma, o seu nome; mas a segunda é que você já tem agora um histórico de publicação de livros de qualidade, particularmente ilustrados.' Ela não queria que houvesse apenas o uso do seu nome. E eu sei que ela pensava seriamente na possibilidade, e também que não estava 100% satisfeita. Ela não falava do assunto, mas eu percebi porque ela me telefonou para falar da redução do tamanho do livro, sentindo-se muito embaraçada. Foi a única vez em que pude detectar esse sentimento em sua voz.

Após sua morte, eu costumava conversar a respeito com Louis Auchincloss, que era um velho e querido amigo meu. Eu disse: 'Quando recebeu a oferta desse selo próprio, ela ficou meio em dúvida. E eu compreendo.' Ele respondeu: 'Mas ela não devia.' E tenho a impressão de que ela conversou com ele a respeito. Eles eram muito próximos."

Em 1993, Jackie disse a John F. Baker, da *Publishers Weekly*: "Eu amo meus colegas, amo a Doubleday", e Steve Rubin fazia eco: "Não sei o que faríamos sem ela." Mas Alberto Vitale, que na época dirigia a Random House para a Bertelsmann, disse-me: "Ela queria vir para a Random House, e eu queria que ela viesse, mas, por vários motivos que na época não estavam claros para mim, mas ficaram claros depois, com toda evidência relacionados à sua saúde, ela não desejava uma mudança naquela época."

Dei a entender a Vitale outro motivo pelo qual Jackie talvez tivesse optado por não mudar de editora: eu ouvira dizer, da parte de um dos antigos editores da Doubleday que se haviam transferido para a Random House, que Jackie fora levada a pensar, sem real motivo, que haveria o mesmo tipo de publicidade escandalosa que ocorrera quando ela deixou a Viking. Naturalmente, a perspectiva de toda essa publicidade e de ver seu nome na imprensa novamente teria dado o que pensar a Jackie. Comentou Vitale: "Não teria havido qualquer escândalo se ela tivesse vindo para a Random House. Na verdade, ela teria sido recebida de braços abertos. Acho que sua decisão foi de caráter estritamente pessoal."

Vitale acrescentaria mais tarde num e-mail: "Estou convencido também de que a Doubleday deu tudo o que tinha para mantê-la em seus quadros. Ela era muito boa, e um grande trunfo para a editora. Na verdade, ela não chegou propriamente a recusar a minha oferta, pois não chegou a ser feita uma oferta formal. Mas nossas conversas foram muito cordiais, e ela deu a entender que não desejava, naquele momento, fazer uma mudança importante. Claro que uma transformação dessa natureza significaria muitíssimo trabalho e muita tensão. Continuamos em contato até que ela deixou a Doubleday, provavelmente para cuidar da saúde. Não creio que Steve Rubin a tenha iludido, pois seu estilo é muito franco e honesto! Mas continuo achando que ela devia ter ido para a Random House, e fico feliz de saber que muitas pessoas que tenho em alta conta pensavam o mesmo. Por sinal, não creio que seu selo teria tido necessariamente o seu nome, por motivos óbvios."

Vitale estava querendo dizer que ela jamais usaria o próprio nome para vender livros e promover um selo editorial. Não haveria algo do gênero Jacqueline Onassis Books. Aparentemente, Jackie não chegou a discutir a possibilidade de uma transferência com os colegas da editora, no mínimo por uma questão de discrição. Nem Bruce Tracy nem Scott Moyers jamais ouviram dizer que Jackie chegara a considerar a hipótese. E Steve Rubin informou-me por e-mail: "Não tenho a menor dúvida de que meu excelente amigo Alberto Vitale a abordou, mas tenho para mim que ela não chegou a considerar seriamente a hipótese, caso contrário teria tocado no assunto comigo." Naturalmente, uma transferência dessa natureza teria representado um forte abalo para Jackie, por mais tentadora que fosse.

Em seu último ano de vida, Jackie continuou desenvolvendo novos projetos, entre eles uma ideia de mais um livro com David Garrard Lowe. "Quando ela adoeceu, nós estávamos negociando outro livro. [...] Eu conversei com ela, e tive de ser bem direto. Perguntei: 'Você ainda estará por aqui?' Estava querendo saber se ela continuaria na Doubleday. E ela respondeu: 'Mas claro!' A ideia de que ela viesse a morrer nem passou pela minha cabeça, pois ninguém quer assinar um contrato com um editor para vê-lo depois ir embora, deixando o livro órfão."

Após a morte de Jackie, Lowe não teria mais oportunidade de publicar livros na Doubleday, mas procurou outra editora com uma ideia que havia sido encorajada por ela. Conta ele: "Nós nos mantivemos em contato, e o meu agente Carl [Brandt] conversou com ela e, assim, tivemos uma boa ideia de livro, que seria *Art Deco New York* [Nova York art déco], que veio a ser publicado pela Watson-Guptill. [...] [Esse livro] ficou muito bom, mas teria sido maravilhoso trabalhar nele com ela."

Jackie conseguiu publicar mais três livros em 1993, entre eles, mais uma incursão pelo mundo da dança: *Dancing Spirit* [Espírito da dança], as memórias de Judith Jamison. Jamison fora a principal dançarina do Alvin Ailey American Dance Theater, tornando-se sua diretora artística após a morte de Ailey em 1989. Podia ser considerada a mais consagrada dançarina afrodescendente de todos os tempos, igualmente à vontade no balé, na dança moderna e nos palcos da Broadway.

Jackie acompanhara a carreira de Jamison, e eu pude entrevistar Jamison na temporada do seu vigésimo aniversário como diretora artística, em 2009. Ela me disse que Jackie costumava assistir às aulas. "Lembro que ela vinha à velha escola da Rua 61. E costumava chegar sem ser anunciada. Nós sabíamos que ela viria. Eu costumava perguntar: 'Será ela vai precisar de uma escolta para entrar aqui?' E ela simplesmente ia entrando. Ninguém a incomodava. Ficávamos todos boquiabertos. Ela simplesmente chegava, se sentava e ficava à vontade com todo mundo."

Em *Dancing Spirit*, Jamison, originária de Filadélfia, conta sua formação, reconhecendo detalhadamente os méritos de seus professores e treinadores, falando de sua abordagem e interpretação de diferentes papéis e das turnês mundo afora com a companhia Ailey. Ela me disse que ditou boa parte do livro por telefone ao escritor Howard Kaplan durante suas viagens com a companhia. No livro, contava orgulhosamente como descobriu as raízes da dança nas performances a que pôde assistir em Gana e no Quênia, na África do Sul e no Senegal. Mas se mostrava mais reticente ao tratar de sua vida pessoal.

Jamison também me disse que Jackie não lhe havia pedido um livro recheado de revelações, e que de qualquer maneira ela não teria concordado em publicar algo assim. "Eu não tinha a menor intenção de fazer uma catarse. Não se tratava de uma experiência catártica para mim. Essas coisas, para mim, diziam respeito apenas a mim mesma, e ela concordou. Assim, o livro que eu queria escrever era algo que servisse de inspiração para os jovens."

Nesse mesmo ano, Jackie publicaria, com o lançamento de *Taming the Storm* [Domando a tempestade], uma biografia de Frank Johnson, o juiz federal que, de acordo com Bill Moyers, "mudou para sempre a face do Sul" com suas sentenças durante a luta pelos direitos civis. O autor do livro era um jovem jornalista, Jack Bass, que escrevera anteriormente *Unlikely Heroes* [Heróis inesperados], livro sobre os juízes do Sul e o seu papel na aplicação da histórica decisão judicial que ficou conhecida como *Brown v. Board of Education*.* Bass entrevistara Johnson para o livro e sabia que fora colega, na faculdade de direito, do polêmico governador George Wallace, do Alabama, e que os dois chegaram inclusive a sair juntos para namorar antes de se tornarem adversários políticos. Bass informou-me que propusera o livro sobre Johnson à sua anterior editora, Alice Mayhew, na Simon & Schuster, que "manifestou interesse, mas considerou que seria uma espécie de livro regional".

Jackie tinha uma visão mais ambiciosa dessa biografia, além de interesse pessoal na história, que, mais uma vez, remontava aos seus anos na Casa Branca. O autor contou-me que ficou intrigado com o interesse de Jackie pelo juiz Johnson, que havia sido tema de uma edição do programa radiofônico *Bill Moyers Journal* transmitido em duas partes em 1980. Comentou Bass: "Quando o livro já estava pronto, a caminho da impressão — eu a havia encontrado uma vez, no início do processo —, eu manifestei o desejo de conversar a respeito da promoção. E ela disse: 'Bom, terei prazer em recebê-lo, mas não podemos pagar' — acho que foi assim que ela se expressou. Quando eu decidi aparecer para discutir

*Decisão da Corte Suprema americana que estabeleceu, em 1954, que eram inconstitucionais as leis estaduais de criação de escolas públicas separadas para alunos brancos e negros. [*N. do T.*]

a promoção, minha recompensa foi que ela me levou para almoçar no '21'. E eu fiquei curioso de saber como foi que ela se interessou por Johnson. Acho que perguntei ao meu agente, que era advogado e havia trabalhado para Robert Kennedy no Departamento de Justiça. E ele disse: 'Por que não pergunta a ela?' Foi o que eu fiz. Perguntei-lhe: 'Como foi que se interessou pelo juiz Johnson?' Pela expressão dela, parecia que ninguém jamais lhe tinha feito a pergunta. Seguiu-se uma pausa, ela refletiu um momento e disse: 'Acho que começou quando ouvi Jack e Bobby falarem dele.'"

O autor, que atualmente escreve um livro sobre o papel da Suprema Corte na Reconstrução, quando se deu a reintegração dos estados confederados à União após a Guerra Civil, sentiu-se particularmente grato pelo fato de Jackie não ter cortado um longo arrazoado sobre o comportamento de Robert Kennedy quando Martin Luther King Jr. foi detido em Decatur, Geórgia, em outubro de 1960. "A história que encontramos em todos os livros dos assessores de Kennedy, Schlesinger e todos os outros, conta que Bobby Kennedy tirou King da prisão. O que pôs tudo em movimento foi um telefonema de Jack Kennedy, de manhã cedo, ao governador democrata da Geórgia, Ernest Vandiver. A versão montada por Bobby Kennedy como gerente da campanha era uma jogada política tática destinada simultaneamente a proteger o irmão da indignação dos eleitores brancos e estimular os eleitores negros." Jackie não fez objeções ao fato de Bass relatar esse aspecto da história dos Kennedy, e o livro ganhou o Prêmio Literário Robert Kennedy de 1994, tendo Schlesinger na banca examinadora.

Também em 1993, Jackie publicou *Poet and Dancer* [Poeta e dançarino], romance de Ruth Prawer Jhabvala, na época mais conhecida como vencedora do Oscar na qualidade de roteirista de produções da dupla Merchant-Ivory, particularmente filmes de época britânicos como *Uma janela para o amor* (1985), *Retorno a Howards End* (1992) e *Vestígios do dia* (1993), assim como por seus romances anteriores, que associavam a espiritualidade da moderna Índia à experiência dos indianos que viajam ao mundo urbano ocidental ou nele se estabelecem. *Three Continents* [Três continentes] e *Heat and Dust* [Calor e poeira] são livros que poderiam levar a crer que Jhabvala é indiana, uma precursora de Salman Rushdie e Arundhati Roy. Mas não é o caso. Sua ascendência é germano-judaica; sua família fugiu do nazismo em 1939, emigrando para a Inglaterra. Ela viria a se casar com um indiano parsi, mudando-se para a Nova Délhi ainda jovem, durante o noivado. Passadas duas décadas e meia, ela voltou a se mudar, dessa vez para Nova York.

Poet and Dancer foi o primeiro de seus romances em que não focalizava detidamente as questões muitas vezes enfrentadas por imigrantes num país estranho. O livro tratava de um tipo diferente de patologia — a patologia familiar. É um romance de uma certa desolação que não encontramos nos outros livros da autora, mas uma desolação que aparentemente decorre de sua visão de uma cidade fria e alienada como Nova York. Do jeito que ela escreve, fica parecendo que, na Índia, entre os pobres, existe humor, afeto e dignidade, enquanto em Manhattan, em meio aos que lutam pela vida, encontramos apenas segredos de família e o comportamento dissoluto induzido pelos deuses materiais que aparentemente se apoderam dos moradores do Upper East Side. Jackie poderia reconhecer no livro os perfis de alguns vizinhos.

Em maio de 2009, Jhabvala escreveu-me uma carta sobre sua colaboração com Jackie, dizendo: "Infelizmente, colaborei com ela num livro apenas, e quando meu livro seguinte ficou pronto, ela já nos havia deixado. Minha experiência com ela foi realmente um sonho. Havia o seu *prestígio*. Como ela se mostrava incansável na abordagem pessoal de qualquer um que pudesse ser útil na promoção do livro de que estava cuidando, é claro que todo mundo ficava feliz de poder ajudá-la. Mas este era apenas o aspecto exterior do seu trabalho de editora. Tenho certeza de que ela jamais se envolveria com algo que não a interessasse profundamente, de modo que seu envolvimento era sempre total: era o *seu* livro, o *seu* autor. Sempre achei que, para ela, as duas coisas estavam indissoluvelmente ligadas, e que seu amor e seu cuidado pelo livro também envolviam o autor.

Eram tantos os toques pessoais fascinantes! Na manhã do dia do lançamento, a gente recebia um maravilhoso buquê de flores; e, mais tarde, no mesmo dia, um exemplar do livro com encadernação de couro. E tudo acompanhado por um bilhete manuscrito, cheio de afeto. Ela própria escolhia cada detalhe da publicação, inclusive, é claro, a arte da capa — no meu caso, uma aquarela do meu marido, que ela fora pessoalmente escolher na galeria dele. O resultado foi a capa mais linda que eu já tive, e que continua a sê-lo.

Além disso, o que eu apreciava muito era que, para ela, o valor do livro era intrínseco, essencial, totalmente desvinculado dos resultados de vendas. Qualquer que fosse o desempenho no mercado literário e comercial, a fé que ela depositava no livro e no autor — e, como eu disse, para ela eram a mesma coisa — continuava firme e pura como no dia em que ela abraçara o projeto."

Em maio de 1994, logo depois do falecimento de Jackie, Jhabvala declarou ao *New Yorker*: "Ela sempre parecia saber exatamente o que fazer e dizer. E, no entanto, a gente tinha essa sensação de certa timidez nela — tinha todos os requintes que se possa imaginar em matéria de relacionamento social, mas com aquela timidez. Eu tenho essa mesma coisa, e acho que a gente se entendia muito bem. Num dos últimos bilhetes que recebi dela, ela escrevia: 'Não é maravilhosa essa maneira como nossa amizade vem crescendo sempre?'

Eu tinha acabado de concluir meu manuscrito mais recente, e ela sabia que eu estava para viajar, e me telefonou, dizendo: 'Posso lê-lo antes da sua viagem?' Seria muito bom imaginar que ela o tinha a seu lado — a parte mais preciosa de mim — nos momentos finais."

Ao contrário do que aconteceu com alguns dos outros autores de Jackie, Jhabvala viu a publicação pela Doubleday do seu romance seguinte, uma complexa história familiar de mistério intitulada *Shards of memory* [Cacos de memória], no ano que se seguiu à morte de Jackie, pois o contrato já havia sido assinado. Outros autores do plantel de Jackie não teriam a mesma sorte com a editora. Ela deixou um vazio editorial compreensivelmente impossível de preencher. Em certo sentido, Jackie e alguns de seus autores seriam postumamente "degradados" pela editora.

Em seu último ano de vida, Jackie tinha pelo menos uma dúzia de livros em vários estágios de produção, e, dentre os que seriam publicados, a maioria não saiu enquanto ela estava viva. Jackie encomendou a Jonathan Cott o texto para um livro de poemas de Emily Dickinson sobre a natureza. Quando Jackie disse que considerava que o livro devia ser ilustrado, Cott a apresentou a uma amiga sua, a artista plástica Mary Frank, que fora a primeira mulher do fotógrafo Robert Frank e era uma notável escultora e pintora.

Conta-me Cott: "Jackie devia estar muito doente nessa época — embora eu não tivesse a menor ideia —, mas, certa tarde, encontrou-se comigo no estúdio de Mary Frank, no centro de Nova York, para dar uma olhada em suas pinturas e suas esculturas de madeira e argila. Depois da visita, Jackie mandou uma carta dizendo: '*Adorei* visitar Mary Frank com você. Ela é realmente uma pessoa extraordinária para ter na nossa vida.' Mary compôs ilustrações com papel recortado para o livro, e é claro que o livro seria dedicado a Jackie. Mas ela morreu antes do lançamento, de modo que escolhemos como dedicatória uma linda citação de Emily Dickinson que expressava como nós dois nos sentíamos a respeito dela."

Dizia o poema na página de dedicatória:

Os amados não podem morrer,
Pois o amor é imortalidade —
Não, é Divindade.

Frank recordaria a visita de Jackie a seu estúdio em Manhattan. "Para começo de conversa, ela realmente parecia estar trabalhando, o que, como você bem sabe, nem todo mundo é capaz de fazer. [...] E falava bastante de poesia, não só como conhecedora, mas, o que era mais interessante, com verdadeira paixão, achava eu, uma real compreensão."

Publicado somente em 1995, *Skies in Blossom: The Nature Poetry of Emily Dickinson* [Céus em flor: A poesia da natureza de Emily Dickinson] seria uma coletânea pessoal das "notícias simples dadas pela Natureza", transmitidas por uma mulher mais conhecida em vida como jardineira do que como poetisa. O livro começa com uma avaliação de Cott, o editor, e em seguida reproduz 43 dos quase 1.800 poemas descobertos após a morte prematura de Dickinson aos 55 anos. Entre eles, os delicados recortes concebidos pela artista plástica Mary Frank, evocações austeras dos objetos do mundo natural que complementavam a seleção poética.

Cott encontra paralelos entre os poemas de Dickinson e os haicais zen e a estética budista japonesa. Compara a simplicidade de seus poemas minimalistas com a limpeza mental preconizada pelo falecido mestre zen Shunryu Suzuki. Ele identifica a métrica tradicional dos hinos protestantes na modelagem sucinta de seus versos, especulando que Dickinson, sabidamente uma reclusa, poderia ser hoje considerada uma personalidade *borderline* ou bipolar. Ele fala das "muitas Emilys, cada uma delas cheia de espanto diante do inefável mistério e maravilha da existência, cada uma segurando uma flor em silêncio".

Disse-me Mary Frank: "Jackie realmente se mostrou muito atenta com as ilustrações, as peças que compus para o livro. O processo não poderia ser mais simples. Trata-se de recortar com a tesoura, segurando o papel contra a luz. Eu nunca desenho para depois recortar; preciso usar a tesoura como se fosse ao mesmo tempo meu olho e uma caneta. E fiz centenas e centenas de peças, para conseguir um bom número para o livro. Nas que ficaram, nas que foram realmente usadas, o papel é uma espécie de branco sujo; não é esta a cor que aparece no livro. E as peças não deviam mesmo ter aquela cor. Inicialmente, fiquei muito chateada, pois é claro que, com sua morte, ninguém mais se preocupava com o livro — só ela mesmo se preocupava com ele [...] mas ela ficou muito doente, e veio a morrer. Eles teriam deixado a coisa de lado, acho eu, nem se dariam ao trabalho de publicar — mas acho que, de certa forma, estavam comprometidos com a publicação. É o meu sentimento. Pois o fato é que, quando me queixei das cores, eu sabia que, se ela não estivesse ali, ninguém daria a menor importância. E, então, simplesmente fiz o que tinha de fazer, e hoje adoro o livro pelo que é. [...]

Fui internada no hospital — não consigo me lembrar quando — com osteomielite, sei lá, algo terrível assim, e ela deve ter ficado sabendo. Eu nem estava em contato com ela, de modo que só posso deduzir que Jonathan é que lhe disse, e ela me mandou um buquê de flores simplesmente maravilhoso, e olhe que eu sou jardineira; eram flores muito diferentes, algo muito tocante. Eu sentia dores terríveis, e as flores eram realmente muito especiais. Depois, ela me mandou um maravilhoso cartão-postal, e eu ainda não sabia que ela tinha câncer. Mas ela devia estar fazendo alguma referência ao fato de saber que já estava muito doente. Havia alguma menção do tipo como era maravilhoso ou estranho ou algo assim conhecê-la exatamente neste momento. [...] Era realmente um cartão adorável, que, evidentemente, continha emoção, mas eu não entendia ao que ela estava se referindo. E quando saí do hospital, acho que ela morreu logo depois. Nós tínhamos um encontro marcado para falar do livro. [...] Mas o fato é que fiquei muito bem impressionada, no contato com ela durante aquele breve período, com a intensidade com que se dedicava ao trabalho como editora, e era isso realmente que me parecia mais forte nela."

Nesse mesmo ano, Michael Flanagan procurou Jackie com a ideia de um livro baseado numa exposição de obras suas. Ele tinha em mente um livro de arte baseado em suas pinturas centradas em duas velhas ferrovias, a Powhatan e a Buffalo & Shenandoah, que percorriam os estados de Virgínia, Virgínia Ocidental e Maryland. Depois de ver essas excelentes imagens coloridas da vida americana, Jackie o encorajou a escrever o texto, inventando uma história e montando um tipo de livro diferente. Contou-me ele: "Ela sugeriu o tipo de narrativa que eu deveria buscar, e pude então enxergar um romance que não tinha imaginado até então. Ela já sabia antes mesmo de mim como o livro deveria ser."

Um agente literário acabou propondo o livro de Flanagan a várias editoras, e a Doubleday acabou perdendo para a Pantheon, que ofereceu um adiantamento que era o dobro do valor autorizado a Jackie por seus superiores. O livro *Stations: An Imagined Journey* [Estações: Uma viagem imaginária] foi publicado em 1994. Flanagan resume assim a mudança de paradigma que ocorria no mundo editorial. "Não era só uma questão que envolvia Jackie, era algo que dizia respeito a todo aquele mundo. Acho que, na época, não nos dávamos conta, mas o fato é que se estava abrindo caminho para uma mentalidade muito mais voltada para questões corporativas, que é onde nos encontramos atualmente." Jackie jamais exprimiu qualquer desgosto por ter perdido o livro para outra editora. Comentário de Flanagan: "Ela ficou empolgada por mim."

Jackie ficaria gravemente doente, e Flanagan não teve tempo de mostrar-lhe as provas do livro. Recorda-se ele: "Ela não chegou a vê-lo, infelizmente, mas sabia que estava em produção. Eu telefonei para a casa dela e falei brevemente com John, que me disse que as coisas iam muito mal. Acho que foi na noite da véspera de sua morte, e ele pôde apenas mandar-lhe meus cumprimentos. Eu queria apenas compartilhar com ela minha felicidade com o livro. Não podia imaginar o estado em que ela se encontrava, pois eles realmente estavam tentando ser muito discretos. Era de cortar o coração."

Outro livro ambicioso no qual Jackie trabalhava em 1993 tampouco preencheria plenamente suas expectativas iniciais ao ser publicado sem sua participação no ano seguinte. *Toni Frissell, Photographs: 1933-1967* é uma fotobiografia baseada numa rica coleção de mais de 23 mil negativos fotográficos, transparências e contatos arquivados na Biblioteca do Congresso. Toni Frissell, que morreu em 1988, era uma fotógrafa e jornalista que trabalhou para publicações tão diversas quanto *Vogue* e *Sports Illustrated*, e que havia fotografado a recepção de casamento de Jackie em Newport, Rhode Island, em 1953. Ela cobriu acontecimentos globais como a Segunda Guerra Mundial e produziu reportagens fotográficas locais como a que focalizava o enorme King Ranch, no Texas. Toni Frissell revolucionou a fotografia de moda ao mostrar seus modelos em ambientes naturais. Prefigurava, assim, a famosa edição de *Sports Illustrated* sobre roupa de banho, que ampliou a ideia ao tirar fotos dos modelos nos lugares mais distantes do planeta. Frissell viria a ocupar seu devido lugar entre artistas como Steichen, Avedon e Capa, como um verdadeiro ícone do meado do século XX.

Frissell trabalhava eventualmente com cores, mas, em sua maioria, suas imagens mais inesquecíveis são em preto e branco. Seus retratos deixam transparecer vislumbres de humanidade muitas vezes ausentes dos retratos mais formais de Karsh ou Avedon. Winston Churchill, com sua vestimenta da Order of the Garter no dia da coroação da rainha Elizabeth em 1953, mostra um sorriso embaraçado. Antes disso, seu retrato sentado em Blenheim seria transformado em sua fotografia oficial. Frissell mostrava especial talento quando se tratava de humanizar a nobreza britânica e americana. No casamento de Jaqueline Bouvier e JFK, a enorme quantidade de membros da família Kennedy ameaçava comprometer a qualidade de seu trabalho, até que Jackie disse: "Toni é minha amiga. Vamos deixar que ela consiga uma boa foto antes que os convidados cheguem." Frissell documentou o evento com uma série de imagens muito festejadas da noiva, do noivo e da festa.

George Plimpton escreveu uma introdução para o livro, e a filha de Toni Frissell, a fotógrafa Sydney Frissell Stafford, redigiu um prefácio, e passou muitas horas pesquisando na Biblioteca do Congresso para organizar as fotografias. Plimpton considerava que, com esse livro, a vida e a fotografia de Frissell tinham sido "resgatadas do esquecimento". Declarou ele ao *New York Times*: "Jackie sempre admirou o trabalho de Toni Frissell, a qualidade e a versatilidade de sua carreira incrivelmente prolífica. Ela estava muito animada com esse livro. E me pediu que escrevesse uma longa introdução." Na dedicatória do livro, podemos ler: "Jacqueline Kennedy Onassis transformou um sonho impossível em realidade neste livro extraordinariamente belo."

Em certa medida, contudo, o sonho se revelou impossível sem o olhar criterioso e a presença editorial de Jackie no acompanhamento do projeto, para enorme tristeza, inicialmente, de Sydney Frissell Stafford. Comparando-se as fotografias reproduzidas no livro com as imagens originais na Biblioteca do Congresso, notamos que várias delas têm o fundo embaçado, em decorrência de alteração do contraste ou perda de detalhes: o rosto de Rex Harrison parece empalidecido numa foto com Lilli Palmer; a nitidez do fundo perdeu-se num instantâneo de Mike Todd em 1952; e a imagem de Winston Churchill sentado está ligeiramente distorcida. Pedi a J. C. Suarès que explicasse a perda de detalhes nessas imagens, e ele me disse: "Muito simples: o departamento de produção trocou de gráfica para economizar. Acontece o tempo todo."

Na primavera de 1994, a Doubleday publicou mais um dos livros de Jackie, *Lost in the Taiga: One Russian Family's Fifty-Year Struggle for Survival and Religious Freedom in the Siberian Wilderness* [Perdidos na Taiga: Cinquenta anos da luta de uma família russa pela sobrevivência e a liberdade religiosa na vastidão siberiana], escrito pelo jornalista moscovita Valery Peskov. A diagramadora do livro, uma veterana da casa, Terry Karydes, recordou que o livro lhe havia sido confiado por Marysarah Quinn, e que Jackie insistiu na troca de uma fotografia à última hora. "Eu acabava de voltar de viagem, tinha estado em Istambul e percorrido a Ásia Menor. [...] Portanto, ao começar a trabalhar nesse livro russo, tinha na cabeça toda aquela arte bizantina. E *Lost in the Taiga* é um livro sobre a igreja e a Rússia. Eu sou decoradora de interiores. Não fiz a capa. E botei na folha de rosto aquela obra de arte que pensava ser uma janela de igreja. Ela tinha um desenho convergente como o das abóbadas russas, e eu achei que era perfeito, uma janela de uma igreja russa. Ela quis que eu mudasse [para uma cruz]. [...]

Ela ficou realmente satisfeita com a diagramação. Lembro do jeito como ela examinou a diagramação, realmente atenta. E, então, fez algo que as pessoas geralmente não fazem. Passou os dedos para cima e para baixo pelo papel, para ter a sensação tátil. Em geral, as pessoas se limitam a uma apreciação visual. Disse ela: 'Puxa! Realmente maravilhoso!' [...] E imediatamente começou a me dizer o que estava errado da maneira mais elegante. Para ela, estava parecendo meio asiático. Eu disse: 'Bom, é realmente uma igreja bizantina russa.' E ela: 'Claro, mas, em uma primeira impressão, fica parecendo que poderia ser qualquer coisa, até de Bali.' Não foi exatamente o que ela disse, mas a referência era realmente a algo que não fosse russo, mais asiático, de modo que tive de fazer uma segunda tentativa. E quando já estava trabalhando na mudança e fui mostrar o novo resultado, com a cruz, ela já começara a trabalhar em casa, por causa da doença.

O que era realmente interessante para mim foi que contei para ela que estava muito excitada, pois acabava de voltar daquela viagem a uma região de onde vinham meus avós, a Ásia Menor. [...] E ela disse: 'Puxa, os pais de Ari são de lá.' [...] E passamos bem uns vinte minutos conversando sobre a Ásia Menor. [...] Era muito interessante, pois eu jamais esperava que ela se daria ao trabalho de ficar conversando comigo. Fiquei pasma. Ela perguntou: 'Você foi ao Halicarnasso?' E eu tive de me esforçar para me lembrar, pois ela usava sempre os nomes antigos. [...] Claro, ela está se referindo a Bodrum! E, então, ela disse: 'Pois você devia ler esse poema de Cavafy.' Ainda naquele ano ela faleceu, e este acabou sendo o poema que Tempelsman leu no funeral. Pensei: Meu Deus, ela não estava brincando — era mesmo o seu poema favorito."

Lost in the Taiga é um relato jornalístico sobre a família Lykov, cujos membros eram velhos-crentes, dissidentes da Igreja Ortodoxa Russa que haviam feito o cisma em meados do século XVII. A família vivia sozinha na imensidão da taiga siberiana, tão isolada do mundo que só em 1978 foi descoberta por um grupo de geólogos. O exílio que impuseram a si mesmos datava de 1932, no início do stalinismo. Quando o autor, Peskov, veio a encontrar a família, em 1982, sobreviviam apenas Agafia, de 37 anos, e seu pai Karp, de 81.

O livro, que se tornou um best seller na França, foi traduzido do russo por Marian Schwartz, que recordaria: "Jackie morreu antes da publicação, mas o contrato era com ela, e o início do projeto também foi com ela. Não se tratava de ficção; o livro focalizava uma família de velhos-crentes que vivera sozinha na taiga durante sessenta anos, sem qualquer contato com outros seres humanos. O livro trata de uma história que tem uma autêntica megadose de interesse humano, e teve boas críticas, mas não deixava de ser uma aposta arriscada em termos de público leitor. Hoje em dia, é muito popular entre os obcecados com catástrofes e sobrevivência, fascinados com a maneira como os Lykov viviam. O livro continua sendo procurado, mas é difícil de encontrar. [...] Creio que foram impressos cerca de 18 mil exemplares, todos vendidos. Até hoje recebo cartas de pessoas perguntando: 'Que aconteceu com Agafia? Ainda está viva?'"

Esse livro é o equivalente moderno dos relatos de contatos iniciais escritos em séculos passados por exploradores sul-americanos, africanos e australasianos. Embora ainda possa haver tribos a serem contactadas pela primeira vez nas regiões mais remotas da bacia do Amazonas, pode-se praticamente ter como certo que os Lykov eram os derradeiros cristãos adeptos do isolamento. *Lost in the Taiga* continha uma seção fotográfica cuja seleção foi feita por Jackie, que contava com imagens aéreas do jardim, da cabana dos Lykov e do acidentado terreno em volta dela, além de retratos dos membros da família tirados em terra. Como a fotografia era um pecado para os velhos-crentes, as fotos foram tiradas de modo sub-reptício.

Jackie continuou participando de eventos públicos em 1993. Antes de ir para sua residência em Martha's Vineyard para as férias anuais de verão, no feriado do Memorial Day,* ela compareceu a uma recepção de gala para o American Ballet Theatre, na qualidade de presidente de honra do evento. Em junho, Jackie e Tempelsman voltaram à França pela última vez. Desfrutaram de um passeio pelo rio Ródano, visitando a região da Provença, de onde vinham os antepassados de Jackie Bouvier, e a Camargue, que Tempelsman chamava de "a França de Jackie". Também passaram algum tempo em Paris, frequentando seus restaurantes, e, por acaso, naquele mesmo mês, Jackie publicava mais um livro sobre a história da França, *Paris After the Liberation: 1944-1949* [Paris depois da Liberação: 1944-1949], escrito pelo casal londrino Antony Beevor e Artemis Cooper.

Na época, muito já se havia escrito sobre a ocupação nazista da França e a mobilização da Resistência clandestina. Menos conhecidas eram as condições caóticas dos anos do pós-guerra, nos quais a França procedeu à *épuration légale*, o "expurgo legal" dos funcionários franceses que participaram ou cooperaram com o detestado regime de Vichy. Nesse período, longamente estudado por Jackie, também ocorrera uma luta pelo poder na França entre os comunistas, à esquerda, os gaulistas, à direita, e os social-democratas, que defendiam o frágil centro.

Paris After the Liberation pode ser lido como um romance, no qual os nomes familiares de De Gaulle e Malraux, Sartre e Camus, Picasso e Cocteau, Koestler e Céline vão aparecendo nas mais inesperadas combinações. Naturalmente, era mais uma incursão histórica para a calejada francófila que era a editora do livro, que havia conhecido muitas das figuras de maior destaque naquela época. Beevor e Cooper não só contam essa complicada história com fascinantes detalhes, como traçam um retrato de uma Europa devastada que lutava pela sobrevivência depois de cinco anos de terror aéreo, e ainda relatam as maquinações intelectuais de que os membros da *intelligentsia* participaram para se manterem aliados dos sorrateiros comunistas e dos ingênuos, mas entusiásticos, americanos.

---

*Última segunda-feira de maio, dia em que, nos Estados Unidos, celebra-se a memória dos combatentes mortos em guerra. [*N. do T.*]

Beevor evocou uma ligação familiar que tinha com Jackie. "Curiosamente, meu irmão foi, a certa altura, noivo de Janet Auchincloss [meia-irmã de Jackie]. Creio que foi em 1965. Eles estavam para se casar, até que ela adoeceu e voltou para os Estados Unidos. Portanto, eu estava sempre com Janet na época, e às vezes também com sua mãe, "big Janet", e seu irmão Jamie, que costumava vir ficar conosco em Kent. Estranhamente, embora nos comunicássemos muito com Jackie na época em que escrevíamos o livro, eu nunca a encontrei. Só falávamos pelo telefone."

No livro, Beevor e sua mulher recorriam a diários deixados pelo avô dela, Alfred Duff Cooper, primeiro visconde de Norwich, que foi embaixador britânico na França de 1944 a 1947. Beevor disse-me que o livro já estava para ser publicado na Inglaterra quando Jackie adquiriu seus direitos. "Já estava tudo acertado aqui com a Hamish Hamilton. Acho que Jackie ouviu falar dele — não sei como é que isso aconteceu —, e tratou de agarrar o livro quando estava na Doubleday, o que para nós, naturalmente, foi maravilhoso. Ela se revelou uma esplêndida editora, de grande discernimento. Suas observações eram extremamente sutis e elegantes, mas ao mesmo tempo claras.

Houve uma historinha que achei muito divertida: lembro que fiquei muito empolgado num arquivo francês — fazia parte dos Arquivos da Cidade de Paris — no qual encontrei a foto que considerava absolutamente perfeita para a capa. E, então, mandei-a todo empolgado para Jackie. E, de volta, veio a descompostura mais elegante que recebi em toda a vida. Num daqueles seus cartões azuis decorados com a imagem de uma concha, ela escreveu simplesmente: 'Caro Antony, você precisa ficar sabendo que por aqui a escolha de uma capa de livro é mais ou menos como uma cerimônia do chá japonesa.' Era uma maneira muito, mas muito elegante de dizer: 'Não se intrometa, pois aqui os diagramadores não gostam que os autores deem palpite na escolha da capa.'"

Lembrei a Beevor que David Coward, professor de francês moderno na University of Leeds, publicara uma resenha favorável ao livro no *New York Times*, mas comentava logo na primeira linha: "Na década de 1940, a França entrou mais uma vez em guerra contra si mesma, e essa história, contada com requintes por Antony Beevor e Artemis

Cooper neste livro fascinante, não poderá deixar de suscitar sentimentos ambivalentes no mais devoto dos francófilos." Comentou o autor comigo: "Sim, curiosamente, os franceses não gostaram. Melhor dizendo: alguns franceses não gostaram. Foram basicamente os esquerdistas franceses que não gostaram do livro. Isso era verdade. O que eles não gostaram em especial, creio eu, foi a mistura de seriedade e frivolidade que era a realidade em Paris na época. Paris vivia no limite, pois ninguém sabia se poderia haver a qualquer momento um golpe de Estado comunista ou um golpe de direita, o que se refletia nos diários das pessoas na época. [...]

Mas o que tanto desagradou a muitos franceses no livro foi a maneira como mostrava que, no fundo, eles não tinham controle sobre o próprio destino naquela época. Eles faziam parte do jogo diplomático internacional entre a União Soviética e os Estados Unidos, e era uma questão de saber que lado escolher. E também o fato de não termos resistido a zombar um pouco da vaidade dos Aragon e de outros intelectuais, o que os franceses não apreciam.

Outra coisa de que eles não gostaram, claro, foi o fato de termos misturado a história social, política e intelectual. Os acadêmicos franceses estão convencidos de que são disciplinas separadas e devem ser mantidas completamente à parte. [...] Mas, na verdade, a questão toda, particularmente naquele tortuoso período do pós-guerra, é a importância das reações recíprocas entre todas essas diferentes áreas. E creio que foi isto também que agradou tanto a Jackie."

Prossegue Beevor: "Quando já tínhamos mais ou menos concluído o livro, estávamos realmente sob pressão muito forte, pois se aproximava o quinquagésimo aniversário do evento histórico, e nós tínhamos de acabar o livro a tempo. Mostrei o último capítulo a minha mulher, Artemis, e ela teve de voltar, dizendo que não estava bom. Fiquei indignado, mas sabia que ela estava certa. Na época, nosso editor na Inglaterra, que era bastante reconhecido e admirado, tampouco conseguia achar nada de errado com o capítulo. Mandamos, então, o capítulo a Jackie — eram literalmente cerca de três semanas antes de ela morrer, quando já devia estar muito doente. Mas ela imediatamente apontou o que havia de errado. [...] E bastou ela dizer para que tudo ficasse claro e nós conseguíssemos acabar. Foi então que, para nosso horror, soubemos [...] que ela tinha morrido."

Beevor também recorda que Jackie quisera, em dado momento, adquirir os direitos de um livro de sua mãe, Kinta Beevor. "O outro livro que despertou grande interesse seu, que ela quis publicar, sendo, no entanto, impedida pela Doubleday, foram as memórias de minha mãe, *A Tuscan Childhood* [Uma infância na Toscana]. Ela contava sua infância nesse incrível castelo na Toscana, reconstruído por meus avós, no qual construíram um jardim no terraço. Jackie, com toda evidência, ficou muito impressionada com o livro. Escreveu-me dizendo que a coisa mais importante que alguém pode fazer, algo que, em minha opinião, ela realmente sentia, é criar um lar e um centro para a família, com um certo elemento místico. Estou convencido de que foi isso que a intrigou no livro. [...] Mas, no momento em que Jackie se interessou pelo livro, a Toscana aparentemente não significava grande coisa nos Estados Unidos. No fim das contas, após a publicação de *Under the Tuscan Sun*, todo mundo queria um livro sobre a Toscana. Portanto, ele acabou sendo publicado nos Estados Unidos, o que, lamentavelmente, só ocorreu alguns anos depois da morte de Jackie."

Perguntei ao autor se seu livro passou a ser tratado de outra maneira pela editora depois que Jackie saiu de cena. "Eu tinha a sensação de que havia algumas questões no ar, com certa perda de orientação sob esse aspecto. É sempre terrivelmente importante que os interesses de um livro sejam protegidos pelo editor. E é claro que, quando se dispõe de um editor poderoso e carismático, é uma enorme diferença. [...] E sabe como é, é sempre muito difícil julgar, especialmente num país estrangeiro. Tudo depende da cobertura do livro na mídia, do que você é capaz de fazer com ele; mas não creio que grande coisa tenha sido feita pela publicação de uma edição em brochura ou coisa do gênero. [...] Mas realmente não estou em condições de avaliar. [...] Tenho a impressão de que, no mundo editorial, sempre que se troca de editor, ou quando um editor deixa a editora e a responsabilidade por determinado livro é transferida para outra pessoa, a gente nunca recebe a mesma atenção que merecia antes. Por definição, os editores não estão realmente interessados em cuidar dos filhos dos outros. São pais adotivos muito ruins."

Como tantos livros publicados por Jackie na Doubleday, *Paris After the Liberation* saiu de catálogo. Mas Beevor e Coope tiveram sorte: a Penguin lançaria uma edição revista dez anos depois.

No verão de 1993, Jackie fez visitas frequentes a Oak Bluffs, uma região de Martha's Vineyard onde viveram gerações de abastados afrodescendentes. Lá, conheceu Dorothy West, autora que se notabilizara por seu trabalho durante a Harlem Renaissance.* Mais recentemente, Dorothy, nascida em 1908, publicara alguns de seus contos no semanário *Vineyard Gazette*, e Jackie os havia lido. Mais tarde, Dorothy mostraria seu segundo romance, inacabado, a Jackie, para publicação.

Scott Moyers explicou à biógrafa Sarah Bradford como foi que Dorothy West se aproximou de Jackie: "Pelo simples fato de Jackie ser famosa, viver em Martha's Vineyard e ser a única editora de que jamais ouvira falar, ela lhe enviou as primeiras sessenta páginas de seu romance, com o resumo e um exemplar da edição Virago de seu livro anterior. Simplesmente foi ao correio e mandou para a Doubleday. Eu abri o pacote e lá estava aquele autêntico clássico de uma figura histórica, um segundo romance depois de quarenta anos. [...] Dorothy encontrava problemas para concluí-lo, de modo que no verão, quando estava em Chilmark, Jackie pegava o carro e ia para Oak Bluffs toda semana para saber como ela estava indo. Se Jackie não tivesse feito aquelas visitas semanais, o livro jamais teria sido concluído, e esse livro, *The Wedding* [O casamento], é considerado um verdadeiro clássico."

Dorothy West, que morreria quatro anos depois de Jackie, escreveu sobre sua editora num ensaio-homenagem antes da conclusão do seu livro, dizendo: "Tornamo-nos amigas em pouco tempo, pois compartilhávamos a mesma preocupação de honestidade e respeito. Ela, mulher tão elegante e agradável, e esta escritora muito mais velha se ligaram de uma forma verdadeiramente milagrosa. Acho que eu era tão preciosa para ela quanto ela para mim. Eu não tinha a menor pretensão, e o mesmo se dava com ela. Nenhuma de nós achava que precisava se

*Movimento cultural caracterizado por uma floração de literatura negra e centrado no bairro nova-iorquino do Harlem, na passagem da década de 1920 para a de 1930. [*N. do T.*]

desculpar com a outra por ser [...] diferente, e, na verdade, ficávamos encantadas com a diferença. [...] Ela vinha me visitar toda segunda-feira para ver como eu estava progredindo, dirigia seu jipe azul e se perdia muitas vezes. [...] Embora, na aparência, talvez nunca tenha havido um par mais estranho, o fato é que éramos perfeitas parceiras."

O trabalho de Jackie com West poderia ser considerado além do puro e simples dever profissional para certos editores. Mary Helen Washington é uma escritora e professora da Universidade de Maryland que escreveu o prefácio de um livro de contos de Dorothy West, *The Richer, the Poorer* [Quanto mais rico, mais pobre], publicado em 1995 pela Doubleday, assim como *The Wedding*. Washington conheceu West e se deu conta do desafio que Jackie deve ter enfrentado em suas visitas à escritora. Disse-me Washington: "Eu encontrei Dorothy várias vezes. Tinha uma relação muito boa com ela. Jackie foi um verdadeiro anjo, pois Dorothy era uma pessoa muito difícil de entrevistar. E quando digo difícil... ela era uma pessoa absolutamente adorável, muito doce e afetuosa, e não podia ser mais bostoniana. Sabe como é, falava com aquele 'a' aberto, dizendo *to-MAH-to*, tudo muito correto. Mas ficava caracolando, caracolando sem parar. Não me lembro de jamais tê-la ouvido dizer uma frase que tivesse um ponto final."

Em seu prefácio a *The Richer, the Poorer*, Washington escreveu: "Depois de 1945, Dorothy West se estabeleceu definitivamente em Martha's Vineyard, onde escreveu *The Living is Easy* [A vida é fácil], em 1948, e seu segundo romance, *The Wedding* [O casamento], em 1994. Abarcando quase setenta anos, a carreira de West liga a Harlem Renaissance ao realismo social das décadas de 1930 e 1940 e à ficção popular dos anos 80 e 90. Em seus contos e romances mais recentes, ela continua observando as tensões e vitórias da vida dos negros de classe média e alta, às vezes criticando os valores falsos que abraçam, mas sempre representando essas vidas com vívido realismo."

Enquanto a descrição da vida dos escravos e da degradação dos negros na literatura de Toni Morrison vem banhada em sonhos e aparições fantasmagóricos de ancestrais e espíritos vigilantes, West optou por uma linguagem mais realista. Com isto, criou um ciclo épico tão real quanto *Beloved* ou *Roots*, mas num tom sutil e reservado, mais em sintonia com o comportamento elegante que seus personagens aprenderam a adotar ao longo das gerações.

Em sua resenha no *New York Times*, a romancista e contista Susan Kenney escreveu: "Por mais difícil que pareça inicialmente distinguir a Dorothy West sobrevivente e lendária da autora que finalmente produziu um livro tão esperado, basta ler a primeira página para constatar que estamos nas mãos de uma escritora, pura e simplesmente." Jackie certamente teria apreciado isso.

Em 1993, Jackie adquiriu os direitos de publicação de *Between Heaven and Hell: The Story of a Thousand Years of Artistic Life in Russia* [Entre o céu e o inferno: A história de mil anos de vida artística na Rússia], do historiador W. Bruce Lincoln. Seria mais um de seus trabalhos que morreriam no nascedouro na difícil fase da editora em que trabalhava e, em 1998, seria publicado pela Viking Penguin. Fazendo a resenha do livro no *New York Times*, Richard Lourie observou: "Lincoln optou pela transliteração erudita dos nomes próprios russos, decisão que um editor atento teria vetado liminarmente, pois resulta em aberrações como Chaikovskii." A julgar pelo cuidado de Jackie no sentido de tornar acessíveis suas anteriores edições de obras com temática russa, ela jamais teria permitido uma grafia tão desconfortável se tivesse podido acompanhar Lincoln na edição do livro.

Jackie comemorou seu sexagésimo quarto aniversário em Martha's Vineyard no dia 28 de julho de 1993. Estava muito alegre quando Joe Armstrong a visitou no mês seguinte, hospedando-se com ela durante uma semana. Comentaria ele: "Levei para ela uma fita cassete dos Beatles, 'When I'm Sixty Four' [Quando eu fizer 64 anos], e toquei no seu aparelho estéreo, e ela riu de entortar os joelhos. Eu perguntei: 'Você nunca tinha ouvido?' E ela: 'Nunca!' Os Beatles compuseram a canção 35 anos atrás, quando 64 eram como se fossem 90. De repente, 64 anos de idade não é mais ser velho, de modo que ela achou aquilo o máximo."

Anos antes, num jantar oferecido por John Russell e Rosamond Bernier, o poeta Stephen Spender perguntou a Jackie qual considerava sua maior realização. Ela respondeu: "Acho que minha maior conquista é o fato de me considerar relativamente equilibrada, depois de passar por tempos bem difíceis." Em uma ocasião anterior, após a morte do segundo marido, Jackie pudera expor de maneira mais eloquente sua filosofia de vida: "Tenho vivido bastante e sofrido um bocado, mas também tive meus momentos de felicidade. Cada momento que vivemos é diferente do outro. O que é bom, o que é ruim, as dificuldades, as alegrias, a tragédia, o amor e a felicidade estão interligados num todo único e indescritível que se chama vida. Não é possível separar o que é bom do que é ruim, e talvez nem seja necessário." Ela também se expressou sobre a humildade que a havia mantido com os pés no chão nos anos de fama. "Por mais conhecidas que sejam, as pessoas guardam no coração as emoções de uma pessoa simples para aqueles momentos que são os mais importantes que vivenciamos na terra: nascimento, casamento e morte."

De volta a Nova York no outono, Jackie compareceu à Brooklin Academy of Music para uma apresentação de dança infantil em comemoração ao 500° aniversário da Descoberta da América por Cristóvão Colombo. Em outubro, tendo ao lado seus filhos e o presidente Bill Clinton, ela participou da reinauguração da Biblioteca John F. Kennedy. Nesse período, não deu mostra de estar reduzindo suas atividades ou se poupando no trabalho. Bruce Tracy comentaria mais tarde: "Embora já estivesse com 60 e poucos anos, não havia qualquer indicação de que estivesse reduzindo a carga de trabalho. Não me passava pela cabeça que Jackie pudesse estar pensando em se aposentar. Ela seguia em frente como se estivesse preparada para continuar por mais vinte anos."

Sem nenhum alarde, Jackie envolveu-se num projeto pelo qual conduziria uma autêntica guerra particular, para vê-lo concretizado em seus termos. Tratava-se de um original livro infantil ilustrado de autoria de um desenhista e realizador de filmes de animação, Peter Sís. Explicaria Scott Moyers, em *As We Remember Her*: "Peter Sís é um artista plástico tcheco, conhecido ilustrador de livros infantis que cresceu em Praga e desertou para o Ocidente na década de 1980. Há muito, ele desejava fazer um livro infantil para a filha, Madeleine, que crescia no Novo Mundo, para que ela ficasse sabendo do passado do pai no Velho Mundo. *The Three Golden Keys* [As três chave de ouro] conta a história de um fabricante de balões que chega à cidade de sua infância e volta para casa. É noite. A cidade toda está mergulhada no escuro. Ninguém nas ruas. Seguindo um gato que passa à sua frente, ele é levado a três marcos da cidade, e, em cada um deles, algo se manifesta e conta um conto de fadas tcheco, entregando-lhe uma chave de ouro. É uma alegoria do resgate da identidade tcheca depois do comunismo."

Ex-vice-presidente da Doubleday na gestão de Steve Rubin, Marly Rusoff disse à escritora e jornalista da PBS Karen Kelleher que Peter Sís "chamou a atenção de Jackie na edição de maio-junho de 1991 da revista *Print*. A concepção da capa era sua, com um dos seus ovos pintados." Mas a aproximação foi mais além, o que levou a um convite de Jackie para que Sís lhe mostrasse seu portfólio. Ele me explicou essa feliz convergência de circunstâncias numa tarde em que tomávamos café no Met, dizendo: "Eu fiz um ovo pintado para a capa, com o objetivo de mostrar o que é o espírito criativo, e ela adorou esses ovos pintados. Mas o que realmente aconteceu foi que ela acabara de conhecer Michael Patrick Hearn, um grande especialista em livros infantis. E ele tinha uma história sobre uma menininha que nasceu dentro de um ovo, e que sai desse ovo. Michael propôs que eu ilustrasse o livro, e foi assim que eu levei meu portfólio com as imagens dos ovos pintados. Jackie e eu nos encontramos e começamos a conversar. Aos poucos, estávamos falando de outras histórias [...]."

Jackie e Sís discutiram vários livros que ele poderia ilustrar, entre eles Júlio Verne, *O barão nas árvores*, de Italo Calvino, e *O bosque das ilusões perdidas* [*Le Grand Meaulnes*], de Alain-Fournier. Disse Sís: "Ela se parecia mais com as pessoas com as quais eu costumava lidar na Europa, como meu pai — grandes contadores de histórias com conhecimento de muitas culturas. Eu tinha a mesma impressão com a sra. Onassis. Ela conhecia todas as lendas, todas as referências."

Mais tarde, em 1991, antes de Jackie e Sís se decidirem por esse livro, ela viajou à Europa com Tempelsman. Recordaria Sís: "E ela, então, me surpreendeu, pois foi a Praga, incógnita, a convite do presidente Havel, e lá permaneceu por quatro ou cinco dias. Ela realmente conhecia a arquitetura de Praga, e me surpreendeu ao mostrar que sabia os nomes das casas pelas quais estava interessada e enfronhada em toda aquela história da mistura de culturas, como a cultura alemã, a cultura tcheca e a cultura judaica, além dos arquitetos italianos que vinham do norte. Praga era uma espécie de cadinho da Europa, e creio que ela estava muito bem informada sobre isso. Era um tema que a apaixonava, e ela perguntava: 'Por que não pensa em fazer um livro sobre Praga?'

Disse Jackie: 'Tente ser o mais livre possível. Faça o que bem entender. Tudo que quiser, ponha no livro. Mesmo que seja sombrio, assustador ou estranho, não hesite [...].' Lembro também que ela foi incrível na defesa do livro. Muitas pessoas diziam: 'Mas que coisa mais sombria e estranha', e Jackie ia a todas aquelas reuniões — lembro de reuniões em que eu estava esperando por ela, enquanto ela discutia com algum comitê. A maioria das pessoas nem se dá conta. Acham que Jackie era capaz de fazer o que bem entendesse, que tinha carta branca; mas a verdade é que ela trabalhava como qualquer outro editor e lutava para defender o livro, defender o tamanho, os números, a impressão, suas razões para publicá-lo. E eu lembro dessas reuniões, nas quais ela dizia coisas como: 'Como é que vamos conseguir impô-lo?'"

Rememorando o livro de Sís, Scott Moyers comentou: "Jackie insistiu muito em fazer esse livro infantil. Um típico livro infantil, com 32 páginas. Sís disse ter feito 64 ilustrações. E Jackie disse: 'Vamos usar todas elas, pois é o livro da sua vida.'"

Sís afirma que Jackie o salvou de um impasse emocional quando ele estava trabalhando nas ilustrações em seu estúdio. "Ao mesmo tempo, eu estava passando por uma completa mudança em minha vida. Estávamos com um bebê recém-nascido, e ela queria que eu fizesse um livro sobre Praga. Depois de sete anos, eu podia ir a Praga, pois o Muro havia caído. Portanto, se eu não tivesse uma esposa americana, se não tivesse um bebê recém-nascido, poderia ter ido. Mas também havia outro dilema: como fazer um livro sobre Praga? É uma questão de ir às ruas da cidade e pintá-las tal como são, ou seria melhor um livro de memórias? Eu achei que jamais voltaria. A gente tenta se lembrar como eram as ruas, e se dá conta de que falta muita coisa na lembrança. Portanto, me agrada a ideia de que poderei fazê-lo em Nova York, como se fosse um sonho sobre a cidade.

Mas o fato é que ela transformou o projeto em algo muito maior do que deveria ser. Disse ela: 'Vamos transformá-lo num grande livro.' Em vez de 32 páginas, eu estava fazendo 64. E falei com Jackie: 'Veja bem, isto pode levar muito mais tempo. Ficou parecendo um grande projeto.' E ela respondeu: 'Eu sei. Mas não se preocupe. Nós queremos algo especial.' [...] Minha mulher, então, teve o bebê, nós morávamos na Rua Lafayette, e eu aluguei um estúdio do outro lado da rua, num grande prédio de escritórios. [...] Eu tinha uma salinha, e espalhei pelas paredes todas aquelas imagens inspiradoras de anjos em Praga e coisas assim. Fazia um calor enorme e, duas vezes por dia, eu ia ver o bebê. O projeto estava tomando muito mais tempo do que havíamos acertado, e o tempo passava. Foram mais ou menos três meses, e ela começou a ficar preocupada. Mas, em vez de telefonar e perguntar em que ponto eu me encontrava, já que havia dito que eu podia levar o tempo que quisesse, ela resolveu aparecer para ver até onde tinha chegado.

E a história foi muito engraçada, de certa maneira, pois ela pegou um carrinho e dirigiu perfeitamente sozinha para o Centro da cidade. Ela não tinha o endereço do estúdio, mas possuía o da nossa residência. Havia no prédio um interfone, minha mulher estava com o bebê e alguém tocou. Ela disse: 'Olá, é a sra. Onassis.' E minha mulher respondeu pelo interfone: 'Ele está do outro lado da rua, no estúdio.' A sra. Onassis veio, então, ao estúdio. É um prédio enorme, com doze andares e, em cada andar, há 25 escritórios, como a Mark Morris Dance Company, editores de filmes, escritores, artistas gráficos. E ela vai percorrendo alguns desses escritórios, à minha procura. As pessoas não me conhecem, realmente, mas conhecem ela.

Até que ela me encontra. Passamos uma tarde maravilhosa. Achei a coisa mais querida que ela viesse ao meu encontro, sem serviço secreto nem nada. [...] Fico me perguntando por que não acontecem coisas assim com mais editores, precisamente num momento como aquele, enfrentado por qualquer criador — Como é que vou avançar nisto? Isto não está me levando a lugar nenhum... —, e ela chegava, dizendo: 'Puxa, está maravilhoso!' Naquele momento, ela me deu uma enorme esperança e inspiração para avançar mais dez quilômetros."

Durante uma viagem à Suécia, Jackie enviou a Sís cartões-postais com obras de arte diretamente relacionadas a Praga e ilustrações que ele estava reproduzindo para o livro. Comenta Sís: "Certa vez, ela me enviou de Estocolmo um cartão-postal de *The Librarian* [O bibliotecário], uma pintura quinhentista de Giuseppe Arcimboldo pertencente à cidade de Praga. [...] Era incrível que ela se tivesse lembrado, pois a pintura havia sido confiscada pelo exército sueco, e nós podíamos ter conversado a respeito antes, mas eu não poderia lembrar necessariamente que George Washington dormiu debaixo de uma árvore em White Plains. Em seu cartão, Jackie escrevia: 'Veja o que encontrei no castelo de Skokloster, trazido como botim de Praga. [...] Achei que era um bom prenúncio.'"

Mais uma vez, Jackie assumiu o controle da produção do livro. Sís comentaria: "Na época, tudo era impresso na Ásia, por ser mais barato. Mas não no caso dela. Ela queria o melhor possível. Disse ela: 'O livro será feito na Itália.' E ele efetivamente foi impresso na Itália. [...] Eu fiquei concluindo o livro até mais ou menos o mês de fevereiro, mantive-me tão ocupado com tudo que nem prestei atenção, não sabia como ela estava. E, então, a coisa foi feita, e nós nos encontramos. Eu ainda tive oportunidade de mostrar o trabalho a ela e fui informado do seu estado de saúde."

Sís recorda-se de ter encontrado com Jackie para repassar as ilustrações. "Se alguém quiser saber qual foi a grande realização de minha vida em Nova York, foi quando eu levei as imagens do nosso livro. Nós as espalhamos pela mesa da sala de reuniões da Doubleday e pelo chão. Enquanto ela examinava as ilustrações, eu via Times Square por trás dela. E ficava pensando: Que coisa maravilhosa! É o sonho americano tornado realidade."

Jackie mandou um bilhete a Sís em abril de 1994, um mês antes de morrer, dizendo: "Seu livro é realmente magnífico. Cada desenho mergulha no poço da mente e da criatividade de um artista, de uma maneira que nunca vi antes." Scott Moyers lembrou que Jackie "não gostava de livros dedicados a ela, mas Peter insistiu em introduzir isto: 'Obrigado por um sonho, JO.' Ela viu as ilustrações originais e editou o texto, mas acabou não vendo o livro pronto." Sís explicou que a referência ao sonho, expressando sua gratidão à editora, foi introduzida em maio, "quando ela já se fora, de maneira tão inesperada, pelo menos para mim".

Em sua maioria, os autores de Jackie não tinham conhecimento da sucessão de acontecimentos iniciada em novembro de 1993, e que levaria, seis meses depois, à sua morte. Como o resto do mundo, a maioria de seus amigos e autores ficou sabendo de sua doença somente quando ela foi anunciada por Nancy Tuckerman em fevereiro do ano seguinte. Comentaria Joe Armstrong: "A coisa toda surgiu do nada. Naquele outono, ela estava sempre resfriada, e, olhando retrospectivamente, deve ter sido o câncer. E, no dia de Ação de Graças, ela caiu do cavalo. [...] Lembro que telefonei para ela depois do acidente, e ela nem botava a culpa no cavalo." Jackie estava em Middleburg, Virgínia, participando, em 21 de novembro, de uma caçada à raposa, quando caiu do cavalo ao dar um salto.

Depois da queda, ficou inconsciente durante meia hora. O médico de sua amiga Bunny Mellon a examinou e foi encontrado um nódulo linfático inchado na virilha. O médico achou que seria provavelmente uma infecção e receitou um antibiótico. Jackie tomou um avião de volta a Manhattan no dia seguinte e compareceu a uma missa de Réquiem pelo marido na companhia dos filhos, como sempre fazia nesse mesmo dia havia trinta anos. A missa foi oficiada em São Thomas More, uma pequena igreja católica no Upper East Side, não longe de sua residência. Havia a presença de contingentes policiais naquela noite por causa do medo de que Jackie ou um dos filhos estivesse sendo seguido por um suspeito que havia buscado informações sobre a missa na véspera.

Jackie continuou sendo acometida de sintomas de gripe naquele outono, mas raramente faltava ao trabalho. Passou o Natal daquele ano com os filhos, os netos e Tempelsman em sua residência em Peapack, Nova Jersey, por ela considerada "meu santuário longe de Manhattan". Ela fora ao encontro da família dirigindo sua BMW, cheia de presentes, e aproveitou no caminho para ouvir o álbum *Duets*, gravado por Carly Simon com Frank Sinatra. Seu maior motivo de preocupação era John Jr., então com 33 anos, que acabava ser considerado "o homem mais sexy do mundo" pela revista *People*. Ele deixara seu emprego na procuradoria do distrito de Manhattan e contemplava a possibilidade de fundar uma revista com seu amigo Michael Berman, plano que finalmente viria a se concretizar em 1995, quando John lançou sua luxuosa revista mensal *George*.

Preocupada com o futuro do filho, Jackie pediu que ele conversasse com Joe Armstrong, que se recorda: "Quando John concluiu que estava disposto a deixar a procuradoria, Jackie pediu-me que me encontrasse com ele, para conversar sobre o que poderia vir a fazer. Jackie admirava o fato de que ele se mostrasse tão aberto a ideias novas e inusitadas, de que gostasse de aventuras. Ela se identificava com John — ele era tão cheio de vida e tão bem-humorado, constantemente aceso —, mas ela também se preocupava com ele."

Em janeiro, na expectativa de que umas férias pudessem curar os problemas de Jackie, Tempelsman a levou para velejar pelo Caribe, mas a viagem teve de ser abreviada porque ela começou a sentir fortes dores na virilha e no pescoço. Voltando a Nova York, eles consultaram a Dra. Carolyn Agresti, no Centro Médico do Hospital Cornell. Os testes efetuados nos nódulos linfáticos ampliados de Jackie revelaram um linfoma não Hodgkin, e ela logo daria início a uma série de quatro tratamentos de quimioterapia que haveriam de se revelar inúteis. Suas visitas ao hospital eram feitas em segredo: ela chegava com uma capa com capuz e se internava com nome falso.

Tempelsman, a primeira pessoa informada por Jackie do diagnóstico, foi um companheiro constante, assim como John e Caroline, e ela continuava se mostrando animada com amigos e colegas. Brincava, dizendo que o turbante que passou a usar para encobrir a perda de cabelo ocasionada pela quimioterapia serviria para "dar início a uma nova moda". Disse ela a Arthur Schlesinger: "Eu sempre me orgulhei de me manter em forma. Eu nado, corro, faço meus exercícios e caminho — e agora acontece isto de repente." Schlesinger comentou que Jackie estava achando graça de si mesma, e recordou: "Ela parecia animada e esperançosa, talvez para manter os amigos animados, assim como a si mesma. Acrescentava que a quimioterapia não era tão ruim assim; ela podia ler um livro durante a sessão. Os médicos diziam que, em 50% dos casos, o linfoma podia ser estabilizado. Talvez ela soubesse que era mortal. Talvez não soubesse, mas ainda que soubesse, tinha esperanças de algum outro futuro."

Depois de visitar Rose Kennedy no início daquele ano no velho complexo residencial dos Kennedy em Hyanis Port — a velha matriarca tinha, então, 103 anos, e ainda sobreviveria a ela —, Jackie voltou ao trabalho. Informara os colegas sobre seu estado de saúde pouco depois de receber o diagnóstico. "Ela nunca se queixou de qualquer dor", comentaria Scott Moyers. "Jamais deixou transparecer coisa alguma. Continuava vindo trabalhar. Era realmente uma mulher indômita. Muito para cima. Às vezes, aparecia com curativos ou manchas da terapia, mais deu prosseguimento a seus projetos até o fim. Até que houve um dia em que ela, pela primeira vez, foi levada às pressas para o hospital. Ao recobrar a consciência no hospital, ela se lembrou de que tinha um encontro com Peter Sís, em cujo livro vinha trabalhando com tanta dedicação, e a primeira coisa que lhe veio à cabeça e que ela disse foi: 'Por favor, telefonem a Peter Sís para dizer que não poderei ir.'"

Nos meses que antecederam sua morte, Jackie e Sís vinham planejando um livro até certo ponto baseado nas experiências do pai dele ensinando produção de documentários no Tibete na década de 1950. O livro de Sís, *Tibet Through the Red Box* [O Tibete através da caixa vermelha], viria a ser publicado em 1998 pela editora Frances Foster na Farrar, Straus and Giroux, com grande sucesso (e, em 2003, Sís ganhou um prêmio da MacArthur Foundation). Em 1994, os editores da Doubleday continuaram fazendo como se o estivessem acompanhando. Comentaria Sís: "Houve primeiro Scott, e depois Bruce, mas já dava para perceber o que ia acontecer. [...] Via-se que o departamento gradualmente ia se desfazendo. E, durante muito tempo, eles me levaram a acreditar que o livro seria feito. [...] Durante praticamente um ano, eles ficavam dizendo: 'Sim, claro, vamos publicá-lo.'"

Mas a Doubleday nunca mais voltaria a adquirir os direitos de publicação de um livro de Sís, que comenta: "Acho que toda essa divisão foi desmantelada. [...] Creio que Bruce Tracy e Scott Moyers ainda permaneceram, mas não por muito tempo. Era, com toda certeza, o fim de uma era. E foi também muito estranho, pois mais adiante eu vim a ter uma reunião com a Doubleday-Random House, já que a Doubleday foi incorporada pela Random House. Tive um encontro com o chefe da divisão infantil, que era no mesmo andar, no mesmo escritório em que Jackie trabalhava. E aquilo pareceu muito estranho. Foi mesmo terrível."

Gelsey Kirkland e eu recebemos um tratamento semelhante a propósito de outro livro que vínhamos discutindo com Jackie, sem saber de sua doença. Em fevereiro, eu propus um romance de mistério diferente, *The Theatricals* [Os teatrais], escrito por um velho amigo, John Leone, que era um veterano roteirista de Hollywood. Jackie mandou-me uma carta naquele mesmo mês, dizendo: "Seu amigo certamente sabe escrever! Meu coração ficou batendo — mandei o livro para os homens que decidem na Doubleday, e vou lhe dar notícias assim que souber de alguma coisa." Só depois da morte de Jackie é que tive notícias por Bruce Tracy, que me informou, sem qualquer explicação, que o romance tinha sido recusado.

No mesmo dia em que a doença de Jackie foi anunciada na imprensa, ela teve um encontro com Elizabeth Smith Brownstein, que, na época, era diretora de pesquisa da série de televisão *Smithsonian World*. Tendo visto na National Gallery a exposição "Treasure Houses in Britain", Brownstein teve a ideia de um filme. Contou-me ela: "Eu inventei uma série de televisão para documentar casas as mais diferentes. Levantei dinheiro e viajei pelo país durante dois anos. [...] E acabei formatando uma enorme proposta de uma série de televisão. Naturalmente, achando que Jackie Onassis tinha verbas ilimitadas, mandei-lhe a proposta [...] imaginando que ela ia sacar o talão de cheques.

O fato é que lhe mandei a proposta para a Doubleday, pelo correio, numa segunda-feira e, na quinta-feira da mesma semana, o telefone tocou. Estava no quarto, me preparando para ir trabalhar, e disse: 'Alô.' E a voz do outro lado, aquela voz inimitável, disse: 'Aqui é Jacqueline Onassis. Achei sua ideia incrível e das mais inspiradoras, e gostaria de conversar com você a respeito.'

Claro que eu estava quase a ponto de dizer: 'Olha aqui, minha senhora, por que é que não vai...' Mas pensei, meu Deus, eu mandei a proposta na segunda-feira e agora aqui está ela, telefonando em resposta. Portanto, tratei de me recompor, com a maior dificuldade, e conversamos um bocado, e ela disse: 'Gostaria de encontrá-la.' E não estou muito certa sobre quando foi que ela disse: 'Quero fazer um livro, além da série de televisão.' Mas sua ideia se baseava em experiências anteriores, especialmente com Bill Moyers.

Fui encontrá-la, então, na semana seguinte. [...] A previsão era a de que teríamos uma entrevista de 45 minutos. Lá estava eu, e também ela, meu produtor [...] o assistente editorial dela, Scott Moyers, e várias outras pessoas. [...] Mas ficamos conversando durante duas horas, passamos momentos absolutamente maravilhosos discutindo quais seriam as pessoas [envolvidas no projeto]. Disse ela: 'Puxa, eu conheço Bunny Mellon. Talvez possamos chamá-la [...].'

Naturalmente, eu estava muito interessada em ver o que ela vestia e como se apresentava, de modo que comecei pelos sapatos e fui subindo. Até que cheguei ao cabelo, uma linda cabeleira ondulada, e pensei: Puxa, esta mulher tem mesmo tudo, que coisa mais injusta. Mas olhei com mais atenção e me dei conta de que era uma peruca, e não o seu cabelo original. [...] Mas não tinha a menor ideia de qual poderia ter sido o motivo para aquilo.

Seja como for, a entrevista chegou ao fim com enfáticos apertos de mão. Eu perguntara se poderia chamá-la de Jackie, e ela respondeu: 'Ora, claro.' E nós fomos embora. No dia seguinte, os amigos começaram a telefonar, dizendo: 'Você viu? Você viu?' E eu perguntei: 'O quê?' E eles responderam: 'A doença dela foi anunciada publicamente pela primeira vez.' E claro que, então, eu me dei conta de que ela devia estar fazendo quimioterapia havia algum tempo antes do nosso encontro.

Mas, na verdade, pudemos continuar conversando por telefone por um mês ou mais, creio eu, sobre o que ela tinha em mente para o livro. [...] Era fascinante, pois ela era tão preparada. Ela conhecia cinema, conhecia literatura, naturalmente, e ainda por cima compartilhava as coisas — 'Quando Jack e eu estávamos em Wisconsin durante as primárias [...]', coisas assim. Isto foi em fevereiro, e, como sabemos, ela morreu em maio. Portanto, passado mais ou menos um mês, ela não estava mais em condições de continuar discutindo. [...] Não tenho a menor ideia do que poderia ter acontecido se ela não tivesse morrido. [...] Mas o fato é que, vários meses depois [...] Scott Moyers me telefonou.

Ele tinha se transferido para a Simon & Shuster, e disse: 'Nós queremos o livro. Achamos que pode se sustentar sozinho, com ou sem uma série de televisão.' E foi assim que a coisa se transformou num livro." *If This House Could Talk: Historic Homes, Extraordinary Americans* [Se esta casa pudesse falar: Residências históricas, americanos extraordinários] foi publicado em 1998, graças a Moyers, que desde então se tornou um agente literário.

Nem todo mundo se saiu mal na Doubleday após o falecimento de Jackie. Robert Lyons tinha um livro em andamento com Jackie e conseguiu apoio da editora Martha Levin. Contou-me ele: "O livro se intitula *Another Africa* [Outra África], e é de Chinua Achebe. E o que aconteceu foi que eu concluí o trabalho sobre o Egito, e quando o livro foi lançado eu estava trabalhando em outras regiões da África. Eu tinha nas mãos uma boneca bem grosseira do livro, que levei à sra. Onassis, e nós estávamos discutindo o assunto, pois àquela altura ela começara a fazer mais exigências comigo no processo editorial, a respeito da sequência de imagens e do sentido global do projeto. Ela realmente participou ativamente dessa discussão comigo. Foi um pouco antes do seu acidente equestre. Até que, como sabemos, as coisas mudaram drástica e dramaticamente. [...]

Voltei a Martha Levin, que me disse: 'Gostaria muito de editar o livro.' Àquela altura, os poemas de Chinua não tinham sido publicados nos Estados Unidos, apenas na Inglaterra. Eu tinha um excelente relacionamento com ele, que também me ofereceu material até então inédito. Portanto, no início do projeto, Jackie estava presente, me aconselhando."

Alguns autores trocaram a Doubleday por outras editoras, simplesmente por não suportarem a ideia de trabalhar lá sem Jackie. Um deles foi John Loring, que havia colaborado com Jackie nos livros sobre a Tiffany. Disse-me ele: "Ela e eu tínhamos uma enorme lista de livros que queríamos fazer juntos. E ela costumava brincar: 'Caramba, acho que quando tivermos 80 anos, estaremos publicando *Cogumelos da Tiffany*.' E depois que ela se foi, eu simplesmente não conseguia continuar lá. Publiquei um livro [de Natal], e depois me transferi para a Abrams, pois já não havia mais a presença de Jackie [...]. Eu tinha me acostumado muito mal por tê-la trabalhando comigo. E é claro que nunca mais foi a mesma coisa sem ela."

Em abril de 2003, David Stenn publicou na *Vanity Fair* um artigo sobre um documentário, *Girl 27* [Garota 27], que estava fazendo. Lançado em 2007, o filme foi indicado para o Grande Prêmio do Júri no Festival de Cinema de Sundance, mas o projeto tinha começado como uma ideia de história que Jackie encorajara Stenn a levar a cabo uma década antes. Recordaria ele na *Vanity Fair*: "'O que é que vamos fazer agora?', perguntou Jacqueline Onassis. Estávamos em setembro de 1993. Ela acabara de editar *Bombshell: The Life and Death of Jean Harlow* [Explosiva: Vida e morte de Jean Harlow]. [...] Nessa ocasião, almoçando no Peninsula Hotel em Manhattan, eu falei a Jackie de um tema dos mais intrigantes com que me havia deparado durante as pesquisas sobre Harlow. Um mês antes da morte da estrela, em 1937, uma dançarina chamada Patricia Douglas tinha sido estuprada numa festa de arromba promovida por Louis B. Mayer para a MGM. Ao invés de negociar seu silêncio em troca de um contrato no estúdio ou de dinheiro, Douglas divulgou sua história e abriu um processo que marcou época. Uma das pessoas que eu entrevistei me disse: 'Eles mandaram matá-la.'

Eu não acreditei, segundo disse a Jackie, porque, embora a MGM fosse, na época, o mais poderoso estúdio de cinema do mundo, com uma ferrovia própria e uma força policial interna, o fato é que jamais seria capaz de chegar a tais extremos. Jackie sorriu e disse: 'Por que não tenta descobrir o que realmente aconteceu? Você é a única pessoa capaz disso, David.'"

Tratava-se certamente do tipo de história sensacional que Jackie poderia ter publicado, mas, não a tendo mais como editora, Stenn decidiu levar adiante apenas o filme. Ele era um desses escritores capazes de apreciar e valorizar o estilo velha guarda de Jackie, trabalhando como uma editora que acompanhava de perto os autores e lhes dava a oportunidade de desenvolver seus talentos. Comentou ele: "Ela cultivava autores, e não súditos. No atual mercado editorial, só querem saber sobre o que você está escrevendo, ninguém está interessado no fato de que *é você* que está escrevendo — e quando o editor não tem um autor que venda livros, não vai ficar publicando alguém simplesmente porque acredita nele. Jackie *cultivava*, e pensava a longo prazo. Para mim, era parecido com o sistema de estúdios em Hollywood: eles contratam alguém, desenvolvem seu talento e pensam a longo prazo. É um grande investimento, financeiramente, em termos de tempo e de recursos, mas é por isso que se fala da era de ouro de Hollywood: aquele sistema entendia que os talentos precisam ser cultivados. Era como nas guildas do Renascimento — e Jackie podia mesmo ser considerada uma mulher do Renascimento. Acreditava que um editor deve investir numa voz autoral. É possível que a gente não se interesse pelo tema, mas respeitamos o talento — o que é uma forma mais profunda de respeito."

Segundo Carl Sferrazza Anthony, comentando sua doença, Jackie disse a um amigo na época: "Quase posso dizer que fiquei contente que tenha acontecido, pois me deu uma segunda vida. Atualmente, acho graça e desfruto muito mais das coisas." Mesmo naquele inverno, ela continuava caminhando pelo Central Park com Tempelsman, e certo dia participou de uma animada guerra de bolas de neve com as netas. *A lista de Schindler* foi o último filme que viu.

Sua assistente nos primeiros anos na Doubleday, Hope Marinetti, escreveu-lhe naquele período. Recorda-se Marinetti: "Os anos foram se passando, e eu me mantinha mais ou menos em contato, até que pensei: Puxa vida, ela não precisa ficar recebendo notícias de mim. Mas quando fiquei sabendo que ela estava doente, mandei-lhe uma carta, dizendo apenas que estava pensando nela, que não sabia se se lembrava de mim, e juntei uma foto minha com meu cachorro. Deve ter sido apenas um mês antes de ela falecer, eu fui à caixa de correio e encontrei um envelope azul, com um bilhete manuscrito dela, dizendo: 'Claro que eu lembro de você', a coisa mais doce. Ela não precisava se ter dado ao trabalho de me responder. Eu não sou ninguém assim tão importante nos rumos da história. Mas era bem característico dela escrever esse lindo bilhete manuscrito."

Jackie mantinha a correspondência e mandava cartas a alguns amigos e autores. A John Loring, escreveu: "Está tudo bem. Podemos, então, ter outro almoço festivo." Louis Auchincloss comenta: "John Kenneth Galbraith disse-me que ela estava doente, e eu perguntei: 'Mas vai melhorar?' Ele respondeu: 'Não, não vai.' E foi como fiquei sabendo. E aconteceu muito pouco tempo depois disso, de modo que eu lhe escrevi uma carta na época e recebi uma resposta dias antes de ela morrer. 'Querido Louis, realmente fico muito grata por sua linda carta. Fiquei comovida que a tenha mandado. Vai dar tudo certo, prometo.'"

Jackie usou esta frase, "vai dar tudo certo", em grande número dos bilhetes que redigiu nesse período de sofrimento, para expressar sua fé e aliviar as preocupações dos outros quanto a sua saúde. O biógrafo David Spoto especulou que ela poderia estar fazendo referência à mística medieval inglesa Juliana de Norwich. Jackie conhecia seus escritos e sua famosa frase: "Tudo estará bem, e tudo estará bem, e todas as coisas estarão bem." Embora continuasse ligada ao catolicismo romano, Jackie se escorava numa interpretação muito própria da fé, tendo visto a mãe ser excomungada pelo casamento com Auchincloss, e tendo ela própria sido ameaçada de excomunhão depois de se casar com Onassis.

Scott Moyers relatou a Carl Sferrazza Anthony seus sentimentos ao ser informado por Nancy Tuckerman de que Jackie não se recuperaria. "Eu só conseguia pensar que se tratava de uma autêntica tragédia, pois tinha a forte sensação de que aquela mulher, àquela altura da vida, equacionara tudo. Ela se cercara daquela constelação de pessoas cultas e maravilhosas, dedicando-se profundamente a seus interesses, constantemente envolvida com novas e estimulantes ideias, com fortes laços de família, uma vida pessoal absolutamente sólida, frequentando lugares que amava — a Virgínia, Martha's Vineyard, Manhattan. Meu Deus, aquela mulher finalmente equacionara tudo, e de repente tudo lhe era tirado."

Jackie não tentava ignorar a própria condição. No dia 22 de março, depois de várias longas discussões com os filhos, Tempelsman e seus advogados, ela assinou seu testamento, um longo e complexo documento. Embora deixasse a maior parte de suas propriedades a John e Caroline, ela destinava algumas dotações em dinheiro a vários amigos, parentes e empregados. Como planejado, Jackie também providenciou para ser enterrada no Cemitério Nacional de Arlington, ao lado de John

F. Kennedy e dos filhos: Arabella, natimorta, e Patrick, que morreu pouco depois de nascer.

Nesse período de preparativos, segundo Edward Klein (autor de *Farewell, Jackie* [Adeus, Jackie]), citando uma testemunha anônima que alega ter estado presente no quarto, Jackie e Nancy Tuckerman repassaram todas as cartas de amor que Jackie recebera ao longo dos anos, tratando de destruí-las na lareira. A história pode ser apócrifa, embora Jackie de fato tivesse estipulado no testamento que nenhum de seus papéis deveria ser publicado antes da morte dos dois filhos. A certa altura, percorrendo o apartamento na Quinta Avenida, Jackie disse a Caroline e John: "Vendam tudo. Vão ganhar muito dinheiro." Seguindo o conselho da mãe, dois anos depois, eles providenciaram um leilão de muitos de seus livros, obras de arte e objetos de uso pessoal na Sotheby's — acontecimento que se transformou em verdadeiro espetáculo. Entre os livros vendidos estavam alguns dos editados por Jackie, com dedicatórias dos autores.

Jackie continuaria trabalhando no mês de abril, saudando a nova estação: "Não é maravilhoso? Uma das primaveras mais gloriosas de que me lembro. E depois de um inverno tão terrível." Joe Armstrong e Carly Simon, que tinha recentemente perdido a mãe, convidaram Jackie e vários outros amigos para almoçar no enorme apartamento de Simon em Central Park West. Entre os convidados estavam Peter Duchin, Brooke Hayward e o cineasta Ken Burns. Conta Armstrong: "Ela ficava repetindo: 'Mais umas quatro semanas e voltarei a ser eu mesma, terei minha vida de volta.'" Ela ainda tinha a esperança de que novas sessões de quimioterapia pudessem curá-la.

Comenta Duchin: "Nós não conversamos sobre sua batalha contra o câncer. Todos sabíamos que ela estava doente. Ela se mostrava muito corajosa. Naturalmente, não entrávamos em detalhes. Lembro que ela dizia que se cansava com muito mais facilidade. Mas estava muito animada. E disse: 'Eu vou vencer.'" Naquela tarde, antes de se separarem, Simon deu a Jackie a partitura de uma canção que compusera para ela, "Touched by the Sun" [Tocada pelo Sol]. No dia seguinte, Jackie telefonou a Simon e Armstrong para comentar o almoço e dizer que estava emocionada com a letra que Carly escrevera para ela.

No dia 14 de abril, Jackie foi hospitalizada por causa de uma úlcera contraída com o tratamento de esteroides. Outras terapias ainda mais radicais lhe foram propostas, mas ela optou por não tentar prolongar a vida dessa maneira, querendo preservar sua dignidade. Manteve-se serena, demonstrando coragem. Ainda conseguia esconder a doença dos amigos. Cary e Edith Welch estiveram por breve momento com Jackie na quarta-feira, 11 de maio, a caminho da Europa, sem se dar conta da gravidade de seu estado. Cary diria a Sarah Bradford: "Uma das coisas que eu não consigo entender é que [...] quando voltamos da Europa, após a morte dela, recebi do nosso filho, Thomas, uma pilha de recortes de jornais sobre seus últimos dias e, segundo esses relatos, no dia em que a visitamos, ela já devia estar tão arrasada pela doença que seria impossível ter a conversa que tivemos — o que me parece totalmente incondizente com o que vimos."

No domingo, 15 de maio, Jackie, parecendo muito frágil, deu uma última caminhada pelo Central Park com Tempelsman e os netos. No dia seguinte, estava se sentindo mal e tendo calafrios. Foi levada ao hospital, onde se constatou que o câncer havia chegado ao fígado. Na quarta-feira, muito angustiada e sabendo que o fim estava perto, Jackie voltou para seu apartamento na Quinta Avenida. Uma das últimas pessoas a visitá-la foi seu meio-irmão Hugh D. (Yusha) Auchincloss Jr., que fora padrinho de seu casamento com JFK. Ele escreveria posteriormente sobre essa visita: "Eu sabia que ela sabia que estava na hora de ir em frente, e ela não queria que seu criador ficasse esperando. Foi-se sem qualquer sentimento de autocomiseração [...]."

Um dos comentários mais pungentes me foi transmitido por Louis Auchincloss: "Em fevereiro de 1991, eu tive a grande infelicidade de perder minha querida esposa, Adele, numa batalha contra o câncer. Na manhã seguinte, Jackie deixou esta maravilhosa carta no meu apartamento. 'Fiquei sabendo esta tarde. Ainda não consigo acreditar. Meu coração está com você e com seus maravilhosos filhos. [...] Só consigo pensar na valentia de sua longa e derradeira batalha — e também na sua, que a acompanhou o tempo todo. Você provavelmente conhece estas lindas palavras, que devem ser de Shakespeare: 'Nada em sua vida lhe caiu tão bem quanto a sua partida.' As cartas que a vida nos dá, nunca podemos saber ou imaginar. [...] A mim parece que a vida toda Adele soube apenas dar — à família, a coisas importantes para a comunidade, ao mundo. Não devia ter precisado sofrer tanto. Não são muitas as pessoas que se revelam tão profundamente boas quanto ela. Todos que tiveram sua vida tocada pelo espírito dela haverão de lembrar, sentir-se gratos, sentir sua falta para sempre.' Eu poderia ter escrito o mesmo a respeito de Jackie, infelizmente, apenas três anos mais tarde."

Jackie morreu às dez e quinze da noite de quinta-feira, 19 de maio. No dia seguinte, John Jr. fez o anúncio à imprensa, dizendo que ela falecera "cercada pelos amigos e a família, pelos livros, as pessoas e as coisas que amava. E foi do seu jeito, à sua maneira, e todos nós agradecemos por isto, sabendo que ela está nas mãos de Deus".

Na segunda-feira, 23 de maio, houve uma vigília em sua residência na Quinta Avenida, com o comparecimento de mais de cem convidados. Na sala de visitas, havia um caixão de mogno lustrado coberto por sua colcha de cetim antiga. Carly Simon descreveria a cena a Edward Klein, dizendo: "Foi uma vigília irlandesa tradicional, e eu fiquei muito contrariada. Era como participar de um coquetel." Simon acabou ficando arrasada e se foi em prantos ao tentar deixar uma lembrança no caixão de Jackie, sendo convidada a se retirar pelo marido de Caroline, pois só os membros da família estavam autorizados a esse tipo de gesto íntimo. Monsenhor George Bardes, da igreja de São Thomas More, fora convidado a fazer a oração fúnebre, recordando mais tarde: "O apartamento estava cheio de gente, senadores, celebridades. Caroline recebia a todos. Estava tão quente e tão cheio que alguém desmaiou, e tiveram de chamar um médico."

O funeral de Jackie teve lugar no dia seguinte na igreja de Santo Inácio, a mesma em que fora batizada e fizera a primeira comunhão. Todos os relatos falam de um serviço religioso de grande esplendor. Estavam presentes sua família, os amigos, colegas e alguns de seus autores, entre eles Louis Auchincloss, George Plimpton, Bill Moyers, David Garrard Lowe, Deborah Turbeville e Judith Jamison. Jamison comentaria: "Para mim, ficou parecendo absolutamente de acordo com ela e com seu gosto. Assim que começaram a tocar o *Requiem* de Fauré [*em ré menor*], não deu mais. A partir dali, não deu mais."

David Garrard Lowe contou-me: "Sentei-me ao lado do senador [Daniel Patrick] Moynihan, um velho conhecido e um homem maravilhoso. Naturalmente, era tudo muito triste, por ser um funeral, e não uma cerimônia memorial, tendo ela acabado de morrer, numa idade não avançada. Durante o canto do hino após o ofício, lembro-me do caixão percorrendo o corredor e, atrás dele, os filhos, Caroline e John-John, seguidos de Teddy e Ethel, a viúva de Bobby, e Lady Bird Johnson. Parecia uma autêntica edição do programa *Esta é a sua vida*. O órgão tocava "America the Beautiful". Ao se aproximar o caixão, eu me virei. Não conseguia olhar, temendo começar a chorar. A atmosfera estava carregada de uma sensação de encerramento. Ao me voltar, o senador Moynihan murmurou: 'Também não consigo olhar' [...] Quando me levantei para ir embora, fiquei impressionado com o fato de o enorme santuário não estar cheio. Estavam presentes apenas os que haviam sido convidados. Mas, lá fora, a Avenida Park fora tomada por uma multidão em silêncio, que observava o caixão ser depositado no carro fúnebre que daria início à jornada até Arlington."

Não foi autorizada a presença de câmeras de televisão, mas se instalou um sistema de som para os que haviam ficado lá fora. John Jr. deu início ao serviço declarando como havia sido difícil decidir sobre as leituras: "Nos esforçamos para encontrar textos que capturassem a essência da minha mãe." E explicou: "Três coisas nos ocorriam permanentemente e acabaram por determinar a nossa escolha. Eram o seu amor pelas palavras, os laços do lar e da família e seu espírito de aventura."

Houve leituras da Bíblia e orações, assim como um comovente elogio fúnebre pronunciado por Ted Kennedy. Jessye Norman cantou a "Ave Maria" de Franz Schubert e o "Panis Angelicus" de César Frank. Caroline e Tempelsman leram dois dos poemas favoritos de Jackie, "Lembrança de Cape Cod", de Edna St. Vincent Millay, e "Ítaca", de C. P. Cavafy. Caroline leu o poema de Millay num livro que Jackie havia ganhado como prêmio na classe de literatura da Miss Porter's School em 1947. Na tribuna, Maurice recitou o poema de Cavafy, que Jackie sabia de cor. Ele fala das aventuras de Ulisses, da chegada do peregrino ao destino homérico de Ítaca, assinalando o fim da viagem.

Ao começar tua viagem a Ítaca,
reza para que o caminho seja longo,
cheio de aventuras, cheio de conhecimento [...]

E então reza para que o caminho seja longo.
Para que sejam muitas as manhãs de verão,
e chegues a portos vistos pela primeira vez
com tanto prazer, tanta alegria!

Após a leitura do poema, Maurice fez uma pausa e acrescentou uma estrofe de sua própria lavra, permitindo aos presentes apreciar algo do que ele havia compartilhado com Jackie em seu longo tempo como companheiros:

E agora a viagem chegou ao fim.
Breve demais, infelizmente muito breve.
Foi cheia de aventura e sabedoria
Riso e amor, coragem e dignidade.
E, então, adeus, adeus.

Em seu santuário no escritório, Jackie se havia protegido de maneira tão eficiente do público ao longo daqueles últimos dezenove anos, que os quatro dias de orgia hagiográfica que assinalaram sua morte nos meios de comunicação praticamente nada revelaram além da persona célebre, embora se pudesse observar, de passagem, que a carreira de Jackie como editora havia durado mais do que qualquer dos seus dois casamentos. Escrevendo no *New York Times*, Frank Rich lamentou que a mulher Jackie tivesse permanecido um mistério, celebrada de maneira inadequada pela repetição de quatro palavras como um mantra: "Elegância, dignidade, estilo, classe". A imagem de Jackie agachada no chão em meio a páginas manuscritas nunca apareceu na cobertura da mídia, que acabava sempre cedendo ao estonteante caleidoscópio de outros capítulos de sua vida.

Um ano depois, quatorze dos autores de Jackie disseram-lhe adeus escrevendo ensaios de homenagem para um livrinho de capa dura azul distribuído por seu editor em edição particular limitada entre parentes e amigos. Um volume assim modesto representava um gesto adequadamente elegante, embora não contemplasse qualquer referência a muitas das obras de seu legado. O horizonte descortinado por Jackie no mundo editorial abarcava o reconhecimento de que toda vida tem sua riqueza e seu significado, que esperam ser revelados pelo que ela chamava de "a dura tarefa da escrita". Ao longo dos anos, a Doubleday e a Viking permitiram que muitos dos livros editados por Jackie saíssem de catálogo. Já não eram considerados comercialmente vantajosos, embora talvez possamos esperar, nessa era de maravilhas no Google, que venham a sobreviver, assim como a sabedoria transmitida pelo exemplo de sua bela viagem.

Livros publicados por Jacqueline Kennedy Onassis

Viking Press

Chase-Riboud, Barbara. *Sally Hemings.* 1979.

De Pauw, Linda Grant, e Conover Hunt, com Miriam Schneir. *Remember the Ladies: Women in America, 1750-1815.* 1976.

Kennedy, Eugene. *Himself! The Life and Times of Mayor Richard J. Daley.* 1978.

Mellon, James. *The Face of Lincoln.* 1979.

Onassis, Jacqueline, ed. *In the Russian Style.* 1976.

Onassis, Jacqueline Kennedy, ed. *The Firebird and Other Russian Fairy Tales.* 1978.

Penn, Irving, e Diana Vreeland. *Inventive Paris Clothes, 1909-1939: A Photographic Essay.* 1977.

Doubleday

Adams, William Howard. *Atget's Gardens: A Selection of Eugène Atget's Garden Photographs.* Introdução de Jacqueline Kennedy Onassis. 1979

Appelbaum, Stephen A. *Out in Inner Space: A Psychoanalyst Explores Alternate Therapies.* 1979.

Auchincloss, Louis. *False Dawn: Women in the Age of the Sun King.* 1984.

Bass, Jack. *Taming the Storm: The Life and Times of Judge Frank M. Johnson, Jr.* 1993.

Beevor, Antony, e Artemis Cooper. *Paris After the Liberation, 1944-1949.* 1994.
Bernier, Olivier. *At the Court of Napoleon.* 1989.
______. *The Eighteenth-Century Woman.* 1982.
______. *Louis XIV: A Royal Life.* 1987.
______. *Pleasure and Privilege.* Prefácio de Louis Auchincloss. 1981.
______. *Secrets of Marie Antoinette.* 1985.
Campbell, Joseph, com Bill Moyers. *The Power of Myth.* 1988.
Catlin, George. *Drawings of the North American Indians.* 1984.
Cook, Don. *Ten Men and History.* 1981.
Cott, Jonathan. *Isis and Osiris.* 1994.
______. *The Search for Omm Sety.* 1987.
Cott, Jonathan, ed. *Skies in Blossom: The Nature Poetry of Emily Dickinson.* Ilustrações de Mary Frank. 1995.
Cott, Jonathan, e Christine Doudna, ed., com Rolling Stone Press. *The Ballad of John and Yoko.* 1982.
De Combray, Richard. *Goodbye, Europe.* 1983.
Crook, Elizabeth. *The Raven's Bride.* 1991.
______. *Promised Lands.* 1994.
Custine, Marquês de. *Empire of the Czar.* 1989.
Eggleston, William. *The Democratic Forest.* 1989.
Elliott, Carl. *The Cost of Courage: The Journey of an American Congressman.* 1992.
Farber, Robert. *By the Sea* (direitos adquiridos pela Doubleday, editado pela Melrose Square). 1987.
Frissell, Toni. *Toni Frissell: Photographs, 1939-1967.* Introdução de George Plimpton. 1994.
Giles, Sarah. *Fred Astaire: His Friends Talk.* 1988.
Gonick, Larry. *The Cartoon History of the Universe,* Volume I. 1990.
______. *The Cartoon History of the Universe,* Volume 2. 1992.
Graham, Martha. *Blood Memory.* 1993.
Hampton, Mark. *Legendary Decorators of the Twentieth Century.* 1992.
Jackson, Michael. *Moonwalk.* 1988.
Jamison, Judith. *Dancing Spirit.* 1993.
Jhabvala, Ruth Prawer. *Poet and Dancer.* 1993.
______. *Shards of Memory.* 1995.
Kennedy, Eugene. *Father's Day.* 1981.

______. *Queen Bee*. 1982.
Kirkland, Gelsey, com Greg Lawrence. *Dancing on My Grave*. 1986.
______. *The Little Ballerina and Her Dancing Horse*. 1993.
______. *The Shape of Love*. 1990.
Ladd, Mary-Sargent. *The French Woman's Bedroom*. 1991.
Lincoln, W. Bruce. *Between Heaven and Hell: The Story of a Thousand Years of Artistic Life in Russia* (direitos adquiridos pela Doubleday, editado pela Viking Penguin). 1998.
Linscott, Jodi. *Once Upon A to Z: An Alphabet Odyssey*. Ilustrações de Claudia Porges Holland. 1991.
______. *The Worthy Wonders Lost at Sea: A Whimsical World Search Adventure*. 1993.
Loring, John. *The New Tiffany Table Settings*. 1981.
______. *The Tiffany Gourmet Cookbook*. 1992.
______. *Tiffany Parties*. 1989.
______. *Tiffany's 150 Years*. 1992.
______. *Tiffany Taste*. 1986.
______. *The Tiffany Wedding*. 1988.
Lowe, David Garrard. *Stanford White's New York*. 1992.
Lyons, Robert. *Egyptian Time*. 1992.
Mahfouz, Naguib. *The Cairo Trilogy: Palace Walk, Palace of Desire, and Sugar Street*. 1990, 1991 e 1992.
Mason, Frances. *I Remember Balanchine*. 1991.
Moyers, Bill. *Healing and the Mind*. 1993.
______. *A World of Ideas: Conversations with Thoughtful Men and Women About American Life Today and the Ideas Shaping Our Future*. 1989.
______. *A World of Ideas* II. 1990.
Patnaik, Naveen. *The Garden of Life: An Introduction to the Healing Plants of India*. 1993.
______. *A Second Paradise: Indian Courtly Life, 1590-1947*. 1985.
Peskov, Vasily. *Lost in the Taiga: One Russian Family's Fifty-Year Struggle for Survival and Religious Freedom in the Siberian Wilderness*. 1994
Plimpton, George. *Fireworks: A History and Celebration*. 1984.
Pope-Hennessy, John. *Learning to Look: My Life in Art*. 1991.
Previn, André. *No Minor Chords: My Days in Hollywood*. 1991.
Pushkin, Aleksandr. *The Golden Cockerel and Other Fairy Tales*. Introdução de Rudolf Nureyev. 1990.

Radzinsky, Edvard. *The Last Tsar: The Life and Death of Nicholas II*. 1992.
———. *Stalin: The First In-depth Biography Based on Explosive New Documents from Russia's Secret Archives*. 1996.
Ramati, Raquel. *How to Save Your Own Street*. 1981.
Redford, Dorothy. *Somerset Homecoming: Recovering a Lost Heritage*. 1988.
Riboud, Marc. *The Capital of Heaven*. 1990.
Rothschild, Miriam. *Butterfly Cooing Like a Dove*. 1991.
Simon, Carly. *Amy the Dancing Bear*. 1989.
———. *The Boy of the Bells*. 1990.
———. *The Fisherman's Song*. 1991.
———. *The Nighttime Chauffeur*. 1993.
Sís, Peter. *The Three Golden Keys*. 1994.
Sloane, Florence Adele. *Maverick in Mauve*. Editado por Louis Auchincloss. 1983.
Steinke, Darcey. *Up Through the Water*. 1989.
Steinkraus, William C., ed. *The De Nemethy Method: Modern Techniques for Training the Show Jumper and the Rider*. 1988.
Stenn, David. *Bombshell: The Life and Death of Jean Harlow*. 1993.
———. *Clara Bow: Runnin' Wild*. 1988.
Turbeville, Deborah. *Unseen Versailles*. Introdução de Louis Auchincloss. 1982.
Udall, Stuart. *To the Inland Empire: Coronado and Our Spanish Legacy*. 1987.
Valenti, Jack. *Protect and Defend*. 1992.
Vreeland, Diana. *Allure*. 1980.
Walter, Jakob. *Diary of a Napoleonic Foot Soldier*. 1991.
Walton, William, ed. *A Civil War Courtship: The Letters of Edwin Weller from Antietam to Atlanta*. 1980.
Wenner, Jann, ed. *The Best of Rolling Stone: 25 Years of journalism on the Edge*. 1993.
West, Dorothy. *The Wedding*. 1995.
Wise, David. *The Samarkand Dimension*. 1987.
Zamoyska-Panek, Christine. *Have You Forgotten? A Memoir of Poland, 1939-1945*. 1989.
Zaroulis, Nancy. *Call the Darkness Light*. 1979.

Fontes

Introdução

Entrevistas

Joe Armstrong, Louis Auchincloss, Liz Smith (entrevista e correspondência por e-mail), Gloria Steinem (via correspondência por e-mail), J. C. Suarès (entrevista e correspondência por e-mail).

Livros e periódicos

Adler, Bill, ed. *The Eloquent Jacqueline Onassis.* Nova York: William Morrow, 2004.

Berg, A. Scott. *Max Perkins: Editor of Genius.* Nova York: E. P. Dutton, 1978.

Dunne, Dominick. Forever Jackie. *Vanity Fair,* julho de 1994 (citação de Naveen Patnaik: "Se produzir um livro...").

Hamilton, Edith. *The Greek Way.* Nova York: W.W. Norton, 1993.

Jackie: Behind the Myth. Transmissão da PBS, 29 de novembro de 1999 (Katell Le Bourhis).

Jackie on Her Own. *Newsweek,* 29 de setembro de 1975.

Kennedy, Eugene. First Lady Jacqueline Kennedy Onassis, 1929-1994. Reprint of Senator Edward Kennedy's memorial eulogy delivered at St. Ignatius Loyola Church, New York City, 23 de maio de 1994. Memorial Tributes in the One Hundred Third Congress of the United States. Washington, D.C.: U.S. Government Printing Office, 1995.

Mailer, Norman. The Prisoner of Celebrity. *Esquire,* dezembro de 1983.

Rubin, Harriet. *The Princessa: Machiavelli for Women: The Art of Women, Age, and Power.* Nova York: Doubleday Business, 1997.
Silverman, Al. *The Time of Their Lives: The Golden Age of Publishers, Their Editors and Authors.* Nova York: St. Martin's Press, 2008.
Steinem, Gloria. "Gloria Steinem on Jacqueline Onassis", e "Jacqueline Onassis on Working". *Ms.*, março de 1979.

1. Um destino especial

Entrevistas

Louis Auchincloss, Rich Barber, Peter Beard, Stephen Birmingham, Jimmy Breslin, Barbara Burn, Linda Grant De Pauw, Thomas Guinzburg, Christopher Holme, Conover Hunt, David Garrard Lowe, Deborah Nevins, Daniel Okrent, Marc Riboud, Harriet Rubin (correspondência por e-mail), Miriam Schneir, Elisabeth Sifton, Becky Singleton (correspondência por e-mail), Theodore Sorensen, Gloria Steinem (correspondência por e-mail), Gael Towey, David Zinsser.

Livros e periódicos

Adler, Bill, ed. *The Eloquent Jacqueline Onassis.* Nova York: William Morrow, 2004.
Anderson, Christopher. *Jackie After Jack: Portrait of the Lady.* Nova York: William Morrow, 1998 (Marc Riboud e Jackie na citação sobre o Central Park).
Anthony, Carl Sferrazza. *As We Remember Her: Jacqueline Kennedy Onassis in the Words of her Friends and Family.* Nova York: HarperCollins, 1997.
Beard, Peter. *Longing for Darkness: Kamante's Tales from Out of Africa.* Nova York: Harcourt Brace Jovanovich, 1975.
Birmingham, Stephen. *Jacqueline Bouvier Kennedy Onassis.* Nova York: Grosset & Dunlap, 1978.
______. The Public Event Named Jackie. *New York Times*, 20 de junho de 1976.
Bradford, Sarah. *America's Queen: The Life of Jacqueline Kennedy Onassis.* Nova York: Viking Penguin, 2000 (Karen Lerner).
Capote, Truman. *Answered Prayers: The Unfinished Novel.* Nova York: Random House, 1987.

Churcher, Sharon, e Ellen Hawkes. The Mother of the Bride. *Ladies' Home Journal*, agosto de 1986.

De Pauw, Linda Grant, e Conover Hunt, com a colaboração de Miriam Schneir. *Remember the Ladies: Women in America, 1750-1815*. Nova York: Viking, 1976.

Dunne, Dominick. Forever Jackie. *Vanity Fair*, julho de 1994.

Epstein, Jason. *Eating: A Memoir*. Nova York: Alfred A. Knopf, 2009.

Fay, Paul. *The Pleasure of His Company: John F. Kennedy*. Nova York: Harper and Row, 1966.

Gibson, Barbara, e Harriet LaBarre. The Rose Days: My Years as Rose Kennedy's Secretary. *Ladies' Home Journal*, abril de 1978.

Heymann, C. David. The Very Private Life of Jacqueline Kennedy Onassis. *Cosmopolitan*, junho de 1986.

Jackie: Behind the Myth, transmissão da PBS, 29 de novembro de 1999.

Jackie's World. *People*, 18 de abril de 1977.

Jacqueline Kennedy Onassis, 1929-1994. *Newsweek*, 30 de maio de 1994.

Jovanovich, William. *The Temper of the West: A Memoir*. Columbia, SC: University of South Carolina Press, 2003.

Kashner, Sam. A Clash of Camelots. *Vanity Fair*, outubro de 2009.

Kelleher, K. L. *Jackie: Behind the Myth of Camelot*. Bloomington, IN: Xlibris Corporation, 2000.

Kennedy, Jacqueline Bouvier, e Lee Bouvier. *One Special Summer*. Nova York: Delacorte Press, 1974.

Kennedy, John F. *Profiles in Courage*. Nova York: Harper & Brothers, 1955.

Krebs, Albin. Jacqueline Onassis Is Editor at Viking. *New York Times*, 17 de setembro de 1975.

Manchester, William. *The Death of a President*. Nova York: Harper & Row, 1967.

Martin, Douglas. Paul B. Fay Jr., 91, Buddy of President Kennedy, Dies. *New York Times*, 30 de setembro de 2009.

McLendon, Winzola. The New Jackie. *Ladies' Home Journal*, janeiro de 1976.

Miss Onassis Denies Her Father Planned Divorce. *New York Times*, 18 de abril de 1975.

Nevins, Deborah. *Grand Central Terminal*. Nova York: Municipal Art Society, 1982.

Onassis, Jacqueline Kennedy (sem crédito). Being Present. *New Yorker*, The Talk of the Town, 13 de janeiro de 1975.

Peer, Elizabeth. Jackie on Her Own. *Newsweek*, 29 de setembro de 1975.
Remembering Jackie. *New Yorker*, The Talk of the Town, 30 de maio de 30, 1994.
Sidey, Hugh. *John F. Kennedy: President*. Nova York: Atheneum, 1963.
Silverman, Al. *The Time of Their Lives: The Golden Age of Publishers, Their Editors and Authors*. Nova York: St. Martin's Press, 2008.
Sorensen, Theodore. *Counselor: A Life at the Edge of History*. Nova York: Harper, 2008.
Steinem, Gloria. Gloria Steinem on Jacqueline Onassis, e Jacqueline Onassis on Working. *Ms.*, março de 1979 ("Lembro-me de um motorista de táxi..." e outras referências).

2. Ao estilo russo, passando por Paris

Entrevistas

William Howard Adams (entrevista e correspondência por e-mail), Joe Armstrong, Rosamond Bernier, Ferle Bramson, Jimmy Breslin, Barbara Burn, Barbara Chase-Riboud, Thomas Guinzburg, Christopher Holme, Eugene Kennedy, Suzanne Massie, Delfina Rattazzi (correspondência por e-mail), Jeannette Seaver, Elisabeth Sifton, Becky Singleton (correspondência por e-mail), Judith Straeten, Gael Towey, Frederick Vreeland (correspondência por e-mail e entrevista), Nicholas Vreeland, David Zinsser.

Livros e periódicos

Adler, Bill, ed. *The Eloquent Jacqueline Onassis*. Nova York: William Morrow, 2004.
Anthony, Carl Sferrazza. *As We Remember Her: Jacqueline Kennedy Onassis in the Words of Her Friends and Family*. Nova York: HarperCollins, 1997.
Baker, John F. Star Behind the Scenes. *Publishers Weekly*, 19 de abril de 1993.
Brady, Mathew. Ver http://memory.loc.gov/ammem/cwphtml/cwbrady.html.
Breslin, Jimmy. The Hierarchy of Decency. *Chicago Tribune*, 19 de maio de 2002.
Chase-Riboud, Barbara. *Sally Hemings*. Nova York: Viking, 1979; Chicago Review Press, 2009.
Dwight, Eleanor. *Diana Vreeland*. Nova York: William Morrow, 2002.
Eller, Claudia. Dream Works Suggests Writer 'Cribbed' from Earlier Work. *Los Angeles Times*, 3 de dezembro de 1997.

Hoving, Thomas. *Making the Mummies Dance: Inside the Metropolitan Museum of Art*. Nova York: Simon & Schuster, 1993.

Jacqueline Kennedy Onassis, 1929-1994. *Newsweek*, 30 de maio de 1994.

Kennedy, Eugene. *Himself! The Life and Times of the Mayor Richard J. Daley*. Nova York: Viking, 1978.

Kennedy, Eugene. As an Editor, She Was a Total Professional. *New York Newsday*, 24 de maio de 1994.

Kennedy, John F. Remarks at a Dinner Honoring Nobel Prize Winners of the Western Hemisphere, 29 de abril de 1962. Public Papers of the Presidents of the United States, link para o trecho: http://www.presidency.ucsb.edu/ws/index.php?pid=8623&st=&stI=.

Krebs, Albin. Notes on People. *New York Times*, 17 de setembro de 1975, 2 de novembro de 1976, 5 de abril de 1977.

Loke, Margarett. Writer Who Cried Plagiarism Used Passages She Didn't Write. *New York Times*, 19 de dezembro de 1997.

Maynard, Joyce. Heiress, Working Girl. *New York Times*, 6 de março de 1977.

______. Jacqueline Onassis Makes a New Debut. *New York Times*, 14 de janeiro de 1977.

Mellon, James. *The Face of Lincoln*. Nova York: Studio Books, 1979.

Morris, Bernadine. Metropolitan Toasts a Dazzling Russia of Old. *New York Times*, 7 de dezembro de 1976.

Onassis, Jacqueline, ed. *In the Russian Style*. Nova York: Viking e Metropolitan Museum of Art, 1976.

______. *The Firebird and Other Russian Fairy Tales*. Introdução de Jacqueline Kennedy Onassis. Nova York: Viking, 1978.

Onassis, Jacqueline. Letter to Vava Adelberg, 17 de julho de 1979, encontrada no History-For-Sale Web site, 1º de dezembro de 2009, http://www.historyforsale.com.

Penn, Irving, e Diana Vreeland. *Inventive Paris Clothes, 1909-1939: A Photographic Essay*. Nova York: Viking, 1977.

Remembering Jackie. *New Yorker*, The Talk of the Town, 30 de maio de 1994.

Rich, Frank. Who Stole History? *New York Times*, 13 de dezembro de 1997.

Talley, André Leon. *A.L.T.: A Memoir*. Nova York: Villard, 2003

Todd, Olivier. *Malraux*. Nova York: Alfred A. Knopf, 2005.

Vanity Fair: Four Centuries of Fashion from the Costume Institute of the Metropolitan Museum of Art. Nova York: Metropolitan Museum of Art, 1977.

Warhol, Andy, e Pat Hackett. *The Andy Warhol Diaries*. Nova York: Warner, 1989.

Weinraub, Bernard. Filmmakers Of "Amistad" Rebut Claim by Novelist. *New York Times*, 4 de dezembro de 1997.

______. Plagiarism Suit Over "Amistad" Is Withdrawn. *New York Times*, 10 de fevereiro de 1998.

3. Mudança de casa

Entrevistas

William Howard Adams, Ann Appelbaum, Jeffrey Archer, Joe Armstrong, Rich Barber, Loretta Barrett, Carolyn Blakemore, Barbara Burn, Peter Duchin, Patrick Filley (correspondência por e-mail), James Fitzgerald, Thomas Guinzburg, Eugene Kennedy, Eric Nicholas, Deborah Owen, Kenneth Pitchford, Les Pockell, Raquel Ramati, Sally Richardson, Glenn Rounds, Harriet Rubin (correspondência por e-mail), Elisabeth Sifton, Al Silverman, Becky Singleton (correspondência por e-mail), Nancy Stauffer, Deborah Turbeville, Amanda Vaill, Samuel Vaughan, Nicholas Vreeland, Nancy Zaroulis (correspondência).

Livros e periódicos

Adams, William Howard. *Atget's Gardens*. Garden City, NY: Doubleday, 1979.

Americana: Situation Wanted, References Available. *Time*, 24 de outubro de 1977.

Anderson, Christopher. *Jackie After Jack: Portrait of the Lady*. Nova York: William Morrow, 1998.

Anderson, Jack, e Les Whitten. *Washington Post*, 14 de dezembro de 1977.

Anthony, Carl Sferrazza. *As We Remember Her: Jacqueline Kennedy Onassis in the Words of Her Friends and Family*. Nova York: HarperCollins, 1997.

Appelbaum, Stephen A. *Out in Inner Space: A Psychoanalyst Explores the Alternate Therapies*. Garden City, NY: Anchor Press/Doubleday, 1979.

Archer, Jeffrey. *Shall We Tell the President?* Nova York: Viking, 1977.

Baker, John F. Star Behind the Scenes. *Publishers Weekly*, 19 de abril de 1993.

Beevor, Antony, e Artemis Cooper. *Independent*, 21 de maio de 1994.

Behrens, David. A Long Way from Camelot. *Newsday*, 26 de julho de 1979.

Birmingham, Stephen. The Public Event Named Jackie. *New York Times*, 20 de junho de 1976.

Boston Globe, 12 de outubro de 1977.

Bradford, Sarah. *America's Queen: The Life of Jacqueline Kennedy Onassis*. Nova York: Viking Penguin, 2000.

Breslin, Jimmy. It Was a Life Well Spent. *Newsday*, 20 de maio de 1994.

Carmody, Deirdre. Mrs. Onassis Resigns Editing Post. *New York Times*, 15 de outubro de 1977.

Crick, Michael. *Jeffrey Archer: Stranger Than Fiction*. Londres: Hamish Hamilton, 1995.

Diliberto, Gioia. A Working Woman. *People*, 18 de junho de 1984.

Guinzburg, Thomas. Columbia University, Butler Library, história oral, fevereiro de 1980.

Hoenig, Gary, Mrs. Kennedy Quits. *New York Times*, 16 de outubro de 1977.

An Illustrated Benefit for Books. *New York Times*, 3 de novembro de 1977.

Jackie's World. *People*, 18 de abril de 1977.

Kaufman, Joanne. Polite Answers to Rude Questions. *New Yorker*, The Talk of the Town, 16 de janeiro de 1995.

Klein, Edward. *Just Jackie: Her Private Years*. Nova York: Ballantine, 1998 (entrevista do autor com o Dr. Stephen Appelbaum).

Leonard, John. Presidents in Trouble. *New York Times*, 10 de outubro de 1977.

McGrath, Charles. Corlies Smith, Editor of All-Star Authors, Dies at 75. *New York Times*, 24 de novembro de 2004.

Menaker, Daniel. Redactor Agonistes. Barnes & Noble review, 14 de setembro de 2009. Disponível em: <http://bnreview.barnesandnoble.com/t5/Reviews-Essays/Redactor-Agonistes/ba-p/1367>.

Onassis, Jacqueline. *Correspondence with Ray Roberts*. University of Texas, arquivo do Harry Ransom Center.

Ramati, Raquel. *How to Save Your Own Street*. Garden City, NY: Dolphin Books, 1981.

Schlesinger Jr., Arthur M. Letter to Jacqueline Kennedy Onassis, William Walton Papers, JFK Library. *Journals: 1952-2000*. Nova York: Penguin, 2007.

Silverman, Al. *The Time of Their Lives: The Golden Age of Great American Publishers, Their Editors and Authors*. Nova York: St. Martin's Press, 2008.

Spoto, Donald. *Jacqueline Bouvier Kennedy Onassis: A Life*. Nova York: St. Martin's Press, 2000.

Steinem, Gloria. Gloria Steinem on Jacqueline Onassis e Jacqueline Onassis on Working. *Ms.*, março de 1979.

Thayer, Mary Van Rensselaer. First Lady Will Be "Found Laughing with Tucky". *Washington Post*, 23 de fevereiro de 1963.

Tuckerman, Nancy. Letter to Dr. Stephen Appelbaum, 7 de novembro de 1977, leilão online de souvenirs de Jacqueline Onassis, 2009. Disponível em: <http://www.historyforsale.com>.

Vreeland, Diana, com Christopher Hemphill. *Allure*. Garden City, NY: Doubleday, 1980.

Walton, William. *A Civil War Courtship: The Letters of Edwin Weller from Antietam to Atlanta*. Garden City, NY: Doubleday, 1980.

______. *Correspondence*. Arquivo da John F. Kennedy Library.

Zaroulis, Nancy. *Call the Darkness Light*. Garden City, NY: Doubleday, 1979.

4. Escritório com vista

Entrevistas

Joe Armstrong, Louis Auchincloss, Peter Beard, Olivier Bernier, Paul Bresnick, Jonathan Cott, Christine Doudna, Eugene Kennedy, John Loring, Hope Marinetti (entrevista e correspondência por e-mail), John Sargent Jr., J. C. Suarès.

Livros e periódicos

Anderson, Christopher. *Jackie After Jack: Portrait of the Lady*. Nova York: William Morrow, 1998.

Auchincloss, Louis. Belles Lettres. *Quest*, maio de 1997.

Baker, John F. Star Behind the Scenes. *Publishers Weekly*, 19 de abril de 1993.

Bernier, Olivier. *At the Court of Napoleon*. Nova York: Doubleday, 1989.

______. *The Eighteenth-Century Woman*. Garden City, NY: Doubleday, 1982.

______. *Louis XIV: A Royal Life*. Garden City, NY: Doubleday, 1987.

______. *Pleasure and Privilege*. Prefácio de Louis Auchincloss. Garden City, NY: Doubleday, 1981.

______. *Secrets of Marie Antoinette*. Nova York: Doubleday, 1985.

Cook, Dan. *Ten Men and History*. Garden City, NY: Doubleday, 1981.

Cott, Jonathan e Christine Doudna, ed. *The Ballad of John and Yoko*. Garden City, NY: Rolling Stone Press e Doubleday, 1982.

Diliberto, Gioia. A Working Woman. *People*, 18 de junho de 1984 (Dan Cook, Jann Wenner e Sarah Lazin).

Facing Clink, Ron Vows No Jackie Clicks. *New York Post*, 24 de março de 1982.

Jackie: Behind the Myth. Transmissão da PBS, 29 de novembro de 1999.

Kachka, Boris. Old School. *New York Magazine*, 3 de janeiro de 2005 (Louis Auchincloss).

Kennedy, Eugene. As an Editor, She Was a Total Professional. *Newsday*, 24 de maio de 1994.

______. *Father's Day*. Garden City, NY: Doubleday, 1981.

______. *Queen Bee*. Garden City, NY: Doubleday, 1982.

Klein, Edward. *Farewell, Jackie: A Portrait of Her Final Days*. Nova York: Viking, 2004.

______. *Just Jackie: Her Private Years*. Nova York: Ballantine, 1998.

Loring, John, *The New Tiffany Table Settings*. Garden City, NY: Doubleday, 1981.

______. *The Tiffany Gourmet Cookbook*. Nova York: Doubleday, 1992.

______. *Tiffany Parties*. Nova York: Doubleday, 1989.

______. *Tiffany's 150 Years*. Nova York: Doubleday, 1992.

______. *Tiffany Taste*. Garden City, NY: Doubleday, 1986.

______. *The Tiffany Wedding*. Nova York: Doubleday, 1988.

Steinem, Gloria. Gloria Steinem on Jacqueline Onassis e Jacqueline Onassis on Working. *Ms.*, março de 1979.

5. Paisagens inéditas

Entrevistas

Louis Auchincloss, Shammi Bannu, Richard de Combray, Robert Farber, Michael Flanagan, Sarah Giles, Marcia Jacobs, Kenneth Pitchford, Deborah Turbeville, Samuel Vaughan, Nicholas Vreeland, Albert Yokum.

Livros e periódicos

Auchincloss, Louis. Belles Lettres. *Quest*, maio de 1997.

______. *False Dawn: Women in the Age of the Sun King*. Nova York: Doubleday, 1984.

Anthony, Carl Sferrazza. *As We Remember Her: Jacqueline Kennedy Onassis in the Words of Her Friends and Family*. Nova York: HarperCollins, 1997.

Bradford, Sarah. *America's Queen: The Life of Jacqueline Kennedy Onassis*. Nova York: Viking Penguin, 2000.

Brenner, Marie. *Great Dames: What I Learned from Older Women*. Nova York: Three Rivers Press, 2001.

______. Jackie Tops at Shunning the Limelight. *Los Angeles Times*, 23 de outubro de 1983.

The Dashing Writer in Jackie O's Life. *New York Post*, Headliners, 31 de março de 1983.

De Combray, Richard. *Goodbye Europe: A Novel in Six Parts*. Garden City, NY: Doubleday, 1983.

Dunne, Dominick. Forever Jackie. *Vanity Fair*, julho de 1994.

Farber, Robert. *By the Sea*. Los Angeles, CA: Melrose Square, 1987.

Fee, Gayle, e Laura Raposa. Jackie's Private Letter to Joan Up for Bid. *Boston Herald*, 23 de fevereiro de 2007.

Flanagan, Michael. Famous. Manuscrito inédito.

Jackie: Behind the Myth. Transmissão da PBS, 29 de novembro de 1999.

Jackie Onassis Finds Handsome New Love, Writer Richard de Combray. *Star*, 19 de abril de 1983.

Keillor, Garrison. Remembering Plimpton. *A Prairie Home Companion*, 1º de outubro de 2003. Disponível em: <http://prairiehome.publicradio.org/features>.

Kelleher, K. L. *Jackie: Behind the Myth of Camelot*. Bloomington, IN: Xlibris, 2000.

McNamara, Katherine. A Conversation About Publishing with Samuel S. Vaughan. Disponível em: <http://www.archipelago.org/vol3-2/vaughanI.htm>. Acesso em: 21 de fevereiro de 2010.

Paris Review, Twenty-fifth Anniversary issue, primavera de 1981.

Patnaik, Naveen. *A Second Paradise: Indian Courtly Life, 1590-1947*. Garden City, NY: Doubleday, 1985.

Pitchford, Kenneth. *The Beholding*. Bloomington, IN: Xlibris, 2005.

Plimpton, George. *Fireworks: A History and Celebration*. Garden City, NY Doubleday, 1984.
Sloane, Florence Adele. *Maverick in Mauve*. Garden City, NY: Doubleday, 1983.
A Tribute to Jacqueline Kennedy Onassis. Nova York: Doubleday, 1995.
Turbeville, Deborah. *Newport Remembered: A Photographic Portrait of a Gilded Past*. Nova York: Abrams, 1994.
______. *Unseen Versailles*. Garden City, NY: Doubleday, 1982.

6. *Moonwalk* e o poder do mito

Entrevistas

Joe Armstrong, Loretta Barrett, Gelsey Kirkland Chernov, Jonathan Cott, Stephen Davis, Stuart P. Feld, James Fitzgerald, Betty Sue Flowers, Thomas Guinzburg, Peter H. Hassrick, Robert Hilburn, Jerry Jacka, Jan Legnitto, Les Pockell, Harriet Rubin (correspondência por e-mail), John Sargent, David Stenn, Jr., J. C. Suarès (entrevistas e correspondência por e-mail), Samuel Vaughan, Alberto Vitale (entrevista e troca por e-mail), Karen Van Westering, Albert Yokum.

Livros e periódicos

Anthony, Carl Sferrazza. *As We Remember Her: Jacqueline Kennedy Onassis in the Words of Her Friends and Family*. Nova York: HarperCollins, 1997.
Baker, John F. Star Behind the Scenes. *Publishers Weekly*, 19 de abril de 1993.
Bradford, Sarah. *America's Queen: The Life of Jacqueline Kennedy Onassis*. Nova York: Viking Penguin, 2000.
Campbell, Joseph, com Bill Moyers. *The Power of Myth*. Nova York: Doubleday, 1988.
Cott, Jonathan. *Iris and Osiris*. Nova York: Doubleday, 1994.
______. *The Search for Omm Sety*. Garden City, NY: Doubleday, 1987.
De Nemethy, Bertalan. *Modern Techniques for Training the Show Jumper and the Rider*. Nova York: Doubleday, 1988.
Dunne, Dominick. Forever Jackie. *Vanity Fair*, julho de 1994.
Eggleston, William. *The Democratic Forest*. Nova York: Doubleday, 1989.

Gross, John. An "It" Girl's Progress to Hollywood. *New York Times*, 6 de setembro de 1988.

Jackie: Behind the Myth. Transmissão da PBS, 29 de novembro de 1999.

Jackson, Michael. *Moonwalk*. Nova York: Harmony, 2009.

______. *Moonwalk*. Nova York: Doubleday, 1988.

Jowitt, Deborah. Through the Flames on Thin Soles. *New York Times*, 19 de outubro de 1986.

Kirkland, Gelsey, e Greg Lawrence. *Dancing on My Grave*. Garden City, NY: Doubleday, 1986.

______. *The Little Ballerina and her Dancing Horse*. Nova York: Doubleday, 1993.

______. *The Shape of Love*. Nova York: Doubleday, 1990.

Larson, Stephen, e Robin Larson. *A Fire in the Mind: The Life of Joseph Campbell*. Nova York: Doubleday, 1991.

McDowell, Edwin, At Doubleday, the New Boss's Ideas Start to Take Hold. *New York Times*, 8 de agosto de 1987.

Moyers, Bill. *Healing and the Mind*. Nova York: Doubleday, 1993.

______. *A World of Ideas: Conversations with Thoughtful Men and Women About American Life Today and the Ideas Shaping Our Future*. Nova York: Doubleday, 1989.

______. *A World of Ideas II*. Nova York: Doubleday, 1990.

Patnaik, Naveen. *The Garden of Life: An Introduction to the Healing Plants of India*. Nova York: Doubleday, 1993.

Shaye Areheart of Harmony Books on Conversations LIVE! Radio, 13 de outubro de 2009. Disponível em: <http://www.blogtalkradio.com>.

Singer Michael Jackson Hurt When His Hair Catches Fire. *New York Times*, 28 de janeiro de 1984.

Spoto, Donald. *Jacqueline Bouvier Kennedy Onassis: A Life*. Nova York: St. Martin's Press, 2000.

Stenn, David. *Bombshell: The Life and Death of Jean Harlow*. Nova York: Doubleday, 1993.

______. *Clara Bow: Runnin' Wild*. Nova York: Doubleday, 1988.

Suarès, Jean-Claude, e J. Spencer Beck. *Uncommon Grace: Reminiscences and Photographs of Jacqueline Bouvier Kennedy Onassis*. Charlottesville, VA: Thomasson-Grant, 1994.

Tucker, Ken. Summer Reading; Firing Your Father Isn't Easy. *New York Times*, 5 de junho de 1988.

Udall, Stewart. *To the Inland Empire: Coronado and Our Spanish Legacy.* Garden City, NY: Doubleday, 1987.

Wolcott, James. Sex and Drugs and Folderol. *Vanity Fair,* novembro de 1986.

Young, James L. *A Field of Horses: The World of Marshall P. Hawkins.* Prefácio de Jacqueline Kennedy Onassis. Dallas, TX: Taylor Publishing Co., 1988.

7. *Bon Courage*

Entrevistas

Joe Armstrong, Louis Auchincloss, James Bakalar, Vicky Bijur, Carolyn Blakemore, Michael D'Orso, Sarah Giles, Larry Gonick, Vartan Gregorian, Fred Benton Holmberg (entrevista e correspondência por e-mail), William Maynard Hutchins, Edward Kasinec, William La Riche, Martha Levin, Robert Lyons, Dorothy Spruill Redford (correspondência), Marc Riboud, Darcey Steinke, Derek Ungless, Samuel Vaughan, Alberto Vitale, Christine Zamoyska-Panek.

Livros e periódicos

Anderson, Christopher. *Jackie After Jack: Portrait of the Lady.* Nova York: William Morrow, 1998.

Anthony, Carl Sferrazza. *As We Remember Her: Jacqueline Kennedy Onassis in the Words of Her Friends and Family.* Nova York: HarperCollins, 1997.

Baker, John F. Star Behind the Scenes. *Publishers Weekly,* 19 de abril de 1993.

Bradford, Sarah. *America's Queen: The Life of Jacqueline Kennedy Onassis.* Nova York: Viking Penguin, 2000.

Brenner, Marie. Carly Simon's Mother Load. *Vanity Fair,* agosto de 1995.

Custine, Marquês de, com Daniel Boorstin. *Empire of the Tsar: A Journey Through Eternal Russia.* Nova York: Doubleday, 1989.

Duchin, Peter, com Charles Michener. *Ghost of a Chance: A Memoir.* Nova York: Random House, 1996.

Dunne, Dominick. Forever Jackie. *Vanity Fair,* julho de 1994.

Elliott, sr. Carl, e Michael D'Orso. *The Cost of Courage: The Journey of an American Congressman.* Nova York: Doubleday, 1992.

Ferguson, Sarah. In Short Fiction. *New York Times,* 11 de outubro de 1992.

Giles, Sarah. *Fred Astaire: His Friends Talk*. Nova York: Doubleday, 1988.

Gregorian, Vartan. *The Road to Home: My Life and Times*. Nova York: Simon & Schuster, 2003.

Grossman, Edith. *Why Translation Matters*. New Haven, CT: Yale University Press, 2010.

Jacqueline Kennedy Onassis, 1929-1994. *Newsweek*, 30 de maio de 1994.

Johnson, George. New & Noteworthy. *New York Times Book Review*, 11 de agosto de 1991.

______. New & Noteworthy. *New York Times Book Review*, 3 de setembro de 1989.

Klein, Edward. *Farewell, Jackie: A Portrait of Her Final Days*. Nova York: Viking, 2004.

Lyons, Robert. *Egyptian Time*. Nova York: Doubleday, 1992.

Mahfouz, Naguib. *The Cairo Trilogy: Palace Walk, Palace of Desire* e *Sugar Street*. Nova York: Anchor, 1989, 1991, 1992.

McNamara, Katherine. A Conversation About Publishing with Samuel S. Vaughan. Disponível em: <http://www.archipelago.org/vol3-2/vaughan1.htm>. Acesso em: 21 de fevereiro de 2010.

O'Brien, Edna. *Independent on Sunday*. 22 de maio de 1994.

Pushkin, Aleksandr. *The Golden Cockerel and Other Fairy Tales*. Introdução de Rudolf Nureyev. Nova York: Doubleday, 1990.

Redford, Dorothy Spruill, com Michael D'Orso. *Somerset Homecoming: Recovering a Lost Heritage*. Nova York: Doubleday, 1988.

Riboud, Marc. *Capital of Heaven*. Nova York: Doubleday, 1990.

Salinger, Pierre. *P.S.: A Memoir*. Nova York: St. Martin's Press, 1995.

Simon, Carly. *Amy and the Dancing Bear*. Nova York: Doubleday, 1989.

______. *The Boy of the Bells*. Nova York: Doubleday, 1990.

______. *The Fisherman's Song*. Nova York: Doubleday, 1991.

______. *The Nighttime Chauffeur*. Nova York: Doubleday, 1993.

Spoto, Donald. *Jacqueline Bouvier Kennedy Onassis: A Life*. Nova York: St. Martin's Press, 2000.

Steinke, Darcey. The First Lady of Letters. *Vogue*, fevereiro de 2005.

______. *Up Through the Water*. Nova York: Doubleday, 1989.

A Tribute to Jacqueline Kennedy Onassis. Nova York: Doubleday, 1995.

Walter, Jakob. *The Diary of a Napoleonic Foot Soldier*. Nova York: Doubleday, 1991.

Wise, David. *The Samarkand Dimension*. Nova York: Doubleday, 1987.

Zamoyska-Panek, Christine, e Fred Benton Holmberg. *Have You Forgotten? A Memoir of Poland, 1939-1945*. Nova York: Doubleday, 1989.

8. Quando a vida vem primeiro

Entrevistas

Gretchen Achilles, Joe Armstrong, Barbara Bachman, Loretta Barrett, Rosamond Bernier, Elizabeth Crook, Baronesa Mary-Sargent d'Anglejan, Owen Laster, Jody Linscott, Francis Mason, Simon Rendall, Harriet Rubin (correspondência por e-mail), Marian Schwartz, Marianne Velmans, Alberto Vitale.

Livros e periódicos

Anthony, Carl Sferrazza. *As We Remember Her: Jacqueline Kennedy Onassis in the Words of Her Friends and Family*. Nova York: HarperCollins, 1997.

Armstrong, Karen. *Holy War: The Crusades and Their Impact on Today's World*. Nova York: Doubleday, 1991.

Baker, John F. Star Behind the Scenes. *Publishers Weekly*, 19 de abril de 1993.

Berberova, Nina. *Moura: The Dangerous Life of the Baroness Budberg*. Nova York: New York Review Books Classics, 2005.

Books for Vacation Reading. *New York Times Book Review*, 31 de maio de 1992.

Cott, Jonathan. *Wandering Ghost: The Odyssey of Lafcadio Hearn*. Nova York: Alfred A. Knopf, 1991.

Crook, Elizabeth. *The Raven's Bride: A Novel of Eliza, Sam Houston's First Wife*. Nova York: Doubleday, 1991.

______. *Promised Lands*. Nova York: Doubleday, 1994.

Flanagan, Michael. Famous. Manuscrito inédito.

Graham, Martha. *Blood Memory*. Nova York: Doubleday, 1991.

Honan, William H. A Playwright Applies His Craft to Czar Nicholas II's Last Days. *New York Times*, 12 de agosto de 1992.

Hoving, Thomas. *Making the Mummies Dance: Inside the Metropolitan Museum of Art*. Nova York: Simon & Schuster, 1993.

Jackie: Behind the Myth. Transmissão da PBS, 29 de novembro de 1999.

Kelleher, K. L. *Jackie: Behind the Myth of Camelot*. Bloomington, IN: Xlibris, 2000.

Linscott, Jody. *Once Upon A to Z: An Alphabet Odyssey*. Nova York: Doubleday, 1991.

______. *The Worthy Wonders Lost at Sea: A Whimsical Word Search Adventure*. Nova York: Doubleday, 1993.

Martin, Douglas. Miriam Rothschild, High-Spirited Naturalist, Dies at 96. *New York Times*, 25 de janeiro de 2005.

Mason, Francis. *I Remember Balanchine*: Nova York: Doubleday, 1991.

Onassis, Jacqueline. Memorandum to Stephen Rubin. 30 de dezembro de 1990. Disponível em: <http://www.historyforsale.com>. Acesso em: 1º de abril de 2010.

Pope-Hennessy, John. *Learning to Look: My Life in Art*. Nova York: Doubleday, 1991.

Previn, André. *No Minor Chords: My Days in Hollywood*. Nova York: Doubleday, 1991.

Radzinsky, Edvard. *The Last Tsar: The Life and Death of Nicholas II*. Nova York: Doubleday, 1992.

______. *Stalin: The First In-depth Biography Based on Explosive New Documents from Russia's Secret Archives*. Nova York: Doubleday, 1996.

Rothschild, Miriam. *Butterfly Cooing Like a Dove*. Nova York: Doubleday, 1991.

Russell, John. Portrait of a Friendship. *Time*, 30 de maio de 1994.

Sargent-Ladd, Mary. *The French Woman's Bedroom*. Nova York: Doubleday, 1991.

A Tribute to Jacqueline Kennedy Onassis. Nova York: Doubleday, 1995.

Wolcott, James. James Wolcott's Blog. *Vanity Fair*, 27 de setembro de 2009. Disponível em: <http://www.vanityfair.com/online/wolcott/>.

9. Vai ficar tudo bem

Entrevistas

Joe Armstrong, Louis Auchincloss, Loretta Barrett, Jack Bass, Antony Beevor, Elizabeth Smith Brownstein, Jonathan Cott (entrevista e correspondência por e-mail), Mary Frank, Duane Hampton, Judith Jamison, Ruth Prawer Jhabvala (correspondência), Terry Karydes, Henry Koehler, Peter Kruzan, Martha Levin, John Loring, David Garrard Lowe, Robert Lyons, Hope Marinetti, Francis Mason, Scott Moyers (correspondência por e-mail), Harriet Rubin (correspondência por e-mail), Stephen Rubin (correspondência por e-mail), Marian Schwartz, Peter Sís (entrevista e correspondência por e-mail), David Stenn, J. C. Suarès, Bruce Tracy (correspondência por e-mail), John Valenti, Alberto Vitale (entrevista e correspondência por e-mail), Mary Helen Washington, Albert Yokum.

Livros e periódicos

Anthony, Carl Sferrazza. *As We Remember Her: Jacqueline Kennedy Onassis in the Words of Her Friends and Family.* Nova York: HarperCollins, 1997.

Auchincloss, Hugh D. Growing Up with Jackie. *Groton School Quarterly*, maio de 1998.

Auchincloss, Louis. Belles Lettres. *Quest*, maio de 1997.

Baker, John F. Star Behind the Scenes. *Publishers Weekly*, 19 de abril de 1993.

Bass, Jack. *Taming the Storm: The Life and Times of Judge Frank M. Johnson, Jr., and the South's Fight over Civil Rights.* Nova York: Doubleday, 1993.

Beevor, Antony, e Artemis Cooper. *Paris After the Liberation, 1944-1949.* Nova York: Doubleday, 1994.

Bradford, Sarah, *America's Queen: The Life of Jacqueline Kennedy Onassis.* Nova York: Viking Penguin, 2000.

Brownstein, Elizabeth Smith. *If This House Could Talk: Historic Homes, Extraordinary Americans.* Nova York: Simon & Schuster, 1998.

Cott, Jonathan, e Mary Frank. *Skies in Blossom: The Nature Poetry of Emily Dickinson.* Nova York: Doubleday, 1995.

Coward, David. France at War with Herself. *New York Times*, 11 de setembro de 1994.

Frissell, Toni. *Toni Frissell, Photographs: 1933-1967.* Prefácio de Sydney Frissell Stafford. Introdução de George Plimpton. Nova York: Doubleday, 1994.

Hampton, Mark. *Legendary Decorators of the Twentieth Century.* Nova York: Doubleday, 1992.

Hearn, Michael Patrick. Carta ao editor. *New York*, 20 de junho de 1994.

Jackie: Behind the Myth. Transmissão da PBS, 29 de novembro de 1999.

Jamison, Judith. *Dancing Spirit.* Nova York: Doubleday, 1993.

Jhabvala, Ruth Prawer. *Poet and Dancer.* Nova York: Doubleday, 1993.

______. *Shards of Memory.* Nova York: Doubleday, 1995.

Kaufman, Marjorie. Photographer "Plucked from Oblivion". *New York Times*, 28 de agosto de 1994.

Kelleher, K. L. *Jackie: Behind the Myth of Camelot*. Bloomington, IN: Xlibris, 2000.

Kenney, Susan. Shades of Difference. *New York Times*, 12 de fevereiro de 1995.

Klein, Edward. *Farewell, Jackie: A Portrait of Her Final Days*. Nova York: Viking, 2004.

Koncius, Jura. *Washington Post*, 30 de julho de 1998.

Lincoln, W. Bruce. *Between Heaven and Hell: The Story of a Thousand Years of Artistic Life in Russia*. Nova York: Viking Penguin, 1998.

Lowe, David Garrard. *Stanford White's New York*. Nova York: Doubleday, 1992.

Lyons, Robert. *Another Africa*. Texto de Chinua Achebe. Nova York: Anchor, 1998.

Mason, Francis. *I Remember Balanchine*. Nova York: Doubleday, 1993.

Peskov, Valery. *Lost in the Taiga: One Russian Family's Fifty-Year Struggle for Survival and Religious Freedom in the Siberian Wilderness*. Nova York: Doubleday, 1994.

Remembering Jackie. *New Yorker*, Talk of the Town, 30 de maio de 1994.

Rich, Frank. The Jackie Mystery. *New York Times*, 26 de maio de 1994.

Russell, John. Portrait of a Friendship. *Time*, 30 de maio de 1994.

Sís, Peter. *The Three Golden Keys*. Nova York: Doubleday, 1994.

______. *Tibet Through the Red Box*. Nova York: Farrar, Straus & Giroux. 1998.

Spoto, Donald. *Jacqueline Bouvier Kennedy Onassis: A Life*. Nova York: St-Martin's Press, 2000.

Stenn, David. It Happened One Night... at MGM. *Vanity Fair*, abril de 2003.

Valenti, Jack. *Protect and Defend*. Nova York: Doubleday, 1992.

______. *This Time, This Place: My Life in War, the White House, and Hollywood*. Nova York: Harmony, 2007.

West, Dorothy. *The Wedding*. Nova York: Doubleday, 1995.

______. *The Richer, the Poorer*. Nova York: Doubleday, 1995.

Bibliografia e arquivos

Bibliografia seleta

Os livros relacionados a seguir foram usados na pesquisa para este livro. Alguns também são citados na lista de fontes, capítulo por capítulo, a que remete a narrativa.

A Tribute to Jacqueline Kennedy Onassis. Nova York: Doubleday, 1995.

Adler, Bill, ed. *The Eloquent Jacqueline Onassis*. Nova York: William Morrow, 2004.

Alderman, Ellen, e Caroline Kennedy. *In Our Defense: The Bill of Rights in Action*. Nova York: William Morrow, 1991.

______. *The Right to Privacy*. Nova York: Alfred A. Knopf, 1995.

Anderson, Christopher P. *Jackie After Jack: Portrait of the Lady*. Nova York: William Morrow, 1998.

Anthony, Carl Sferrazza. *As We Remember Her: Jacqueline Kennedy Onassis in the Words of Her Family and Friends*. Nova York: Harper-Collins, 1997.

______. *First Ladies, Volume II: The Saga of the Presidents' Wives and Their Power, 1961-1990*. Nova York: William Morrow, 1991.

Archer, Jeffrey. *Shall We Tell the President?* Nova York: Viking Press, 1977.

Armstrong, Karen. *Holy War: The Crusades and Their Impact on Today's World*. Nova York: Doubleday, 1991.

Astor, Brooke. *Footprints: An Autobiography*. Nova York: Doubleday, 1980.

Beard, Peter. *Longing for Darkness: Kamante's Tales from Out of Africa*. Nova York: Harcourt Brace Jovanovich, 1975.

Berg, A. Scott. *Max Perkins: Editor of Genius*. Nova York: E. P. Dutton, 1978.

Birmingham, Stephen. *Jacqueline Bouvier Kennedy Onassis*. Nova York: Grosset & Dunlap, 1978.

Bowles, Hamish, Arthur M. Schlesinger e Rachel Lambert Mellon, ed., e o Metropolitan Museum of Art. *Jacqueline Kennedy: The White House Years: Selections from the John F. Kennedy Library and Museum*. Nova York: Bulfinch, 2001.

Bradford, Sarah. *America's Queen: A Life of Jacqueline Kennedy Onassis*. Nova York: Viking Penguin, 2000.

Brenner, Marie. *Great Dames: What I Learned from Older Women*. Nova York: Three Rivers Press, 2001.

Brownstein, Elizabeth Smith. *If This House Could Talk: Historic Homes, Extraordinary Americans*. Nova York: Simon & Schuster, 1998.

Capote, Truman. *Answered Prayers: The Unfinished Novel*. Nova York: Random House, 1987.

Clinton, Bill. *My Life*. Nova York: Alfred A. Knopf, 2004.

Clinton, Hillary Rodham. *Living History*. Nova York: Simon & Schuster, 2003.

Crick, Michael. *Jeffrey Archer: Stranger Than Fiction*. Londres: Hamish Hamilton, 1995.

David, Lester. *Jacqueline Kennedy Onassis: A Portrait of Her Private Years*. Nova York: Citadel Press, 1994.

Davis, John H. *The Bouviers*. Nova York: Farrar, Straus & Giroux, 1969.

______. *Jacqueline Bouvier: An Intimate Memoir*. Nova York: John Wiley and Sons, 1996.

Davis, Margaret Leslie, *Mona Lisa in Camelot: How Jacqueline Kennedy and Da Vinci's Masterpiece Charmed and Captivated a Nation*. Cambridge, MA: Da Capo Press, 2008.

Duchin, Peter, com Charles Michener. *Ghost of a Chance: A Memoir*. Nova York: Random House, 1996.

Dwight, Eleanor. *Diana Vreeland*. Nova York: William Morrow, 2002.

The Estate of Jacqueline Kennedy Onassis: April 23-26, 1996. Nova York: Sotheby's, 1996.

Evans, Peter. *Ari: The Life and Times of Aristotle Socrates Onassis*. Nova York: Summit Books, 1986.

Fay, Paul. *The Pleasure of His Company: John F. Kennedy*. Nova York: Harper & Row, 1966.

Goodman, Jon, Hugh Sidey, Letitia Baldrige, Robert Dallek e Barbara Baker Burrows. *The Kennedy Mystique: Creating Camelot*. Washington, D.C.: National Geographic, 2006.

Graham, Katharine. *Personal History*. Nova York: Alfred A. Knopf, 1997.

Gregorian, Vartan. *The Road to Home: My Life and Times*. Nova York: Simon & Schuster, 2003.

Gross, Michael. *Rogues' Gallery: The Secret Story of the Moguls and the Money That Made the Metropolitan Museum of Art*. Nova York: Broadway Books, 2009.

Grossman, Edith. *Why Translation Matters*. New Haven, CT: Yale University Press, 2010.

Hamilton, Edith. *The Greek Way*. Nova York: W. W. Norton, 1993.

Hampton, Duane. *Mark Hampton: An American Decorator*. Nova York: Rizzoli, 2010.

Heymann, C. David. *Bobby and Jackie: A Love Story*. Nova York: Atria Books, 2009.

______. *A Woman Named Jackie: An Intimate Biography of Jacqueline Bouvier Kennedy Onassis*. Nova York: Lyle Stuart, 1989.

Hoving, Thomas. *Making the Mummies Dance: Inside the Metropolitan Museum of Art*. Nova York: Simon & Schuster, 1993.

Jovanovich, William. *The Temper of the West: A Memoir*. Columbia, SC: University of South Carolina Press, 2003.

Kaplan, Fred. *Gore Vidal: A Biography*. Nova York: Doubleday, 1999.

Kelleher, K. L. *Jackie: Beyond the Myth of Camelot*. Bloomington, IN: Xlibris Corporation, 2000.

Kennedy, Caroline, ed. *The Best-Loved Poems of Jacqueline Kennedy Onassis*. Nova York: Hyperion, 2001.

Kennedy, Jacqueline Bouvier, e Lee Bouvier. *One Special Summer*. Nova York: Delacorte Press, 1974.

Kennedy, Joan. *The Joy of Classical Music: A Guide for You and Your Family*. Nova York: Nan A. Talese, 1992.

Kennedy, John F. *Profiles in Courage*. Nova York: Harper & Brothers, 1955.

Keogh, Pamela Clarke. *Jackie Style*. Nova York: It Books, 2001.

Klein, Edward. *All Too Human: The Love Story of Jack and Jackie Kennedy*. Nova York: Pocket Books, 1996.

______. *Farewell, Jackie: A Portrait of Her Final Days*. Nova York: Viking, 2004.

______. *Just Jackie: Her Private Years*. Nova York: Ballantine Books, 1998.

Koestenbaum, Wayne. *Jackie Under My Skin: Interpreting an Icon*. Londres: Fourth Estate, 1996.

Larsen, Stephen, e Robin Larsen. *A Fire in the Mind: The Life of Joseph Campbell.* Nova York: Doubleday, 1991.
Leamer, Laurence. *The Kennedy Women.* Nova York: Villard Books, 1994.
Learning, Barbara. *Marilyn Monroe.* Nova York: Crown, 1998.
______. *Mrs. Kennedy: The Missing History of the Kennedy Years.* Nova York: Free Press, 2001.
Lester, David. *Jacqueline Kennedy Onassis.* Nova York: Birch Lane Press, 1994.
Lincoln, W. Bruce. *Between Heaven and Hell: The Story of a Thousand Years of Artistic Life in Russia.* Nova York: Viking Penguin, 1998.
Lowe, Jacques. *Camelot: The Kennedy Years.* Kansas City, MO: Andrews McMeel, 1996.
Manchester, William. *The Death of a President.* Nova York: Harper & Row, 1967.
Mars, Julie. *Jackie.* Kansas City, MO: Andrews McMeel, 1996.
Massie, Suzanne. *Land of the Firebird: The Beauty of Old Russia.* Nova York: Simon & Schuster, 1981.
Moutsatsos, Kiki Feroudi, com Phyllis Kara. *The Onassis Women: An Eyewitness Account.* Nova York: G. P. Putnam's Sons, 1998.
Mulvaney, Jay, e Dominick Dunne. *Jackie: The Clothes of Camelot.* Nova York: St. Martin's Press, 2001.
Nevins, Deborah. *Grand Central Terminal.* Nova York: Municipal Art Society, 1982.
Pottker, Jan. *Janet and Jackie: The Story of a Mother and Her Daughter, Jacqueline Kennedy Onassis.* Nova York: St. Martin's Press, 2001.
Radziwill, Lee. *Happy Times.* Nova York: Assouline, 2001.
Rubin, Harriet. *The Mona Lisa Stratagem: The Art of Women, Age, and Power.* Nova York: Warner Books, 2007.
______. *The Princessa: Machiavelli for Women.* Nova York: Doubleday Business, 1997.
Sidey, Hugh. *John F. Kennedy: President.* Nova York: Atheneum, 1963.
Silverman, Al. *The Time of Their Lives: The Golden Age of Great American Publishers, Their Editors and Authors.* Nova York: St. Martin's Press, 2008.
Schlesinger, Arthur M. Jr. *Journals: 1952-2000.* Editado por Andrew Schlesinger e Stephen Schlesinger. Nova York: Penguin, 2007.
Sís, Peter. *Tibet Through the Red Box.* Nova York: Farrar, Straus & Giroux, 1998.
Smith, Liz. *Natural Blonde.* Nova York: Hyperion, 2000.

Sorensen, Theodore. *Counselor: A Life at the Edge of History*. Nova York: Harper, 2008.

Spoto, Donald. *Jacqueline Bouvier Kennedy Onassis: A Life*. Nova York: St. Martin's Press, 2000.

Suarès, Jean-Claude, e J. Spencer Beck. *Uncommon Grace: Reminiscences and Photographs of Jacqueline Bouvier Kennedy Onassis*. Charlottesville, VA: Thomasson-Grant, 1994.

Talley, André Leon. *A.L.T.: A Memoir*. Nova York: Villard Books, 2003.

Taraborrelli, J. Randy. *Jackie, Ethel, Joan: Women of Camelot*. Nova York: Grand Central Publishing, 2000.

Thayer, Mary Van Rensselaer. *Jacqueline Bouvier Kennedy*. Nova York: Doubleday, 1961.

______. *Jacqueline Kennedy: The White House Years*. Boston: Little, Brown, 1971.

Todd, Olivier. *Malraux*. Nova York: Alfred A. Knopf, 2005.

Truman, Margaret. *First Ladies: An Intimate Group Portrait of White House Wives*. Nova York: Random House, 1995.

Turbeville, Deborah. *Newport Remembered: A Photographic Portrait of a Gilded Past*. Nova York: Harry N. Abrams, 1994.

Valenti, Jack. *This Time, This Place: My Life in War, the White House, and Hollywood*. Nova York: Harmony Books, 2007.

Walters, Barbara. *Audition: A Memoir*. Nova York: Alfred A. Knopf, 2008.

Warhol, Andy. *The Andy Warhol Diaries*. Editado por Pat Hackett. Nova York: Warner, 1989.

West, Dorothy. *The Richer, the Poorer*. Nova York: Doubleday, 1995.

Wiseman, Carter. *I. M. Pei: A Profile in American Architecture*. Nova York: Harry N. Abrams, 1990.

Young, James L. *A Field of Horses: The World of Marshall P. Hawkins*. Prefácio de Jacqueline Kennedy Onassis. Dallas: Taylor Publishing, 1988.

Arquivos e periódicos

Columbia University, Butler Library: Oral History, Thomas Guinzburg.

Harry Ransom Center, University of Texas: Ray Roberts Papers.

John Fitzgerald Kennedy Library: William Walton Papers.

New York Public Library: Rare Book Collection e Diana Vreeland Papers.

Beinecke Rare Book and Manuscript Library, Yale University: Nina Berberova Papers.
Library of Congress: Digital Collections, Toni Frissell.
The Museum of Television and Radio Library.
Municipal Art Society Library Archives, Newsletters, 1984-1994.

Algumas pessoas me deram acesso à sua correspondência com Jacqueline Kennedy Onassis. Essas cartas contribuíram para a compreensão do seu trabalho como editora.

Em sua maioria, as citações no texto do livro são extraídas de entrevistas com o autor. Outras citações constam de publicações mencionadas na relação de fontes, capítulo por capítulo. Entre as publicações usadas na pesquisa estão *Vanity Fair, Time, Newsweek, The New Yorker, New York, Quest, Publishers Weekly, Ms., The Paris Review, U.S. News & World Report, People, Mc-Call's, Town & Country, Ladies' Home Journal, The New York Times, The Washington Post, Los Angeles Times, The Boston Globe, Boston Herald, New York Post, New York Daily News* e *New York Newsday.*

As seguintes pessoas me deram autorização para citar artigos publicados: Louis Auchincloss (Belles Lettres, *Quest*, maio de 1997), Elizabeth Crook (Remembering Jackie Onassis, *Austin American-Statesman*, 27 de maio de 1994), David Stenn (It Happened One Night... at MGM, *Vanity Fair*, abril de 2003) e Eugene Kennedy (As an Editor, She Was a Total Professional, *New York Newsday*, 24 de maio de 1994). Michael Flanagan generosamente permitiu-me citar seu manuscrito inédito "Famous". A todos os que contribuíram para o processo de pesquisa, tanto indivíduos quanto instituições, sinto-me profundamente grato.

Agradecimentos

A gênese deste livro se encontra nas centenas de notas críticas que me foram passadas por Jacqueline Kennedy Onassis, e em nossas muitas conversas enquanto trabalhávamos em três livros num período de quase dez anos. Foi o meu processo de aprendizado como autor de não ficção, e Jackie, desde o início, enfatizou que meu papel, assim como o seu, como editora, era "ser invisível". Queria dizer, com isto, que eu não deveria impor indevidamente meu próprio estilo ou ponto de vista ao tema, preferindo contar com anedotas e documentação para criar a narrativa. Foi apenas uma das muitas lições que ela transmitiu ao aprendiz lento que eu era. Até hoje, e em particular com este livro, sinto-me grato a ela.

Mesmo reconhecendo que uma biografia baseia-se, em última análise, em fatos, Virginia Woolf observou, certa vez, que esta forma literária é "produzida com a ajuda de amigos", referindo-se aos amigos do biografado. Neste caso, estavam entre os amigos de Jackie muitos de seus autores e colegas. Sem sua ajuda a cada passo, este livro não poderia ter sido escrito. Em sua maioria, os colaboradores com os quais me mantive em contato estão relacionados nas fontes de cada capítulo, ao passo que alguns preferiram não ser citados. Entre aqueles aos quais me sinto grato pela generosa ajuda e as sugestões estão o falecido Thomas Guinzburg, Joe Armstrong, David Stenn, Harriet Rubin, Gloria Steinem, Albert Yokum (pela experiência em matéria de design), Becky Singleton, Richard Malina, John Loring, Olivier Bernier, Eugene

Kennedy, Elizabeth Crook, Elisabeth Sifton, Barbara Burn, Rich Barber, J. C. Suarès, Loretta Barrett, Peter Sís, Jimmy Breslin, Liz Smith, Peter Duchin, Peter Beard, William Howard Adams, David Garrard Lowe, Jonathan Cott, Betty Sue Flowers, Amanda Vaill, Duane Hampton, Rosamond Bernier, Antony Beevor, Jody Linscott, Darcey Steinke, Jack Bass, Raquel Ramati, Robert Lyons, Martha Levin, Vartan Gregorian, Edward Kasinec, Edvard Radzinski, Alberto Vitale, Samuel Vaughan, Daniel Okrent, Deborah Turbeville, Theodore Sorensen e o falecido Louis Auchincloss.

Além disso, quero registrar com gratidão as contribuições de Ruth Prawer Jhabvala, Marian Schwartz, Delfina Rattazzi, Sally Forbes, Marianne Velmans, Deborah Owen, Jeffrey Archer, Mary Frank, Karen Van Westering, William La Riche, James Fitzgerald, Les Pockell, Jan Legnitto, James Raimes, Jeannette Seaver, Henry Koehler, Glenn Rounds, Nancy Stauffer, Mary Helen Washington, Nicholas Vreeland, Frederick Vreeland, Hope Marinetti, Marcia Jacobs, Judith Jamison, Terry Karydes, Jacqueline Rogers, Jerry Jacka, William Hutchins, Conover Hunt, Linda Grant De Pauw, Christine Zamoyska-Panek, James Bakalar, Carolyn Blakemore, Marc Riboud, Barbara Chase-Riboud, Peter Kruzan, Mary-Sargent D'Anglejan, Michael D'Orso, Larry Gonick, Vicky Bijur, Michael Flanagan, Sarah Giles, Derek Ungless, Beverly Gallegos, Gretchen Achilles, Gael Towey, Peter Hassrick, Stuart Feld, Barbara Bachman, Robert Farber, Richard de Combray, Christine Doudna, Shammi Bannu, Owen Laster, Fred Holmberg, Suzanne Massie, David Zinsser, Deborah Nevins, Ann Appelbaum, Eric Nicholas, Elizabeth Brownstein, Jane "Kit" Caplan, Judith Straeten, John Valenti, Heidi Waleson, Stephen Davis, Robert Hilburn, Ferle Bramson, Christopher Holme, Dorothy Spruill Redford, Paul Bresnick, Stephen Rubin, Bruce Tracy, Scott Moyers e do falecido Francis Mason.

A todos que compartilharam suas lembranças e percepções, inclusive os que não podem ser citados por questão de espaço, sinto-me extremamente grato, e espero tê-los apresentado fidedignamente na narrativa.

Na Thomas Dunne Books, gostaria de agradecer a Tom Dunne pela perspicácia e confiança no projeto, à editora Margaret Smith pela criteriosa orientação, ao editor de produção David Stanford Burr e à revisora de texto Janet Byrne pela constante atenção com os detalhes. Também me sinto grato pelo apoio de Sally Richardson, na St. Martin's Press, e de John Sargent Jr. na Macmillan, tendo ambos contribuído com entevistas. Tive a sorte também de contar com o inteligente feedback de M.K.C.

Meu sempre imaginoso agente literário, Peter Sawyer, da Fifi Oscard Agency, e seus colaboradores Kevin McShane e Carmen La Via me apoiaram em todo o projeto com sua criteriosa assessoria. Minha assistente de pesquisa e consultora editorial Deane Rink mostrou-se incansável e firme em seu empenho. Susan Ray desempenhou a monumental tarefa da transcrição e forneceu elementos adicionais de pesquisa e consultoria editorial. Registro aqui minha sentida gratidão a Gelsey Kirkland Chernov, Misha Chernov, às consultoras editoriais Bonnie Egan e Judith Katz, a David Fallon, Rudolph Wurlitzer, Tamie Lynn, Wayne Jackson, Nancy Salisbury, Peter Stelzer, Susan Sharaga Swadener, Dean Willis, Mark Scheerer, John McKinley, Dave Rutkin, Susan Aasen, Rosalie O'Connor, Cynthia David, Garry Bale, Julie Cencebaugh, Wayne Lawson, Anne Correa, Adleta Kneiflova, Nikita Parikh, Steve Kurland da Shakespeare & Co. Booksellers, e a Evan Lai, da ECL Landscape Design. E um agradecimento especial ao Dr. Michael J. Dattoli, a Jennifer Cash, Ginya Carnahan e Meg Brockett, do Dattoli Cancer Center of Sarasota, pelo estímulo para que eu escrevesse em outro campo.

Finalmente, quero expressar minha infindável gratidão a minha irmã, Paula Lawrence Jackson, e a minha companheira Karen Chase, da dedicatória, cujo apoio me susteve ao longo dos dois anos que dediquei à pesquisa e à redação deste livro.

Índice

Este livro foi composto na tipologia Warnock Pro-Light Caption, em corpo 11/15, e impresso em papel off-white no Sistema Cameron da Divisão Gráfica da Distribuidora Record.